에듀윌과 함께 시작하면,
당신도 합격할 수 있습니다!

비전공자여서 망설였지만
한 달 만에 합격해 자신감을 얻은 20대

새로운 도전으로 ERP MASTER 자격증을 취득해
취업에 성공한 30대

아이들에게 당당한 모습을 보여주고 싶어
ERP, 전산세무회계 자격증 9개를 취득한 40대 주부

누구나 합격할 수 있습니다.
시작하겠다는 '다짐' 하나면 충분합니다.

마지막 페이지를 덮으면,

에듀윌과 함께
ERP 정보관리사 합격이 시작됩니다.

eduwill

수험생 빈출 질문 모음!
실무 프로그램 FAQ

Q 이런 메시지가 뜨는데 어떻게 해야 되나요?

A 당황하지 말고, 이렇게 해결해요!

서버 연결실패 ×

⚠ 사용자 'sa'이(가) 로그인하지 못했습니다. 원인: 계정을 사용할 수 없습니다.

확인

▶ DB TOOL 화면 하단의 '연결설정' 버튼을 클릭하여 'Windows 인증'으로 연결 설정을 변경한 후 DB 복원을 해야 합니다.

---

iCUBE-핵심ERP

🔊 접속정보가 올바르게 설정되어 있지 않습니다.

확인

▶ 핵심ERP 프로그램 설치 파일 중 'CoreCheck.exe'를 클릭한 후 '더존 핵심ERP 도우미' 창에서 'X'로 되어 있는 항목을 더블클릭하여 'O'로 변경해야 합니다.

Setup ×

ⓘ 설치후 로그인에 실패 하였습니다.

확인

더존 핵심ERP 도우미 [2016.12.01] ×

핵심ERP 자동 오류 처리 프로그램 입니다.

X 아이콘이 있으면 X 아이콘을 클릭하세요.
모두 O면 이 프로그램 종료 후 핵심ERP를 실행하세요

◦ 서버확인	O	◦ DB체크	O
◦ TCP/IP	O	┗ 로그인체크	O
┗ 포트확인	O	◦ 혼합인증체크	O

Q 이런 메시지가 뜨는데 어떻게 해야 되나요?

사용자정보를 가져오지 못하였습니다. 잠시 후 조회 또는 실행 해 주십시오.
동일한 메세지가 계속 발생할 경우 회사 내 네트워크 또는 시스템 관리자에게 문의 하시기 바랍니다.
확인

핵심ERP사양체크 ✕

설치 파일이 없습니다.

확인

iCUBE 핵심ERP 2021 - InstallShield Wizard ✕

✕ Microsoft SQL Server 2008 R2 SP2 Express Install failed.

OK

A 당황하지 말고, 이렇게 해결해요!

▶ 최신 버전의 프로그램에서 이전 연도의 DB를 복원했기 때문입니다. 교재 내 실무 시뮬레이션 DB는 2025 버전, 기출문제 DB는 2024 버전 프로그램을 사용해야 합니다.

▶ 다운로드한 프로그램 설치 파일은 반드시 압축을 해제한 다음에 'CoreCubeSetup.exe'를 실행해야 합니다.

▶ ERP 프로그램 설치 파일 SQLEXPRESS 폴더에서 PC 운영체제에 맞는 SQL 파일을 확인하고 더블클릭하여 직접 설치해야 합니다.
- Win7, 8, 10 32비트: SQLEXPR_x86
- Win7, 8, 10 64비트: SQLEXPR_x64

에듀윌
ERP 정보관리사

물류 1·2급 한권끝장 + 무료특강

"ERP 시스템의 이해 및 활용이 가능한, 미래지향적 인력 양성을 위한 자격증"

현대 기업의 업무는 유기적으로 연결되어 있어 여러 업무를 통합하고 전사적으로 관리할 수 있는 시스템이 필요하고, 이를 위해 많은 기업들이 ERP를 도입하고 있습니다. 이에 한국생산성본부에서는 ERP 정보관리사 자격시험제도를 도입하고 그 능력과 수준을 평가하여 국가공인자격으로 인정해주고 있습니다.

이 책의 특징은 다음과 같습니다.

첫째, 이론을 챕터별로 정리하고 보조단에 TIP, 용어설명, 보충설명을 기재하여 필요한 내용을 한눈에 볼 수 있도록 하였습니다. 또한 챕터별로 기출&확인 문제를 수록하여 이론 학습 후 곧바로 확인 학습이 가능하도록 하였습니다.

둘째, 실제 시험과 최대한 비슷한 환경에서 연습할 수 있도록 백데이터(DB)를 구성하였으며, 교재의 실무 시뮬레이션 부분은 ERP 프로그램 순서대로 구성하였습니다. 교재에 수록된 실무 연습문제만 잘 학습한다면 시험뿐만 아니라 업무의 흐름도 충분히 파악할 수 있습니다.

셋째, 충분한 연습을 위해 1급과 2급의 최신 기출문제 6회분을 수록하였고, 상세한 정답 및 해설도 제공합니다. 특히 기출문제의 실무 시뮬레이션 부분의 해설은 빠른 이해를 위해 화면을 함께 수록하였습니다.

본서를 통해 ERP 정보관리사 자격시험에서 요구하는 이론과 실무의 주요 내용을 효율적으로 학습하고, 빠르게 합격할 수 있기를 바라겠습니다. 열심히 하는 여러분을 항상 응원합니다!

최주영

| 약력 |

- (현) 한국생산성본부 ERP 공인 강사
- (현) ERP 정보관리사 회계, 인사, 물류, 생산 1급 MASTER
- (현) 에듀윌 물류관리사 전임 교수
- (현) (주)한국공동주택교육진흥원 전임 강사
- (현) 주식회사아파트장터 시스템 연구원

- (전) 선문대학교 경영회계아카데미 ERP 전문가 양성 과정 부원장
- (전) 주식회사엘티에듀 교육지원 팀장, 전임 강사
- (전) 순천향대학교 전산회계 과정 강사
- (전) 대림대학교 세무회계학과 과정 강사
- (전) 백석대학교 회계세무 과정 강사
- (전) (주)마이에듀 회계세무 과정 전임 강사
- (전) 특성화고등학교 ERP 및 회계세무 과정 강사
- (전) 회계세무 관련 자격시험 출제위원

시험안내

1. 시험 방법

시험 과목	응시교시	응시교시	비고
회계 1·2급	1교시	• 입실: 08:50 • 이론: 09:00~09:40(40분) • 실무: 09:45~10:25(40분)	※ 시험시간은 정기시험기준으로 시험 일정에 따라 변경될 수 있습니다. ※ 같은 교시의 과목은 동시 응시 불가(예: 회계, 생산 모듈은 동시 응시 불가) ※ 시험 준비물: 수험표, 신분증, 필기구, 계산기(공학용, 윈도우 계산기 사용 불가)
생산 1·2급			
인사 1·2급	2교시	• 입실: 10:50 • 이론: 11:00~11:40(40분) • 실무: 11:45~12:25(40분)	
물류 1·2급			

2. 합격기준

구분	합격점수	문항 수
1급	70점 이상(이론, 실무형 각 60점 이상)	이론 32문항(인사 33문항), 실무 25문항(이론문제는 해당 과목의 심화 내용 수준 출제)
2급	60점 이상(이론, 실무형 각 40점 이상)	이론 20문항, 실무 20문항(이론문제는 해당 과목의 기본 내용 수준 출제)

3. 응시료

구분	1과목	2과목	납부방법	비고
1급	40,000원	70,000원	전자결제	※ 동일 등급 2과목 응시 시 응시료 할인 (단, 등급이 다를 경우 할인 불가) ※ 최대 2과목 접수 가능 (단, 같은 교시의 과목은 1과목만 접수 가능)
2급	28,000원	50,000원		

4. 2025 시험일정

회차	원서접수		수험표 공고	시험일	성적 공고
	온라인	방문			
제1회	24.12.26.~25.01.02.	25.01.02.	01.16.~01.25.	01.25.	02.11.~02.18.
제2회	02.19.~02.26.	02.26.	03.13.~03.22.	03.22.	04.08.~04.15.
제3회	04.23.~04.30.	04.30.	05.15.~05.24.	05.24.	06.10.~06.17.
제4회	06.25.~07.02.	07.02.	07.17.~07.26.	07.26.	08.12.~08.19.
제5회	08.27.~09.03.	09.03.	09.18.~09.27.	09.27.	10.14.~10.21.
제6회	10.22.~10.29.	10.29.	11.13.~11.22.	11.22.	12.09.~12.16.

※ ERP 영림원은 5월, 11월 정기 시험 시 시행
※ 시험주관처에 따라 시험일정이 변동될 수 있습니다.

5. 이론 세부 출제범위

구분		내용
영업관리	1. 예측	(1) 수요예측
		(2) 판매예측
	2. 판매계획	(1) 중장기 판매목표 수립
		(2) 연도별 판매목표 수립
		(3) 판매할당
		(4) 가격전략
	3. 수주관리	(1) 고객의 중점화
		(2) 수주관리
	4. 대금회수	(1) 신용한도
		(2) 대금회수 관리법
SCM (공급망관리)	1. 공급망관리 개요	(1) SCM 의의
		(2) SCM의 전략 및 운영
		(3) 물류거점 네트워크 최적화
	2. 재고관리	(1) 재고관리 개념
		(2) 재고조사
		(3) 재고자산 평가
	3. 운송관리	(1) 운송계획 수립
		(2) 운송계획 실행
	4. 창고관리	(1) 창고관리 개념
		(2) 창고 운영하기
구매관리	1. 구매관리의 개념	
	2. 가격개념	(1) 구매가격
		(2) 원가
	3. 구매실무	(1) 구매시장조사
		(2) 구매계약
		(3) 구매정책
무역관리	1. 무역이론	(1) 무역발생 원인
		(2) 무역관계 기관
		(3) 무역 국내 법률
		(4) 무역관계 규칙
	2. 무역실무	(1) 무역거래조건 및 절차
		(2) 무역조건
		(3) 서류
		(4) 해상보험
		(5) 수출물품확보
		(6) 환율
	3. 통관실무	(1) 관세
		(2) 수출통관
		(3) 수입통관
		(4) 관세환급

6. 실제 시험 프로그램 화면

ERP 정보관리사는 이론, 실무 모두 시험이 CBT(Computer Based Testing) 방식으로 진행되며, 컴퓨터상에서 문제를 읽고 풀며 답안을 작성한다. 단, 계산문제가 있으므로 기본형 계산기와 간단한 필기구를 준비하는 게 좋다.

• ERP 정보관리사 시험 로그인 화면

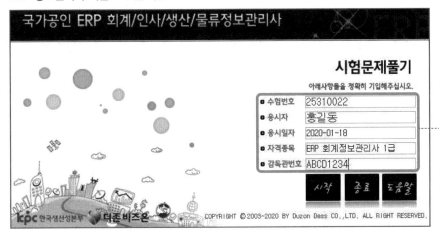

수험표에 기재된 내용을 참고하여 수험번호, 응시자, 응시일자, 자격종목, 감독관번호를 순서대로 입력한다.

• ERP 정보관리사 로그인 후 화면

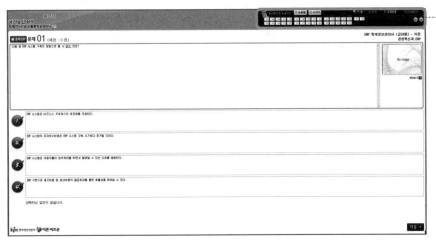

로그인 후 시험이 시작되면 문제를 읽고 답안을 체크한 후, '다음' 버튼을 누른다. 우측 상단의 '답안체크 및 바로가기'에서 원하는 문항을 선택하면 해당 문항으로 바로 이동할 수 있다.

시험에 출제된 내용만 담은 이론!

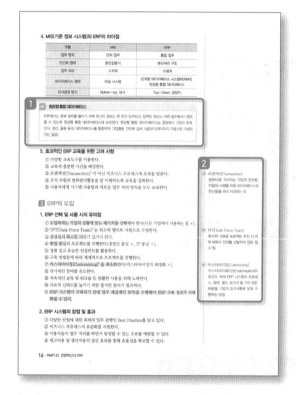

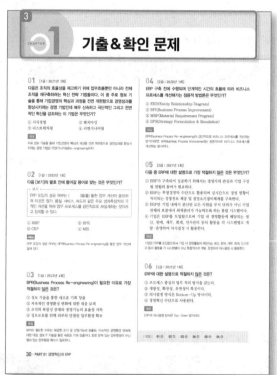

1 부가 이론 설명

기본 이론과 더불어 학습자의 이해를 돕는 부가적인
내용을 수록하였다.

2 용어 및 개념 설명

어려운 용어 및 개념은 바로 설명하여 해당 내용을
이해하는 데 어려움이 없도록 하였다.

3 기출&확인 문제

각 CHAPTER별로 기출&확인 문제를 수록하여 기출
유형을 파악하고 학습 내용을 점검할 수 있다.

➕ 시험 직전, 최종 점검할 수 있는 FINAL 핵심노트(PDF 제공)

다운로드 경로: 에듀윌 도서몰(book.eduwill.net)>도서자료실>부가학습자료>'ERP 정보관리사 물류 1·2급' 검색

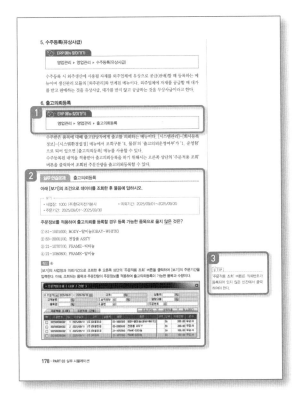

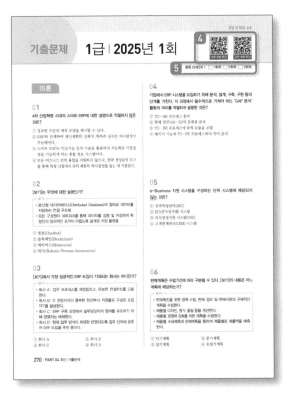

1 ERP 메뉴 찾아가기

생소한 프로그램을 보다 빠르게 익힐 수 있도록 해당 메뉴의 경로를 제시하였다.

2 실무 연습문제

실무 연습문제를 통해 ERP 프로그램에 익숙해질 수 있도록 하여 실전에 대비할 수 있다.

3 저자 TIP

저자가 직접 제시하는 TIP을 수록하여 효율적인 학습을 할 수 있다.

4 기출문제 해설 특강

2025년 1회부터 2024년 5회까지 최신 기출문제 6회분의 해설 특강을 수록하였다.

5 회독 CHECK

3회독이 가능한 회독 CHECK표를 활용하여 최신 기출문제가 익숙해질 때까지 충분히 학습할 수 있다.

CONTENTS
차 례

최신 기출문제

이론

PART

01

경영혁신과 ERP

Enterprise Resource Planning

경영혁신과 ERP

빈출 키워드
☑ BPR
☑ ERP 도입 시 유의점과 예상 효과
☑ ERP의 구축 절차   ☑ 클라우드 ERP

1 경영혁신

1. 경영혁신의 정의

경영혁신이란 조직의 목적을 달성하기 위하여 새로운 생각이나 방법으로 기존 업무를 다시 계획하고 실천하고 평가하는 것을 말한다. 고객 욕구의 다양화, 기업활동의 세계화, 정보 기술의 급격한 발전 등 급변하는 기업 환경 속에서 기업들은 생존 및 경쟁우위 확보 전략으로 ERP를 포함한 다양한 경영혁신 운동을 전개해 왔다.

2. 다운사이징(Downsizing)

조직의 규모를 줄이는 것이 목적이며 기업의 감량 경영을 통칭하는 개념이다. 인력 축소, 조직 재설계, 시스템 재설계 등이 있으며, 다운사이징의 결과로 비정규직 근로자가 출현하게 되었다.

3. 아웃소싱(Outsourcing)

경영 효과 및 효율의 극대화를 위한 방안으로 기업의 핵심 업무를 제외한 일부 기능을 제3자에게 위탁하여 처리하는 개념이다. 기업은 핵심 업무에만 집중하고 나머지 부수적인 부분은 외주에 의존함으로써 생산성을 극대화할 수 있다.

4. JIT(Just In Time)

필요한 것을 필요할 때, 필요한 만큼 만드는 생산 방식이다.

5. 리엔지니어링(Re-engineering)

주로 정보 기술을 통해 기업경영의 핵심과 과정을 전면 개편함으로써 경영 성과를 향상시키기 위한 경영 기법으로, 매우 신속하고 극단적이며 전면적인 혁신을 강조한다.

6. BPR(Business Process Re-engineering) 중요

(1) BPR의 정의

원가, 품질, 서비스, 속도와 같은 핵심적인 부분에서 극적인 성과를 이루기 위해 기업의 업무 프로세스를 기본적으로 다시 생각하고 급진적으로 재설계하는 것으로, 현재 하고 있는 일을 개선하는 것이 아니라 처음부터 다시 시작하는 혁명적인 개념에서 출발한 것으로 ERP 도입의 성공 여부는 BPR을 통한 업무 개선에 달려 있다.

(2) BPR이 필요한 이유

① 복잡한 조직 및 경영기능의 효율화
② 지속적인 경영환경 변화에 대한 대응
③ 정보 IT 기술을 통한 새로운 기회 창출

(3) ERP 패키지 도입을 통한 시스템 구축 방법(Best Practice 도입 목적)

① BPR과 ERP 시스템 구축을 병행하는 방법
② ERP 패키지에 맞추어 BPR을 추진하는 방법
③ BPR을 실시한 후에 이에 맞도록 ERP 시스템을 구축하는 방법

+ BPI(Business Process Improvement)

BPI는 ERP 구축 전에 수행되며, 시간의 흐름에 따라 단계적으로 비즈니스 프로세스를 개선해 가는 점진적인 방법론이다. BPR이 비즈니스 프로세스를 급진적으로 개선하는 방식인 데 반해, BPI는 비즈니스 프로세스를 점증적으로 개선하는 방식이다.

2 ERP(Enterprise Resource Planning)

1. ERP의 정의

기업의 업무 프로세스 재구축(BPR)을 통해 기업 내 분산된 모든 자원을 효율적으로 통합 관리할 수 있는 부서 간 전산 통합용 프로그램인 ERP 소프트웨어가 경영혁신의 새로운 도구로 주목받게 되었다. 미국의 가트너 그룹에서 처음 불린 ERP는 선진 업무 프로세스를 기반으로 최신의 정보 기술을 통해 설계한 고기능성 업무용 소프트웨어로, 최신의 IT 기술을 활용하여 생산, 판매, 인사, 회계 등 기업 내 모든 업무를 통합적으로 관리하도록 도와주는 전사적 자원 관리 시스템이다. 즉, 영업에서 생산 및 출하에 이르는 기업의 모든 업무 과정을 유기적으로 연결할 뿐만 아니라 실시간으로 관리하여 신속한 의사결정을 지원하는 최신의 경영정보 시스템이다.

2. ERP의 역할

① 기업 내에 분산된 모든 자원을 부서 단위가 아닌 기업 전체의 흐름에서 최적으로 관리할 수 있도록 하는 통합 시스템이다.
② 통합 업무 시스템으로 중복 업무에 들어가는 불필요한 요소를 줄일 수 있다.
③ 각종 업무에서 발생하는 데이터를 하나의 데이터베이스로 저장하여 정보 공유에 용이하다.
④ 투명경영의 수단으로 활용되며, 실시간으로 처리되는 경영 현황에 대한 경영정보 제공 및 경영 조기경비체계를 구축한다.
⑤ 다양한 운영체제하에서 운영할 수 있고 시스템을 확장하거나 다른 시스템과 연계할 수도 있다(개방성, 확장성, 유연성).
⑥ ERP가 구축되어 성공하기 위해서는 경영자의 관심과 기업 구성원 전원의 참여가 필요하다.

3. ERP의 목표 _{중요}

ERP 도입의 최종 목적은 고객만족과 이윤 극대화 실현이다.
① 통합 정보 시스템 구축, 선진 비즈니스 프로세스의 도입
② 잘못된 관행 제거, 비부가가치 업무 제거, 단순화, 표준화(복잡하지 않음)
③ 재고비용 절감, 납기 단축, 정보 공유, 매출액 증대 등
④ 경쟁력 강화 및 투명경영의 가능
⑤ 글로벌 경쟁 체제에 적절히 대응

TIP 박스:

> 기존의 업무를 개선하기 위하여 ERP를 도입하는 것이지, 기존 업무 처리에 따라 ERP 패키지를 수정하는 것은 아니다.

4. MIS(기존 정보 시스템)와 ERP의 차이점

구분	MIS	ERP
업무 범위	단위 업무	통합 업무
전산화 형태	중앙집중식	분산처리 구조
업무 처리	수직적	수평적
데이터베이스 형태	파일 시스템	관계형 데이터베이스 시스템(RDBMS), 원장형 통합 데이터베이스
의사결정 방식	Bottom-Up, 상사	Top-Down, 담당자

➕ 원장형 통합 데이터베이스

ERP에서는 중복 업무를 줄이기 위해 하나의 정보는 한 번만 입력되고, 입력된 정보는 어떤 업무에서나 참조할 수 있도록 원장형 통합 데이터베이스에 보관된다. 원장형 통합 데이터베이스는 중앙에서 기업의 회계, 인사, 생산, 물류 등의 데이터베이스를 통합하여 기업활동 전반에 걸쳐 사용된다(데이터가 자동으로 가공되지는 않음).

5. 효과적인 ERP 교육을 위한 고려 사항

① 다양한 교육도구를 이용한다.
② 교육에 충분한 시간을 배정한다.
③ 트랜잭션(Transaction)*이 아닌 비즈니스 프로세스에 초점을 맞춘다.
④ 조직 차원의 변화관리활동을 잘 이해하도록 교육을 강화한다.
⑤ 사용자에게 시스템 사용법과 새로운 업무 처리 방식을 모두 교육한다.

3 ERP의 도입

1. ERP 선택 및 사용 시의 유의점

① 도입하려는 기업의 상황에 맞는 패키지를 선택해야 한다(다른 기업에서 사용하는 것 ×).
② TFT(Task Force Team)*는 최고의 엘리트 사원으로 구성한다.
③ 경영진의 확고한 의지가 있어야 한다.
④ 현업 중심의 프로젝트를 진행한다(경영진 중심 ×, IT 중심 ×).
⑤ 경험 있고 유능한 컨설턴트를 활용한다.
⑥ 구축 방법론에 따라 체계적으로 프로젝트를 진행한다.
⑦ 커스터마이징(Customizing)*을 최소화한다(커스터마이징의 최대화 ×).
⑧ 전사적인 참여를 유도한다.
⑨ 지속적인 교육 및 워크숍 등 원활한 사용을 위해 노력한다.
⑩ 자료의 신뢰도를 높이기 위한 철저한 관리가 필요하다.
⑪ ERP 시스템이 구축되기 전에 업무 재설계인 BPR을 수행해야 ERP 구축 성과가 극대화될 수 있다.

2. ERP 시스템의 장점 및 효과

① 다양한 산업에 대한 최적의 업무 관행인 Best Practice를 담고 있다.
② 비즈니스 프로세스의 표준화를 지원한다.
③ 이용자들이 업무 처리를 하면서 발생할 수 있는 오류를 예방할 수 있다.
④ 재고비용 및 생산비용의 절감 효과를 통해 효율성을 확보할 수 있다.

(❋) 트랜잭션(Transaction)
컴퓨터로 처리하는 작업의 단위로, 작업의 수행을 위해 데이터베이스의 연산들을 모아 처리하는 것

(❋) TFT(Task Force Team)
회사의 새로운 프로젝트 추진 시 각 부서에서 인재를 선발하여 만든 임시 팀

(❋) 커스터마이징(Customizing)
커스터마이제이션(Customization)이라고도 하며 ERP 시스템의 프로세스, 화면, 필드, 보고서 등 거의 모든 부분을 기업의 요구사항에 맞춰 구현하는 방법

⑤ 모든 기업의 업무 프로세스를 개별 부서원들이 분산처리하면서도 동시에 중앙에서 개별 기능들을 통합적으로 관리할 수 있다.

⑥ 경영학적인 업무 지식에 입각하여 각 기업들의 고유한 프로세스를 구현할 수 있도록 파라미터(Parameter)*를 변경하여 고객화(Customization)*시킬 수 있게 구성되어 있다.

⑦ 차세대 ERP는 인공지능 및 빅데이터 분석 기술과의 융합으로 분석 도구가 추가되어 선제적 예측과 실시간 의사결정 지원이 가능하다.

3. ERP 시스템 도입의 예상 효과

① 통합 업무 시스템 구축

② 불필요한 재고 감소, 물류비용 감소, 원가 절감

③ 고객 서비스 개선, 수익성 개선

④ 필요 인력과 필요 자원 절약, 업무시간 단축

⑤ 생산성 향상 및 매출 증대, 업무의 정확도 증대, 업무 프로세스 단축

⑥ 비즈니스 프로세스 혁신, 업무의 비효율 절감

⑦ 최신 정보 기술 도입

⑧ 리드 타임(Lead Time)* 단축

⑨ 결산작업 단축

⑩ 사이클 타임(Cycle Time)* 단축

⑪ 투명한 경영

⑫ 표준화, 단순화, 코드화

4. ERP 시스템 도입의 4단계 프로세스

ERP 도입 단계는 기존 시스템 개발 프로젝트와 달리 일종의 패키지 도입이 주를 이루고 있으므로 다음과 같은 4단계의 프로세스를 거친다.

> 투자 단계 → 구축 단계 → 실행 단계 → 확산 단계

＋ 총소유비용(Total Cost of Ownership)

ERP 시스템에 대한 투자비용을 의미하며 투자의 적정성을 평가하기 위한 개념으로, 시스템의 전체 라이프 사이클(Life-Cycle)을 통해 발생하는 전체 비용을 계량화하는 것이다.

5. ERP 시스템 획득과 IT 아웃소싱

ERP를 자체 개발하면 시스템의 수정과 유지 보수가 지속적으로 이루어질 수 있으나 최근 ERP 개발과 구축, 운영, 유지 보수 등을 전문회사에 외주(아웃소싱)를 주어 패키지를 선택하는 형태가 많이 나타나고 있다. ERP 패키지 선정 기준으로는 시스템 보안성, 요구사항 부합 정도, 자사 환경 적합성, 커스터마이징(Customizing) 가능 여부 등이 있다.

6. ERP 패키지 선택 시 장점

① 기업이 가지고 있지 못한 지식을 획득할 수 있다.

② ERP의 개발과 구축, 운영, 유지 보수에 필요한 인적 자원을 절약할 수 있다.

③ ERP의 자체 개발에서 발생할 수 있는 기술력 부족의 위험 요소를 제거할 수 있다.

④ 검증된 방법론 적용으로 구현 기간을 최소화할 수 있다.

⑤ 검증된 기술과 기능으로 위험 부담을 최소화할 수 있다.

⑥ 향상된 기능과 최신의 정보 기술이 적용된 버전으로 업그레이드할 수 있다.

＊ **파라미터(Parameter)**
ERP 프로그램의 사용자가 원하는 방식으로 자료를 처리하도록 특정 기능을 추가하거나 변경하여 반영하는 정보

＊ **고객화(Customization)**
ERP 시스템의 프로세스, 화면, 필드, 보고서 등 거의 모든 부분을 기업의 요구사항에 맞춰 구현하는 방법

＊ **리드 타임(Lead Time)**
고객의 주문에서 납품까지 또는 생산이 시작되어 완성될 때까지 걸리는 시간

＊ **사이클 타임(Cycle Time)**
반복 작업에서 1사이클에 필요한 시간

7. ERP를 성공적으로 도입하기 위한 전략

① 현재의 업무 방식만을 그대로 고수해서는 안 된다.
② 사전 준비를 철저히 한다.
③ IT 중심의 프로젝트로 추진하지 않는다.
④ 업무상의 효과보다 소프트웨어의 기능성 위주로 적용 대상을 판단하지 않는다.
⑤ 관리자와 팀 구성원의 자질과 의지를 충분히 키워 지속적인 ERP 교육을 실시한다.
⑥ 단기간의 효과 위주로 구현하면 안 된다.
⑦ 프로젝트 멤버는 현업 중심으로 구성해야 한다.
⑧ 최고 경영진도 프로젝트에 적극적으로 참여해야 한다.
⑨ 회사 전체의 입장에서 통합적 개념으로 접근하도록 한다.
⑩ BPR을 통한 완전한 기업 업무 프로세스 표준화가 선행되거나 동시에 진행되어야 한다.

8. 상용화 패키지에 의한 ERP 시스템 구축 시 성공과 실패를 좌우하는 요인

① 시스템 공급자와 기업, 양쪽에서 참여하는 인력의 역량
② 제품이 보유한 기능을 기업의 업무환경에 얼마만큼 잘 적용시키는지에 대한 요인
③ 사용자 입장에서 ERP 시스템을 충분히 이해하고 사용할 수 있는 반복적인 교육 훈련

4 ERP의 특징

1. 기능적 특징

① 다국적, 다통화, 다언어 지원
② 중복 업무의 배제 및 실시간 정보처리체계 구축
③ 표준을 지향하는 선진화된 최고의 실용성 수용
④ 비즈니스 프로세스 모델에 따른 리엔지니어링
⑤ 파라미터 지정에 의한 프로세스의 정의
⑥ 경영정보 제공 및 경영조기경비체계의 구축
⑦ 투명경영의 수단으로 활용
⑧ 오픈 멀티-벤더(Open Multi-Vendor)

> **+ 오픈 멀티-벤더(Open Multi-Vendor)**
>
> ERP는 어떠한 운영체제나 데이터베이스에서도 잘 운영될 수 있도록 설계되어 있어서 다른 시스템과의 연계가 쉽다. 따라서 특정 하드웨어 및 소프트웨어 기술이나 업체에 의존하지 않고 다양한 하드웨어나 소프트웨어와 조합하여 사용할 수 있도록 지원한다.

2. 기술적 특징

① 4세대 언어(4GL) 활용
② CASE Tool 기술
③ 관계형 데이터베이스(RDBMS) 소프트웨어 사용
④ 객체지향기술 사용
⑤ 인터넷 환경의 e-Business를 수용할 수 있는 Multi-Tier 환경 구성

5 ERP의 구축 절차 중요

TIP

ERP 구축 절차의 순서와 각 단계의 특징을 반드시 암기해야 한다.

분석 단계 → 설계 단계 → 구축 단계 → 구현 단계

분석 단계	현황을 파악하는 단계 • AS-IS 파악(현재의 업무) • TFT(Task Force Team) 결성 • 현재 시스템의 문제 파악 • 주요 성공 요인 도출 • 목표와 범위 설정 • 경영전략 및 비전 도출 • 현업 요구사항 분석 • 세부 추진일정 및 계획 수립 • 교육
설계 단계	분석한 결과를 구축하기 위해 준비하는 과정 • TO-BE 프로세스 도출 • 패키지 기능과 TO-BE 프로세스의 차이점 분석(GAP 분석) • 패키지 설치 및 파라미터 설정 • 추가 개발 및 수정·보완 문제 논의 • 인터페이스 문제 논의 • 커스터마이징(Customizing, 사용자 요구)의 선정 • 교육
구축 단계	분석과 설계 과정을 통해 이루어진 현황 파악 및 설정된 목표를 시스템적으로 구축하여 검증하는 과정 • 모듈 조합화(TO-BE 프로세스에 맞게 모듈 조합) • 추가 개발 또는 수정기능 확정 • 인터페이스 프로그램 연계 • 출력물 제시 • 교육
구현 단계	본격적인 시스템 가동 전에 시험적으로 운영하는 과정 • 시스템 운영(실데이터 입력 후 테스트) • 시험 가동 • 데이터 전환 • 시스템 평가 • 유지 보수 • 향후 일정 수립 • 교육

▶ **패키지 파라미터 설정 활동의 결과**
• 기업의 특정 요구에 맞게 ERP 시스템의 기능을 조정
• 기업의 환경에 맞게 프로세스를 조정하여 효율성을 높임
• 데이터의 흐름과 저장 방식을 조정하여 데이터 무결성과 일관성을 유지

6 ERP의 발전 과정과 확장형 ERP

1. ERP의 발전 과정

MRP I → MRP II → ERP → 확장형 ERP

① MRP I (Material Requirement Planning): 1970년대, 자재 소요량관리, 재고 최소화
② MRP II (Manufacturing Resource Planning): 1980년대, 생산 자원관리, 원가 절감
③ ERP(Enterprise Resource Planning): 1990년대, 전사적 자원관리, 경영혁신
④ 확장형 ERP(Extended ERP): 2000년대, 기업 간 최적화, Win-Win, 선진 정보화 기술 지원

2. 확장형 ERP

기존의 ERP에서 좀 더 발전된 개념으로, 기존의 ERP가 기업 내부의 프로세스 최적화가 목표였다면, 확장형 ERP는 기업 외부의 프로세스까지 운영 범위를 확대한 것이다.

(1) 확장형 ERP의 장점

① 개별적으로 고가의 시스템을 구축할 필요가 없어진다.
② 기존 ERP 시스템과의 통합 부담이 사라진다.
③ 기존 ERP 시스템의 효용이 상승된다.

(2) 확장형 ERP의 단점

완성도가 부족하다.

(3) 확장형 ERP의 구성 요소

기본형 ERP 시스템에 e-Business 지원 시스템과 SEM 시스템을 포함한다.
① e-Business 지원 시스템의 단위 시스템
- 지식경영 시스템(KMS; Knowledge Management System)
- 의사결정 지원 시스템(DSS; Decision Support System)
- 경영자정보 시스템(EIS; Executive Information System)
- 고객관계관리(CRM; Customer Relationship Management)
- 전자상거래(EC; Electronic Commerce)
- 공급체인관리(SCM; Supply Chain Management)
② SEM(전략적 기업경영) 시스템의 단위 시스템
- 성과측정관리(BSC; Balanced Score Card)
- 부가가치경영(VBM; Valued-Based Management)
- 전략계획 및 시뮬레이션(SFS; Strategy Formulation & Simulation)
- 활동기준경영(ABM; Activity-Based Management)

(4) 확장된 ERP 시스템 내의 SCM(Supply Chain Management) 모듈

공급자부터 소비자까지 이어지는 물류, 자재, 제품, 서비스, 정보의 흐름 전반에 걸쳐 계획하고 관리함으로써 수요와 공급의 일치를 최적으로 운영하고 관리하는 활동이다.
① 공급사슬에서의 가시성 확보로 공급 및 수요 변화에 신속하게 대응할 수 있다.
② 정보의 투명성을 통해 재고수준 감소 및 재고 회전율 증가를 달성할 수 있다.
③ 공급사슬에서의 계획(Plan), 조달(Source), 제조(Make) 및 배송(Deliver)활동 등의 통합 프로세스를 지원한다.

3. ERP와 CRM의 관계

① CRM(Customer Relationship Management)은 고객관계관리로 신규 고객 획득과 기존 고객 유지를 중심으로 고객을 파악하고 분석하는 것이다.
② ERP와 CRM 간의 통합으로 비즈니스 프로세스의 투명성과 효율성을 확보할 수 있다.
③ CRM 시스템은 기업의 고객 대응 활동을 지원하는 프런트오피스 시스템(Front-Office System)의 개념이며, ERP 시스템은 비즈니스 프로세스를 지원하는 백오피스 시스템(Back-Office System)이다.
④ 확장된 ERP 환경에서 CRM 시스템은 마케팅, 판매 및 고객 서비스를 자동화한다.

7 4차 산업혁명과 클라우드 ERP

1. 4차 산업혁명

(1) 4차 산업혁명의 정의

인공지능(AI; Artificial Intelligence), 사물인터넷(IoT; Internet of Things), 빅데이터 (Big Data), 클라우드 컴퓨팅(Cloud Computing) 등 첨단 정보통신 기술이 경제와 사회 전반에 융합되어 혁신적인 변화가 나타나는 차세대 산업혁명이다.

▶ 4차 산업혁명의 기술적 특징
• 초연결성
• 초지능화
• 융합화(산업 간, 기술 간)

(2) 차세대 ERP의 4차 산업혁명의 핵심 기술 적용

① 향후 스마트 ERP는 4차 산업혁명의 핵심 기술인 인공지능(AI), 빅데이터(Big Data), 사물인터넷(IoT), 블록체인 등의 신기술과 융합하여 보다 지능화된 기업경영이 가능한 통합 시스템으로 발전될 것이다.

② 생산관리 시스템(MES), 전사적 자원관리(ERP), 제품 수명주기관리 시스템(PLM) 등을 통해 각 생산 과정을 체계화하고 관련 데이터를 한 곳으로 모을 수 있어 빅데이터 분석이 가능해진다. 따라서 인공지능 기반의 빅데이터 분석을 통해 최적화와 예측 분석이 가능하여 과학적이고 합리적인 의사결정 지원이 가능해진다.

③ 제조업에서는 빅데이터 처리 및 분석 기술을 기반으로 생산자동화를 구현하고 ERP와 연계하여 생산계획의 선제적 예측과 실시간 의사결정이 가능해진다.

④ ERP에서 생성되고 축적된 빅데이터를 활용하여 기업의 새로운 업무를 개척할 수 있고, 비즈니스 간 융합을 지원하는 시스템으로 확대가 가능해진다.

⑤ 차세대 ERP는 인공지능 및 빅데이터 분석 기술과의 융합으로 전략경영 등의 분석 도구를 추가하게 되어 상위 계층의 의사결정을 지원할 수 있는 스마트 시스템으로 발전하고 있다.

2. 디지털 전환(Digital Transformation)

① 4차 산업혁명 시대의 경제 패러다임으로 디지털 기술을 사회 전반에 적용하여 전통적인 사회 구조를 혁신시키는 것이다.

② 기업에서 사물인터넷, 클라우드, 빅데이터, 인공지능 등의 핵심 기술을 활용하여 기존의 구조, 운영 방식, 서비스 방법 등을 혁신하는 것이다.

③ 현재 디지털 전환은 첨단제조기술, ICT 등의 기술 적용과 프로세스 효율화, 그리고 비즈니스 모델 변혁과 생태계 구축까지 확장되어 실행되고 있다.

3. 사물인터넷(IoT; Internet of Things)

① 인터넷을 통해서 모든 사물을 서로 연결하여 정보를 상호 소통하는 지능형 정보 기술 및 서비스이다.

② 수 많은 사물인터넷 기기들이 내장된 센서를 통해 데이터를 수집하고 인터넷을 통해 서로 연결되고 통신하며, 수집된 정보를 기반으로 자동화된 프로세스나 제어기능을 수행할 수 있으므로 다양한 산업분야뿐만 아니라 스마트 가전, 스마트 홈, 스마트 의료, 원격검침, 교통 분야 등의 일상생활에서도 적용되고 있다.

③ 만물인터넷(IoE; Internet of Everything): 사물인터넷의 미래이며 진화된 모습으로 사물과 사람, 데이터, 프로세스 등 세상에서 연결 가능한 모든 것(만물)이 인터넷에 연결되어 서로 소통하며 새로운 가치와 경험을 창출하는 기술이다.

4. 클라우드 컴퓨팅(Cloud Computing)

인터넷 기술을 활용하여 가상화된 IT 자원을 서비스로 제공하는 컴퓨팅 기술이다. 사용자들은 클라우드 컴퓨팅 사업자가 제공하는 소프트웨어, 스토리지, 서버, 네트워크 등의 IT 자원을 필요한 만큼 사용하고, 사용한 만큼 비용을 지불할 수 있다. 또한, 클라우드 서비스는 필요한 만큼의 IT 자원을 빠르게 확장하거나 축소할 수 있고, 어디에서나 접속할 수 있으며, 기술적인 관리 부담이 없다.

(1) 클라우드 컴퓨팅의 장점

① 사용자가 하드웨어나 소프트웨어를 직접 디바이스에 설치할 필요 없이 자신의 필요에 따라 언제든지 컴퓨팅 자원을 사용할 수 있다.

② 모든 데이터와 소프트웨어가 클라우드 컴퓨팅 내부에 집중되고 이기종 장비 간의 상호 연동이 유연하기 때문에 손쉽게 다른 장비로 데이터와 소프트웨어를 이동할 수 있어 장비 관리 업무와 PC 및 서버 자원 등을 줄일 수 있다.

③ 사용자는 클라우드 컴퓨팅 네트워크에 접속하여 서버 및 소프트웨어를 제공받을 수 있으므로 서버 및 소프트웨어를 구입하여 설치할 필요가 없어 IT 투자비용이 줄어든다.

(2) 클라우드 컴퓨팅의 단점

① 서버 공격 및 서버 손상으로 인해 개인정보가 유출 및 유실될 수 있다.

② 모든 애플리케이션을 보관할 수 없으므로 사용자가 필요로 하는 애플리케이션을 지원받지 못하거나 애플리케이션을 설치하는 데 제약이 있을 수 있다.

(3) 클라우드 컴퓨팅에서 제공하는 서비스

① SaaS(Software as a Service, 서비스형 소프트웨어): 클라우드 컴퓨팅 서비스 사업자가 클라우드 컴퓨팅 서버에 소프트웨어를 제공하고, 사용자가 원격으로 접속해 해당 소프트웨어를 활용하는 서비스 모델이다. 기업의 핵심 애플리케이션인 ERP, CRM 솔루션 등의 소프트웨어를 클라우드 서비스를 통해 제공받는 것이며, PaaS를 통해 서비스 구성 컴포넌트 및 호환성 제공 서비스를 지원 받는다.

② PaaS(Platform as a Service, 플랫폼형 서비스): 사용자가 소프트웨어를 개발할 수 있는 토대를 제공해 주는 서비스 모델이다. ERP 소프트웨어 개발을 위한 플랫폼을 클라우드 서비스로 제공받는 것이다. **예** 웹 프로그램, 제작 툴, 개발 도구 지원, 과금 모듈, 사용자관리 모듈 등

③ IaaS(Infrastructure as a Service, 인프라형 서비스): 서버 인프라를 서비스로 제공하는 것으로, 클라우드를 통해 저장 장치(Storage) 또는 컴퓨팅(Computing) 능력을 인터넷 서비스 형태로 제공하는 서비스 모델이다. 기업의 업무 처리에 필요한 서버, 스토리지, 데이터베이스, 네트워크 등의 IT 인프라 자원을 클라우드 서비스로 빌려 쓰는 형태이며, 데이터 클라우드 서비스와 스토리지 클라우드 서비스는 IaaS에 속한다.

(4) 클라우드 서비스의 비즈니스 모델

① 퍼블릭(Public, 공개형) 클라우드: 일반인에게 공개되는 개방형 서비스로 전 세계의 소비자, 기업고객, 공공기관 및 정부 등 모든 주체가 클라우드 컴퓨팅을 사용할 수 있다. 사용량에 따라 사용료를 지불하며 규모의 경제를 통해 경쟁력 있는 서비스 단가를 제공한다는 장점이 있다.

② 사설(Private, 폐쇄형) 클라우드: 특정한 기업 내부 구성원에게만 제공되는 서비스 (Internal Cloud)로, 주로 대기업에서 데이터의 소유권 확보와 프라이버시 보장이 필요한 경우 사용된다. 운영자인 기업이 전체 인프라에 대한 완전한 통제권을 가질 수 있다는 장점은 있으나 규모의 경제 효과를 보기 어렵다.

③ 하이브리드(Hybrid, 혼합형) 클라우드: 특정 업무는 폐쇄형 클라우드 방식을 이용하고 기타 업무는 공개형 클라우드 방식을 이용하는 것이다.

(5) 클라우드 ERP

클라우드 서비스를 바탕으로 ERP 프로그램을 제공하는 것을 말한다. 즉, 전산 자원을 쉽고 빠르게 이용할 수 있도록 데이터를 인터넷과 연결된 중앙컴퓨터에 저장해서 인터넷에 접속하기만 하면 언제 어디서든지 데이터를 이용할 수 있는 ERP이다. 따라서 개방적인 정보 접근성을 통해 데이터를 분석할 수 있으며, 원격근무환경을 구현하여 스마트워크환경이 정착될 수 있다. 웹(Web) 기반의 ERP에서 클라우드 기반의 ERP로 진화하고 있으며, 클라우드 ERP는 디지털 지원, 인공지능(AI) 및 기계학습(Machine Learning), 예측 분석 등과 같은 지능형 기술을 이용하여 미래에 대비한 즉각적인 가치를 제공하고 있다.

① 클라우드의 가장 기본적인 서비스인 SaaS, PaaS, IaaS를 통해 ERP 서비스를 제공받는다.

② IaaS 및 PaaS를 활용한 ERP를 하이브리드 클라우드 ERP라고 한다.

③ 4차 산업혁명 시대에 경쟁력을 갖추기 위해서는 기업들이 지능형 기업으로 전환되어야 하며, 클라우드 ERP로 지능형 기업을 운영할 수 있다.

④ 클라우드 도입을 통해 ERP의 진입장벽을 획기적으로 낮출 수 있다.

⑤ 클라우드를 통해 제공되는 ERP는 전문 컨설턴트의 도움 없이 설치하거나 운영할 수 있다.

⑥ 디지털 지원, 인공지능 및 기계학습(Machine Learning), 예측 분석 등과 같은 지능형 기술을 사용하여 미래에 대비한 즉각적인 가치를 제공할 수 있다.

⑦ 고객의 요구에 따라 필요한 기능을 선택 · 적용한 맞춤형 구성이 가능하다.

⑧ 안정적이고 효율적인 데이터 관리, IT 자원관리의 효율화, 관리비용의 절감이 가능하다.

5. 빅데이터(Big Data)

① 빅데이터의 정의: 빅데이터는 그 규모가 방대한 디지털데이터이며, 수치데이터뿐만 아니라 문자와 영상데이터를 포함한 다양하고 거대한 데이터의 집합이다.

② 빅데이터의 특성(가트너에 의한)

규모(Volume)	급격한 데이터 양의 증가(대용량화)
다양성(Variety)	로그 기록, 소셜, 위치, 센서 데이터 등 데이터 종류의 증가(반정형, 비정형 데이터의 증가)
속도(Velocity)	소셜 데이터, IoT 데이터, 스트리밍 데이터 등 실시간성 데이터 증가
정확성(Veracity)	데이터의 신뢰성, 정확성, 타당성 보장이 필수
가치(Value)	빅데이터가 추구하는 것은 가치 창출

③ 빅데이터 플랫폼: 빅데이터에서 가치를 추출하기 위한 일련의 과정(수집, 저장, 처리, 분석, 시각화)을 지원하기 위한 프로세스를 규격화한 기술

④ 빅데이터 처리 과정: 데이터(생성) → 수집 → 저장(공유) → 처리 → 분석 → 시각화

- 데이터(생성): 데이터베이스 등의 내부 데이터와 인터넷으로 연결된 외부로부터 생성된 데이터가 있다.
- 수집: 의사결정에 필요한 정보를 추출하기 위하여 다양한 데이터 원천으로부터 대량의 다양한 유형의 데이터를 수집하게 된다.
- 저장(공유): 저렴한 비용으로 대량의 다양한 유형의 데이터를 쉽고 빠르게 많이 저장하기 위하여 대용량 저장 시스템을 이용한다.
- 처리: 빅데이터를 효과적으로 분석하기 위하여 사전에 빅데이터 분산처리 기술이 필요한 단계이다.

TIP

빅데이터 처리 과정에 복구기술은 존재하지 않는다.

- 분석: 머신러닝, 딥러닝, 통계분석기법 등의 기술을 이용하여 처리된 빅데이터에서 가치있는 정보를 추출한다.
- 시각화: 분석 결과를 표, 그래프 등을 이용해 쉽게 시각적으로 표현하고 해석이나 의사결정에 활용한다.

6. 사이버물리 시스템(CPS; Cyber Physical System)

① 실제의 물리적인 제품, 생산설비, 공정, 공장을 사이버 공간에 그대로 구현하고 서로 긴밀하게 통합되어 동작하는 통합 시스템이다.

② 제품, 공정, 생산설비와 공장에 대한 실제 세계와 가상 세계의 통합 시스템이며, 제조 빅데이터를 기반으로 사이버모델을 구축하고 이를 활용하여 최적의 설계 및 운영을 수행하는 것이다.

③ 통신기능과 연결성이 증대된 메카트로닉스 장비에서 진화하여 컴퓨터 알고리즘에 의해 서로 소통하고 자동적, 지능적으로 제어되고 모니터링되는 다양한 물리적 개체(센서, 제조장비 등)들로 구성된 시스템이다.

④ CPS의 데이터를 ERP 시스템으로 통합하여 주문처리, 생산계획, 구매관리, 재고관리와 같은 업무 프로세스를 지원하는 상호작용이 가능하다.

7. 스마트 팩토리(Smart Factory, 스마트 공장)

스마트 팩토리는 설계·개발, 제조 및 유통·물류 등 생산 과정에 디지털 자동화 솔루션이 결합된 ICT를 적용하여 생산성, 품질, 고객만족도를 향상시키는 지능형 생산 공장이다.

(1) 스마트 팩토리의 구축 목적

생산성 향상과 유연성 향상, 고객 서비스 향상, 비용 절감, 납기 향상, 품질 향상, 인력효율화, 맞춤형 제품 생산, 통합된 협업생산 시스템, 최적화된 동적생산 시스템, 새로운 비즈니스 창출, 제품 및 서비스의 생산통합, 제조의 신뢰성 확보 등을 목표로 한다.

(2) 스마트 팩토리의 구성 영역

① 제품 개발: 제품수명주기관리(PLM) 시스템을 이용하여 제품의 개발, 생산, 유지보수, 폐기까지의 전 과정을 체계적으로 관리하게 된다.

② 현장 자동화: 인간과 협업하거나 독자적으로 제조작업을 수행하는 시스템으로 공정자동화, IOT, 설비제어장치(PLC), 산업로봇, 머신비전 등의 기술이 이용된다.

③ 공장 운영관리: 자동화된 생산설비로부터 실시간으로 가동 정보를 수집하여 효율적으로 공장 운영에 필요한 생산계획 수립, 재고관리, 제조자원관리, 품질관리, 공정관리, 설비제어 등을 담당한다.

④ 기업자원관리: 고객주문, 생산실적 정보 등을 실시간으로 수집하여 효율적인 기업 운영에 필요한 원가, 재무, 영업, 생산, 구매, 물류관리 등을 담당하며, ERP 등의 기술이 이용된다.

⑤ 공급사슬관리: 제품 생산에 필요한 원자재 조달에서부터 고객에게 제품을 전달하는 전체 과정의 정보를 실시간으로 수집하여 효율적인 물류 시스템 운영, 고객만족을 목적으로 하며, SCM 등의 기술이 이용된다.

8. 제품수명주기관리(PLM; Product Life-Cycle Management)

① 제품의 설계에서부터 생산, 출시, 유지 보수를 거쳐 서비스 종료와 최종 폐기에 이르기까지의 제품수명주기 모든 단계에서 사람, 기술, 프로세스 및 모범사례(Best Practice)로 구성되는 통합된 정보지향적 접근이다.

② 제품수명주기관리는 제품 중심의 생명주기관리에 초점을 두며, ERP는 기업 전반의 자원 및 프로세스를 통합적으로 관리하는 데 중점을 두고 있다. 따라서 ERP와 상호작용하여 제품의 생산, 유통, 재무프로세스를 효율화할 수 있다.

③ ERP는 비즈니스 프로세스를 부문이나 조직을 연결하는 횡적인 것으로 파악하기 때문에 엔지니어링 관점에서 설계 및 개발, 생산, 판매 및 기술지원 그리고 폐기 및 재활용 등 전 영역에 이르는 종적인 업무흐름을 지원하지 못한다. ERP 시스템에서 관리하지 못하는 종적인 영역을 보완함과 동시에 제품에 대한 전반적인 수명주기(Life-Cycle)를 관리하고 나아가 제품에 대한 설계, 조달, 제조, 생산프로세스의 효율화 및 원가절감을 위해 제품수명주기관리 시스템을 도입하고 있다.

9. 차세대 ERP의 비즈니스 애널리틱스(Business Analytics)

ERP 시스템 내의 빅데이터 분석을 위한 비즈니스 애널리틱스는 차세대 ERP 시스템의 핵심 요소가 되었다. 최근에는 빅데이터 분석 기술과 인공지능기법이 적용된 비즈니스 애널리틱스가 추가된 스마트 ERP가 출시되어 활용되고 있다. 비즈니스 애널리틱스의 내용은 다음과 같다.

① 의사결정을 위한 데이터 및 정량 분석과 광범위한 데이터 이용을 의미한다.

② 조직에서 기존의 데이터를 기초로 최적 또는 현실적 의사결정을 위한 모델링을 이용하도록 지원한다.

③ 질의 및 보고와 같은 기본적인 분석 기술과 예측 모델링과 같이 수학적으로 정교한 수준의 분석을 지원한다.

④ 과거 데이터 분석뿐만 아니라 이를 통한 새로운 통찰력 제안과 미래 사업을 위한 시나리오를 제공한다.

⑤ 구조화된 데이터(Structured Data)와 비구조화된 데이터(Unstructured Data)를 동시에 이용한다.

- 구조화된 데이터: 파일이나 레코드 내에 저장된 데이터로, 스프레드시트와 관계형 데이터베이스(RDBMS) 포함
- 비구조화된 데이터: 전자메일, 문서, 소셜미디어 포스트, 오디오 파일, 비디오 영상, 센서 데이터 등

⑥ 미래 예측을 지원해 주는 데이터 패턴 분석과 예측 모델을 위한 데이터 마이닝(Data Mining)을 통해 고차원 분석기능을 포함하고 있다.

⑦ 리포트, 쿼리, 알림, 대시보드, 스코어카드뿐만 아니라 데이터 마이닝 등의 예측 모델링과 같은 진보된 형태의 분석기능도 제공한다.

8 인공지능과 ERP

인공지능(AI; Artificial Intelligence)은 인간의 학습능력과 추론능력, 지각능력, 자연언어의 이해능력 등을 컴퓨터 프로그램으로 실현한 기술이다.

1. 인공지능의 기술발전

(1) 계산주의(Computationalism) 시대

① 인공지능의 초창기 시대이다.

② 계산주의는 인간이 보유한 지식을 컴퓨터로 표현하고 이를 활용해 현상을 분석하거나 문제를 해결하는 지식기반 시스템(Knowledge Based System)을 말한다.

(2) 연결주의(Connectionism) 시대

① 계산주의로 인공지능 발전에 제약이 생기면서 1980년대에 연결주의가 새롭게 대두되었다.

② 연결주의는 지식을 직접 제공하기보다 지식과 정보가 포함된 데이터를 제공하고 컴퓨터가 스스로 필요한 정보를 학습하며 인간의 두뇌를 모사하는 인공신경망을 기반으로 한 모델이다.

③ 연결주의 시대의 인공지능은 인간과 유사한 방식으로 데이터를 학습하여 스스로 지능을 고도화한다.

④ 연결주의 시대도 학습에 필요한 빅데이터와 컴퓨팅 파워의 부족이라는 한계를 극복하지 못하였다.

(3) 딥러닝*(Deep Learning)의 시대

① 최근의 인공지능은 딥러닝(심층학습)의 시대로, 사물인터넷과 클라우드 컴퓨팅 기술의 발전으로 빅데이터가 생성 및 수집되면서 인공지능 연구는 새로운 전환점을 맞이하였다.

② 입력층(Input Layer)과 출력층(Output Layer) 사이에 다수의 숨겨진 은닉층(Hidden Layer)으로 구성된 심층신경망(Deep Neural Networks)을 활용한다.

③ 현재 딥러닝은 음성 인식, 이미지 인식, 자동번역, 무인주행(자동차, 드론) 등에 큰 성과를 나타내고 있으며 의료, 법률, 세무, 교육, 예술 등 다양한 범위에서 활용되고 있다.

> ✱ 딥러닝
> 컴퓨터가 방대한 데이터를 이용해 사람처럼 스스로 학습할 수 있도록 심층신경망기술을 이용한 기법

2. 인공지능과 빅데이터 분석기법

(1) 기계학습(Machine Learning, 머신러닝)

① 기계학습의 정의: 방대한 데이터를 분석해 미래를 예측하는 기술로 일반적으로 생성된 데이터를 정보와 지식(규칙)으로 변환하는 컴퓨터 알고리즘을 의미한다.

② 기계학습의 종류

- 지도학습(Supervised Learning): 학습 데이터로부터 하나의 함수를 유추해내기 위한 방법으로 학습 데이터로부터 주어진 데이터의 예측값을 올바르게 추측해내는 것이다. 지도학습 방법에는 분류모형과 회귀모형이 있다.

- 비지도학습(Unsupervised Learning): 데이터가 어떻게 구성되었는지를 알아내는 문제의 범주에 속한다. 지도학습 및 강화학습과 달리 입력값에 대한 목표치가 주어지지 않는다. 비지도학습 방법에는 군집분석, 오토인코더, 생성적적대신경망(GAN) 등이 있다.

- 강화학습(Reinforcement Learning): 선택 가능한 행동들 중 보상을 최대화하는 행동 혹은 순서를 선택하는 방법이다. 강화학습에는 게임 플레이어 생성, 로봇 학습 알고리즘, 공급망 최적화 등의 응용 영역이 있다.

③ 기계학습(머신러닝) 워크플로우 6단계: 데이터 수집 → 점검 및 탐색 → 전처리 및 정제 → 모델링 및 훈련 → 평가 → 배포

- 데이터 수집(Data Acquisition): 인공지능 구현을 위해서는 머신러닝·딥러닝 등의 학습 방법과 이것을 학습할 수 있는 방대한 양의 데이터가 필요하다. 내부 데이터웨어하우스나 데이터베이스 내의 데이터, 조직 외부의 데이터 소스 등을 통해 분석 목적에 맞는 데이터를 수집한다.

- 점검 및 탐색(Inspection and Exploration): 데이터를 점검하고 탐색하는 탐색적 데이터 분석(EDA; Exploratory Data Analysis)을 수행한다. 데이터의 구조와 결측치 및 극단치 데이터를 정제하는 방법을 탐색하고 독립변수, 종속변수, 변수 유형, 변수의 데이터 유형 등 데이터 특징을 파악한다.

- 전처리 및 정제(Preprocessing and Cleaning): 다양한 소스로부터 획득한 데이터 중 분석하기에 부적합하거나 수정이 필요한 경우 데이터를 전처리하거나 정제하는 과정이다.
- 모델링 및 훈련(Modeling and Training): 머신러닝 코드를 작성하는 모델링 단계를 말한다. 적절한 머신러닝 알고리즘을 선택하여 모델링을 수행하고, 해당 머신러닝 알고리즘에 전처리가 완료된 데이터를 학습시킨다(훈련). 전처리가 완료된 데이터 셋(Data Set)은 학습용 데이터(Training Data)와 평가용 데이터(Test Data)로 구성한다.
- 평가(Evaluation): 머신러닝 기법을 이용한 분석모델(연구모형)을 실행하고 성능(예측 정확도)을 평가하는 단계이다. 모형평가에는 연구모형이 얼마나 정확한가, 연구모형이 관찰된 데이터를 얼마나 잘 설명하는가, 연구모형의 예측에 대해 얼마나 자신할 수 있는가(신뢰성, 타당성), 모형이 얼마나 이해하기 좋은가 등을 평가하고 만족하지 못한 결과가 나온다면 모델링 및 훈련 단계를 반복 수행한다.
- 배포(Deployment): 평가 단계에서 머신러닝 기법을 이용한 연구모형이 성공적으로 학습된 것으로 판단되면 완성된 모델을 배포한다. 분석모델을 실행하여 도출된 최종 결과물을 점검하고, 사업적 측면에서 결과의 가치를 재평가한다. 분석모델을 파일럿 테스트(Pilot Test, 시험작동)를 통해 운영한 다음 안정적으로 확대하여 운영계 시스템에 구축한다.

(2) 데이터 마이닝(Data Mining)

① 데이터 마이닝의 정의
- 축적된 대용량 데이터를 통계 기법 및 인공지능 기법을 이용하여 분석하고 이에 대한 평가를 거쳐 일반화시킴으로써 새로운 자료에 대한 예측 및 추측을 할 수 있는 의사결정을 지원한다.
- 데이터 마이닝은 대규모로 저장된 데이터 안에서 다양한 분석 기법을 활용하여 전통적인 통계학 이론으로는 설명이 힘든 패턴과 규칙을 발견한다.

② 데이터 마이닝의 단계: 분류(Classification), 추정(Estimation), 예측(Prediction), 유사집단화(Affinity Grouping), 군집화(Clustering)의 5가지 업무 영역으로 구분한다.

분류 (Classification)	어떤 새로운 사물이나 대상의 특징을 파악하여 미리 정의된 분류코드에 따라 어느 한 범주에 할당하거나 나누는 것
추정 (Estimation)	결과가 연속된 값을 갖는 연속형 변수를 주로 다루며 주어진 입력변수로부터 수입(Income), 은행잔고(Balance), 배당금(Corporate Dividends)과 같은 미지의 연속형 변수에 대한 값을 추정(산출)
예측 (Prediction)	과거와 현재의 자료를 이용하여 미래를 예측하는 모형을 만드는 것
유사집단화 (Affinity Grouping)	유사한 성격을 갖는 사물이나 물건들을 함께 묶어주는 작업
군집화 (Clustering)	이질적인 사람들의 모집단으로부터 다수의 동질적인 하위 집단 혹은 군집들로 세분화하는 작업

(3) 텍스트 마이닝(Text Mining)

① 텍스트 마이닝은 자연어 형태로 구성된 비정형 또는 반정형 텍스트데이터에서 패턴 또는 관계를 추출하여 의미 있는 정보를 찾아내는 기법으로 자연어 처리*가 핵심 기술이다.

② 텍스트 마이닝 분석을 실시하기 위해서는 불필요한 정보를 제거하고, 비정형 데이터를 정형 데이터로 구조화하는 작업은 위해 데이터 전처리 과정(텍스트 형태로 작성된 문서를 컴퓨터가 자동으로 인식할 수 있도록 하는 작업)이 필수적이다.

※ 자연어 처리
인공지능의 주요 분야 중 하나로 컴퓨터를 이용해 사람의 자연어를 분석하는 기법

3. 인공지능 적용기술(응용 분야)

(1) 로봇 프로세스 자동화(RPA; Robotic Process Automation)

① 로봇 프로세스 자동화의 정의
- 소프트웨어 프로그램이 사람을 대신해 반복적인 업무를 자동으로 처리하는 기술로, 사용자가 미리 정의한 순서에 따라 진행되는 업무를 자동으로 수행하는 소프트웨어를 이용해 자동화하는 것이다.
- 인공지능과 머신러닝을 사용하여 가능한 많은 반복적 업무를 자동화할 수 있는 소프트웨어 로봇 기술이다.

② 로봇 프로세스 자동화의 적용 분야
- 제조산업은 인공지능을 활용한 디지털 전환으로 로봇 프로세스 자동화의 도입 및 적용이 활발히 이루어져 인력 및 업무 구조 변화가 일어나고 있다.
- 금융권은 업무 생산성을 위해 정보조회, 금리산출, 여신심사, 자금세탁방지 등 업무 전반에 도입하여 직원들의 효율적인 업무수행을 돕고 비용을 절감하고 있다.

③ 로봇 프로세스 자동화의 적용 단계
- 1단계 − 기초프로세스 자동화: 정형화된 데이터 기반의 자료 작성, 단순 반복 업무 처리, 고정된 프로세스 단위 업무 수행 등이 해당된다.
- 2단계 − 데이터 기반의 머신러닝 활용: 이미지에서 텍스트 데이터 추출, 자연어 처리로 정확도와 기능성을 향상시키는 과정이다.
- 3단계 − 인지자동화: 빅데이터 분석을 통해 그동안 사람이 수행한 복잡한 의사결정을 내리는 수준이다. 이것은 로봇 프로세스 자동화가 업무 프로세스를 스스로 학습하면서 자동화하는 단계이다.

(2) 챗봇(ChatBot)

① 채팅(Chatting)과 로봇(Robot)의 합성어인 챗봇(ChatBot)은 로봇의 인공지능을 대화형 인터페이스에 접목한 기술로 인공지능을 기반으로 사람과 상호작용하는 대화형 시스템을 지칭한다.

② 인공지능 기반 챗봇 구축을 통해 단순한 질문은 챗봇이 답변함으로써 고객센터(콜상담) 업무의 일부 대체가 가능해 기존 인력을 전문상담으로 배치할 수 있다.

(3) 블록체인(Block Chain)

① 블록체인의 정의
- 분산형 데이터베이스의 형태로 데이터를 저장하는 연결구조체이며, 모든 구성원이 네트워크를 통해 데이터를 검증 및 저장하여 특정인의 임의적인 조작이 어렵도록 설계된 저장플랫폼이다.
- 블록(Block)은 거래 건별 정보가 기록되는 단위이며 이것이 시간의 순서에 따라 체인(Chain) 형태로 연결된 데이터베이스를 블록체인이라고 한다.
- 블록체인은 블록의 정보와 거래내용을 기록하고 이를 네트워크 참여자들에게 분산 및 공유하는 분산원장 또는 공공거래장부이다.

② 블록체인 기술의 특징
- 탈중개성(P2P−based): 공인된 제3자의 공증 없이 개인 간 거래가 가능하며 불필요한 수수료를 절감할 수 있다.
- 보안성(Secure): 정보를 다수가 공동으로 소유하므로 해킹이 불가능하여 보안비용을 절감할 수 있다.
- 신속성(Instantaneous): 거래의 승인·기록은 다수의 참여에 의해 자동 실행되므로 신속성이 극대화된다.

> **로보어드바이저**
> 로봇(Robot)과 투자전문가(Advisor)의 합성어로, 빅데이터와 인공지능 알고리즘을 기반으로 고객에게 온라인으로 자산배분 포트폴리오를 관리해주는 금융자문 서비스

- **확장성(Scalable)**: 공개된 소스에 의해 쉽게 구축, 연결, 확장이 가능하므로 IT 구축 비용을 절감할 수 있다.
- **투명성(Transparent)**: 모든 거래기록에 공개적 접근이 가능하여 거래 양성화 및 규제 비용을 절감할 수 있다.

③ 블록체인의 활용 분야
- 글로벌 자선단체 및 사회복지 공동모금기관에서 블록체인 기반 기부플랫폼을 운영 하여 기부금이 어떻게, 어디에, 얼마나 사용되는지 투명하게 확인할 수 있다.
- 블록체인 기술을 활용하여 계약, 협상의 실행 및 시행을 할 수 있는 스마트 계약 (Smart Contract)은 자동으로 계약이 체결되기 때문에 계약 체결과 이행에 따르는 위험을 제거하여 향후 재판이나 강제집행 등이 필요 없고 중개인의 필요성도 없어 비용 효율성이 장점이다.

4. 인공지능 비즈니스 적용 프로세스(5단계)

① **1단계 - 비즈니스 영역 탐색**: 기업이 인공지능 비즈니스를 수행하려면 개선 및 이윤 창출이 가능한 영역이 자사의 업무에 있는지 탐색해야 한다.
② **2단계 - 비즈니스 목표 수립**: 인공지능을 적용할 비즈니스 영역을 발견한다면, 비즈니스 목표와 기술 목표를 수립해야 한다.
③ **3단계 - 데이터 수집 및 적재**: 딥러닝은 방대한 양의 데이터가 필요한 알고리즘이므로 양질의 데이터 확보 여부가 인공지능 비즈니스의 성패를 결정한다.
④ **4단계 - 인공지능 모델 개발**: 인공지능 모델 구축 관련 인프라를 준비하고, 모델 평가 지표 수립 후 알고리즘 선택/모델링/평가/보완 작업을 반복적으로 수행한다.
⑤ **5단계 - 인공지능 배포 및 프로세스 정비**: 인공지능은 업무의 가치와 효율성을 높여주는 도구이므로 인공지능 적용 후의 업무 방식 또한 도구를 잘 사용할 수 있도록 변화해야 한다.

5. 인공지능 윤리

① 인공지능 개발과 사용 과정에서 발생하는 위험 요소와 오용을 예방하기 위하여 인공지능에 대한 윤리 원칙의 정립이 필요하다는 추세이다.
② 2018년 9월 세계경제포럼(World Economic Forum)에서 발표한 인공지능 규범(AI Code) 의 5개 원칙
- 인공지능은 인류의 공동 이익을 위해 개발되어야 한다.
- 인공지능은 투명성과 공정성의 원칙에 따라 작동해야 한다.
- 인공지능이 개인, 가족, 지역 사회의 데이터 권리 또는 개인정보를 감소시켜서는 안 된다.
- 모든 시민은 인공지능을 통해서 정신적, 정서적, 경제적 번영을 누리도록 교육받을 권리를 가져야 한다.
- 인간을 해치거나 파괴하거나 속이는 자율적 힘을 인공지능에 절대로 부여하지 않는다.

기출&확인 문제

01 [1급 | 2021년 3회]

다음은 조직의 효율성을 제고하기 위해 업무흐름뿐만 아니라 전체 조직을 재구축하려는 혁신 전략 기법들이다. 이 중 주로 정보 기술을 통해 기업경영의 핵심과 과정을 전면 개편함으로 경영성과를 향상시키려는 경영 기법인데 매우 신속하고 극단적인 그리고 전면적인 혁신을 강조하는 이 기법은 무엇인가?

① 지식경영
② 벤치마킹
③ 리스트럭처링
④ 리엔지니어링

해설

주로 정보 기술을 통해 기업경영의 핵심과 과정을 전면 개편함으로 경영성과를 향상시키려는 경영 기법은 리엔지니어링(Re-engineering)이다.

02 [1급 | 2022년 1회]

다음 [보기]의 괄호 안에 들어갈 용어로 맞는 것은 무엇인가?

보기

ERP 도입의 성공 여부는 (   )을(를) 통한 업무 개선이 중요하며 이것은 원가, 품질, 서비스, 속도와 같은 주요 성과측정치의 극적인 개선을 위해 업무 프로세스를 급진적으로 재설계하는 것이라고 정의할 수 있다.

① MRP
② BPR
③ CRP
④ MIS

해설

ERP 도입의 성공 여부는 BPR(Business Process Re-engineering)을 통한 업무 개선에 달려 있다.

03 [1급 | 2022년 4회]

BPR(Business Process Re-engineering)이 필요한 이유로 가장 적절하지 않은 것은?

① 정보 기술을 통한 새로운 기회 창출
② 지속적인 경영환경 변화에 대한 대응 모색
③ 조직의 복잡성 증대와 경영기능의 효율성 저하
④ 정보보호를 위해 외부와 단절된 업무환경 확보

해설

BPR이 필요한 이유는 복잡한 조직 및 경영기능의 효율화, 지속적인 경영환경 변화에 대한 대응, 정보 IT 기술을 통한 새로운 기회 창출이다. 또한 닫혀 있는 업무환경이 아닌 열려 있는 업무환경 확보가 필요하다.

04 [2급 | 2025년 1회]

ERP 구축 전에 수행되며 단계적인 시간의 흐름에 따라 비즈니스 프로세스를 개선해가는 점증적 방법론은 무엇인가?

① ERD(Entity Relationship Diagram)
② BPI(Business Process Improvement)
③ MRP(Material Requirement Program)
④ SFS(Strategy Formulation & Simulation)

해설

BPR(Business Process Re-engineering)이 급진적으로 비즈니스 프로세스를 개선하는 방식이라면, BPI(Business Process Improvement)는 점증적으로 비즈니스 프로세스를 개선하는 방식이다.

05 [2급 | 2021년 3회]

다음 중 ERP에 대한 설명으로 가장 적절하지 <u>않은</u> 것은 무엇인가?

① ERP가 구축되어 성공하기 위해서는 경영자의 관심과 기업 구성원 전원의 참여가 필요하다.
② ERP는 투명경영의 수단으로 활용되며 실시간으로 경영 현황이 처리되는 경영정보 제공 및 경영조기경비체계를 구축한다.
③ ERP란 기업 내에서 분산된 모든 자원을 부서 단위가 아닌 기업 전체의 흐름에서 최적관리가 가능하도록 하는 통합 시스템이다.
④ 기업은 ERP를 도입함으로써 기업 내 경영활동에 해당되는 생산, 판매, 재무, 회계, 인사관리 등의 활동을 각 시스템별로 개발·운영하여 의사결정 시 활용한다.

해설

기업은 ERP를 도입함으로써 기업 내 경영활동에 해당되는 생산, 판매, 재무, 회계, 인사관리 등의 활동을 각 시스템별이 아닌 통합적으로 개발·운영하여 의사결정 시 활용한다.

06 [2급 | 2021년 1회]

ERP에 대한 설명으로 적절하지 <u>않은</u> 것은?

① 프로세스 중심의 업무 처리 방식을 갖는다.
② 개방성, 확장성, 유연성이 특징이다.
③ 의사결정 방식은 Bottom-Up 방식이다.
④ 경영혁신 수단으로 사용된다.

해설

ERP의 의사결정 방식은 Top-Down 방식이다.

| 정답 | 01 ④ 02 ② 03 ④ 04 ② 05 ④ 06 ③

07 [1급 | 2022년 1회]

다음 중 ERP 도입의 최종 목적으로 가장 적합한 것은 무엇인가?

① 해외매출 확대
② 관리자 리더십 향상
③ 경영정보의 분권화
④ 고객만족과 이윤 극대화

해설

ERP 도입의 최종 목적은 고객만족과 이윤 극대화 실현이다.

08 [1급 | 2024년 5회]

ERP와 기존의 정보 시스템(MIS) 특성 간의 차이점에 대한 설명으로 가장 적절하지 <u>않은</u> 것은?

① 기존 정보 시스템의 업무 범위는 단위 업무이고, ERP는 통합 업무를 담당한다.
② 기존 정보 시스템의 전산화 형태는 중앙집중식이고, ERP는 분산처리구조이다.
③ 기존 정보 시스템은 수평적으로 업무를 처리하고, ERP는 수직적으로 업무를 처리한다.
④ 기존 정보 시스템은 파일 시스템을 이용하고, ERP는 관계형 데이터베이스 시스템(RDBMS)을 이용한다.

해설

기존 정보 시스템(MIS)의 업무 처리 방식은 수직적이고, ERP의 업무 처리 방식은 수평적이다.

09 [1급 | 2020년 1회]

다음 중 효과적인 ERP 교육을 위한 고려 사항으로 가장 적절하지 <u>않은</u> 것은 무엇인가?

① 다양한 교육도구를 이용하라.
② 교육에 충분한 시간을 배정하라.
③ 비즈니스 프로세스가 아닌 트랜잭션에 초점을 맞춰라.
④ 조직차원의 변화관리 활동을 잘 이해하도록 교육을 강화하라.

해설

효과적인 ERP 교육을 위해서는 트랜잭션이 아닌 비즈니스 프로세스에 초점을 맞추어야 한다.

10 [2급 | 2021년 5회]

ERP 도입 시 고려해야 할 사항으로 가장 적절하지 <u>않은</u> 것은?

① 경영진의 강력한 의지
② 임직원의 전사적인 참여
③ 자사에 맞는 패키지 선정
④ 경영진 중심의 프로젝트 진행

해설

ERP 도입 시 경영진 중심이 아닌 현업 중심의 프로젝트를 진행한다.

11 [2급 | 2023년 6회]

ERP 시스템의 프로세스, 화면, 필드, 그리고 보고서 등 거의 모든 부분을 기업의 요구사항에 맞춰 구현하는 방법을 무엇이라 하는가?

① 정규화(Normalization)
② 트랜잭션(Transaction)
③ 컨피규레이션(Configuration)
④ 커스터마이제이션(Customization)

해설

ERP 시스템을 기업의 요구사항에 맞춰 구현하는 방법은 고객화(커스터마이제이션, Customization)이다.

12 [1급 | 2021년 5회]

다음 중 ERP의 장점 및 효과에 대한 설명으로 가장 적절하지 <u>않은</u> 것은 무엇인가?

① ERP는 다양한 산업에 대한 최적의 업무관행인 베스트 프랙틱스(Best Practices)를 담고 있다.
② ERP 시스템 구축 후 업무 재설계(BPR)를 수행하여 ERP 도입의 구축 성과를 극대화할 수 있다.
③ ERP는 모든 기업의 업무 프로세스를 개별 부서원들이 분산처리하면서도 동시에 중앙에서 개별기능들을 통합적으로 관리할 수 있다.
④ 차세대 ERP는 인공지능 및 빅데이터 분석 기술과의 융합으로 선제적 예측과 실시간 의사결정지원이 가능하다.

해설

ERP 시스템이 구축되기 전에 업무 재설계인 BPR을 수행해야 ERP 구축 성과가 극대화될 수 있다.

13 [2급 | 2021년 5회]

다음 중 ERP 도입의 예상 효과로 적절하지 <u>않은</u> 것은 무엇인가?

① 고객 서비스 개선
② 표준화, 단순화, 코드화
③ 통합 업무 시스템 구축
④ 사이클 타임(Cycle Time) 증가

해설

ERP의 도입을 통해 사이클 타임이 감소할 수 있다.

14 [1급 | 2021년 6회]

다음 중 ERP 도입 효과로 가장 적합하지 <u>않은</u> 것은 무엇인가?

① 불필요한 재고를 없애고 물류비용을 절감할 수 있다.
② 업무의 정확도가 증대되고 업무 프로세스가 단축된다.
③ 의사결정의 신속성으로 정보 공유의 시간적 한계가 있다.
④ 업무시간을 단축할 수 있고 필요인력과 필요자원을 절약할 수 있다.

해설

ERP는 의사결정의 신속성으로 정보 공유의 시간적 한계가 없다.

15 [1급 | 2024년 1회]

ERP 시스템 투자비용에 관한 개념 중 '시스템의 전체 라이프 사이클(Life-Cycle)을 통해 발생하는 전체 비용을 계량화한 비용'에 해당하는 것은?

① 유지보수비용(Maintenance Cost)
② 시스템 구축비용(Construction Cost)
③ 총소유비용(Total Cost of Ownership)
④ 소프트웨어 라이선스비용(Software License Cost)

해설

ERP 시스템에 대한 투자비용을 의미하는 개념으로, 시스템의 전체 라이프 사이클을 통해 발생하는 전체 비용을 계량화하는 것은 총소유비용(Total Cost of Ownership)이다.

16 [1급 | 2021년 5회]

다음 중 ERP 아웃소싱(Outsourcing)의 장점으로 가장 적절하지 <u>않은</u> 것은 무엇인가?

① ERP 아웃소싱을 통해 기업이 가지고 있지 못한 지식을 획득할 수 있다.
② ERP 개발과 구축, 운영, 유지보수에 필요한 인적 자원을 절약할 수 있다.
③ IT 아웃소싱 업체에 종속성(의존성)이 생길 수 있다.
④ ERP 자체 개발에서 발생할 수 있는 기술력 부족의 위험 요소를 제거할 수 있다.

해설

ERP 아웃소싱으로 인해 IT 아웃소싱 업체에 종속성(의존성)이 생기는 것은 아니며, 만약 종속성이 생길 경우 이는 ERP 아웃소싱의 장점이 아닌 단점에 해당한다.

17 [2급 | 2021년 3회]

ERP 시스템을 성공적으로 구축하기 위한 여러 가지 성공 요인들이 있다. 다음 중 ERP 구축의 성공적인 요인이라 볼 수 <u>없는</u> 것은 무엇인가?

① IT 중심의 프로젝트로 추진하지 않도록 한다.
② 최고 경영층이 프로젝트에 적극적 관심을 갖도록 유도한다.
③ 회사 전체적인 입장에서 통합적 개념으로 접근하도록 한다.
④ 기업이 수행하고 있는 현재 업무 방식을 그대로 잘 시스템으로 반영하도록 한다.

해설

ERP 시스템을 성공적으로 구축하기 위해서는 기업이 수행하고 있는 현재의 업무 방식을 그대로 고수해서는 안 된다.

18 [2급 | 2021년 5회]

상용화 패키지에 의한 ERP 시스템 구축 시, 성공과 실패를 좌우하는 요인으로 보기 어려운 것은 다음 중 무엇인가?

① 시스템 공급자와 기업 양쪽에서 참여하는 인력의 역량
② 기업환경을 최대한 고려하여 개발할 수 있는 자체 개발 인력의 보유 여부
③ 제품이 보유한 기능을 기업의 업무환경에 얼마만큼 잘 적용하는지에 대한 요인
④ 사용자 입장에서 ERP 시스템을 충분히 이해하고 사용할 수 있는 반복적인 교육 훈련

해설

ERP 시스템은 도입하려는 기업의 상황에 맞는 패키지를 선택하는 것이 중요하며, 기업에서 자체 개발을 할 필요는 없다. 따라서 ERP 시스템을 개발할 수 있는 자체 개발 인력의 보유 여부는 성공과 실패를 좌우하는 요인이 아니다.

| 정답 | 13 ④   14 ③   15 ③   16 ③   17 ④   18 ②

19 [2급 | 2021년 6회]

다음 중 ERP의 기능적 특징으로 바르지 않은 것은 무엇인가?

① 중복적·반복적으로 처리하던 업무를 줄일 수 있다.
② 실시간으로 데이터 입·출력이 이루어지므로 신속한 정보 사용이 가능하다.
③ ERP를 통해 정부의 효과적인 세원 파악 및 증대, 기업의 투명회계 구현이라는 성과를 가져올 수 있다.
④ 조직의 변경이나 프로세스의 변경에 대한 대응은 가능하나 기존 하드웨어와의 연계에 있어서는 보수적이다.

해설

ERP는 조직의 변경이나 프로세스의 변경에 대한 대응이 가능하며, 특정 하드웨어 및 소프트웨어 기술이나 업체에 의존하지 않고 다양한 하드웨어나 소프트웨어와 조합하여 사용할 수 있도록 지원한다.

20 [1급 | 2022년 2회]

ERP의 특징 중 기술적 특징에 해당하지 않는 것은?

① 4세대 언어(4GL) 활용
② 다국적·다통화·다언어 지원
③ 관계형 데이터베이스(RDBMS) 채택
④ 객체지향 기술(Object Oriented Technology) 사용

해설

다국적·다통화·다언어 지원은 ERP의 기능적 특징에 해당한다.

21 [2급 | 2022년 1회]

ERP 시스템 구축 절차 중에서 다음 [보기]에서 설명하고 있는 단계에 해당하는 것은 무엇인가?

┌─ 보기 ─
영업, 생산, 구매, 자재, 회계, 인사급여 등 회사의 모든 업무에 대한 재설계 결과를 ERP 패키지의 각 모듈과 비교하여 꼭 필요한 모듈만을 조합하여 연결된 시스템을 테스트하는 단계
└─

① 분석   ② 설계
③ 구축   ④ 구현

해설

모듈을 조합하여 연결된 시스템을 테스트하는 모듈 조합화는 ERP 구축 절차 중 구축 단계에 해당한다.

22 [1급 | 2022년 3회]

ERP 시스템 구축 절차의 설계 단계와 가장 관련이 적은 것은?

① TFT 구성
② GAP 분석
③ 인터페이스 문제 논의
④ TO-BE 프로세스 도출

해설

TFT 구성은 ERP 시스템 구축 절차 중 분석 단계에 해당한다.

23 [1급 | 2023년 5회]

ERP의 발전 과정으로 가장 옳은 것은?

① MRP Ⅱ → MRP Ⅰ → ERP → 확장형 ERP
② ERP → 확장형 ERP → MRP Ⅰ → MRP Ⅱ
③ MRP Ⅰ → ERP → 확장형 ERP → MRP Ⅱ
④ MRP Ⅰ → MRP Ⅱ → ERP → 확장형 ERP

해설

ERP의 발전 과정은 'MRP Ⅰ → MRP Ⅱ → ERP → 확장형 ERP'이다.

24 [1급 | 2025년 1회]

e-Business 지원 시스템을 구성하는 단위 시스템에 해당되지 않는 것은?

① 성과측정관리(BSC)
② EC(전자상거래) 시스템
③ 의사결정 지원 시스템(DSS)
④ 고객관계관리(CRM) 시스템

해설

성과측정관리(BSC)는 SEM(전략적 기업경영) 시스템의 단위 시스템에 해당한다.

25 [2급 | 2022년 1회]

다음 [보기]의 괄호 안에 들어갈 용어로 맞는 것은 무엇인가?

┌─ 보기 ─────────────────────────────┐
│ ERP 시스템의 확장기능 중에서 (   )기능은 공급자부터 소비 │
│ 자까지 이어지는 자재, 제품, 서비스, 정보의 물류 흐름을 계획하고 │
│ 운영함으로써 수요와 공급의 일치를 목표로 하는 관리활동이다. │
└─────────────────────────────────┘

① ERP(Enterprise Resource Planning)
② SCM(Supply Chain Management)
③ CRM(Customer Relationship Management)
④ KMS(Knowledge Management System)

해설

확장된 ERP 시스템 내의 SCM 모듈은 공급자부터 소비자까지 이어지는 물류, 자재, 제품, 서비스, 정보의 흐름 전반에 걸쳐 계획하고 관리함으로써 수요와 공급의 일치를 최적으로 운영하고 관리하는 활동이다.

26 [2급 | 2022년 2회]

클라우드 컴퓨팅의 장점으로 옳지 않은 것은?

① 사용자의 IT 투자비용이 줄어든다.
② 필요에 따라 언제든지 컴퓨팅 자원을 사용할 수 있다.
③ 장비관리 업무와 PC 및 서버 자원 등을 줄일 수 있다.
④ 사용자가 필요로 하는 애플리케이션을 설치하는 데 제약이 없다.

해설

클라우드 컴퓨팅은 모든 애플리케이션을 보관할 수 없으므로 사용자가 필요로 하는 애플리케이션을 지원받지 못하거나 설치하는 데 제약이 있을 수 있다.

27 [1급 | 2022년 3회]

클라우드 컴퓨팅의 유형 중에서 PaaS에 대한 설명으로 적절하지 않은 것은?

① 인프라의 기본 투자 없이 응용 소프트웨어의 테스트가 가능하다.
② 사용자가 직접 응용 소프트웨어 개발에 필요한 플랫폼환경을 구축한다.
③ 응용 소프트웨어 개발환경을 세팅하는 데 소요되는 비용을 절약할 수 있다.
④ 하드웨어 및 소프트웨어 인프라의 유지·보수 및 관리비용을 절약할 수 있다.

해설

PaaS는 사용자가 직접 응용 소프트웨어 개발에 필요한 플랫폼환경을 구축하는 것이 아니라 ERP 소프트웨어 개발을 위한 플랫폼을 클라우드 서비스로 제공받는 것이다. 따라서 인프라의 기본 투자나 응용 소프트웨어 개발환경의 세팅에 소요되는 비용, 하드웨어 및 소프트웨어 인프라의 유지·보수 및 관리비용을 절약할 수 있다.

28 [2급 | 2021년 4회]

클라우드 ERP의 특징 혹은 효과에 대하여 설명한 것이라 볼 수 없는 것은 무엇인가?

① 안정적이고 효율적인 데이터관리
② IT 자원관리의 효율화와 관리비용의 절감
③ 원격근무 환경 구현을 통한 스마트워크환경 정착
④ 폐쇄적인 정보 접근성을 통한 데이터 분석기능

해설

클라우드 ERP는 개방적인 정보 접근성을 통하여 데이터를 분석할 수 있다.

29 [1급 | 2024년 5회]

ERP와 인공지능(AI), 빅데이터(Big Data), 사물인터넷(IoT) 등 혁신 기술과의 관계에 대한 설명으로 가장 적절하지 않은 것은?

① 현재 ERP는 기업 내 각 영역의 업무 프로세스를 지원하여 독립적으로 단위별 업무 처리를 추구하는 시스템으로 발전하고 있다.
② 제조업에서는 빅데이터 분석 기술을 기반으로 생산자동화를 구현하고 ERP와 연계하여 생산계획의 선제적 예측과 실시간 의사결정이 가능하다.
③ ERP에서 생성되고 축적된 빅데이터를 활용하여 기업의 새로운 업무 개척이 가능해지고, 비즈니스 간 융합을 지원하는 시스템으로 확대가 가능하다.
④ 현재 ERP는 인공지능 및 빅데이터 분석 기술과의 융합으로 전략경영 등의 분석도구를 추가하여 상위 계층의 의사결정을 지원할 수 있는 지능형 시스템으로 발전하고 있다.

해설

미래의 ERP는 4차 산업혁명의 핵심 기술인 인공지능(AI), 빅데이터(Big Data), 사물인터넷(IoT), 블록체인 등의 신기술과 융합하여 보다 지능화된 기업경영이 가능한 통합 시스템으로 발전할 것이다.

30

다음 [보기]에서 설명하는 클라우드 서비스 유형은 무엇인가?

> ┌ 보기 ┐
>
> 기업의 업무 처리에 필요한 서버, 스토리지, 데이터베이스, 네트워크 등의 IT 인프라 자원을 클라우드 서비스로 빌려 쓰는 형태이다.

① IaaS(Infrastructure as a Service)
② PaaS(Platform as a Service)
③ SaaS(Software as a Service)
④ MaaS(Manufacturing as a Service)

해설

IaaS(인프라형 서비스)는 기업의 업무 처리에 필요한 서버, 스토리지, 데이터베이스, 네트워크 등의 IT 인프라 자원을 클라우드 서비스로 빌려 쓰는 형태이다.

31 [2급 | 2024년 6회]

[보기]는 무엇에 대한 설명인가?

> ┌ 보기 ┐
>
> • 제품, 공정, 생산설비, 공장 등에 대한 실제 환경과 가상 환경을 연결하여 상호작용하는 통합 시스템
> • 실시간으로 수집되는 빅데이터를 가상 모델에서 시뮬레이션하여 실제 시스템의 성능을 최적으로 유지

① 비즈니스 애널리틱스(Business Analytics)
② 사이버물리 시스템(Cyber Physical System, CPS)
③ 공급사슬관리(Supply Chain Management, SCM)
④ 전사적 자원관리(Enterprise Resource Planning, ERP)

해설

사이버물리 시스템(CPS; Cyber Physical System)은 제품, 공정, 생산설비와 공장에 대한 실제 세계와 가상 세계의 통합 시스템이며 제조 빅데이터를 기반으로 사이버모델을 구축하고 이를 활용하여 최적의 설계 및 운영을 수행하는 것이다.

32

스마트 공장의 구성 영역 중에서 생산계획 수립, 재고관리, 제조자원관리, 품질관리, 공정관리, 설비제어 등을 담당하는 것은?

① 제품 개발
② 현장 자동화
③ 공장 운영관리
④ 공급사슬관리

해설

공장 운영관리는 자동화된 생산설비로부터 실시간으로 가동 정보를 수집하여 효율적으로 공장 운영에 필요한 생산계획 수립, 재고관리, 제조자원관리, 품질관리, 공정관리, 설비제어 등을 담당하며, 제조실행 시스템(MES), 창고관리 시스템(WMS), 품질관리 시스템(QMS) 등의 기술이 이용된다.

33

기계학습에 대한 설명으로 옳지 <u>않은</u> 것은?

① 지도학습은 학습 데이터로부터 하나의 함수를 유추해내기 위한 방법이다.
② 비지도학습 방법에는 분류모형과 회귀모형이 있다.
③ 비지도학습은 입력값에 대한 목표치가 주어지지 않는다.
④ 강화학습은 선택 가능한 행동들 중 보상을 최대화하는 행동 혹은 순서를 선택하는 방법이다.

해설

분류모형과 회귀모형은 지도학습 방법이다.

34

다음 중 인공지능 비즈니스 적용 프로세스의 순서로 올바른 것은?

① 비즈니스 영역 탐색 → 비즈니스 목표 수립 → 데이터 수집 및 적재 → 인공지능 모델 개발 → 인공지능 배포 및 프로세스 정비
② 비즈니스 목표 수립 → 비즈니스 영역 탐색 → 데이터 수집 및 적재 → 인공지능 모델 개발 → 인공지능 배포 및 프로세스 정비
③ 비즈니스 목표 수립 → 데이터 수집 및 적재 → 인공지능 모델 개발 → 인공지능 배포 및 프로세스 정비 → 비즈니스 영역 탐색
④ 비즈니스 영역 탐색 → 비즈니스 목표 수립 → 데이터 수집 및 적재 → 인공지능 배포 및 프로세스 정비 → 인공지능 모델 개발

해설

인공지능 비즈니스 적용 프로세스(5단계)는 '비즈니스 영역 탐색 → 비즈니스 목표 수립 → 데이터 수집 및 적재 → 인공지능 모델 개발 → 인공지능 배포 및 프로세스 정비'이다.

| 정답 | 30 ① 31 ② 32 ③ 33 ② 34 ①

35 [1급 | 2024년 6회]

클라우드 서비스의 비즈니스 모델에 관한 설명으로 옳지 않은 것은?

① 공개형 클라우드는 전용 인프라로 인해 데이터 보안과 프라이버시가 강화된다.
② 폐쇄형 클라우드는 특정한 기업 내부 구성원에게만 제공되는 서비스(Internal Cloud)를 말한다.
③ 공개형 클라우드는 사용량에 따라 사용료를 지불하며 규모의 경제를 통해 경쟁력 있는 서비스 단가를 제공한다는 장점이 있다.
④ 혼합형 클라우드는 특정 업무는 폐쇄형 클라우드 방식을 이용하고 기타 업무는 공개형 클라우드 방식을 이용하는 것을 말한다.

해설

폐쇄형 클라우드는 주로 대기업에서 데이터의 소유권 확보와 프라이버시 보장이 필요한 경우 사용된다.

36

다음 중 빅데이터 플랫폼의 빅데이터 처리 과정으로 옳지 않은 것은?

① 데이터 수집
② 데이터 분석
③ 데이터 복구
④ 데이터 시각화

해설

빅데이터 처리 과정은 '데이터(생성) → 수집 → 저장(공유) → 처리 → 분석 → 시각화'이다.

37

인공지능 기술의 발전에 대한 설명으로 옳지 않은 것은?

① 계산주의는 인간이 보유한 지식을 컴퓨터로 표현하고 이를 활용해 현상을 분석하거나 문제를 해결하는 지식기반 시스템을 말한다.
② 연결주의는 지식을 직접 제공하기보다 지식과 정보가 포함된 데이터를 제공하고 컴퓨터가 스스로 필요한 정보를 학습한다.
③ 연결주의 시대는 학습에 필요한 빅데이터와 컴퓨팅 파워의 부족이라는 한계를 극복하였다.
④ 딥러닝은 입력층(Input Layer)과 출력층(Output Layer) 사이에 다수의 숨겨진 은닉층(Hidden Layer)으로 구성된 심층신경망(Deep Neural Networks)을 활용한다.

해설

연결주의 시대도 학습에 필요한 빅데이터와 컴퓨팅 파워의 부족이라는 한계를 극복하지 못하였다.

38

다음 [보기]에서 설명하는 로봇 프로세스 자동화 적용 단계는 무엇인가?

┌ 보기 ─────────────────────────────
빅데이터 분석을 통해 그동안 사람이 수행한 복잡한 의사결정을 내리는 수준이다. 이것은 로봇 프로세스 자동화가 업무 프로세스를 스스로 학습하면서 자동화하는 단계이다.
└─────────────────────────────────

① 기초프로세스 자동화
② 데이터 기반의 머신러닝(기계학습) 활용
③ 인지자동화
④ 데이터전처리

해설

인지자동화(3단계)는 빅데이터 분석을 통해 그동안 사람이 수행한 복잡한 의사결정을 내리는 수준이다. 이것은 로봇 프로세스 자동화가 업무 프로세스를 스스로 학습하면서 자동화하는 단계이다.

39

다음 중 세계경제포럼(World Economic Forum)에서 발표한 인공지능 규범(AI Code)의 5개 원칙에 해당하지 않는 것은?

① 인공지능은 인류의 공동 이익을 위해 개발되어야 한다.
② 인공지능은 투명성과 공정성의 원칙에 따라 작동해야 한다.
③ 인공지능이 개인, 가족, 지역 사회의 데이터 권리 또는 개인정보를 감소시켜야 한다.
④ 인간을 해치거나 파괴하거나 속이는 자율적 힘을 인공지능에 절대로 부여하지 않는다.

해설

인공지능 규범(AI Code)의 5개 원칙에 따르면 인공지능이 개인, 가족, 지역 사회의 데이터 권리 또는 개인정보를 감소시켜서는 안 된다.

| 정답 | 35 ① | 36 ③ | 37 ③ | 38 ③ | 39 ③ |

에듀윌이
너를
지지할게
ENERGY

다 알고 가는 사람은 없습니다.
굳게 믿고 가는 사람이 있을 뿐입니다.

– 조정민, 『고난이 선물이다』, 두란노

이론

P A R T

02

물류이론

Enterprise
Resource
Planning

| NCS 능력단위 요소

☑ 영업 전략수립 1001010103_20v2
☑ 영업 계약체결관리 1001010106_20v2
☑ 전자제품 판매관리 1902030210_17v2
☑ 공급망진단분석 0204010401_16v2
☑ 공급망 전략수립 0204010402_16v2
☑ 공급망수요계획 0204010403_16v2
☑ 공급망재고운영 0204010407_16v2
☑ 공급망공급계획 0204010404_16v2
☑ 공급망운송관리 0204010408_16v2
☑ 구매 전략 수립 0204010101_20v2

☑ 구매 발주관리 0204010104_20v2
☑ 구매 원가 관리 0204010107_20v2
☑ 구매계약 0204010109_20v2
☑ 수출입사전준비 0204030201_14v1
☑ 수출입계약 0204030204_14v1
☑ 수출입운송보험 0204030205_14v1
☑ 수출통관 0204030210_16v2
☑ 수출대금결제 0204030212_16v2
☑ 수입대금결제 0204030213_16v2

영업관리

1 수요예측

1. 수요*

(1) 잠재수요

필요성이나 욕구는 있으나 구매능력이 갖추어지지 않아 아직 소비로 연결되지 못하는 수요이다.

(2) 유효수요

실질적으로 구매할 수 있거나 구체적인 구매계획이 있는 경우, 구매력이 있는 수요이다.

2. 수요예측의 개념

재화나 서비스에 대하여 장래에 발생할 가능성이 있는 모든 수요(잠재수요 + 유효수요)의 크기를 예측하는 것이다.

3. 수요예측의 오차 중요

① 오차의 발생 확률은 예측하는 기간의 길이에 비례하여 높아진다. 즉, 예측기간이 길수록 예견되지 않은 사건에 따른 영향으로 예측의 적중률은 낮아진다.
② 일반적으로 영속성이 있는 상품이나 서비스 등은 영속성이 없는 상품이나 서비스보다 지속적으로 정확한 예측을 하기가 어렵다. 영속성이 있는 상품이나 서비스 등은 경기 변동이나 경제적 요인에 끊임없이 영향을 받아 수요 패턴이 변하기 때문이다.
③ 수요가 안정적인 기간, 기존의 상품이나 서비스는 불안정한 기간, 신규 상품·서비스보다 예측 적중률이 높다. 이는 불안정한 기간이나 신규 상품·서비스는 예측하기 힘든 미래의 상황이 생길 가능성이 높기 때문이다.
④ 계절 변동이 없는 상품이 계절 변동이 있는 상품보다 예측 적중률이 높으며, 대체품이 없는 상품이 대체품이 많은 상품보다 예측 적중률이 높다.

4. 수요예측의 특징

① 수요예측에 있어서 시장 상황, 경쟁기업의 동향, 지역경제의 상황 등을 고려해야 한다.
② 수요예측을 실시하기 전에 기업은 예측 목적에 따라 적정한 예측오차를 미리 설정하여야 한다.
③ 수많은 요인들로 인해 예측오차가 항상 생길 수 있으므로 수요예측을 완벽하게 할 수는 없다.
④ 개별 수요예측보다 총괄 수요예측이 더 정확하다.
⑤ 예측치는 평균 기대치와 예측오차를 포함하여야 하며, 실제수요가 예측수요보다 적은 경우 과잉시설투자가 발생한다.

(*) 수요
재화나 서비스를 구매하려는 욕구

TIP
잠재수요나 유효수요 중 어느 하나만의 크기를 추정하는 것은 아니다.

5. 수요예측의 방법

(1) 정성적 방법(주관적)

과거의 시장자료가 없거나 객관적인 자료가 존재하지 않을 경우 일반 소비자나 판매원, 전문가 등의 주관적인 의견을 바탕으로 미래의 수요를 예측하는 방법이다.

① **시장조사법**: 시장의 상황에 대한 자료를 수집하여 수요를 예측하는 방법이다. 소비자 실태 조사에 의한 방법, 판매점 조사에 의한 방법 등이 있으며 시간과 비용이 많이 든다.

② **패널동의법**: 다양한 계층의 조직구성원과 소비자 등 패널들의 의견을 모아 수요를 예측하는 방법이다.

③ **중역평가법**: 중역(최고 경영자)들의 의견을 모아 수요를 예측하는 방법이다.

④ **판매원의견합성법(판매원평가법)**: 각 지역에 대한 담당 판매원들의 수요예측치를 모아 전체 수요를 예측하는 방법이다.

⑤ **수명주기유추법**: 과거 자료가 없는 신제품의 경우 비슷한 제품의 과거 자료를 이용하여 수요를 예측하는 방법이다.

⑥ **델파이분석법**: 여러 전문가들의 의견을 수집하여 정리한 다음 다시 전문가들에게 배부한 후 의견의 합의가 이루어질 때까지 반복적으로 서로 논평하게 하여 수요를 예측하는 방법이다. 주로 신제품 개발, 시장전략 등을 위한 장기예측이나 기술예측에 적합하다.
- 장점: 과거 자료 등의 예측자료가 없어도 예측이 가능하다.
- 단점: 창의력의 자극이 없으며, 시간과 비용이 많이 든다.

(2) 정량적(계량적) 방법(객관적)

과거의 객관적 자료를 바탕으로 통계적으로 미래의 수요를 예측하는 방법이다.

① **시계열 분석법**: 시간의 흐름에 따라 일정한 간격마다 기록한 통계자료인 시계열데이터를 분석하여 예측하는 방법으로 과거의 수요 패턴이 미래에도 지속될 것이라는 가정에 기초한다. 시계열데이터는 오랜 세월 동안 추세적으로 나타나는 추세 변동(경향 변동), 1년 이상의 기간에 걸쳐 발생하는 일정한 주기의 순환 변동, 계절 변화에 따른 단기적인 계절 변동, 우발적으로 발생하는 불규칙 변동 등의 여러 변동 요인을 포함한다.
- **단순이동평균법**: 최근의 일정 기간에 대해 시계열의 단순 평균을 계산하여 다음 기를 예측하며, 가중치가 매 기간에 대하여 동일하다.
- **가중이동평균법**: 최근의 일정 기간에 대해 기간마다 가중치를 달리하여 예측치로 사용한다.
  - 최근의 자료일수록 더 많은 가중치를 준다. 예 최근 자료부터 0.4, 0.3, 0.2, 0.1의 순서
  - 가중치의 합은 1이다. 예 0.4 + 0.3 + 0.2 + 0.1 = 1
  - 가중치는 수요예측 담당자가 결정한다.

✎ 개념 확인문제

다음 자료를 바탕으로 6월의 수요예측치를 구하시오.

월	1월	2월	3월	4월	5월
수요	110개	100개	110개	130개	120개

[1] 4기간 단순이동평균법으로 구하시오.

해설
- 4기간이므로 6월의 최근 4개월인 2월 ~ 5월의 평균을 구한다.
- 6월의 수요예측치: $\dfrac{100개 + 110개 + 130개 + 120개}{4} = 115개$　　**정답** 115개

TIP

최근의 자료를 바탕으로 평균을 구하므로 3기간을 구하는 문제이면 3월 ~ 5월의 평균을 구한다.

[2] 가중치 0.4, 0.3, 0.2, 0.1을 이용한 가중이동평균법으로 구하시오.

> **해설**
> • 가중치는 최근의 자료부터 순서대로 0.4, 0.3, 0.2, 0.1이다.
> • 6월의 수요예측치: (120개 × 0.4) + (130개 × 0.3) + (110개 × 0.2) + (100개 × 0.1) = 119개   **정답** 119개

- **지수평활법**: 일정 기간의 평균을 이용하는 이동평균법과는 달리 주어진 모든 판매량 자료를 이용하며, 기간에 따라 가중치를 두어 평균을 계산하고 추세를 통해 미래 수요를 예측하는 것으로 가중이동평균법을 발전시킨 방법이다. 과거로 거슬러 올라갈수록 가중치가 감소하게 되어 결과적으로 최근의 값에 큰 가중치를 부여하게 되는 기법이다.
  - 시계열에서 계절적 변동, 추세 및 순환 요인이 크게 작용하지 않을 때 유용하다.
  - 평활상수 α: $0 \leq \alpha \leq 1$(α가 커짐에 따라 최근의 변동을 더 많이 고려함)

> 수요예측치 = 전기의 실제값 × 평활상수 α + 전기의 예측치 × (1 − 평활상수 α)

> ✎ **개념확인문제**
>
> 제품 A의 연간 판매량을 평활상수 0.3으로 지수평활법에 의해 예측하고자 한다. 전기의 예측치가 10,000이고, 실제값이 12,000이라고 할 때, 다음 기의 예측치를 구하시오.
>
> **해설**
> 12,000 × 0.3 + 10,000 × (1 − 0.3) = 10,600   **정답** 10,600

> **⊙ α값이 1에 가까울수록**
> • 갑작스러운 변화에 의해 예측값이 크게 변동할 수 있음
> • 단기예측에는 유리하지만, 장기예측에서는 신뢰성이 낮아질 수 있음
> • 최근 데이터에 더 많은 가중치를 부여하게 되어, 최근 데이터의 영향력이 커짐
> • 과거 데이터의 영향력이 줄어들어 장기적인 추세를 반영하기 어려움

- **분해법**: 과거의 판매자료가 갖고 있는 변화를 추세 변동, 주기 변동, 계절 변동, 불규칙 변동으로 구분하여 각각을 예측하고 이를 다시 결합하여 미래 수요를 예측하는 방법이다.
- **ARIMA**: 판매자료 간의 상관관계를 바탕으로 상관 요인과 이동평균 요인으로 구분하여 미래 수요를 예측하는 방법이다.
- **확산모형**: 제품수명주기 이론을 바탕으로 제품이 확산되는 과정을 혁신 효과와 모방 효과로 구분하여 추정하고 이를 통해 미래 수요를 예측하는 방법이다.
② **인과모형분석법**: 어떤 수요(종속변수)에 영향을 미치는 요인(독립변수)을 찾아내고 그 요인과 수요와의 관계를 분석하여 산포도나 상관계수 등으로 밝히고, 향후 수요를 예측하는 방법으로 단순회귀분석법, 다중회귀분석법 등이 있다.

2 판매예측

1. 판매예측의 개념

수요예측 결과를 기초로 하여 미래 일정 기간 동안 기업의 상품, 제품, 서비스 등의 판매 가능액을 예측하는 방법이다. 기업은 판매예측치를 그대로 매출액의 목표로 설정하기도 하므로 판매예측은 판매계획을 설정하는 데 큰 영향을 미친다.

2. 판매예측 방법

(1) 수요예측에 따른 판매예측

수요예측을 통하여 당해 업계의 총수요예측액을 결정하고 자사의 목표 시장점유율을 정하여 판매를 예측한다.

(2) 정량적(계량적) 분석에 따른 판매예측

시계열 분석이나 인과모형 분석 등을 이용하여 판매를 예측한다.

(3) 정성적 분석에 따른 판매예측

정성적 방법을 이용하여 판매를 예측하며, 특히 경험이 많은 영업담당자의 판단에 따른 판매예측은 중·단기적 예측에 적합하다.

3 판매계획

1. 판매계획의 개념

수요예측과 판매예측의 결과를 이용하여 상품, 제품, 서비스 등의 판매목표액을 구체적으로 수립하는 과정이며, 기업의 판매목표 및 판매활동에 관한 계획이다.
① 자사의 성장 가능성과 인적·물적 자원의 능력, 시장점유율 등을 고려한다.
② 경쟁사의 가격·품질·기능·판촉활동 및 판매경로의 강도 등에 영향을 받는다.
③ 판매계획은 설비투자, 신제품 개발, 판매자원 할당 등의 근거가 된다.

2. 판매계획의 순서

시장조사 → 수요예측 → 판매예측 → 판매목표매출액 설정 → 판매할당

3. 판매계획의 구분

(1) 장기 판매계획

신시장 개척, 신제품 개발, 판매경로 강화 등에 관하여 결정하는 것으로 장기적인 시장 분석을 통하여 기업환경의 기회와 위협을 예측하여 계획을 세운다.

(2) 중기 판매계획

제품별 디자인이나 품질 개선, 판매경로 및 판매자원의 구체적인 계획, 판매촉진을 위한 정책 등에 관하여 결정하는 것으로, 수요예측과 판매예측을 통하여 제품별로 매출액을 예측하고 제품별 경쟁력 강화를 위한 계획을 세운다.

(3) 단기 판매계획

제품별 가격, 판매촉진 실행 방안, 구체적인 판매할당 등을 결정하는 것으로, 판매예측을 통하여 연간 목표매출액을 설정하고 이 목표매출액을 달성하기 위하여 계획을 세운다.

4. 목표매출액 결정 방법

(1) 성장성 지표 활용

① 판매경향 변동 이용: 과거 판매실적의 경향을 분석하여 판매예측을 하고, 이를 바탕으로 다음 연도 목표매출액을 결정한다.
② 매출액 증가율 이용

목표매출액 = 금년도 자사 매출액 실적 × (1 + 전년 대비 매출액 증가율)
= 금년도 자사 매출액 실적 × (1 + 연평균 매출액 증가율)

③ 시장점유율 이용

$$목표매출액 = 당해 업계 총수요액 \times 자사의 목표 시장점유율^*$$

$$^* 시장점유율 = \frac{자사 \ 매출액}{당해 \ 업계 \ 총매출액} \times 100$$

$$= 금년도 \ 자사 \ 매출액 \times (1 + 시장확대율^*) \times (1 + 시장신장률^*)$$

(2) 수익성 지표 활용

- 목표매출액 $= \dfrac{목표이익}{목표이익률} = \dfrac{목표한계이익}{목표한계이익률}$

- 손익분기점* 매출액$^{*1} = \dfrac{고정비}{한계이익률} = \dfrac{고정비}{1 - 변동비율}$

- 손익분기점 매출수량 $= \dfrac{고정비}{판매단가 - 단위당 \ 변동비}$

- 목표매출액 $= \dfrac{고정비 + 목표이익}{한계이익률} = \dfrac{고정비 + 목표이익}{1 - 변동비율^{*2}}$

(손익분기점 분석을 이용하여 목표이익을 달성하는 경우)

$$^{*1} 매출액 = 매출수량 \times 판매단가$$

$$^{*2} 변동비율 = \frac{변동비}{매출액} = \frac{단위당 \ 변동비}{판매단가}$$

(⁎) 시장확대율
전년 대비 자사 시장점유율 증가율

(⁎) 시장신장률
전년 대비 당해 업계 총매출액 증가율

(⁎) 손익분기점
총매출액과 총비용이 일치하여 이익이 '0'이 되는 매출액 또는 매출량

🔆 TIP

'이익률 $= \dfrac{이익}{매출액}$'을 이용하면

'매출액 $= \dfrac{이익}{이익률}$'이 된다.

➕ 한계이익

매출액은 변동비, 고정비의 비용에 이익을 더하여 결정한다. 이때 한계이익은 변동비만을 고려한 이익으로 매출액에서 변동비를 차감한 것이다. 즉, 이익과 고정비를 합한 금액이다(매출액 = 변동비 + 고정비 + 이익).

(3) 생산성 지표 활용

- 목표매출액 = 영업사원 수 × 영업사원 1인당 평균 목표매출액

- 목표매출액 $= \dfrac{영업사원 \ 수 \times 1인당 \ 목표 \ 경상이익액}{1인당 \ 목표 \ 경상이익률}$

- 목표매출액 = 거래처 수 × 거래처 1사당 평균 수주예상액

✎ 개념 확인문제

제품 단위당 판매가격은 500원/개, 제품 단위당 변동비는 250원/개, 연간 고정비는 200만원인 제품의 손익분기점 분석을 이용한 목표매출액을 구하시오.

해설

- 변동비율: $\dfrac{변동비 \ 250원}{매출액(판매단가) \ 500원} = 0.5$

- 목표매출액: $\dfrac{고정비 \ 200만원}{1 - 변동비율 \ 0.5} = 400만원$

정답 400만원

매출목표액을 결정하는 데 시장점유율은 중요한 고려 요소 중 하나이다. 이러한 시장점유율을 확대하고자 할 경우 과거의 시장점유율(과거의 데이터), 경쟁기업에 대한 상대적 가격·품질·기능, 판촉활동 및 판매경로의 강도 등에 영향을 많이 받는다.

4 판매할당과 가격전략

1. 판매할당

시장조사, 수요예측, 판매예측 등을 바탕으로 한 판매계획에서 목표매출액을 설정하고 이를 달성하기 위해 월별, 지역 및 시장별, 제품별, 판매점별, 판매사원별, 거래처별 등으로 판매할당을 정하여 목표매출액을 배분하는 것이다.

(1) 영업거점별 할당

목표매출액을 할당하는 단계에서 가장 먼저 설정하며 영업지점, 영업소 등 영업활동을 수행하는 영역별로 목표매출액을 할당하는 방법이다.

(2) 영업사원별 할당

영업거점의 목표매출액을 해당 영업사원별로 할당하는 방법이다.

(3) 상품 및 서비스별 할당 중요

기업의 해당 상품·제품·서비스별로 목표매출액을 구체화하는 것으로 목표매출액을 할당하는 방법은 다음과 같다.

① 상품·제품·서비스별 시장점유율을 고려한 할당
② 과거 판매실적의 경향을 고려한 할당
③ 이익공헌도를 고려한 할당
④ **교차비율을 고려한 할당**: 교차비율은 상품 회전율(재고 회전율), 한계이익률, 한계이익에 비례하고, 평균 재고액에 반비례한다. 교차비율이 높아질수록 이익도 높아지므로 교차비율이 높은 상품에 높은 목표판매액을 할당한다.

$$\text{교차비율} = \text{상품 회전율} \times \text{한계이익률} = \frac{\text{매출액}}{\text{평균 재고액}^*} \times \frac{\text{한계이익}}{\text{매출액}} = \frac{\text{한계이익}}{\text{평균 재고액}} \quad \text{중요}$$

$$^*\text{평균 재고액} = \frac{(\text{기초재고액} + \text{기말재고액})}{2}$$

💡 **TIP**
교차비율 공식은 반드시 암기해야 한다.

✏️ **개념 확인문제**

교차비율을 기준으로 목표판매액을 할당하려고 한다. 다음을 이용하여 목표판매액이 높은 순서대로 나열하시오.

상품	매출액	한계이익	평균 재고액
A	100	50	20
B	100	50	50
C	200	100	50

해설

· 상품 A의 교차비율: $\dfrac{100}{20} \times \dfrac{50}{100} = \dfrac{50}{20} = 2.5$

· 상품 B의 교차비율: $\dfrac{100}{50} \times \dfrac{50}{100} = \dfrac{50}{50} = 1$

· 상품 C의 교차비율: $\dfrac{200}{50} \times \dfrac{100}{200} = \dfrac{100}{50} = 2$

교차비율이 높은 상품에 높은 목표판매액을 할당하므로 목표판매액이 높은 순서는 'A - C - B'이다. **정답** A - C - B

(4) 지역 및 시장별 할당

① 세분화된 지역 및 시장에 대하여 목표매출액을 적절하게 할당하는 것이다.
② 목표판매액의 할당 기준은 잠재구매력지수(시장지수)이다.

(5) 거래처 및 고객별 할당

각 거래처 또는 고객의 과거 판매액, 판매(수주)실적 경향, 목표 수주점유율 등을 고려하여 할당하는 것이다.

(6) 월별 할당

일반적으로는 연간 목표매출액을 12등분하여 1개월당 평균 목표매출액을 구하여 배분하지만 실제로는 월별 매출액이 일정하지 않으므로 여러 요인을 고려한 월별 할당이 필요하다.

2. 가격전략

(1) 가격의 개념

가격은 소비자의 구매결정 및 기업의 매출액과 이익에 작용하는 중요한 요인이다.

(2) 가격 결정에 영향을 미치는 요인

① 내부적 요인: 제품 특성, 비용(원가), 마케팅 목표
  • 마케팅과 관련된 요인: 생존 목표, 이윤 극대화 목표, 시장점유율 극대화 목표
② 외부적 요인: 고객 수요, 유통채널, 경쟁환경, 법, 규제, 세금
  • 고객 수요와 관련된 요인: 가격탄력성, 품질, 제품 이미지, 소비자 구매능력, 용도
  • 유통채널과 관련된 요인: 물류비용, 유통이익, 여신한도
  • 경쟁환경과 관련된 요인: 경쟁기업의 가격 및 품질, 대체품 가격

(3) 가격 결정 방법

① 시장가격에 의한 가격 결정: 경쟁기업의 상품, 제품, 서비스 등의 가격을 고려하여 자사의 가격을 결정하는 방법이다.
  • 가격 결정 순서

> 경쟁환경 분석 → 선발기업의 상품가격 조사 → 자사의 시장 입지도 분석 → 경쟁기업의 유사상품과 자사상품의 비교 → 전략적 판매가격 결정 → 도소매 유통비용을 고려하여 판매단가 결정

② 원가가산에 의한 가격 결정(Cost-Plus-Pricing): 원가에 이익을 더하여 가격을 결정하는 방법으로, '생산자-도매업자-소매업자-소비자'의 유통단계별로 가격이 형성된다.

> • 생산자가격: 제조원가 + 생산자 영업비 + 생산자 이익
> • 도매가격: 도매 매입원가(생산자가격) + 도매업자 영업비 + 도매업자 이익
> • 소매가격: 소매 매입원가(도매가격) + 소매업자 영업비 + 소매업자 이익

소매업자	소매가격			
	소매 매입원가		영업비	이익

도매업자	도매가격			
	도매 매입원가	영업비	이익	

생산자	생산자가격		
	제조원가	영업비	이익

〈원가가산에 의한 가격 결정〉

TIP

원가가산에 의한 가격 결정을 할 수 있어야 한다.

제조원가는 4,000원, 생산자 영업비는 1,000원, 생산자 이익은 1,000원, 도매업자 영업비는 800원, 도매업자 이익은 1,000원, 소매업자 영업비는 1,000원, 소매업자 이익은 900원이라고 한다.

[1] 생산자가격을 구하시오.

해설

생산자가격: 제조원가 4,000원 + 생산자 영업비 1,000원 + 생산자 이익 1,000원 = 6,000원

정답 6,000원

[2] 도매가격을 구하시오.

해설

도매가격: 도매 매입원가(생산자가격) 6,000원 + 도매업자 영업비 800원 + 도매업자 이익 1,000원 = 7,800원

정답 7,800원

[3] 소매가격을 구하시오.

해설

소매가격: 소매 매입원가(도매가격) 7,800원 + 소매업자 영업비 1,000원 + 소매업자 이익 900원 = 9,700원

정답 9,700원

(4) 가격유지 정책

① 비가격경쟁에 의한 가격유지: 품질, 광고, 브랜드이미지, 수요에 따른 공급능력, 차별화 상품을 통한 틈새시장 공략, 신제품 개발력, 강력한 홍보력, 유리한 지급조건, 면밀한 판매량 등 가격 외적인 면에 의한 가격유지 방법이다.

② 리베이트 전략에 의한 가격유지: 생산업자와 판매업자, 도매업자와 소매업자 사이에서 일정 기간의 판매액을 기준으로 판매에 기여한 판매업자에게 이익의 일부를 되돌려 주는 것이다. 판매 금액의 일부를 할인해 주는 것과는 다른 의미이며, 관습에 따라 리베이트 비율이 달라질 수 있다. 리베이트 전략에는 가격유지 목적뿐만 아니라 판매촉진 기능, 보상적 기능, 통제 및 관리적 기능 등이 있다.

(5) 수요·공급의 변화에 따른 가격 결정의 탄력성

① 가격탄력성

- 가격이 1% 변화할 때 수요량이 몇 % 변화하는지를 나타내는 지표이다.
- 가격탄력성이 높을수록 수요는 가격 변동에 민감하게 반응하며, 일반적으로 수요가 지속적으로 유지되는 생필품의 가격탄력성이 사치품보다 작아 비탄력적이다.
- 대체재가 많은 상품은 대체재가 적은 상품에 비해 수요의 가격탄력성이 크며 탄력적이다.
- 일반적으로 상품의 가격이 상승하면 그 상품에 대한 수요량은 감소하고, 가격이 하락하면 그 상품에 대한 수요량은 증가한다.
- 가격탄력성이 큰 상품은 가격이 상승했을 때 수요가 크게 하락한다.
- 가격탄력성이 1보다 큰 상품의 수요는 탄력적(Elastic)이라 하고, 1보다 작은 상품의 수요는 비탄력적(Inelastic)이라고 한다.

② 공급탄력성: 가격이 1% 변화할 때 그에 대한 공급량이 몇 % 변화하는지를 나타내는 지표이다.

③ **교차탄력성**: 대체재의 가격 변화가 다른 상품의 수요에 미치는 영향을 나타내는 지표이다.

④ **소득탄력성**: 소득이 1% 변화할 때 상품의 수요가 몇 % 변화하는지를 나타내는 지표이다.

➕ 시장의 형태

완전경쟁시장	• 시장 참가자 수가 많고 시장 참여가 자유로워 시장 참가자 개개인이 시장에 미치는 영향력이 작음 • 강력한 가격할인 이벤트는 경쟁자가 많은 완전경쟁 상황에서의 가격전략 • 수요자와 공급자 모두 해당 제품의 시장가격에 대하여 완전한 정보를 갖고 있음 • 같은 시장 내에 해당 제품의 공급자와 수요자가 매우 많으며, 새로운 기업의 시장 진입이 자유로움 • 상품의 가격은 낮고 공급량은 많음 • 이미 제품가격이 최저 가격을 형성하고 있으므로 매출과 이익을 높이기 위하여 비가격경쟁 방법에 의한 가격유지 정책도 필요함 • 개별 수요자나 공급자가 수요량이나 공급량을 변경해도 시장가격은 변동하지 않음 • 시장에서 거래되는 같은 상품은 품질 면에서 모두 동일
독점적 경쟁시장	다수의 기업들이 참여하고 있으나 디자인이나 품질, 포장 등에서 어느 정도 차이가 있는 유사상품을 생산·공급하여 상호 경쟁하고 있는 시장 형태
과점시장	• 소수의 생산자가 시장을 장악하고 비슷한 상품을 생산하며 같은 시장에서 경쟁하는 시장 형태 예 이동통신회사 • 공급량은 적고 가격이 높기 때문에 가격이나 생산량에 있어 경쟁기업에 민감함 • 일반적으로 완전경쟁시장보다 상품의 가격이 높고 공급량은 적다.
독점시장	한 산업을 하나의 기업이 지배하는 시장 형태로 높은 진입장벽을 활용해 장기적으로 초과이윤 확보할 수 있는 시장 예 한국전력공사

5 수주관리

1. 수주관리의 개념

고객의 구매의사와 구체적인 주문내역을 확인하여 고객이 원하는 조건과 납기에 맞추어 제품이 전달되도록 하기 위한 과정을 관리하는 활동을 말한다.

2. 수주관리의 내용

(1) 견적(공급자가 공급받는 자에게 견적서를 보냄)

수주 이전의 활동으로 구매하고자 하는 물품에 대한 내역과 가격 등을 산출하는 단계이다. 일반적으로 첫 거래이거나 물품의 시장가격에 변동이 있을 경우 진행하며, 거래가 있을 때마다 진행해야 하는 것은 아니다.

(2) 수주(공급자가 공급받는 자로부터 주문을 받음)

구매를 결정한 고객으로부터 구체적인 주문을 받는 과정으로, 수주 시에는 거래처, 물품 상세, 수량, 단가, 대금수금조건, 납기, 납품처 등을 확인한다.

> 수주와 발주
> 수주 ↔ 발주

(3) 수주등록

① 수주등록 후 고객에게 예정납기 통보 시 일자별 가용수량과 약속가능재고를 참조한다.

② 현재 재고가 충분하여 즉시 출고가 가능하면 고객과 협의하여 출고일을 결정한다.

③ 현재 재고는 부족하지만 예정 생산량이 있다면 수주를 등록한 후 생산완료 예정일자를 근거로 고객에게 납기를 통보한다.

④ 재고가 부족하고 예정 생산량이 없다면 수주를 등록한 후 해당 제품의 생산계획일정을 확인하여 고객에게 납기를 통보한다.

3. 고객(거래처) 중점화 전략

(1) 고객(거래처) 중점화 전략의 개념

고객(거래처) 중점화 전략은 시장점유율이나 판매목표에 미치는 영향이 큰 우량 거래처나 고객을 선정하기 위한 방법으로서, 일정한 기준에 따라 거래처나 고객의 등급을 부여하고 중점 관리 대상이 되는 우량 거래처나 고객을 선정하는 전략이다.

(2) 고객(거래처) 중점 선정 방법 중요

① ABC 분석(파레토 분석): 통계적 방법에 따라 관리 대상을 A, B, C 그룹으로 나누고, 먼저 A 그룹을 중점 관리 대상으로 선정하여 관리노력을 집중하는 방법이다. '파레토의 원리(극히 소수의 요인에 의해서 대세가 결정됨)'에 따라 중요한 고객이나 거래처를 집중적으로 관리하는 것이다.

- A, B, C 그룹의 비율은 업종이나 업태에 따라 다르게 설정하기도 하며, 대부분 A 그룹은 전체 매출누적치의 70% ~ 80%를 차지하거나 매출 상위 20% ~ 30% 고객에 해당한다.
- 중점 관리 대상인 우량 거래처나 고객을 선정하는 과정에서 거래처나 고객에 대한 과거 판매실적 한 가지만을 근거로 하고 있으며, 기업 경쟁력, 판매능력, 성장 가능성 등의 다양한 요인들을 고려하지 못한다는 단점이 있다.

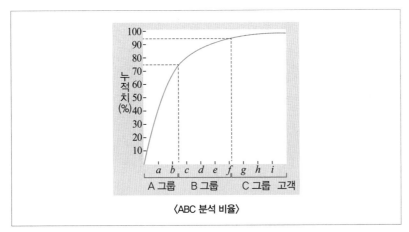

〈ABC 분석 비율〉

② 매트릭스 분석(이원표 분석): 다양한 요인들을 고려하지 못하는 ABC 분석의 단점을 보완한 것이다. 우량 거래처나 고객을 선정하기 위해 고려해야 할 서로 다른 2개의 요인을 이용하여 가로축과 세로축을 기준으로 매트릭스(이원표)를 구성한 다음, 이원표 내의 위치에 따라 고객을 범주화하고 우량 고객을 선정한다.

③ 거래처 포트폴리오 분석: ABC 분석과 매트릭스 분석의 단점을 보완한 것으로, 대상 거래처나 고객의 가치를 종합적으로 검토하여 핵심 거래처나 고객을 분류하는 것이다. ABC 분석이나 매트릭스 분석 등과 같이 1개 ~ 2개의 요인만을 분석하지 않고 3개 이상의 요인으로 가중치를 이용하여 다면적으로 분석하는 방법이다.

6 대금회수

1. 대금회수의 개념

일반적으로 기업은 고객에게 제품을 판매하여 이익을 내는 것과 더불어 제품판매 대금의 회수가 매우 중요하다. 매출채권의 과대, 재고자산의 과대, 고정자산의 과대, 부채의 과대, 이익의 부족 등의 이유로 자금 조달이 악화되면 기업은 도산에 이르게 되므로 수익성의 향상이나 지급 능력의 유지를 위하여 원활한 자금관리가 필요하다. 이를 위해 거래처의 신용도 파악, 신용한도(여신한도) 설정, 매출채권 회수계획 및 관리 등의 활동을 한다.

2. 신용거래와 신용한도

(1) 신용거래

물품을 먼저 인도하고, 물품대금은 일정 기간 후에 결제하는 외상거래이다.

(2) 신용한도(여신한도)

기업이 매출채권의 원활한 회수관리를 위하여 거래처마다 외상매출을 허용할 수 있는 금액의 한도이며, 거래처에 외상매출을 할 수 있는 최고 한도액을 말한다. 따라서 신용한도를 설정하는 것은 대금회수가 안전한 외상매출 금액의 상한과 허용기간을 정하는 것이다.
① 소극적 의미: 상한 범위의 금액까지는 외상매출을 하더라도 안전하다.
② 적극적 의미: 이 금액까지는 판매할 수 있다.

3. 신용한도 설정 방법

(1) 자금운용 현황을 이용한 여신한도 설정 방법

자사의 연간 총여신한도액을 설정하기 위해 회사의 자금 조달기간을 이용하는 방법이다.

> - 매출채권한도액(여신한도액) = 매출액 × 자금고정률
> - 자금고정률 = $\dfrac{\text{자금 조달기간}}{365}$
> - 자금 조달기간(일) = 매출채권 회수기간(일) − 매입채무 지급기간(일) + 재고 회전기간(일)
> - 매출채권 회수기간(일) = $\dfrac{\text{매출채권 잔액}}{\text{매출액}} \times 365$
> - 매입채무 지급기간(일) = $\dfrac{\text{매입채무 잔액}}{\text{매입액}} \times 365$
> - 재고 회전기간(일) = $\dfrac{\text{상품재고 잔액}}{\text{매출액}} \times 365$

① 매출채권[*] 회수기간: 매출채권을 회수하는 데 걸리는 평균 일수이다.
② 매출채권 회전율: 기말의 매출채권 잔액이 1년간의 영업활동을 통하여 현금인 매출액으로 회전되는 속도이다.

> 매출채권 회전율 = $\dfrac{\text{매출액}}{\text{매출채권 잔액}}$

- 매출채권 회전율이 높음: 매출채권이 순조롭게 회수되고 있음을 나타내며, 회수기간이 짧아지므로 그에 따른 대손발생의 위험이 낮아지고 수익 증가의 원인이 된다.
- 매출채권 회전율이 낮음: 매출채권이 순조롭게 회수되고 있지 않음을 나타내며, 회수기간이 길어지므로 그에 따른 대손발생의 위험이 증가하고 수익 감소의 원인이 된다.

(*) 매출채권
- 외상매출금
- 받을어음

③ 순운전자본: 유동자산 총액에서 유동부채의 총액을 차감한 잔액이다. 순운전자본은 단기간에 상환을 고려하지 않고 운용할 수 있는 자본으로 자금의 유동성(지불능력)을 나타내므로, 기업의 자금관리 측면에서 순운전자본의 관리가 매우 중요하다.

✏️ 개념 확인문제

연간 총여신한도액을 설정하기 위하여 자금 조달기간을 이용하려고 한다. 다음의 자금운용현황을 이용하여 매출채권한도액을 계산하시오.

- 매출액: 200만원
- 매입채무 잔액: 30만원
- 매출채권 잔액: 80만원
- 상품재고 잔액: 100만원
- 매입액: 100만원

해설

- 매출채권 회수기간: $\dfrac{80만원}{200만원} \times 365일 = 146일$

- 매입채무 지급기간: $\dfrac{30만원}{100만원} \times 365일 = 109.5일$

- 재고 회전기간: $\dfrac{100만원}{200만원} \times 365일 = 182.5일$

- 자금 조달기간: $146일 - 109.5일 + 182.5일 = 219일$

- 자금고정률: $\dfrac{219일}{365일} = 0.6$

∴ 매출채권한도액(여신한도액): 200만원 × 0.6 = 120만원

정답 120만원

(2) 거래처(고객)별 여신한도 설정 방법

① **타사 한도액의 준용법**: 같은 업종의 타사가 설정한 한도액에 준하여 설정하는 방법으로, 다른 기업의 설정 한도액을 구체적으로 파악하기 곤란하다는 단점이 있다.

② **과거 총이익액의 실적이용법**: 해당 거래처의 과거 3년 ~ 5년간 총이익액 누계실적을 한도로 설정한다.

> 여신한도액 = 과거 3년간의 회수누계액 × 평균 총이익률
> = (과거 3년간의 총매출액 - 외상매출채권 잔액) × 평균 총이익률

③ **매출액 예측에 의한 방법**: 해당 거래처의 매출 예측액을 신용능력으로 보고 신용한도를 설정한다.

> 여신한도액 = 거래처의 예상 매출액 × 매입원가율 × 자사 수주점유율 × 여신기간

④ **매출목표와 회수기간에 의한 방법**: 영업사원이 기존에 계속 거래하던 거래처의 목표매출액과 목표회수액을 설정하고, 부서 상사와 협의하여 승인을 받아 신용한도를 설정한다.

⑤ **경영지표에 의한 방법**: 거래처의 신용능력을 평가하기 위하여 수익성, 안정성, 유동성, 회수성, 성장성 등과 관련된 경영지표의 측정치를 고려하여 여신한도액을 설정한다.

구분	재무제표가 있는 경우	재무제표가 없는 경우
수익성	총자본 대비 이익률, 매출액 대비 이익률	수익의 정도
안정성	자기자본비율	자기자본(차입금)비율
유동성	상품 회전율, 유동비율	지급 상황, 자금수지 상황
회수성	매출채권 회전율	–
성장성	총자산증가율	매출액, 총이익액의 신장

💡 TIP

거래처의 총매입액 = 거래처의 예상 매출액 × 매입원가율

💡 TIP

시험에서는 '안정성'과 '안전성'이라는 단어가 혼용되어 사용된다.

4. 여신한도액이 순운전자본보다 많아지는 경우 운전자본 확보 방법

① 현금으로 회수할 수 있는 거래처를 증대시킨다.
② 외상매출금이나 받을어음의 회수기간을 단축시킨다.
③ 상품재고를 감소시킨다.
④ 외상매출금은 감소, 외상매입금은 증가시킨다.
⑤ 장기회수기간 거래처를 감소시킨다.
⑥ 현금 지급을 어음 지급으로 변경한다.
⑦ 지급어음 기일을 연장시킨다.

🔅TIP

받을 때는 최대한 빨리 현금으로, 지급할 때는 최대한 늦게 어음으로 지급한다.

5. 대금회수관리

(1) 대금회수

대금회수 시 당월 지급 범위의 마감일, 지급예정일, 당월 말 외상매출금 잔액, 당월 매출액, 수금내용, 여신한도액 등을 고려하여야 한다. 대금회수의 기본적인 목표는 외상매출금 회수율의 향상과 받을어음 기간의 정확한 관리로 완전한 대금회수를 이루어 기업의 자금운용을 원활하게 하고 수익성을 향상시키는 것이다.

① 회수율 계산 방법 〈중요〉

- 일반적인 경우(당월 마감 당월 회수)

$$회수율(\%) = \frac{당월\ 회수액}{전월\ 말\ 외상매출금\ 잔액 + 당월\ 매출액} \times 100$$

- 월말 마감의 차월 회수

$$회수율(\%) = \frac{당월\ 회수액}{전전월\ 말\ 외상매출금\ 잔액 + 당월\ 매출액} \times 100$$

- 월중 마감일의 차월 마감일 회수(예 20일 마감의 차월 20일 회수)

$$회수율(\%) = \frac{전월\ 21일 \sim 당월\ 20일\ 매출대금\ 총회수액}{전월\ 20일\ 현재\ 외상매출금\ 잔액 + 전월\ 21일 \sim 당월\ 20일의\ 매출액} \times 100$$

- 월중 마감일의 차월 말일 회수(예 20일 마감의 차월 말일 회수)

$$회수율(\%) = \frac{당월\ 회수액}{전월\ 20일\ 현재\ 외상매출금\ 잔액 + 전월\ 21일 \sim 당월\ 20일의\ 매출액} \times 100$$

🔅TIP

이 경우 21일 ~ 월말까지의 매출액은 차월 청구이므로 회수율은 100%가 되지 않는다.

② 회수기간 계산 방법

- 받을어음의 회수기간: 대금회수는 어음으로 회수하는 경우와 현금으로 회수하는 경우가 있다. 대금을 어음으로 회수하는 경우에는 어음기간이 정해지며, 현금으로 회수하는 경우에는 기간이 필요 없으므로 현금의 어음기간은 '0'으로 계산한다.

$$받을어음\ 회수기간 = \frac{(각\ 받을어음\ 금액 \times 각\ 어음기간)의\ 합계}{매출총액}$$

현금 50만원, 90일 어음 100만원, 120일 어음 150만원의 매출채권을 회수하려고 한다.

[1] 회수기간을 구하시오.

해설

회수유형	금액	어음기간	금액 × 어음기간
현금	50만원	0일	50만원 × 0일 = 0원
90일 어음	100만원	90일	100만원 × 90일 = 9,000만원
120일 어음	150만원	120일	150만원 × 120일 = 18,000만원
계	300만원	–	0원 + 9,000만원 + 18,000만원 = 27,000원

∴ 받을어음 회수기간: $\dfrac{27,000원}{300만원}$ = 90일

정답 90일

[2] 받을어음 회수기간을 90일 어음은 60일로, 120일 어음은 90일로 단축시킬 경우의 회수기간 단축 효과를 구하시오.

해설

회수유형	금액	단축된 어음기간	금액 × 어음기간
현금	50만원	0일	50만원 × 0일 = 0원
90일 어음	100만원	60일	100만원 × 60일 = 6,000만원
120일 어음	150만원	90일	150만원 × 90일 = 13,500만원
계	300만원	–	0원 + 6,000만원 + 13,500만원 = 19,500만원

• 받을어음 회수기간: $\dfrac{19,500만원}{300만원}$ = 65일

∴ 어음기간의 변경으로 회수기간은 90일에서 65일로 25일이 단축된다.

정답 25일 단축

• 여신한도를 감안한 신규 외상매출에 대한 받을어음의 기간 설정

$$어음기간 = \frac{(여신한도액 × 여신기간) - (각 회수어음 금액 × 각 어음기간)의 합계}{외상매출금 잔액}$$

(2) 대금회수 관리 방법

① **회수율 관리**: 매출채권의 회수율이 낮아 회수기간이 길어지면 그에 따른 대손발생의 위험이 증가하고 수익 감소의 원인이 되어 불량채권 발생 가능성이 커진다. 따라서 매출채권의 회수율을 항상 확인하여야 하며, 회수율이 낮을 경우 거래처별로 다음과 같은 항목을 조사하여야 한다.

  • 외상매출금 잔액과 외상매출처
  • 입금일의 불규칙성
  • 반품수량이나 금액
  • 전액 중 일부 금액 지급처 처리 확인

② **회수기간 단축**: 받을어음의 회수기간을 여신 기준 내로 단축하기 위해서는 어음기간을 단축하거나 현금회수 비율을 높여야 한다.

③ 기타 과실: 외상매출금 잔액이 장부상 금액과 차이가 나거나 외상매출금 회수가 지연되는 경우에는 거래처의 사정 이외에 영업담당자의 과실이 있을 수 있다. 이때에는 다음과 같은 사항을 확인하여 적절히 조치하여야 한다.
  - 에누리의 미처리
  - 단가 수정의 미처리
  - 상품교환 또는 반품의 미처리
  - 거래처의 기장 오류 미수정
  - 클레임 수량이나 금액의 미처리
  - 강제판매에 의한 회수 곤란
  - 위탁상품대금의 미회수

01 [1급 | 2023년 6회]

[보기]의 (A)에 들어갈 적절한 용어를 한글로 입력하시오.

┌ 보기 ───────────────────────────┐
수요란 경제주체가 상품 또는 서비스를 구매하고자 하는 욕구를
의미한다. 수요의 유형 중에서 (A)수요란 고객이 구매의사가
있지만 예산 부족 등의 이유로 구매로 연결되지 못한 수요를 의미
한다.
└──────────────────────────────┘

(답: 수요)

해설

잠재수요는 구매에 대한 필요성이나 욕구는 있으나 구매능력이 갖추어지지 않아 소비
로 연결되지 못하고 있는 수요이다.

02 [2급 | 2021년 5회]

수요예측이나 판매예측의 특성에 관한 내용으로 가장 옳지 <u>않은</u>
것은?

① 장기예측보다는 단기예측이 더 정확하다.
② 개별품목예측이 관련 품목군에 대한 총괄예측보다 더 정확하다.
③ 예측치는 평균 기대치와 예측오차를 포함하여야 한다.
④ 기존의 상품이나 서비스에 대한 예측은 신규 상품이나 서비스에
   대한 예측보다는 적중률이 높다.

해설

개별품목예측보다 관련 품목군에 대한 총괄예측이 더 정확하다.

03 [1급 | 2022년 4회]

수요예측 방법에는 계량적 방법과 정성적 방법이 있다. 다음 중 그
성격이 다른 하나를 고르시오.

① 지수평활법
② 다중회귀분석법
③ 가중이동평균법
④ 수명주기유추법

해설

• 정성적 수요예측: 수명주기유추법
• 계량적 수요예측: 지수평활법, 다중회귀분석법, 가중이동평균법

04 [1급 | 2021년 4회]

다음 [보기]에서 설명된 특성을 갖는 수요 및 판매예측에 있어 정
성적 방법은 무엇인가? (한글로 표기하시오.)

┌ 보기 ───────────────────────────┐
㉠ 판매예측에 대한 전문가들의 예측치가 수렴될 때까지 의견 조
   사 과정을 반복
㉡ 판매예측을 위한 질문지를 작성하여 전문가 예측치를 조사
㉢ 다른 전문가들의 예측치와 자신의 예측치를 비교하게 하고 다시
   의견을 조사함
└──────────────────────────────┘

(답: 방법)

해설

델파이 방법은 여러 전문가들의 의견을 수집하여 의견의 합의가 이루어질 때까지 반복
적으로 서로 논평하게 하여 수요를 예측하는 것이다.

05 [2급 | 2021년 3회]

수요예측 기법 중 정량적 분석에 관한 설명 중 옳지 <u>않은</u> 것은?

① 이동평균법은 과거 일정 기간의 실적치에 동일한 가중치를 부여
   한다.
② 가중이동평균법은 일정 기간 중 최근 실적치에 높은 가중치를
   부여한다.
③ 지수평활법의 평활상수 값이 크면 과거의 변동을 더 많이 고려
   하는 것이다.
④ 인과모형 분석은 수요와 밀접하게 관련되어 있는 변수들과 수요
   와의 관계를 분석하여 수요를 예측하는 방법이다.

해설

지수평활법의 평활상수(α) 값이 크면 최근의 변동을 더 많이 고려하는 것이다.

| 정답 | 01 잠재   02 ②   03 ④   04 델파이   05 ③

06 [1급 | 2022년 1회]

다음 [보기]의 괄호에 들어갈 알맞은 용어를 쓰시오.

> ─ 보기 ─
>
> 시계열 분석 방법은 시계열 데이터의 변동 요인을 고려하여 수요를 예측하는 방법이다. 4가지 변동 요인에는 계절 변동, 추세 변동, (   ) 변동, 불규칙 변동이 있다.

(답: 변동)

해설

시계열 데이터는 계절 변화에 따른 단기적인 계절 변동, 오랜 세월 동안 추세적으로 나타나는 추세 변동(경향 변동), 1년 이상의 기간에 걸쳐 발생하는 일정한 주기의 순환 변동, 우발적으로 발생하는 불규칙 변동 등의 여러 변동 요인을 포함한다.

07 [1급 | 2022년 2회]

Q상사의 금년도 3월 말 예측 판매량이 1,000개이고 실제 판매량이 1,500개였다. 지수평활법을 이용한 Q상사의 4월 예측 판매량으로 옳은 것은? (단, 지수평활상수는 0.3이다.)

① 1,100개   ② 1,150개
③ 1,200개   ④ 1,250개

해설

4월의 예측 판매량: 전기(3월)의 실제값 1,500개 × 평활상수 0.3 + 전기(3월)의 예측치 1,000개 × (1 − 평활상수 0.3) = 1,150개

08 [2급 | 2022년 1회]

비행기 제조사인 A사의 1월부터 3월까지 실제 판매량이 [보기]와 같고, 1월의 예측 판매량이 120대였다. 지수평활법을 이용할 때, 평활계수가 0.2인 경우 3월의 예측치는 얼마인가?

> ─ 보기 ─

구분	1월	2월	3월
실제 판매량	120	145	130
예측 판매량	120		

① 120   ② 125
③ 130   ④ 135

해설

3월의 예측치는 2월의 실제 판매량(실제값)과 2월의 예측 판매량(예측치)을 이용하여 구한다. 그러나 2월의 예측 판매량이 주어지지 않았으므로 1월의 값을 이용하여 2월의 예측 판매량을 구한 후 3월의 예측치를 구해야 한다.

• 2월의 수요예측: 전기(1월)의 실제값 120 × 평활상수 0.2 + 전기(1월)의 예측치 120 × (1 − 평활상수 0.2) = 120
• 3월의 수요예측: 전기(2월)의 실제값 145 × 평활상수 0.2 + 전기(2월)의 예측치 120 × (1 − 평활상수 0.2) = 125

09 [1급 | 2022년 3회]

[보기]는 판매계획의 수립을 위한 활동들이다. 판매계획의 활동 순서를 예와 같이 나열하시오. (예 abcd)

> ─ 보기 ─
>
> a. 판매목표액 설정
> b. 판매할당
> c. 시장조사
> d. 수요예측

(답:)

해설

판매계획은 '시장조사(c) → 수요예측(d) → 판매예측 → 판매목표액 설정(a) → 판매할당(b)' 순서로 이루어진다.

10 [2급 | 2021년 6회]

다음의 판매계획에 대한 설명으로 적절하지 **않은** 것은?

① 판매계획은 설비투자, 신제품개발, 판매자원 할당 등의 근거가 된다.
② 미래 일정 기간 동안의 자사 상품이나 서비스의 판매가능액을 구체적으로 예측하는 수요예측 결과를 이용하여 수립한다.
③ 판매목표액을 구체적으로 수립하는 과정이다.
④ 시장점유율은 판매계획을 수립하는 데 가장 중요한 고려 요소이다.

해설

• 판매예측: 수요예측 결과를 기초로 하여 미래 일정 기간 동안 기업의 상품, 제품, 서비스 등의 판매가능액을 예측하는 방법
• 판매계획: 수요예측과 판매예측의 결과를 이용하여 상품, 제품, 서비스 등의 판매목표액을 구체적으로 수립하는 과정

11 [1급 | 2022년 3회]

(주)KPC산업은 시장점유율을 이용해 목표매출액을 결정하고자 한다. [보기]에 주어진 정보를 이용하여, 내년도 목표매출액을 산출하면 얼마인가?

┌─ 보기 ─────────────────────────────
• 올해 (주)KPC산업의 매출액: 500억원
• 작년 대비 (주)KPC산업의 시장점유율 증가율: 10%
• 작년 당해업계의 총매출액: 1,000억원
• 작년 대비 당해계의 총매출액 증가율: 20%
• (주)KPC산업의 내년도 목표매출액: (   )억원
└─────────────────────────────────

① 660억원　　　　　　　② 1,100억원
③ 1,150억원　　　　　　④ 1,200억원

해설
• 목표매출액 = 금년도 자사 매출액 × (1 + 시장확대율) × (1 + 시장신장률)
• 시장확대율(전년 대비 자사 시장점유율 증가율): 10%
• 시장신장률(전년 대비 당해 업계 총매출액 증가율): 20%
∴ 목표매출액: 500억원 × (1 + 0.1) × (1 + 0.2) = 660억원

12 [2급 | 2022년 1회]

아이스크림 제조회사의 아이스크림 1개당 판매단가는 1,200원이고, 단위당 변동비는 200원이며 연간 고정비가 600만원이다. 제품의 손익분기점(BEP, Break-Even Point)에 해당하는 연간 아이스크림 판매 매출수량으로 옳은 것은?

① 2,000개　　　　　　　② 4,000개
③ 6,000개　　　　　　　④ 8,000개

해설
손익분기점 매출수량 = $\dfrac{\text{고정비 } 6,000,000원}{\text{판매단가 } 1,200원 - \text{단위당 변동비 } 200원}$ = 6,000개

TIP 손익분기점 매출액을 구한 후 '매출액 = 매출수량 × 판매단가'를 이용하여 매출수량을 구하는 방법도 있다.

13 [1급 | 2022년 1회]

다음 [보기] 자료를 이용하여 계산한 손익분기점에서의 매출액은? (답은 숫자로만 작성하시오. 단위: 원)

┌─ 보기 ─────────────────────────────
• 총고정비용: 200,000원
• 단위당 가격: 500원
• 단위당 변동비용: 100원
└─────────────────────────────────

(답:　　　　　　　원)

해설
• 변동비율: $\dfrac{\text{변동비}}{\text{매출액}}$ = $\dfrac{\text{단위당 변동비 } 100원}{\text{판매단가 } 500원}$ = 0.2
• 손익분기점 매출액: $\dfrac{\text{고정비 } 200,000원}{1 - \text{변동비율 } 0.2}$ = 250,000원

14 [2급 | 2022년 1회]

매출목표액을 결정하는 데 중요한 고려 요소인 시장점유율을 확대하고자 할 경우 영향을 많이 받는 요소로 가장 옳지 **않은** 것은?

① 매입채무 회전율
② 판촉활동 및 판매경로의 강도
③ 과거의 시장점유율(과거의 데이터)
④ 경쟁기업에 대한 상대적 가격 · 품질 · 기능

해설
시장점유율을 확대하고자 할 경우 과거의 시장점유율(과거의 데이터), 경쟁기업에 대한 상대적 가격 · 품질 · 기능, 판촉활동 및 판매경로의 강도 등에 영향을 많이 받는다. 매입채무 회전율은 거래처의 신용한도 설정 시 영향을 받는 요소이다.

15 [1급 | 2022년 2회]

판매할당 방법 중에서 교차비율을 고려하여 목표매출액을 할당할 수 있는 방법으로 옳은 것은?

① 영업사원별 할당
② 지역 및 시장별 할당
③ 거래처 및 고객별 할당
④ 상품 및 서비스별 할당

해설
교차비율을 고려하여 목표매출액을 할당할 수 있는 방법은 상품 및 서비스별 할당이다.

16 [2급 | 2021년 2회]

[보기]의 정보를 바탕으로, 교차비율을 고려해 상품 A, B의 목표판매액을 차등할당하고자 한다. 다음 중 설명 내용이 가장 옳지 <u>않은</u> 것은?

┌─ 보기 ─

(단위: 억원)

구분	매출액	한계이익	평균 재고액
상품 A	100	30	15
상품 B	100	40	40

① 상품 B의 교차비율 수치는 1이다.
② 상품 A보다 상품 B의 교차비율 수치가 낮다.
③ 교차비율 수치에 의하면 상품 A보다 상품 B의 이익이 높다.
④ 상품 A의 목표판매액을 상품 B보다 높게 할당하는 것이 바람직하다.

해설

• 교차비율 = 상품 회전율 × 한계이익률 = $\dfrac{\text{매출액}}{\text{평균 재고액}} \times \dfrac{\text{한계이익}}{\text{매출액}} = \dfrac{\text{한계이익}}{\text{평균 재고액}}$

• 상품 A의 교차비율: $\dfrac{\text{한계이익 } 30}{\text{평균 재고액 } 15} = 2$

• 상품 B의 교차비율: $\dfrac{\text{한계이익 } 40}{\text{평균 재고액 } 40} = 1$

∴ 교차비율이 높아질수록 이익도 높아진다. 상품 B보다 상품 A의 이익이 높으므로, 교차비율이 높은 상품 A에 높은 목표판매액을 할당해야 한다.

17 [2급 | 2021년 5회]

다음 중에서 지역 및 시장별 할당을 이용하여 목표판매액을 할당하려고 할 때 고려해야 할 사항으로 가장 옳은 것은 무엇인가?

① 교차비율
② 이익공헌도
③ 목표 시장점유율
④ 잠재구매력지수

해설

지역 및 시장별 할당을 이용하여 목표매출액을 할당하려고 할 때, 할당기준은 잠재구매력지수이다.

18 [2급 | 2021년 4회]

다음 중 거래처 및 고객별로 판매할당하고자 할 때 고려 사항이 <u>아닌</u> 것은?

① 교차비율
② 과거 판매액
③ 수주실적경향
④ 목표 수주점유율

해설

거래처 및 고객별 할당 시에는 각 거래처 또는 고객의 과거 판매액, 판매(수주)실적경향, 목표 수주점유율 등을 고려하여 할당한다. 교차비율은 상품 및 서비스별 할당 시의 고려 사항이다.

19 [2급 | 2022년 1회]

다음 중 가격 결정에 영향을 미치는 외부적 요인 중에서 고객 수요의 내용으로 옳지 <u>않은</u> 것은?

① 경쟁기업의 구매능력
② 가격탄력성
③ 제품 이미지
④ 품질

해설

가격 결정에 영향을 미치는 외부적 요인 중 고객 수요와 관련된 요인은 가격탄력성, 제품 이미지, 품질, 소비자의 구매능력, 용도 등이 있다.

20 [1급 | 2021년 6회]

원가가산에 의한 가격 결정 방법으로 상품의 소매가격을 1,000원으로 결정하였다. 이때 원가 구성이 다음 [보기]와 같은 경우에 소매업자의 이익은 얼마인가? (단, 답안은 예와 같이 단위(원)는 생략하고 숫자로만 작성할 것. 예 50)

┌─ 보기 ─────────────────────

• 제조원가: 200원

• 도매가격: 300원

• 소매업자 영업비: 100원

(답: 원)

해설

소매가격 1,000원 = 소매 매입원가(도매가격) 300원 + 소매업자 영업비 100원 + 소매업자 이익

∴ 소매업자 이익 = 600원

| 정답 | 16 ③ 17 ④ 18 ① 19 ① 20 600

21 [1급 | 2021년 4회]

다음 중 경쟁환경하에서 적정한 이익을 추구하면서 가격을 유지하기 위한 가격유지 정책 중 비가격경쟁에 의한 방법에 해당하지 <u>않</u>는 것은?

① 리베이트를 통한 판매촉진
② 차별화 상품으로 틈새시장 공략
③ 강력한 광고로 브랜드 이미지 구축
④ 고객 수요에 맞춘 새로운 제품의 개발

해설

리베이트를 통한 판매촉진 방법은 생산업자와 판매업자, 도매업자와 소매업자 사이에서 일정 기간의 판매액을 기준으로 판매에 기여한 판매업자에게 이익의 일부를 되돌려주는 것으로 비가격경쟁에 의한 방법에 해당하지 않는다.

22 [2급 | 2021년 6회]

가격탄력성에 대한 설명으로 가장 옳지 <u>않은</u> 것은?

① 일반적으로 수요가 지속적으로 유지되는 생필품의 가격탄력성은 사치품보다 작다.
② 가격탄력성이 큰 상품은 가격이 상승했을 때, 수요가 크게 하락한다.
③ 가격탄력성이란 가격이 1% 변화하였을 때 수요량은 몇 % 변화하는가를 절대치로 나타낸 크기이다.
④ 가격탄력성이 1보다 큰 상품의 수요는 비탄력적(Inelastic)이라 하고, 1보다 작은 상품의 수요는 탄력적(Elastic)이라고 한다.

해설

가격탄력성이 1보다 큰 상품의 수요는 탄력적이라 하고, 1보다 작은 상품의 수요는 비탄력적이라고 한다.

23 [1급 | 2021년 5회]

다음 [보기]의 (   )에 공통적으로 들어갈 수 있는 용어를 직접 기입하시오.

┌ 보기 ┐
- 완전경쟁 상황의 시장에서는 이미 제품가격이 최저 가격을 형성하고 있으므로 매출과 이익을 높이기 위하여 (   )경쟁 방법에 의한 가격유지 정책이 필요하다.
- (   )경쟁 방법은 광고·판매, 제품차별화·판매계열화 등 가격 외적인 면에서 행하여지는 경쟁 방법이다.
└──────────────────────────────┘

(답:)

해설

가격 외적인 면에 의한 가격유지 방법인 비가격경쟁 방법에 대한 설명이다.

24 [2급 | 2025년 1회]

시장을 경쟁 정도에 따라 구분할 경우 [보기]에서 설명하는 내용에 적합한 시장으로 옳은 것은?

┌ 보기 ┐
시장에 다수의 기업들이 참여하고 있지만, 참여기업들은 각기 디자인, 품질, 포장 등에 있어 어느 정도 차이가 있는 유사상품을 생산, 공급하여 상호 경쟁하고 있는 시장으로 미용실, 병원, 목욕탕 등이 해당될 수 있다.
└──────────────────────────────┘

① 과점시장
② 독점시장
③ 완전경쟁시장
④ 독점적 경쟁시장

해설

① 과점시장: 소수의 생산자가 시장을 장악하고 비슷한 상품을 생산하며 같은 시장에서 경쟁하는 시장 형태
② 독점시장: 한 산업을 하나의 기업이 지배하는 시장 형태
③ 완전경쟁시장: 시장 참가자 수가 많고 시장 참여가 자유로운 시장 형태

25 [1급 | 2022년 4회]

시장 형태는 공급자의 경쟁 정도에 따라 여러 유형으로 구분된다. [보기]의 설명에 적절한 시장 형태를 한글로 작성하시오.

┌ 보기 ┐
소수의 생산자가 시장을 점유하고 비슷한 상품을 생산하며 같은 시장에서 경쟁하는 시장 형태
└──────────────────────────────┘

(답:)

해설

과점시장은 소수의 생산자가 시장을 장악하고 비슷한 상품을 생산하며 같은 시장에서 경쟁하는 시장 형태로, 공급량은 적고 가격이 높기 때문에 가격이나 생산량에 있어 경쟁기업에 민감하다.

| 정답 | 21 ① | 22 ④ | 23 비가격 | 24 ④ | 25 과점시장 |

26 [2급 | 2022년 2회]

수주관리의 업무내용으로 가장 옳지 <u>않은</u> 것은?

① 수주는 구매를 결정한 고객으로부터 구체적인 주문을 받는 과정이다.
② 수주등록은 수주 후에 고객의 주문내역을 관리 시스템에 등록하는 과정이다.
③ 견적은 수주 이후 단계로서 구매하고자 하는 물품에 대한 사양과 가격을 산출하는 단계이다.
④ 수주등록 후 일자별 가용수량, 약속가능재고 정보를 참조하여 고객에게 예정납기를 통보해야 한다.

> **해설**
>
> 견적은 수주 이전 단계로서, 구매하고자 하는 물품에 대한 사양과 가격을 산출하는 단계이다.

27 [2급 | 2021년 6회]

파레토 분석을 이용하여 우량 거래처를 선정하려고 한다. [보기]의 자료를 근거로 할 때, A 그룹의 고객군으로 적절한 것은 무엇인가?

┌ 보기 ─────────────────────

(단위: 억원)

고객	a	b	c	d	e	f	g	h	i	j
매출액	60	20	4	4	2	2	2	2	2	2

① a
② a, b
③ a, b, c
④ a, b, c, d

> **해설**
>
> • 파레토 분석에서 A 그룹은 전체 매출누적치의 70% ~ 80%를 차지한다. 매출액의 합이 100억원이므로 100억원의 70% ~ 80%는 70억원 ~ 80억원이다.
> • a 60억원 + b 20억원 = 80억원이므로 a, b 고객이 A 그룹이다.

28 [1급 | 2022년 3회]

[보기]의 (   )에 공통적으로 들어갈 적절한 용어를 예와 같이 한글로 기입하시오. (예 물류)

┌ 보기 ─────────────────────

• (   ) 분석은 고객 중점화 전략 중 하나로, ABC 분석이 다양한 요인들을 고려하지 못한다는 단점을 보완한 분석 방법이다.

• (   ) 분석은 우량 거래처나 고객을 선정하기 위해 고려해야 할 서로 다른 2개의 요인을 가로축과 세로축의 기준으로 이원표를 구성한다.

(답:)

> **해설**
>
> 고객 중점화 전략 중 매트릭스 분석은 서로 다른 2개의 요인을 이용하여 우량 고객을 선정하는 방법이다.

29 [1급 | 2022년 2회]

고객(거래처) 중점화 전략의 중점 관리 고객 선정 방법 중에서 가장 다양한 요인을 반영할 수 있는 분석 방법으로 옳은 것은?

① ABC 분석
② 파레토 분석
③ 매트릭스 분석
④ 거래처 포트폴리오 분석

> **해설**
>
> 거래처 포트폴리오 분석은 ABC 분석이나 매트릭스 분석 등과 같이 1개 ~ 2개의 요인만을 분석하지 않고 3개 이상의 요인으로 가중치를 이용하여 다면적으로 분석하는 방법이다.

30 [2급 | 2021년 5회]

신용거래와 신용한도에 관한 내용으로 가장 옳지 <u>않은</u> 것은?

① 여신한도는 거래처에 외상매출할 수 있는 최저 한도액을 말한다.
② 신용거래란 물품을 먼저 인도하고 물품대금은 일정 기간 후에 결제하는 외상거래를 말한다.
③ 여신한도를 설정하는 것은 대금회수가 안전한 외상매출 금액의 상한과 허용기간을 정하는 것이다.
④ 신용한도란 기업이 매출채권의 원활한 회수관리를 위하여 거래처마다 외상매출을 허용할 수 있는 금액의 한도를 말한다.

> **해설**
>
> 여신한도는 거래처에 외상매출을 할 수 있는 최고 한도액을 말한다.

31 [2급 | 2021년 3회]

의류업체 A사의 여신 상황이 보기와 같다. A사의 자금 조달기간으로 옳은 것은?

매출액	170,000만원
매출채권 잔액	34,000만원
재고 회전기간	32일
매입채무 지급기간	45일

① 30
② 40
③ 50
④ 60

> **해설**
>
> • 매출채권 회수기간: $\dfrac{\text{매출채권 잔액 34,000만원}}{\text{매출액 170,000만원}} \times 365 = 73$일
> • 자금 조달기간: 매출채권 회수기간 73일 − 매입채무 지급기간 45일 + 재고 회전기간 32일 = 60일

32 [1급 | 2021년 5회]

회사의 자금 조달기간을 이용하는 방법으로 자사의 연간 총여신한 도액을 설정하려고 한다. [보기]에서 주어진 정보를 이용할 때, 자사의 연간 매출채권한도액을 산출하면 얼마인가? (답은 예와 같이 단위(억원)를 생략하고, 숫자로만 기재하시오. 예 10)

보기
- 매출액: 30억원
- 재고 회전기간: 90일
- 매출채권 회수기간: 300일
- 매입채무 지급기간: 25일

(답: 억원)

해설
- 자금 조달기간: 매출채권 회수기간 300일 − 매입채무 지급기간 25일 + 재고 회전기간 90일 = 365일
- 자금고정률: $\dfrac{\text{자금 조달기간 365}}{365} = 1$
- 매출채권한도액(여신한도액): 매출액 30억원 × 자금고정률 1 = 30억원

33 [1급 | 2022년 2회]

[보기]는 매출채권 회전율에 대한 설명이다. (   ) 안에 적합한 수치를 입력하시오. (단, 답은 단위는 생략하고, 예와 같이 숫자로 입력하시오. 예 10)

보기
특정년도의 총매출액이 100억원이고, 매출채권 잔액이 20억원이라면 매출채권 회전율은 (   )이다.

(답:)

해설
매출채권 회전율: $\dfrac{\text{매출액 100억원}}{\text{매출채권 잔액 20억원}} = 5$

34 [1급 | 2022년 3회]

거래처(고객)별 여신한도를 결정하기 위하여 '과거 총이익액의 실적이용법'을 적용하려고 한다. [보기]의 산출식에서 ㉠에 공통으로 들어갈 적절한 용어를 예와 같이 한글로 기입하시오. (예 물류)

보기
- 여신한도액 = 과거 3년간의 {총매출액 − 외상매출채권 잔액} × 평균 총(㉠)
- 여신한도액 = 과거 3년간의 회수누계액 × 평균 총(㉠)

(답:)

해설
과거 총이익액의 실적이용법으로 거래처(고객)별 여신한도를 설정하는 방법은, 해당 거래처에 대한 과거 3년 ~ 5년간의 총이익액 누계실적을 한도로 설정하는 것이다.
- 여신한도액 = (과거 3년간의 총매출액 − 외상매출채권 잔액) × 평균 총이익률
    = 과거 3년간의 회수누계액 × 평균 총이익률

35 [2급 | 2022년 1회]

과거 총이익액의 실적을 이용하여 거래처의 여신한도를 설정하려고 한다. 거래처에 대하여 과거 3년간의 총매출액이 80억원, 외상매출채권 잔액이 20억원, 평균 총이익률이 5%일 때, 이 거래처에 적절한 여신한도액은 얼마인가?

① 3억원   ② 4억원
③ 5억원   ④ 6억원

해설
여신한도액: (과거 3년간의 총매출액 80억원 − 외상매출채권 잔액 20억원) × 평균 총이익률 5% = 3억원

36 [1급 | 2022년 4회]

매출액 예측에 의한 방법으로 거래처의 여신한도액을 결정하려고 한다. [보기]에 제시된 자료를 바탕으로 여신한도액을 계산하여 입력하시오. (정답은 단위를 제외한 숫자만 입력하시오. 단위: 원)

보기
- 거래처의 예상매출액: 1,000,000원
- 거래처의 매입원가율: 80%
- 자사 수주점유율: 20%
- 여신기간: 40일

(답: 원)

해설
매출액 예측에 의한 여신한도액: 거래처의 예상매출액 1,000,000원 × 매입원가율 80% × 자사 수주점유율 20% × 여신기간 40일 = 6,400,000원

| 정답 | 32 30 | 33 5 | 34 이익률 | 35 ① | 36 6,400,000 |

37 [2급 | 2021년 5회]

경영지표에 의한 거래처별 여신한도 설정법에서 재무제표가 있는 경우 관련된 경영지표의 측정치로 옳은 것은?

① 유동성 – 매출채권 회전율
② 수익성 – 상품 회전율
③ 안정성 – 자기자본비율
④ 회수성 – 유동비율

해설

〈재무제표가 있는 경우〉
① 유동성: 상품 회전율, 유동비율
② 수익성: 총자본 대비 이익률, 매출액 대비 이익률
④ 회수성: 매출채권 회전율

38 [2급 | 2022년 2회]

여신한도액이 순운전자본보다 많아지는 경우 운전자본 확보 방안으로 가장 옳지 않은 것은?

① 상품재고 감소
② 지급어음 기일 단축
③ 어음의 회수기간 단축
④ 현금회수 가능 거래처 증대

해설

여신한도액이 순운전자본보다 많아진 경우에 운전자본을 확보하기 위해서는 지급어음 기일을 연장시켜야 한다.

39 [1급 | 2022년 4회]

회사의 신용한도 설정 및 자금운용과 관련된 설명으로 적절하지 않은 것은?

① 매출채권 회전율이 낮게 되면 대손발생의 위험이 증가한다.
② 유동자산 총액에서 유동부채 총액을 차감한 것을 순운전자본이라고 한다.
③ 신용한도는 상한 범위의 금액까지 판매 가능하다는 의미로 해석할 수 있다.
④ 여신한도액이 순운전자본보다 많아지는 경우 어음 지급을 현금 지급으로 변경하여 운전자본을 확보해야 한다.

해설

여신한도액이 순운전자본보다 많아지는 경우 현금 지급을 어음 지급으로 변경하여 운전자본을 확보해야 한다.

40 [2급 | 2021년 1회]

A 기업은 당월 마감하고 당월 회수하는 일반적인 회수율 계산 방식을 통해 외상매출금 회수율을 산출하고 있다. [보기]의 자료를 이용할 때, 3월의 외상매출금 회수율은 얼마인가?

┌ 보기 ┐
• 2월 말 외상매출금 잔액: 80만원
• 3월 매출액: 520만원
• 3월 말 외상매출금 잔액: 120만원
• 3월 외상매출액 회수액: 60만원
└──────────────────┘

① 10%   ② 20%
③ 30%   ④ 40%

해설

3월 외상매출금 회수율

$: \dfrac{\text{당월(3월) 외상매출액 회수액 60만원}}{\text{전월(2월) 말 외상매출금 잔액 80만원 + 당월(3월) 매출액 520만원}} \times 100 = 10\%$

41 [1급 | 2022년 4회]

일반적인 방식으로 외상매출금 회수율을 산출하고자 한다. [보기]의 정보를 활용하여 계산한 4월 말 외상매출금 회수율이 40%가 되려면 4월의 매출액은 얼마여야 하는가?

┌ 보기 ┐
• 3월 매출액: 75억원
• 3월 말 외상매출금 잔액: 10억원
• 4월 회수액: 20억원
└──────────────────┘

① 40억원   ② 45억원
③ 50억원   ④ 55억원

해설

4월 외상매출금 회수율 40%

$= \dfrac{\text{당월(4월) 회수액 20억원}}{\text{전월(3월) 말 외상매출금 잔액 10억원 + 당월(4월) 매출액}} \times 100$

∴ 4월의 매출액 = 40억원

| 정답 | 37 ③ | 38 ② | 39 ④ | 40 ① | 41 ① |

42 [2급 | 2022년 2회]

'월말 마감의 차월 회수' 기준에 따라 외상매출금의 회수율을 계산하고자 할 때, [보기]의 (a)에 들어갈 용어로 옳은 것은?

─ 보기 ─
외상매출금 회수율 = (a) / {(b) + (c)} × 100

① 당월 회수액
② 전월 매출액
③ 당월 매출액
④ 전전월말 외상매출금 잔액

해설

월말 마감의 차월 회수 회수율

$$= \frac{a. \text{ 당월 회수액}}{b. \text{ 전전월말 외상매출금 잔액} + c. \text{ 당월 매출액}} \times 100$$

43 [1급 | 2021년 5회]

(주)K무역은 월말 마감 차월 회수 공식을 사용하여, 외상매출금 회수율을 계산한다. [보기]에 주어진 정보를 이용하여 계산한 10월의 외상매출금 회수율은 얼마인가? (단, 답은 예와 같이 단위(%)는 생략하고 숫자만 입력하시오. 예 10)

─ 보기 ─
• 9월 매출액: 4억원
• 10월 매출액: 5억원
• 8월말 외상매출금 잔액: 3억원
• 10월 외상매출액 회수액: 2억원

(답: %)

해설

월말 마감 차월 회수의 10월 회수율(%)

$$: \frac{\text{당월(10월) 외상매출액 회수액 2억원}}{\text{전전월(8월) 말 외상매출금 잔액 3억원 + 당월(10월) 매출액 5억원}} \times 100 = 25\%$$

44 [2급 | 2022년 1회]

매출액을 기준으로 받을어음의 회수기간을 산출하여 여신한도액을 운용하고자 한다. 다음 [보기]의 대금회수내역을 활용하였을 때, 받을어음의 대금회수기간으로 옳은 것은?

─ 보기 ─
대금회수내역(매출총액: 23억원)
• 현금: 13억원
• 30일 어음: 2억원
• 60일 어음: 3억원
• 90일 어음: 5억원

① 10일   ② 30일
③ 60일   ④ 900일

해설

• 현금은 기간이 필요 없으므로 현금의 어음기간은 0으로 계산한다.

• 받을어음 회수기간 = $\dfrac{(\text{각 받을어음 금액} \times \text{각 어음기간})\text{의 합계}}{\text{매출총액}}$

$$= \frac{(13억원 \times 0일) + (2억원 \times 30일) + (3억원 \times 60일) + (5억원 \times 90일)}{23억원}$$

$$= \frac{690일}{23억원} = 30일$$

45 [1급 | 2022년 2회]

[보기]는 여신잔액에 맞추어 어음기간을 조정하기 위한 계산 공식이다. 괄호 ㉠에 들어갈 용어로 옳은 것은?

─ 보기 ─
어음기간 = {(㉠ × 여신기간) − (현재까지 회수어음 금액 × 동 어음기간)} / 외상매출금 잔액

① 매출총액
② 여신한도액
③ 외상매출금
④ 외상매출 회수액

해설

어음기간 = $\dfrac{(㉠ \text{ 여신한도액} \times \text{여신기간}) - (\text{회수어음 금액} \times \text{어음기간})\text{의 합계}}{\text{외상매출금 잔액}}$

공급망관리(SCM)

1 공급망관리(SCM; Supply Chain Management)

1. 물류와 로지스틱스

(1) 미국물류관리협의회(NCPDM)의 '물류(Physical Distribution)' 정의

제품을 물리적으로 생산자로부터 최종 소비자에게 이전하는 데 필요한 포장·보관·하역·
운송·정보 등에 관한 행위이다(상품 공급 지향적).

(2) 로지스틱스(Logistics)

① 물류가 확장·발전되어 원·부자재의 조달에서부터 제품의 생산·판매·반품·회수·폐
기에 이르기까지 구매 조달, 생산, 판매 물류가 통합된 개념의 물류이다.

② 고객만족을 위한 고객지향 시스템으로 원재료·반제품·완성품 이외에 정보관리가 포
함되어 있다.

③ 로지스틱스는 보관보다는 흐름 관점을 우선하는 효율화를 촉진한다는 점이 '공급관점
의 물류'와의 차이점이다.

2. 공급망관리

(1) 공급망관리의 개념

① 공급망은 '공급(Supply)하는 연결망(Chain)'이라는 뜻으로, 경제활동에 따른 수요와
공급 관계의 모든 물자 흐름, 정보 흐름, 자금 흐름의 연결망을 의미한다.

- **물자 흐름(제품/서비스 흐름):** 공급자로부터 고객으로의 상품 이동은 물론, 고객의 물
품 반환이나 애프터서비스 요구 등을 모두 포함한다.
- **정보 흐름:** 주문의 전달과 배송상황의 갱신 등이 수반된다.
- **재정 흐름:** 신용조건, 지불조건, 위탁판매, 권리소유권 합의 등이 해당한다.

② 공급망관리는 원·부자재 공급자로부터 최종 소비자에 이르기까지 전 과정에서 각 기
능 간 재화·정보·자금의 흐름을 최적화하고 동기화하여 공급망 전체의 경영 효율을
극대화하는 전략이다.

③ 공급망관리는 공급망 전체의 불확실성에 대응하기 위하여 정보 시스템에 의한 기업 간
전략적 협업의 관점이다.

④ 공급망관리의 발전 단계

MRP Ⅰ → MRP Ⅱ → ERP → ERP Ⅱ (확장형 ERP) → SCM

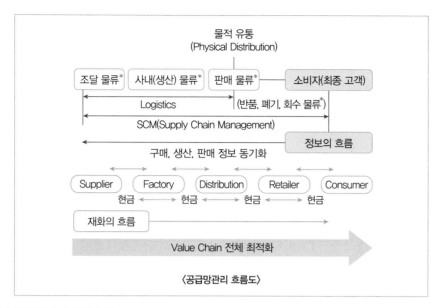

〈공급망관리 흐름도〉

이론   실무 시뮬레이션   최신 기출문제

* **조달 물류**
  원·부자재가 구매시장으로부터 공급자(제조업자)의 자재창고에 입고될 때까지의 물류

* **사내(생산) 물류**
  원·부자재가 제조기업의 생산공정에 투입되어 완제품으로 생산되어 포장되기까지의 물류

* **판매 물류**
  공장이나 물류센터로부터 출하하여 고객에게 인도하기까지의 물류

* **반품, 폐기, 회수 물류**
  • 반품 물류: 소비자가 교환, 환불 또는 수리를 위하여 구입한 제품을 판매자에게 되돌려 보내기까지의 물류
  • 폐기 물류: 제품 및 포장용기 등을 폐기하기 위한 물류
  • 회수 물류: 파렛트, 컨테이너와 같은 물류용기와 음료수 공병 등의 회수 및 재활용을 위한 물류

(2) 공급망관리의 필요성

공급망을 구성하는 원자재와 부품의 공급자, 중간부품 제조업체, 완제품 제조업체, 물류업체, 도매상과 소매상의 유통업체, 최종 고객에 이르기까지 생산과 서비스의 주체들은 공급망의 거래비용 절감을 위하여 시스템 통합에 의한 실시간 정보 동기화와 협업이 절대적으로 중요하다. 또한, 공급망관리는 정보 공유와 통합, 리드 타임 단축, 불확실성의 최소화 등을 위하여 필요하다.

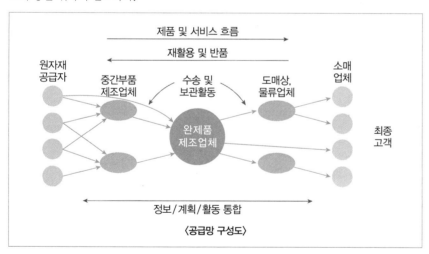

〈공급망 구성도〉

(3) 공급망관리의 도입 효과

① 작업 지연시간의 단축
② 수주 처리기간의 감소
③ 철저한 납기관리
④ 업무 운영 효율화에 의한 비용 절감

3. 채찍 효과(Bullwhip Effect) 중요

(1) 채찍 효과의 개념

① 고객 수요가 공급망의 하류에 해당하는 소매상에서 도매상으로, 도매상에서 제조기업으로, 제조기업에서 원재료 공급자까지 공급망의 상류로 이어지면서 수요예측이 왜곡되고 과대한 주문이 누적되어 가는 현상이다.

② 수요와 공급의 변동은 제품 품절에 의한 고객 서비스 수준 하락, 과도한 안전재고 보유, 공급망상의 비용 상승 등을 초래한다.

(2) 채찍 효과의 원인

① 잦은 수요예측 변경: 변동하는 고객 주문을 반영하여 수요예측, 생산, 발주와 일정계획이 자주 갱신된다.

② 배치 주문 방식: 운송비·주문비의 절감을 위하여 대량의 제품을 한꺼번에 발주한다.

③ 가격 변동: 불안정한 가격 구조, 가격할인 행사 등으로 불규칙한 구매 형태를 유발한다.

④ 리드 타임 증가: 조달 리드 타임이 길어지면 수요와 공급의 변동성, 불확실성이 확대된다.

⑤ 과도한 발주: 공급량 부족으로 주문량보다 적게 할당될 때, 구매자가 실제 필요량보다 확대하여 발주한다.

⑥ 수요정보의 왜곡, 주문량의 불규칙과 편차, 일방적 정보의 전달, 공급망 구성원의 비합리적 사고와 의사 결정, 공급망 전체의 관점이 아닌 개별 기업의 이해관계에 따른 의사 결정 수행

(3) 채찍 효과를 줄이기 위한 방안

① 공급망 전반의 수요정보를 중앙집중화하여 불확실성을 제거한다.

② 안정적인 가격 구조로 소비자 수요의 변동 폭을 축소한다.

③ 고객·공급자와 실시간 정보를 공유한다.

④ 제품 생산과 공급에 소요되는 주문 리드 타임과 주문 처리에 소요되는 정보 리드 타임을 단축시킨다.

⑤ 공급망의 재고관리를 위하여 기업 간 전략적 파트너십을 구축한다.

4. 공급망 프로세스

(1) 공급망 프로세스의 개념

공급망 프로세스는 고객의 수요를 충족하기 위하여 제품 생산에 필요한 원자재의 투입부터 제품 생산을 거쳐 그 제품을 고객에게 전달하는 활동의 유기적인 과정이다.

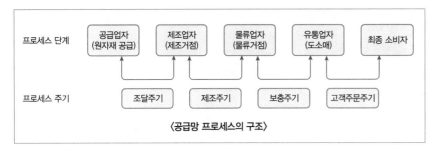

〈공급망 프로세스의 구조〉

(2) 공급망 프로세스의 통합

① 공급망 전체의 공동 이익을 위하여 비전 공유, 고도의 협업, 실시간 정보 공유 등의 상호작용이 요구된다.

② 고객 요구나 시장 환경에 대응하기 위하여 프로세스를 동기화하는 공급망 프로세스 통합이 필요하다.

(3) 공급망 프로세스의 경쟁능력 4가지 요소 <중요>

① 비용(Cost): 적은 자원으로 제품·서비스를 창출할 수 있는 능력이다. 비용으로 경쟁하기 위한 방법에는 투입 자원의 효율적 활용과 조직 운영, 원자재 구입비용 감축, 낭비 제거와 생산성 향상, 프로세스 표준화, 불량품 감축, 지속적인 프로세스 개선과 개발이 있다.

② 품질(Quality): 고객 욕구를 만족시키는 척도이며 소비자에 의하여 결정된다.

③ 유연성(Flexibility): 설계 변화와 수요 변화에 효율적으로 대응할 수 있는 능력이다. 유연성이 높다는 것은 새롭게 변경된 제품의 생산이나 새로운 생산 방법의 도입이 효율적으로 이루어질 수 있다는 것이다.

④ 시간(Time): 경쟁사보다 빠른 신제품 개발능력, 신속한 제품 배달능력, 정시 배달능력
  • 신제품 개발능력: 경쟁사보다 빠르게 고객의 욕구를 충족시킬 수 있는 새로운 제품을 개발한다.
  • 신속한 제품 배달능력: 제한된 시간에 보다 많은 고객 주문을 충족시킨다.
  • 정시 배달능력: 고객이 원하는 시간에 원하는 수량의 제품을 정확하게 인도하여 배송의 신뢰성을 유지한다.

5. 공급망관리 정보 시스템

(1) 공급망 정보의 특징(정보의 다종, 다량, 대량)

① 정보량이 많고 업무내용이 다양하여 획일적 처리가 곤란하다.

② 정보의 발생 장소, 처리 장소, 전달 장소 등이 광역으로 분산되어 있다.

③ 지역, 계절, 시간에 따라 수요 변화가 현저하므로 유연한 대응 시스템이 필요하다.

(2) 공급망관리 정보 시스템의 효과

① 고객 주문 및 처리 시간의 단축으로 고객 서비스가 향상된다.

② 재고량 축소로 재고비용이 절감된다.

③ 신속하고 저렴한 운송 방법 탐색으로 운송비용이 절감된다.

④ 소비자의 구매 성향을 쉽게 파악하여 최적의 제품 구색이 가능하다.

(3) 공급망관리 정보 시스템의 유형

① 창고관리 시스템(WMS; Warehouse Management System): 주문피킹, 입출고, 재고관리 등의 자동화를 통하여 신속·정확한 고객 대응력과 재고 삭감, 미출고·오출고 예방을 목적으로 한다.

② 효율적 소비자 대응(ECR; Efficient Consumer Response) 시스템: 유통업체와 제조업체 등이 서로 협력하여 효율적인 상품보충, 점포진열, 판매촉진, 상품개발을 목적으로 POS 시스템을 도입하여 자동적으로 제품을 충원하는 전략이다.

③ 신속 대응(QR; Quick Response) 시스템: 미국의 패션의류 산업에서 실시한 것으로 소매업체와 제조업체가 정보를 공유하여 효율적인 생산과 공급망 재고량을 최소화하는 전략이다. 유지비용 절감, 고객 서비스 제고, 높은 상품 회전율 등의 효과를 얻을 수 있다.

④ 크로스도킹(CD; Cross Docking) 시스템: 물류센터에 보관하지 않고 당일 입고, 당일 출고하는 통과형 운송 시스템으로 24시간 이내에 직송하는 공급망 간의 협업 시스템이다.

> **창고관리 시스템의 주요 기능**
> • 주문접수
> • 일정 계획
> • 작업관리
> • 출하관리
> • 차량관리
> • 재고관리
> • 입고관리
> • 운영관리

⑤ 지속적 보충 프로그램(CRP; Continuous Replenishment Program): 제품의 유통업체와 제조업체가 전자상거래를 통하여, 상품의 재고가 부족할 때 자동으로 보충하고 재고관리를 하도록 지원하는 시스템이다. 제조업체가 효과적으로 재고를 관리하여 유통업체에 적시에 보충할 수 있도록 하여 결품 비율을 낮추어 주고, 상호 협업기능을 강화한다.

⑥ 협력사(공급자) 재고관리(VMI; Vendor Managed Inventory) 시스템: 유통업체 물류센터의 재고 데이터를 공급자(제조업체)에게 전달하면 공급자가 물류센터로 제품을 배송하고 유통업체의 재고를 직접 관리하는 방식으로, 재고관리 책임을 공급자에게 위탁하는 성격의 시스템이다.

⑦ 공동 재고관리(CMI; Co-Managed Inventory) 시스템: VMI에서 한 단계 더 발전한 개념으로 소매업체(유통업체)와 공급자(제조업체)가 공동으로 판촉활동, 지역 여건, 경쟁 상황을 고려하면서 적절하게 재고수준을 관리하는 방식이다. JMI(Jointly Managed Inventory)라고도 한다.

⑧ 컴퓨터 지원 주문 시스템(CAO; Computer Assisted Ordering): 제조업체의 창고, 유통센터, 소매업체에 이르는 전체 재고를 파악하고 컴퓨터에 의한 자동 주문을 수행하여 효과적인 수배송 계획을 지원함으로써 물류비용을 감소시켜 주는 방식이다.

⑨ 전자 주문 시스템(EOS; Electronic Ordering System): 상품의 부족분을 컴퓨터가 거래처에 자동으로 주문하여 항상 신속하고 정확하게 해당 점포에 배달해 주는 시스템으로, 편의점·슈퍼마켓 등 체인 사업에서 상품을 판매하면 POS 데이터를 거래처의 중앙 본부에 있는 컴퓨터에 자동적으로 입력하는 방식이다.

⑩ 전자 조달 시스템(e-Procurement): 기업에서 원재료 조달을 위한 파트너 선정, e-카탈로그에 의한 원재료의 물품 수량 결정 및 주문, 전자 대금 지불을 실시간으로 가능하게 함으로써 시간과 비용을 절약한다.

⑪ 협업적 계획예측 보충(CPFR; Collaborative Planning-Forecasting and Replenishment) 시스템: 제조업체가 유통업체와의 협업 전략을 통하여 상품 생산을 공동으로 계획하고 생산량을 예측하며 상품의 보충을 구현하는 방식이다.

⑫ 카테고리 관리(Category Management): 상품 카테고리 관리자가 POS 데이터 분석, 인구 통계학적 특성 파악 등 최적의 상품 믹스를 하는 데 도움이 된다.

⑬ 지연 전략(Postponement): 공장이 아니라 시장 가까이에서 제품을 완성하는 제조시점 지연을 통해 소비자가 원하는 다양한 수요를 만족시킨다.

⑭ SCP(Supply Chain Planning) 시스템: 기업 내부의 영업, 재고, 생산, 일정 계획에 대한 정보 교환과 연계 프로세스를 지원해 주는 시스템이다.

⑮ SCE(Supply Chain Execution) 시스템: 공급망 내의 주문, 수송, 보관, 재고에 관련된 모든 구성원의 정보를 공유하고 관리하는 시스템이다.

2 공급망 운영

1. 공급망 운영 전략

(1) 공급망 운영 전략의 개념

공급망 운영 전략은 공급망이 추구하는 목표를 달성하기 위한 방향 및 계획이다. 어떤 전략을 선택하느냐에 따라 조직의 예산 및 자원 배분 방안이 달라지므로 전략은 공급망 구조와 운영 등에 영향을 미친다. 공급망 전략의 범위는 영업·생산·조달·물류기능과 같은 조직 내부 공급망에서 조직 간의 관계까지도 포함한다.

(2) 공급망 운영 전략의 유형

① 효율적 공급망(Efficient Supply Chain) 전략
- 예측 가능한 안정적인 수요를 가지고 이익률이 낮은 제품에 대응하는 공급망이다.
- 낮은 재고수준과 비용 최소화가 가장 중요한 목적이다.

② 대응적 공급망(Responsive Supply Chain) 전략
- 혁신적 제품과 같이 수요예측이 어렵고, 이익률은 높은 제품에 빠르게 대응하는 공급망이다.
- 비용적인 측면보다 고객 서비스를 우선하는 대응 방안이다.

③ 효율적 공급망과 대응적 공급망의 비교

구분	효율적 공급망	대응적 공급망
목표	가능한 한 가장 낮은 비용으로 예측 가능한 수요에 대응	품절, 가격 인하 압력, 불용 재고를 최소화하기 위해 예측이 어려운 수요에 재빠르게 대응
생산 전략	높은 가동률을 통한 낮은 비용 유지	불확실성에 대비한 초과 버퍼 용량 배치
재고 전략	공급망에서 높은 재고 회전율과 낮은 재고수준 유지	불확실한 수요를 맞추기 위한 상당한 양의 부품이나 완제품 버퍼 재고 유지
리드 타임 전략	비용을 증가시키지 않는 범위에서 리드 타임 최소화	리드 타임을 줄이기 위한 방법으로 공격적 투자
공급자 선정 방식	비용과 품질에 근거한 선택	스피드·유연성·품질 중심의 선택
제품 설계 전략	성능은 최대, 비용은 최소	가능한 한 제품 차별화를 지연시키기 위해 모듈화 설계 사용
운송 전략	낮은 비용 운송 모드 선호	대응(빠른) 운송 모드 선호

2. 공급망 운영 시스템

(1) 공급망 운영 시스템의 구성

① 공급망 운영 프로세스: 공급망 운영 업무 절차, 공급망 운영 참고(SCOR) 모델의 프로세스 등이 대표적 기준이다.
② 공급망 조직: 공급망 운영을 전문적으로 담당하는 조직과 역할이다.
③ 공급망 인프라: 공급망 운영 설비, 공급망 생산·물류거점, 공급망 정보 시스템

(2) 공급망 운영 참고(SCOR) 모델 중요

① 1996년 미국 공급망협의회(SCC; Supply Chain Council)에서 개발하여 보급한 공급사슬 프로세스 분석 및 설계 모델로 성공적인 SCM을 위한 기준이다.
② 공급망관리의 진단, 벤치마킹, 프로세스 개선을 위한 도구로 공급망관리의 전략 및 운영 체계를 측정하고, 지속적인 개선에 필요한 가이드라인을 제공하여 공급망 효과의 극대화를 목적으로 한다.
③ 공급망 운영 참고 모델은 공급망 운영을 계획(Plan)·조달(Source)·생산(Make)·배송(Deliver)·반품(Return)의 5개 프로세스로 분류한다.
- 계획: 수요와 공급을 계획하는 단계로, 모든 공장의 모든 제품에 대해 공급자 평가, 수요의 우선순위, 재고계획, 분배 요구량 파악, 생산계획, 자재 조달, 개략적 능력을 계획한다.
- 조달: 원료의 공급과 관련된 단계이다. 조달처를 개발하여 조달·입고·검사·보관을 수행하고, 조달 계약, 지불, 납입, 수송, 자재의 품질, 공급자 검증과 지도 등 조달 기반 구조를 형성한다.

- **생산**: 조달된 자재를 이용하여 제품을 생산하고 검사·포장·보관하는 단계로, 설비· 기계 등의 제조 기반 시설을 관리하고 제품의 품질 검사와 생산 현황 작업 스케줄을 관리한다.
- **배송**: 주문을 입력하고 고객 정보를 관리하며, 주문 발송과 제품의 포장, 보관, 발송, 창고관리, 배송 기반 구조관리 등의 활동이다.
- **반품**: 공급자에 대한 원재료의 회수 및 고객 활동에서 완제품의 회수, 영수증관리 등의 활동이다.

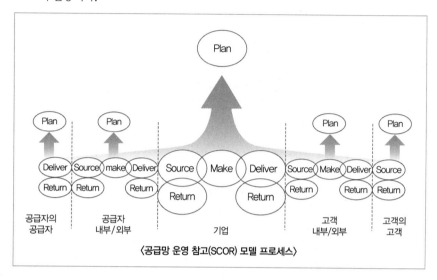

〈공급망 운영 참고(SCOR) 모델 프로세스〉

3 공급망 거점

1. 공급망 거점

(1) 공급망 거점의 개념
① **공급망 생산거점**: 예측된 수요와 고객의 주문에 효과적으로 대응하기 위하여 건설하는 생산 시설
② **공급망 물류거점**: 공급자와 수요자 중간에 배송의 효율화를 목적으로 설치한 제반 물류 시설

(2) 공급망 물류거점의 기능
① 장·단기적 보관으로 공급과 수요의 완충기능
② 주문에 적기 대응이 가능하도록 집하, 배송기지기능
③ 운송비 절감을 위한 중개기지기능
④ 고객의 다양한 요구에 대응하기 위한 유통 가공, 조립기능
⑤ 품질과 수량을 확인하는 검품이나 선별기능
⑥ 전시(Show Room)역할로 판매 전진기지기능

(3) 공급망 물류거점의 구축
① 공급망 물류거점은 그 수가 너무 많게 되면 수주량과 재고량의 불균형을 초래하여 리드 타임의 지연 및 안전재고 수준의 증대, 물류거점 설립에 따른 자금의 투자를 야기시키 며, 제비용의 증대를 가져와 총비용의 상승을 유도하여 경쟁력을 약화시키는 원인으로 작용한다.

② 물류거점의 수를 결정할 때에는 총비용의 최저점에서 결정해야 하며, 여러 대안에 대한 질적인 고려도 병행되어야 한다. 질적인 측면에 대한 고려 사항으로는 고객만족, 참여 기업 경쟁력 향상, 수요 창출 등이 있다.

2. 공급망 거점 최적화

(1) 공급망 거점 최적화의 개념
① 공급망 비용을 줄이고 고객 서비스를 향상시키기 위하여 생산 및 물류 시설의 위치를 결정하고 개선하는 활동이다.
② 공급망 거점 최적화를 통해 고객 서비스를 개선함으로써 기업 차별화가 가능해진다.

(2) 공급망 거점 최적화 지표
공급망 거점을 설계할 때 고려할 주요 지표는 고객 서비스 지표와 비용 지표이다.
① 고객 서비스 지표
  • 고객 서비스 측면에서 거점 설계에 영향을 미치는 요인: 고객 대응 납기
  • 고객 대응 납기는 재고 보유 여부, 공급망 거점과 수요지 간의 거리에 따라 결정된다.
  • 일반적으로 물류거점 수가 증가하면 물류거점과 수요지 간의 거리가 짧아지므로 고객 대응 납기가 빨라질 가능성이 높다.
② 비용 지표
  • 주요 비용 항목: 재고비용, 고정투자비용, 변동운영비용, 수송비용
  • 비용은 공급망 거점의 설계 방식과 거점 수에 따라 큰 영향을 받는다.

(3) 공급망 거점 설계에서 고려되어야 할 비용 요소
① 재고비용
  • 물류거점에 보유하게 될 재고에 의해 발생되는 제반비용이다.
  • 물류거점 수가 증가함에 따라 처음에는 크게 증가하다가 어느 수준 이상이 되면 완만히 증가하는 경향이 있다.
  • 주로 변동에 대비한 안전재고가 증가함에 따라 발생한다.
② 고정투자비용
  • 물류거점 건설 및 운영에 투입되는 1회성 고정비용이다.
  • 고정적으로 발생하는 인건비 및 초기 설비 투자비용 등을 포함한다.
  • 물류거점 수에 비례하여 증가하는 경향이 있다.
③ 변동운영비용
  • 물류거점 운영관리에 필요한 제반비용으로 물류거점의 규모에 영향을 받는다.
  • 개별 물류거점의 규모가 커지면 변동운영비용도 커진다.
④ 운송비용
  • 물류거점과 생산자 · 소비자 사이를 연결하는 수배송 관련 비용이다.
  • 물류거점 수가 증가함에 따라 운송비용은 서서히 감소하다가 어느 수준을 넘어서게 되면 오히려 증가한다.
  • 물류거점 수가 증가하면 1회당 수송거리가 짧아지고 1회당 수송량이 감소하게 된다.
  • 수송비용은 주로 1회당 수송량과 수송거리에 비례하여 증가한다.

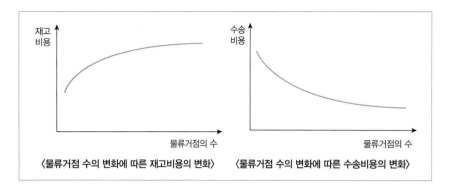

〈물류거점 수의 변화에 따른 재고비용의 변화〉　〈물류거점 수의 변화에 따른 수송비용의 변화〉

3. 공급망 물류거점 운영 방식

(1) 직배송 방식

① 생산자 창고만 보유하고 물류거점을 거치지 않고 소비자에게 직접 배송하는 방식이다.

② 물류거점 운영과 관련한 제반 비용을 필요로 하지 않으므로 수송량이 제한적일 때 적용한다.

③ 재고비용, 고정투자비용 등을 최소화할 수 있으나 운송비용이 상승하고 고객 서비스 품질이 낮아진다는 단점이 있다.

(2) 통합 물류센터 운영 방식

① 중앙 물류센터에서 전체 공급망의 물품을 통합하여 운영한다.

② 소비자에게 배송되는 데 걸리는 시간이 긴 반면 비용을 상당히 절감할 수 있다.

③ 재고비용과 고정투자비용을 대폭 낮출 수 있다는 장점이 있으며 상황에 따라 운송비용도 일부 절감할 수 있다.

(3) 지역 물류센터 운영 방식

① 지역 물류센터는 소비자 근처로 위치한 분산 물류거점이다.

② 지역 물류센터를 여러 곳 운영할 경우 소비자 서비스 수준이 높아진다.

③ 재고비용과 고정투자비용이 상승한다는 단점이 있다.

(4) 통합·지역 물류센터 혼합 운영 방식

① 통합 물류센터와 지역 물류센터를 혼합하여 사용한다.

② 수요처가 매우 넓은 지역에 분포되거나 글로벌 공급망인 경우에 주로 적용한다.

(5) 공급자 재고관리(VMI; Vendor Managed Inventory) 운영 방식

① 물류거점의 운영을 자재·부품 공급업체에 일임하고 필요한 경우에 공급자가 운영하는 물류거점에서 필요한 수량만큼 가져오는 방식이다.

② 주로 유통업체와 제품 공급업체 간의 유통망이나 완제품 제조업체와 부품 제조업체 간의 부품 조달망에 활발히 이용한다.

③ 공급받는 기업 입장에서는 재고비용을 절감하게 되고, 공급업체 입장에서는 정보 공유를 통해 계획기반 운영 체계를 구축할 수 있다는 장점이 있다.

④ 정보 공유가 제대로 이루어지지 않거나 공급업체의 물류 운영능력이 낮은 경우에는 오히려 전체 공급망에 큰 부담이 된다는 단점이 있다.

(6) 크로스도킹(Cross-Docking) 운영 방식

① 물류거점에 재고를 보유하지 않고 물류거점이 화물에 대해 이동 중개기지 역할을 하는 '환승(환적)'기능만을 제공한다.

② 보관기능보다는 원활한 흐름에 좀 더 초점을 두고 물류센터를 설계한다.

4 재고관리

1. 재고관리의 개념

(1) 재고 및 재고관리의 개념

① 재고: 미래의 생산 또는 판매 수요를 충족시키기 위하여 보유하고 있는 자원으로 원재료, 부품, 재공품, 반제품, 저장품, 제품, 상품, 소모성 자재(MRO)* 등이 있다.

② 재고관리
- 생산부문과 판매부문의 수요에 신속하고 경제적으로 대응하여 안정된 판매활동과 원활한 생산활동을 지원하고 최적의 재고수준을 유지하도록 관리하는 활동이다.
- 재고관리는 필요한 품목을, 필요한 수량만큼, 필요한 시기에 최소의 비용으로 공급할 수 있도록 재고를 관리하는 것을 목적으로 한다. 재고는 불확실한 기업환경에서 완충역할을 위해 필요하지만 과다한 재고는 재고관리비용을 높이는 문제점을 불러올 수 있다.

③ 종류
- 제품: 제조활동을 통하여 생산이 완료되어 판매가 가능한 상태의 완성품
- 반제품: 공정에서 가공 중인 자재의 성격을 가지나 동시에 판매 가능한 품목
- 재공품: 공정에서 가공 중인 자재이나 그대로는 판매할 수 없는 품목

④ 재고 회전율

$$재고 회전율 = \frac{총매출액}{평균 재고 금액} = \frac{총판매량}{평균 재고량^*}$$

$$^*평균 재고량 = \frac{기초재고량 + 기말재고량}{2}$$

(2) 재고의 유형 〔중요〕

① 예상재고 또는 비축재고: 계절적인 수요 급등, 가격 급등, 파업으로 인한 생산 중단 등이 예상될 때 향후 발생할 수요에 대비하여 미리 생산하여 보관하는 재고이다.

② 안전재고: 조달기간의 불확실, 생산의 불확실 또는 그 기간 동안의 수요량이 불확실한 경우 등 예상 외의 소비나 재고부족 상황에 대비하여 보유하는 재고이다.
- 품절 및 미납주문을 예방하고 납기준수와 고객 서비스 향상을 위해 필요하나 재고유지비의 부담이 크므로, 재고의 적정 수준으로 유지해야 한다.
- 서비스 수준과 안전재고량은 비례하므로 서비스 수준이 높다면 안전재고량이 증가하여 재고유지비용도 높아진다.

③ 순환재고 또는 주기재고: 비용 절감을 위하여 경제적 주문량(생산량) 또는 로트 사이즈(Lot Size)*로 구매(생산)하게 되어 당장 필요한 수량을 초과하는 잔량에 의해 발생하는 재고로서 다음의 구매시점까지 계속 보유하게 된다.

④ 수송재고 또는 파이프라인재고: 대금을 지급하여 물품에 대한 소유권을 가지고 있으며, 수송 중에 있는 재고이다.
- 수입물품 등과 같이 조달(수송)기간이 긴 재고
- 제조업체에서 유통업체, 창고에서 대리점, 창고에서 창고 등으로 이동 중인 재고
- 선박이나 철도 등으로 수송 중인 재고
- 정유회사의 수송용 파이프로 이동 중인 재고

* 소모성 자재(MRO)
Maintenance, Repair and Operation의 줄임말로 생산에 직접 소요되는 원·부재료를 제외한 간접적인 소요 자재로서 생산에 직접 사용되지는 않으나 생산활동에 필요한 시설물의 유지, 보수, 운전에 필요한 자재. 생산활동에 필요한 소비성 자재와 설비용 자재로 구분함

* 로트 사이즈(Lot Size)
생산이 이루어지는 단위의 크기. 경제적 로트 사이즈란 생산에 드는 비용을 최소화할 수 있는 로트의 크기를 의미함

2. 재고관리 기본 모형

(1) 재고비용

🔔TIP

각 비용을 구분할 수 있어야 한다.

① 재고주문비용(발주비용)

- 품목을 발주할 때 발생하는 비용으로, 주문서류 작성과 승인, 운송, 검사, 입고활동 등에 소요되는 인력, 설비, 시간 등에서 발생하는 비용 등이 있다.
- 발주량에 관계없이 발주할 때마다 일정하게 발생하는 고정비로 1회 발주량을 크게 할수록 주문 품목 1단위당 비용이 줄어드는 특성이 있다.
- 구매를 통해서 조달하는 품목을 주문할 때 발생하는 비용이다.

② 재고유지비용

- 재고를 일정 기간 동안 보관·유지하는 데 드는 비용으로, 재고 구매액에 대한 자본의 기회비용, 창고시설 이용(유지)비용, 보험료, 취급·보관비용, 도난·감소·파손에 따른 손실비용, 재고의 변질 및 진부화에 따른 손실비용 등이 있다.
- 평균 재고량에 따라 비용이 달라진다.

③ 재고부족비용: 재고부족으로 인하여 발생되는 납기지연, 판매기회 상실, 거래처 신용 하락, 잠재적 고객상실 등에 관련되는 비용 등이 있으며 정확하게 측정하기 어렵다.

④ 생산준비비용: 생산 공정의 변경이나 기계·공구의 교체 등으로 인한 비용으로, 생산수량에 관계없이 일정하게 발생하는 고정비용이며 생산을 통해서 조달하는 품목과 관련된 비용이다.

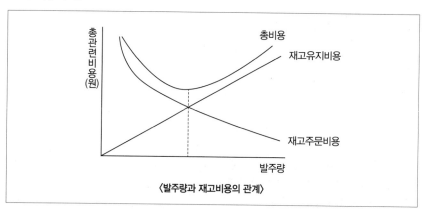

〈발주량과 재고비용의 관계〉

(2) 재고비용을 최소화하기 위한 재고관리의 주요 과제

① 경제적 발주량: 1회 발주량을 얼마로 하여야 하는가?

② 발주시기 또는 발주점: 언제 주문하여야 하는가?

③ 적정 재고수준: 어느 정도의 재고수량을 유지하는 것이 적정한가?

➕ 경제적 주문량(EOQ)

경제적 주문량은 재고 관련 비용인 주문비용과 재고유지비용의 합을 최소화하기 위한 1회 주문량이다.

$$Q^* = \sqrt{\frac{2DC_S}{C_H}} = \sqrt{\frac{2DC_S}{P \times i}}$$

❯ 경제적 주문량 계산
- D: 연간 수요량
- C_S: 1회 주문비용
- C_H: 연간 단위당 재고유지비용
  = 단가(P) × 연간 단위당 재고유지비율(i)

(3) 재고관리 기본 모형

재고관리의 주요 과제인 발주시기, 1회 발주량 등을 해결하기 위한 기법이다.

① 고정주문량 발주 모형(Q System)
- 재고 보유량이 정해진 수준, 즉 발주점까지 하락하면 사전에 결정되어 있는 수량을 발주하는 방식이다.
- 재발주점(ROP)

> 재발주점(ROP) = 구매 리드 타임 동안의 수요* + 안전재고
> *구매 리드 타임 동안의 수요 = 조달기간 × 일평균 사용량

- 발주량은 경제적 주문량(EOQ; Economic Order Quantity)으로 결정한다.
- 발주점에 도달하였는지를 파악하기 위하여 실시간으로 입출고관리가 필요하다.

② 고정주문기간 발주 모형(P System)
- 재고량을 정기적으로 조사하여 일정한 목표 수준까지의 부족한 수량을 발주하는 방식이다.
- 발주량은 최대 재고수준(목표재고)에 도달하기 위한 현 재고수준의 부족량으로 결정된다.

> 발주량 = 최대 재고수량*(목표재고) − 현재 재고수량
> *최대 재고수량 = 검토 주기 동안의 수요 + 구매 리드 타임 동안의 수요 + 안전재고

- 수요가 일정할 경우에는 발주량이 일정하지만 수요가 수시로 변동하면 발주량도 수시로 달라지는 특징이 있다.

③ 절충형 시스템(s,S System)
- 고정주문량 모형과 고정주문기간 모형의 단점을 보완하기 위한 모형이다.
- 정기적으로 재고수준을 파악하지만 재고수준이 사전에 결정된 발주점(s)으로 감소하면 최대 재고수준(S)까지 부족한 수량만큼 발주하는 방식이다.

구분	고정주문량 발주 모형 (Q System)	고정주문기간 발주 모형 (P System)	절충형 시스템 (s,S System)
주문량	일정	변동	변동
주문시기	변동	일정	변동
재고수준 점검	수시 점검	주문시기에만 점검	정기적 점검
적용	재고파악이 쉽고 조달이 수월한 경우	• 정기적으로 보충하는 저가품 • 재고의 수시 파악이 어려운 다품목	−

5 공급망 재고보충

1. 재고보충

(1) 공급망 재고보충 기법

재고보충은 부족한 재고량을 파악하여 채우는 것을 말하며, 공급망에서는 공급업체와 거래처 간의 전략적 파트너십에 따라 수요와 재고 정보를 공유하여야 효율적인 재고보충이 가능하다.

① 유통소요계획(DRP; Distribution Requirements Planning): 다단계 유통체계를 갖는 공급망에서 고객·거래처의 수요에 따라 필요한 수량을 필요한 시기에 공급하는 방법으로, 생산을 위한 자재소요계획(MRP)에 대응하는 방법이다.

② 지속적 보충 프로그램(CRP; Continuous Replenishment Program): 공급자가 고객의 수요 및 재고 정보를 공유하여 소매업체나 유통센터의 상품 재고량, 생산 공장의 자재 재고량을 지속적으로 보충관리하는 방법이다.

③ 공급자 재고관리(VMI; Vendor Managed Inventory): 고객의 재고보충 업무권한을 공급자에게 위탁하여 공급자가 고객의 재고수준을 파악하고 재고보충량을 결정하여 공급하는 공급자 주도의 재고보충 관리 방법이다.

④ 공동 재고관리(CMI; Collaborative Managed Inventory): 공급업체와 거래처가 수요 및 재고 정보를 공유하며, 고객(거래처)의 재고관리 업무를 고객과 공급업체가 공동으로 관리하는 방법이다.

2. 유통소요계획(DRP; Distribution Requirements Planning)

(1) 유통소요계획의 개념

① 유통소요계획은 다단계 유통체계를 갖는 공급망에서 고객·거래처의 수요에 따라 필요한 수량을 필요한 시기에 공급하는 것이 목적이다.

② 여러 단계로 구성된 공급망의 하위 물류센터에서 예측한 수요를 통합하여 상위 물류센터의 수요로 집계하고 그것을 근거로 재고 조달계획을 수립한다.

③ 리드 타임을 고려하여 재고 소요시기를 산출한다.

④ 유통소요계획 수립 시 필요한 정보: 배송 빈도와 방법, 물류·제조·구매 간 단계별 리드 타임, 지점 또는 유통센터의 안전재고 정책, 현재 보유하고 있는 판매 가능한 재고

(2) 지역 및 지점별 물류센터의 유통소요계획 수립 절차

① 특정 제품에 대한 독립적인 수요인 고객 수요를 예측한다.

주차	1	2	3	4	5	6	7	8
수요예측	100	130	100	120	110	100	90	90

② 현재 보유 재고수준을 고려하여 미래 재고를 예측한다.

> 예 현재 보유 재고가 450이라고 하면 4주차까지 수요에 대응할 수 있다(1주차 100 + 2주차 130 + 3주차 100 + 4주차 120 = 450). 5주차부터의 수요에 대응하기 위해서는 4주차 이후에 보충이 이루어져야 한다. 그러나 만약에 안전재고수준이 100이라면 4주차에서 100만큼의 재고부족이 예상되어 4주차에 재고보충이 이루어져야 한다.

③ 입고 예정량을 반영하여 예측된 미래 재고수준에서 입고가 필요한 시점과 수량을 결정한다.

④ 단위 구매량을 고려하여 주문량을 결정한다.

⑤ 리드 타임을 고려하여 주문 시점을 결정한다.

　예 리드 타임 2주, 단위 구매량 300인 경우의 입고가 필요한 시점과 수량, 주문 시점 등을 결정한다.

> 당기 기말재고 = 전기 기말재고 − 당기 수요예측 + 당기 입고 예정량

주차	이전 기간	1	2	3	4	5	6	7	8
수요예측		100	130	100	120	110	100	90	90
기말재고	450	350	220	120	300	190	390	300	210
입고 예정량					300		300		
주문량			300		300				

*기초재고 450, 리드 타임 2주, 안전재고 100, 단위 구매량 300

3주차의 재고 120에서 4주차의 수요 120을 대응하면 4주차의 재고가 0이 된다. 그러나 안전재고가 100이므로 4주차에 입고가 되어야 한다. 리드 타임이 2주이므로 4주차에 입고하기 위해서는 2주 전인 2주차에 주문을 해야 하며, 단위 구매량이 300이므로 2주차에 300을 주문한다. 같은 방법으로 반복하면 6주차에 입고가 필요하므로 리드 타임을 고려한 4주차에 300을 주문한다.

(3) 중앙 물류센터의 유통소요계획의 수립 절차

① 지역 및 지점별 유통소요계획을 수립한다.

　〈A 지점의 유통소요계획〉

주차	이전 기간	1	2	3	4	5	6	7	8
수요예측		100	130	100	120	110	100	90	90
기말재고	450	350	220	120	300	190	390	300	210
입고 예정량					300		300		
주문량			300		300				

*기초재고 450, 리드 타임 2주, 안전재고 100, 단위 구매량 300

　〈B 지점의 유통소요계획〉

주차	이전 기간	1	2	3	4	5	6	7	8
수요예측		190	200	200	190	200	190	200	200
기말재고	550	360	160	360	170	370	180	380	180
입고 예정량				400		400		400	
주문량		400		400		400			

*기초재고 550, 리드 타임 2주, 안전재고 150, 단위 구매량 400

〈C 지점의 유통소요계획〉

주차	이전 기간	1	2	3	4	5	6	7	8
수요예측		300	350	350	400	400	450	450	500
기말재고	840	540	890	540	840	440	690	240	440
입고 예정량			700		700		700		700
주문량		700		700		700		700	

*기초재고 840, 리드 타임 1주, 안전재고 200, 단위 구매량 700

② 중앙 유통센터의 통합 유통소요계획을 수립한다.

지역 및 지점별 물류센터의 유통소요계획과 동일한 절차로 진행한다. 지역별로 수립된 유통소요계획을 중앙 유통센터 관점에서 통합하며, 각 지점의 주문량 합이 중앙 유통 센터의 수요예측 수량이 된다.

주차	이전 기간	1	2	3	4	5	6	7	8
수요예측		1,100	300	1,100	300	1,100	0	700	0
운송 중 재고	1,000								
기말재고	1,200	1,100	800	700	400	300	300	600	600
입고 예정량		1,000		1,000		1,000		1,000	
주문량		1,000		1,000		1,000			

*기초재고 1,200, 리드 타임 2주, 안전재고 300, 단위 구매량 1,000

운송 중 재고 1,000은 리드 타임이 2주이기 때문에 1주에 입고되기 위해서 이미 2주 전 에 주문한 수량이 운송 중인 것이다.

(4) 수요예측오차를 반영한 유통소요계획의 수정

〈F 지점의 유통소요계획〉

주차	이전 기간	1	2	3	4	5	6	7	8
수요예측		100	120	90	110	120	100	80	120
기말재고	500	400	280	490	380	260	460	380	260
입고 예정량				300			300		
주문량		300			300				

*기초재고 500, 리드 타임 2주, 안전재고 200, 단위 구매량 300

① 기간별로 수요예측에 오차가 발생한 경우 유통소요계획을 수정한다.
② 계획 수립구간을 채택하여 오차가 발생한 기간은 최초 계획대로 시행한다.
③ F 지점의 계획 1주차 수요량의 예측값이 100이었지만, 만약에 실제 판매량이 170이라 면 예측오차가 70이 되어 2주차에서 계획을 재수립할 때 재고에 반영한다. 기초재고 500에서 1주차의 170을 차감하면 재고가 330이 된다. 예측 변화 후의 유통소요계획은 2주차부터 하며 2주차의 기초재고는 330이 된다. 1주차의 주문량은 그대로 시행한다.

〈F 지점의 예측 변화 후 유통소요계획〉

주차	이전 기간	2	3	4	5	6	7	8
수요예측		120	90	110	120	100	80	120
운송 중 재고	300							
기말재고	330	210	420	310	490	390	310	490
입고 예정량			300		300			300
주문량			300			300		

*기초재고 330, 리드 타임 2주, 안전재고 200, 단위 구매량 300

운송 중 재고 300은 리드 타임이 2주이기 때문에 3주에 입고되기 위해 이미 2주 전에 주문한 수량이 운송 중인 것이다.

6 재고조사

1. 재고조사의 개념

재고조사는 현재의 재고품목과 수량을 파악하고 재고상태를 확인하여 재고관리활동의 유효성을 점검하는 활동이다.

(1) 재고조사의 목적

① 재고대장에 기록된 품목의 수량과 금액이 실제 창고의 재고와 일치하는지 확인한다.
② 창고의 물품 보관 상태를 확인하여 품질 저하, 도난 등의 문제점 여부를 파악하고 개선한다.
③ 품목별 현 재고수량과 재고 보유기간을 파악하여 재고수준의 적정 여부를 분석한다.

(2) 재고조사의 방법

① 조사 시기에 따라 정기적 조사, 부정기적 조사, 수시 조사, 일일 조사로 구분한다.
② 재고조사의 구역에 따라 일제 조사, 구역별 조사, 순환 조사, 상시 순환 조사 등으로 구분한다.
  • 일제 재고조사: 모든 보관구역에 대해 일제히 동시적으로 재고조사를 시행한다(정기적).
  • 구역 재고조사: 보관구역을 구분하여 구역별로 부분적으로 재고조사를 시행하며, 규모가 작은 기업에서 흔히 채택하고 있다(부정기적).
  • 순환 재고조사: 보관구역을 구획별로 적당히 구분하여 월간 또는 주간마다 날짜를 정하고 순환적으로 재고조사를 한다.
  • 상시 순환 재고조사: 순환 재고조사를 상시적으로 시행하며, 순환주기를 분기별, 월별, 주별, 일별로 순차적으로 계획하여 재고조사를 한다.

2. 재고기록 조정

(1) 재고기록 조정의 개념

① 재고조사 결과 발견된 재고기록의 과부족수량을 일정 절차에 따라 조정하는 과정이다.
② 재고조사 결과 재고기록과 실제 재고가 상이한 경우, 재고기록을 실제 재고에 맞게 수정하여야 하고 그 원인을 조사하여 동일한 문제가 다시 발생하지 않도록 조치를 해야 한다.

③ 재고수량의 과부족은 기록의 오류, 관리의 소홀, 물품 특성에 의한 파손 또는 분실 등의 원인으로 발생한다.

④ 재고기록의 조정은 재고통제 부서와 재고기록 담당자가 절차에 따라 시행하되 승인권자의 승인을 받아야 한다. 승인권자는 재고 조정사항과 품목의 손망실 보고서를 승인하는 권한을 가지며, 승인 한도액 범위 내에서 승인할 수 있다.

(2) 재고기록 주요 조정사항

💡 TIP

각 경우의 조정사항을 파악할 수 있어야 한다.

① **출납기록 착오**: 품목의 입출고 과정에서 담당자가 수량, 품목명, 계정과목 등을 출납대장에 잘못 기록하여 발생하며, 출납대장의 정정이 필요하다.

② **과거 기록 누락, 원인 미상의 오류**: 과거에 원인을 알 수 없는 이유로 기록이 누락되었거나 발생된 오류에 대해서는 담당자의 귀책사유를 확인하고 승인권자의 조치가 필요하다.

③ **조립품의 분해 또는 조립에 의한 오류**: 어떤 사유로 조립품을 분해하거나 부품을 조립한 경우, 변동된 수량에 대한 재고기록을 조정한다.

7 재고자산 평가

1. 재고자산 평가

(1) 재고자산의 의미와 유형

① **재고자산**: 판매를 위하여 보유 중 또는 생산 중이거나 생산 과정에서 소비될 자산이다.

② **재고자산의 유형**
  - 판매 목적으로 보유하고 있는 자산: 상품, 제품
  - 생산 중에 있는 자산: 재공품
  - 생산 과정에서 사용될 자산: 원재료, 소모품, 저장품

(2) 재고자산 평가

재고자산의 매출원가는 기업의 이익을 결정하는 데 가장 중요한 비용으로, 재고자산의 당기 매입액과 기초 및 기말재고액을 통하여 산출한다. 재고자산 평가는 기말재고의 자산가액과 매출원가를 결정하는 데 매우 중요한 활동이라고 할 수 있다.

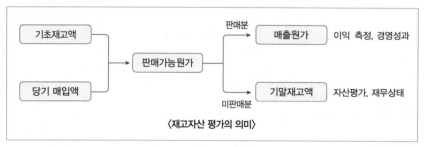

〈재고자산 평가의 의미〉

(3) 재고자산 기록 방법

① **계속기록법**: 재고자산의 입출고 시에 재고의 증감수량과 금액을 일일이 장부에 계속 기록하는 방법으로 거래가 빈번하지 않을 때 적합한 방법이다. 보관 과정 중에 발생하는 도난, 분실, 파손 등의 감모손실이 기말재고수량에 포함되지 않으므로 실제 재고수량보다 기말재고수량이 많을 수 있다. 따라서 매출원가가 과소평가되어 당기 매출이익이 크게 나타난다.

- 당기 매출수량 = 장부상의 매출수량
- 기말재고수량 = 기초재고수량 + 당기 매입수량 − 당기 매출수량
  = 판매 가능 재고수량 − 실제 판매수량
∴ 기말재고액 = 기초재고액 + 당기 매입액 − 매출원가

② **실지 재고조사법**: 재고자산의 구입수량은 기록하고 판매나 사용수량은 기록하지 않으며 재고조사를 통하여 기말재고수량과 당기의 매출수량을 파악하는 방법이다. 출고기록이 없어 기말재고로 파악되지 않는 수량은 당기에 매출된 수량으로 간주하며 파악이 곤란한 감모손실의 수량도 매출수량에 포함된다. 따라서 매출원가가 과대평가되고 당기 매출이익이 작게 나타난다.

- 기말재고수량 = 실지 재고조사로 파악한 수량
- 당기 매출수량 = 기초재고수량 + 당기 매입수량 − 기말재고수량
  = 판매 가능 재고수량 − 기말재고수량
∴ 매출원가 = 기초재고액 + 당기 매입액 − 기말재고액

2. 재고자산 평가 방법

(1) 재고자산 평가 방법의 의의

재고자산은 매입시점별로 단위당 취득원가가 다르므로 매출원가와 기말재고단가를 결정하기 위해서는 매입원가의 적절한 배분이 필요하다.

① **원가법**: 재고자산의 취득원가를 기준으로 자산가액을 평가하는 방법이다. 원가법에 의한 재고자산 평가 방법으로는 개별법, 선입선출법, 후입선출법, 총평균법, 이동평균법 등이 있다.

② **저가법**: 재고자산의 현실적인 가치, 즉 순실현가능가액이 취득원가보다 하락한 경우에 순실현가능가액으로 자산가액을 평가하는 방법이다.

(2) 재고자산 평가 방법의 유형

① 개별법(Specific Identification Method)
- 재고자산 품목을 하나하나 단위별로 개별적인 원가를 파악하여 평가하는 방법이다.
- 가장 이상적이지만 현실적으로 불가능하여 실무에서는 거의 사용하지 않는다.
- 귀금속이나 특별 주문품 등의 고가품에 한하여 제한적으로 적용한다.

② 선입선출법(FIFO; First-In First-Out Method)
- 먼저 매입한 재고자산을 먼저 매출하는 것으로 가정하여 매출원가에 적용하는 방법이다.
- 먼저 매입된 재고자산의 원가가 매출원가에 순차적으로 배분되어 기말재고자산가액은 나중에 매입된 원가가 적용된다.
- 매출원가가 과거 매입단가로 결정되므로 매입가격 상승기에는 매출이익이 상대적으로 크게 나타난다.

③ 후입선출법(LIFO; Last-In First-Out Method)
- 선입선출법과 반대로 최근에 매입한 재고자산을 먼저 매출하는 것으로 가정하여 매출원가에 적용하는 방법이다.
- 최근 매입된 재고자산의 원가가 매출원가에 순차적으로 배분되어 기말재고자산가액은 가장 먼저 매입된 원가가 적용된다.
- 매입가격 상승기에는 매출이익이 상대적으로 작게 산정되며 기말재고자산가액은 최소액으로 평가된다.

④ 총평균법(Total Average Method)
- 일정 기간 동안의 재고자산가액의 평균을 구하여 매출원가에 적용하는 방법이다.
- 계산이 간편하고 매출원가가 동일하게 적용된다.
- 기초재고액과 당기 매입액의 합계액을 그 합계 수량으로 나누어 총평균을 구하여 매출원가에 적용한다.

$$총평균단가 = \frac{기초재고액 + 당기\ 매입액}{기초재고량 + 당기\ 매입량}$$

⑤ 이동평균법(Moving Average Method)
- 재고자산이 입고될 때마다 새로 재고자산가액의 평균을 산정하여 매출원가에 적용하는 방법이다.
- 매출원가는 매입이 있을 때마다 달라지며, 추가 매입이 발생할 때까지는 동일한 매출원가가 적용된다.

$$이동평균단가 = \frac{매입\ 직전\ 재고액 + 신규\ 매입액}{매입\ 직전\ 재고량 + 신규\ 매입량}$$

(3) 재고자산 평가 방법의 비교(매입가격 상승 시: 인플레이션) 중요

- 기말재고자산가액: 선입선출법 > 이동평균법 > 총평균법 > 후입선출법
- 매출총이익: 선입선출법 > 이동평균법 > 총평균법 > 후입선출법
- 매출원가: 선입선출법 < 이동평균법 < 총평균법 < 후입선출법

🔎 TIP
물가 하락 시에는 반대의 결과가 나타난다.

8 창고관리

1. 창고(Warehouse)

(1) 창고의 의의

창고란 '물품을 보관하는 시설'이며 상황에 따라 관습적으로 물류센터라고도 한다. 생산·공급시점과 구매시점이 다르기 때문에 창고에 재고를 두고 상품을 공급하며, 고객의 구매시점에 결품 없이 신속·정확하게 공급하는 것을 주목적으로 한다.

(2) 창고의 기능

① 주문 출하 시 신속하게 대응하는 서비스기능
② 구매 조달시점, 생산시점, 판매시점의 조정 완충기능
③ 대량구매, 대량생산, 대량수송 등의 대량화에 따른 소량 공급에 대한 완충기능
④ 집하, 분류, 재포장, 검품, 유통 가공 등 유통 판매 지원기능
⑤ 성수기와 비수기, 계절적 차이 등의 수급 조정기능
⑥ 물품을 연결하는 거점기능
⑦ 수요 환경 변화에 신속하게 대응하는 기능

➕ **창고 부도(Warehouse Refusal)**

창고 부도란 불출지시 품목이 창고에서 불출이 불가능한 상태를 말한다. 창고에 위치를 표시함으로써 재고의 위치를 파악하여 업무를 효율적으로 처리하고 재고관리 및 작업의 실수를 줄여 창고 부도를 방지할 수 있다.

2. 창고관리 시스템(WMS; Warehouse Management System)

(1) 창고관리 시스템의 의의

창고관리 시스템이란 '창고를 관리하는 전문 종합정보 시스템'으로 창고 내에서 이루어지는 물품의 입출고관리, 로케이션관리, 재고관리, 피킹, 분류, 차량관리 지원, 인원관리, 작업관리, 지표관리 등을 수행하는 정보 시스템이다.

(2) 창고관리 시스템의 목적

① 창고관리의 효율 향상
② 재고수량 및 금액관리의 자동 계산 효율 향상
③ 창고(Storage)보관 관리의 가시화
④ 실물(현장)재고와 장부(전산)재고와의 차이 일치화
⑤ 보관 면적, 체적의 효율성 극대화
⑥ 피킹 작업의 정확도 및 효율성 향상
⑦ 정확한 선입선출 실시
⑧ 창고 내 포장, 보관관리의 정확도 및 효율성 향상

3. 입출고관리

(1) 입고관리

① 입고: 발주, 작업 지시 또는 필요에 의하여 정해진 보관 위치로 납품되는 절차이다.
② 입고 적치: 지정된 보관 장소에 물품을 넣고 쌓아 두는 활동이다.
③ 입고관리: 지정된 보관 장소인 창고에 물품을 넣고 적치하는 입고 업무를 계획하고 통제하는 활동이다.

(2) 입고 업무 프로세스

① 구매·주문 요청: 주문과 구매계획에 따라 구매부서에서 공급 협력사에 발주한다.
② 입고 통보 접수: 발주품목에 대한 구매부서와 협력사로부터 입고 통보를 한다.
③ 입고계획 수립: 입고 수량, 작업 방법, 작업 담당자, 검사 방법, 창고 적치 위치 등을 계획한다.
④ 입하·하차 운반: 물품을 실은 차량이 창고로 들어온 후 차량에서 물품을 내리는 활동으로, 대기 및 작업시간 단축을 위한 효율적인 관리가 필요하다.
⑤ 검사(검품·검수): 검사는 수량을 확인하는 검수와 품질을 확인하는 검품으로 구분할 수 있으며, 합격과 불합격으로 결과를 판정한다.
⑥ 입고 지시: 검사 결과가 합격이면 입고를 지시하고, 입고 지시에는 품목별 수량, 적치 위치(로케이션), 작업 방법, 유의 사항 등이 포함된다.
⑦ 운반·입고 적치: 입고 적치된 물품은 재고가 되며, 재고관리 대상이 된다.
⑧ 입고 마감: 품목별 수량, 적치 위치(로케이션), 특이사항 등을 기록하여 보고하고, 마감 처리를 하여 입고 작업을 완료한다.

(3) 출고관리

① **출고**: '창고에서 물품을 꺼낸다'는 뜻으로, 출고 지시서와 주문(오더)서를 근거로 재고를 꺼내는 작업이다.

② **출고관리**: 창고에서 물품을 피킹·분류·검사·출하하는 출고 업무를 계획하고 통제하는 활동이다.

(4) 출고 업무 프로세스

① **주문·출하 요청**: 생산 또는 판매 계획에 따라 생산·판매·영업 부서나 고객·거래처로부터 주문 출고 요청이 접수된다.

② **주문 마감 집계**: 생산부서·고객·거래처로부터 주문·출하 요청을 받고 마감하여 주문량을 거래처별·품목별로 집계한다.

③ **출고계획 수립**: 고객·거래처별, 품목별로 집계한 주문 현황을 기준으로 품명, 품목 코드, 출고 단위, 필요량, 출고량, 과부족, 로케이션 위치 번호, 배부 할당, 출고 방법, 주의 사항, 특기 사항 등을 기록한 출고계획을 수립한다.

④ **출고 지시**: 출고계획에 따라 출고 지시서를 발행하여 출고 담당자에게 출고를 지시하며, 품목별 수량, 재고 위치(로케이션), 작업 방법, 유의 사항 등이 포함된다.

⑤ **출고 피킹(오더 피킹)**: 출고 지시서에 따라 창고에 보관된 재고에서 해당 물품을 골라 꺼내는 활동이며, 고객별·품목별·물품 형태별·규모별 등으로 다양하고 복잡하여 업무 처리 효율성이 중요하다.

⑥ **분류**: 재고에서 피킹된 물품을 고객별·차량별·지역별·용도별 등으로 구분하여 분류하는 작업으로 병목현상*을 해소하기 위해 다양한 분류설비와 시스템을 도입하여 운영한다.

⑦ **검사(검품·검수)**: 피킹 후 분류된 물품에 대한 검수 또는 검품 등의 검사를 거치며, 합격품이 출고된다.

⑧ **출하 포장**: 출고 검사를 마친 합격품에 대해 운송 중 손상이 없도록 고객과 약속된 유닛로드 시스템(ULS; Unit Load System) 또는 출하 포장으로 출고한다.

⑨ **상차 적재**: 출고된 물품을 출하하기 위하여 차량 등에 싣는 작업이며, 상차 적재는 싣기 쉽고, 거래처에 도착하여 차량으로부터 내리기 쉽게 가까운 거래처 물품을 출입구 가까운 쪽에 싣는다.

⑩ **출하 이동**: 출하 상차가 완료되면 목적지별로 출하 전표를 소지하고 출하 이동한다.

⑪ **출고 마감**: 출고가 완료되면 거래처별로 품목, 수량, 특이사항 등을 기록하여 보고하고 출고 마감처리를 한다.

> **주문 출고 요청의 주요 내용**
> 품목, 수량, 출고 단위, 일정(납기), 출고 장소 등

> **출고 단위**
> 고객 요구 및 거래 단위조건에 따라 달라지며, 크게 팔레트·박스·낱개(피스) 단위로 구분되고, 이에 따라 피킹·분류·적재 등의 작업이 완전히 달라짐

⁕ **병목현상**
작업장에 능력 이상의 부하가 적용되어 전체 공정의 흐름을 막고 있는 현상

4. 창고보관(Storage)

(1) 창고보관의 의의

창고보관이란 '물품을 일정한 장소에서 품질 및 수량 등의 유지와 적절한 관리 아래 일정 기간 저장'하는 활동이다.

(2) 창고보관의 기본 원칙 〈중요〉

① **통로 대면의 원칙**: 창고 내의 흐름을 원활히 하도록 통로를 중심으로 마주보게 보관하는 원칙이다.

② **높이 쌓기의 원칙**: 창고보관 효율을 높이기 위하여 랙(Rack)을 이용해 물품을 높게 쌓는 원칙이다.

③ **선입선출의 원칙**: 먼저 입고된 물품을 먼저 출고한다는 원칙이며, 재고 회전율이 낮은 품목, 모델 변경이 잦은 품목, 라이프 사이클이 짧은 품목, 파손·감모가 쉬운 품목 등이 주요 대상이다.

④ **명료성의 원칙**: 보관 물품을 쉽게 찾을 수 있도록 명료하게 보관하는 원칙이다.

⑤ **위치 표시의 원칙**: 보관 적치한 물품의 위치를 표시하는 원칙이다.

⑥ **회전 대응의 원칙**: 회전 정도에 따라 입출고 빈도가 높은 화물은 출입구 가까운 장소에 보관하고, 입출고 빈도가 낮은 화물은 먼 장소에 보관하여 작업 동선을 줄이고 작업 효율을 높일 수 있는 원칙이다.

⑦ **동일성 및 유사성의 원칙**: 동일 물품은 동일 장소에 보관하고 유사품은 가까운 장소에 보관하는 원칙이다.

⑧ **중량 특성의 원칙**: 무겁고 대형인 물품은 출입구에서 가까운 장소의 아래쪽에 보관하여 보관 및 작업 효율을 높이는 원칙이다.

⑨ **형상 특성의 원칙**: 표준화된 물품은 랙에 보관하고, 표준화되지 않은 물품은 모양이나 상태에 따라 보관하는 원칙이다.

⑩ **네트워크 보관의 원칙**: 보관 물품의 상호 관련 정도에 따라 연계하여 보관 장소를 정하는 원칙이다.

⑪ 위험물은 별도 관리하며, 운송시간과 경비를 절감하기 위하여 팔레트 사용을 우선한다.

(2) 창고배치(레이아웃, Layout)관리

창고배치란 창고 내 공간을 용도나 목적에 따라 특정한 구역과 장소로 구분하고 재고의 특성을 고려하여 적절한 구역과 장소에 저장하는 것이다.

① 창고배치의 기본 원칙
- 창고 내 면적과 공간을 효율적으로 배치
- 입출고 작업이 쉽고 편하도록 배치
- 고객 주문에 신속하게 대응할 수 있도록 배치
- 눈으로 보는 관리
- 동선 경로를 짧게 배치
- 출구 쪽부터 출하 빈도가 많은 품목 순으로 배치
- 중량물이나 오염시킬 품목은 출입구 가까운 장소의 아래쪽에 배치
- 출고량, 출고 빈도 등을 기준으로 ABC 분석을 하여, 중요도 순에 따라 중점 관리할 수 있도록 배치

② 창고배치의 기본 원리
- 흐름 방향의 직진성의 원리: 물품, 통로, 운반기기 및 사람 등의 흐름 방향은 직진성에 중점을 둔다.

- 물품, 사람, 운반기기의 역행·교차 없애기: 역행이나 통로의 교차는 통로점유율이 높아지는 원인이 된다.
- 취급 횟수 최소화: 물품의 임시 저장 등으로 취급 횟수가 증가하지 않도록 유의한다.
- 높낮이 차이의 최소화: 물품의 흐름 과정에서 크기 및 높낮이 차이를 최소화한다.
- 모듈화·규격화 고려: 하역 운반기기, 랙, 통로 입구 및 기둥 간격의 모듈화 등을 시도하여 보관 및 작업 효율을 높여야 한다.

(3) 창고위치(로케이션, Location)관리
창고위치관리란 재고를 효율적으로 찾고 꺼내기 쉽도록 창고배치 구역이나 장소에 주소를 부여하는 활동이다.
① 고정위치 방식: 정해진 위치에만 특정 재고를 보관하는 방식이다. 기준보다 많은 재고 수량은 별도 보관할 수도 있으며, 재고 회전율이 높은 품목에 적합한 방식이다.
② 자유위치 방식: 재고를 보관할 위치를 작업자나 자동 시스템이 자유롭게 빈 공간을 선택하여 보관하며, 재고 회전율이 낮은 품목에 적합하고, 보관 능력과 시스템 유연성이 높은 방식이다.
③ 고정 자유 병행위치 방식: 특정한 품목군에 대하여 일정한 보관구역을 설정하지만 그 구역 범위 이내에서는 자유롭게 위치를 선택하는 절충식 보관 방식이다.

9 운송관리

1. 운송계획

(1) 운송 관련 용어
① 운송: 원재료의 공급자로부터 고객에게 완제품이 인도될 때까지 한 지점에서 다른 지점으로 원자재·반제품·제품 등을 이동시키는 활동이다.
② 수송: 생산 공장, 수입처에서 중앙 물류센터 간, 또는 중앙 물류센터에서 지역 물류센터 간 등 원거리의 거점 간에 대량의 화물을 이동시키는 활동으로, 운송과 동일하게 사용하기도 한다.
③ 배송: 소형트럭 등을 이용하여 소량의 물품을 지역 물류센터로부터 고객·소비자에게 전달하는 활동이다.

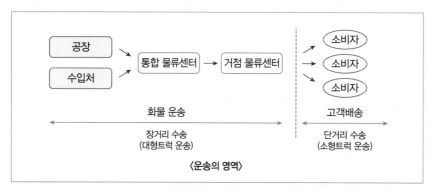

〈운송의 영역〉

(2) 운송계획 수립
① 운송계획의 목적: 최소한의 총비용으로 고객만족도를 최대한 높이는 운송서비스를 제공하는 것이다. 이러한 운송서비스는 비용뿐만 아니라 속도와 신뢰성에 의해서도 영향을 받는다. 속도를 높여 평균 운송시간을 낮추고, 운송시간의 변동성을 낮춰 신뢰성을 높인다. 또한 차량 회전율은 최대한 높이는 것이 좋다.

② 운송 총비용: 운송비용과 재고비용은 상충관계에 있으므로 여러 운송수단 중에서 고객 서비스 수준을 만족하면서 총비용이 가장 적게 드는 운송수단을 선택해야 한다.

> • 운행비용: 고정비 + (거리 × 거리당 연료비) + (시간 × 시간당 인건비)
> • 재고비용: 주문비용(생산준비비용) + 재고유지비용 + 재고부족비용

• 운송서비스: 운송서비스는 비용 이외에 속도와 신뢰성이 가장 중요한 요소이며, 속도 는 평균 운송시간을, 신뢰성은 운송시간의 변동성을 의미한다.

〈수배송 효율화를 위한 활동〉

(3) 운송계획의 제약 요인

운송계획 수립 시에 운송수단, 운송경로, 운송 방식 등의 제약 요인을 고려한다.

① 운송수단 결정: 운송수단 선택에 영향을 미치는 주요 요인은 운송비용, 운송시간, 운송 수단의 신뢰성 등이다.

② 운송경로 결정: 도로, 철도, 해상, 항공 등에서 운송비용, 시간이나 거리를 최소화할 수 있는 최상의 운송경로를 찾는 것이다.

• 단일 출발지와 단일 목적지인 경우: 최단 경로법(Shortest Route Method) 해법 적용
• 복수 출발지와 복수 목적지인 경우: 각 공급지에 목적지를 할당하여 경로 최적화
• 출발지와 목적지가 동일한 경우: 외판원 문제(Traveling Salesman Problem) 해법* 적용

⊛ 외판원 문제(Traveling Salesman Problem) 해법
출발지와 목적지가 동일한 경우 모 든 도시들을 한 번만 방문하고 원래 시작점으로 돌아올 때 최소 비용의 이동 순서를 구하는 것. 택배회사에 서 실용적으로 널리 적용됨

다음 그림을 참고하여 출발지 A에서 도착지 H로 가는 최단 경로를 구하시오.

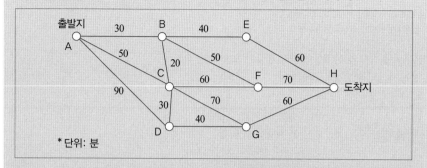

*단위: 분

해설

단계	해결된 최종 노드	가장 근접한 미해결 노드	전체 소요시간	가장 근접한 노드	최소 소요시간	최종 연결선
1	A	B	30	B	30	AB*
2	A B	C C	50 30 + 20 = 50	C	50	AC
3	A B C	D E D	90 30 + 40 = 70 50 + 30 = 80	E	70	BE*
4	A C E	D D H	90 50 + 30 = 80 30 + 40 + 60 = 130	D	80	CD
5	D E	G H	50 + 30 + 40 = 120 30 + 40 + 60 = 130	G	120	DG
6	E G	H H	30 + 40 + 60 = 130 50 + 30 + 40 + 60 = 180	H	130	EH*

∴ 최단 경로는 A → B → E → H이며, 최소 시간은 130분이다.

정답 A → B → E → H

③ 운송 방식 결정: 운송 방식은 거점을 연계하는 경로와 운송수단을 고려하여 계획한다.
- 직배송 방식: 생산지에서 수요지로 하나의 트럭을 할당하여 운영하는 방식으로 1회 운송량이 충분할 경우 매우 효과적인 방식이다.
- 순환배송 방식: 1회 운송량이 많지 않을 경우 여러 목적지의 화물을 하나의 트럭이 처리하는 방식이다.
- 물류거점 간 차량 공유 방식: 다수의 물류거점이 운송차량을 공유하여 차량의 공차율을 낮추는 방식이다.
④ 운송수단 운영 시 고려해야 할 사항: 영차율 극대화의 원칙, 회전율 극대화의 원칙, 대형화의 원칙

2. 운송수단

(1) 운송수단의 유형

화물 운송수단의 유형은 화물차량, 철도, 항공, 선박, 파이프라인 운송 5가지로 구분한다.

구분	화물차량	철도	항공	선박	파이프라인
운송량	• 중량·소량화물 • 단·중거리	• 대량·중량화물 • 중·장거리	• 고가의 중량·소량 화물 • 장거리	• 대량·중량화물 • 중·장거리	• 대량화물 • 중·장거리
운임	• 단거리 운송 • 탄력적	• 중거리 운송 • 경직적	• 가장 비쌈 • 경직적	• 원거리 운송 • 탄력적	• 가장 저렴함 • 경직적
기후	기후 영향을 적게 받음	전천후 운송수단	악천후 운행 불가	기후 영향을 많이 받음	기후 영향을 가장 적게 받음
안전성	조금 낮음	높음	낮음	낮음	매우 높음
중량 제한	있음	거의 없음	있음	없음	있음
일관 운송	쉬움	미흡함	어려움	어려움	쉬움
운송시간	보통	다소 김	매우 짧음	매우 김	다소 김
화물 수취	편리	불편	불편	불편	불편

(2) 운송수단의 유형별 장단점

① 화물차량 운송

장점	단점
• 문전 배송(Door to Door)이 가능함 • 화물의 파손과 손실이 적음 • 근거리, 소량 운송에 유리함 • 일관 운송 가능, 자가 운송이 용이함 • 운송 도중 적재 변동이 적음 • 시기에 맞는 배차가 용이함 • 하역비·포장비가 비교적 저렴함	• 장거리 운행 시 운임이 비쌈 • 교통사고와 공해로 사회적 문제 발생 • 중량 제한이 많아 운송 단위가 작음 • 운행 중 사고 발생률이 높음 • 대량화물 운송에 부적합함

② 철도 운송

장점	단점
• 중·장거리 대량 운송에 적합하고 중·장거리 운송 시 운임이 저렴함 • 중량에 제한을 받지 않음 • 비교적 전천후 교통수단임(기상·기후의 영향을 적게 받음) • 계획 운송이 가능함 • 철도망을 이용한 전국적인 네트워크 구축 • 사고 발생률이 낮아 안정적인 운송수단임	• 고객별 자유로운 운송요구에 적용이 곤란함 • 운임의 융통성이 낮음 • 차량 운행 시간의 사전 계획에 의해 적기 배차가 어려움 • 화주의 문전 수송을 위하여 부가적인 운송수단이 필요함 • 화차 용적에 대비한 화물의 용적이 제한적임

③ 선박 운송

장점	단점
• 대량 운송 시 전용선과 전용 하역 장비를 이용한 신속한 운송 및 하역작업이 가능함 • 화물의 크기나 중량에 제한을 받지 않음 • 화물 운송을 위한 설비의 투자가 불필요함(도로·선로 등) • 대량이나 중량화물의 장거리 운송에 적합함 • 장거리 운송 시 운임이 저렴함	• 다른 운송수단에 비해 운항속도가 느려 운송기간이 많이 소요됨 • 항구(항만) 시설 구축비와 하역비가 비쌈 • 운송 중 기상 상황에 따라 화물 손상 사고가 많이 발생함 • 화물 안전 운송을 위한 포장비용이 많이 듦

④ 항공 운송

장점	단점
• 화물의 운송속도가 매우 빠름 • 고가, 고부가가치 소형 상품의 운송에 유리함 • 화물의 손상이 적고 포장이 간단하여 포장비가 저렴함 • 납기가 급한 긴급 화물이나 유행에 민감한 화물, 신선도 유지가 요구되는 품목 운송에 적합함	• 운임이 고가이며, 중량에 제한이 있음 • 기상의 영향이 크며, 이용 가능 지역이 제한됨 (항공기 이·착륙이 가능한 지역에 한정됨) • 대량 및 대형화물의 운송이 곤란함 • 운송의 완결성이 부족함

⑤ 파이프라인 운송

장점	단점
• 연속하여 대량 운송이 가능함 • 용지 확보가 유리하며, 유지비가 저렴함 • 컴퓨터 시스템에 의한 완전 자동화로 높은 안전성을 유지함 • 환경 친화적인 운송수단으로 평가됨	• 이용 화물의 제한(유류, 가스 등 액체, 기체 제품) • 송유관 설치 장소 등 특정 장소에 한정됨 • 용지 확보 및 라인 설치 등 초기 시설 투자비가 많이 듦

3. 완제품 운송경로

(1) 운송경로의 유형

① 공장직송 방식: 발송 화주에서 도착지 화주로 직송하는 원스톱 운송 방식이며, 운송차량의 차량 단위별 운송물동량을 확보하여 대량화물 운송에 적합하다.

② 중앙집중거점 방식: 다수의 소량 발송 화주가 단일 화주에게 일괄 운송하는 방식이며, 공장으로부터 고객에게 연결되는 화물 운송경로에서 단일의 물류센터만을 운용하는 방식이다.

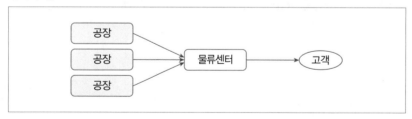

③ 복수거점 방식: 화주별·권역별·품목별로 집하하여 고객처별로 공동 운송하는 방식이며, 물류거점을 권역별 또는 품목별로 운영해야 한다.

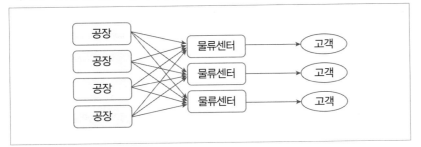

④ 다단계거점 방식: 권역별·품목별로 거래처(소비자) 밀착형 물류거점을 운영하는 방식이며, 거래처(소비자) 물류 서비스 만족도가 향상된다. 물류거점 및 지역별 창고 운영으로 다수의 물류거점 확보가 필요하고 운영비가 가중된다.

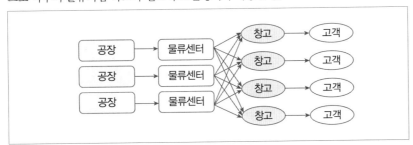

⑤ 배송거점 방식: 신속한 고객 대응이 가능하도록 고객처별 물류거점을 운영하는 방식이며, 물류 서비스 만족도가 높다. 고객 밀착형 물류거점 설치로 다수의 물류거점 확보가 필요하고 운영비가 가중된다.

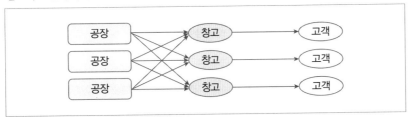

(2) 효율적인 운송경로 선정을 위한 고려 사항

① 운송화물의 특성
② 리드 타임(수주부터 납품까지의 기간 또는 현재 수주부터 다음 수주까지의 소요기간)
③ 운송차량의 적재율
④ 운송물동량 파악을 통한 차량 수단과 필요 대수
⑤ 운송수단의 선택
⑥ 수·배송 범위와 운송경로
⑦ 수·배송의 비율
⑧ 운송료 산정 기준
⑨ 고객 서비스 수준

01 [1급 | 2021년 6회]

[보기]는 공급망관리에 대한 정의이다. (   )에 들어갈 용어가 적절하게 연결된 것은 무엇인가?

> ─ 보기 ─
>
> 공급망관리(Supply Chain Management)는 원·부자재 공급자로부터 최종 소비자에 이르기까지 전 과정에서 각 기능 간 (   ), (   ), (   )의 흐름을 최적화하고 동기화하여 공급망 전체의 경영 효율을 극대화하는 활동을 말한다.

① 인력, 정보, 자금
② 재화, 자금, 인력
③ 재화, 정보, 인력
④ 재화, 정보, 자금

해설

공급망관리(SCM)는 원·부자재 공급자로부터 최종 소비자에 이르기까지 전 과정에서 각 기능 간 재화·정보·자금의 흐름을 최적화하고 동기화하여 공급망 전체의 경영 효율을 극대화하는 전략이다.

02 [1급 | 2022년 3회]

[보기]는 공급망관리의 필요성에 대한 설명이다. [보기]의 (   )에 들어갈 적절한 용어를 순서대로 나열한 것은?

> ─ 보기 ─
>
> 원자재/부품 공급자로부터 완제품 제조업체, 물류업체, 최종 고객에 이르기까지 공급망의 주체들은 공급망의 거래비용 절감을 위하여 시스템통합에 의한 실시간 정보 (㉠)와 (㉡)이 절대적으로 필요하다.

	㉠	㉡
①	분산화	독점
②	분산화	협업
③	동기화	독점
④	동기화	협업

해설

공급망을 구성하는 원자재와 부품의 공급자, 중간부품 제조업체, 완제품 제조업체, 물류업체, 도매상과 소매상의 유통업체, 최종 고객에 이르기까지 공급망의 주체들은 공급망의 거래비용 절감을 위하여 시스템 통합에 의한 실시간 정보 동기화와 협업이 절대적으로 필요하다.

03 [1급 | 2022년 2회]

[보기]의 괄호 안에 공통적으로 들어갈 용어를 한글로 입력하시오.

> ─ 보기 ─
>
> • (   ) 효과란 공급사슬의 상류로 올라갈수록 수요의 변동 폭이 증폭되어 나타나는 현상이다.
> • (   ) 효과의 원인은 잦은 수요예측 변경, 필요량보다 과도한 발주, 가격 변동의 영향 등이다.
> • (   ) 효과의 해결 방안으로 공급사슬을 구성하는 주체들 간의 수요정보 공유, 전략적 파트너십 등이 있다.

(답: 효과)

해설

채찍 효과에 대한 설명이다.

04 [2급 | 2021년 4회]

공급망관리에서 채찍 효과의 원인으로 옳지 <u>않은</u> 것은?

① 수요정보의 왜곡
② 짧아진 리드 타임
③ 주문량의 불규칙과 편차
④ 불안정한 가격구조

해설

리드 타임이 길어지면 수요와 공급의 변동성, 불확실성이 확대되어 채찍 효과의 원인이 된다.

05 [2급 | 2021년 3회]

채찍 효과(Bullwhip Effect)에 대한 대처 방안으로 가장 옳지 <u>않은</u> 것은?

① 안정적인 가격 구조로 소비자 수요의 변동 폭을 조정한다.
② 운송비·주문비의 절감을 위하여 대량의 제품을 한꺼번에 발주한다.
③ 공급망의 재고관리를 위하여 기업 간 전략적 파트너십을 구축한다.
④ 공급망 전반에 걸쳐 수요정보를 중앙 집중화함으로써 불확실성을 제거한다.

해설

운송비·주문비의 절감을 위하여 대량의 제품을 한꺼번에 발주하는 배치 주문 방식은 채찍 효과의 대처 방안이 아닌 채찍 효과의 발생 원인이 된다.

| 정답 | 01 ④　02 ④　03 채찍　04 ②　05 ②

06 [1급 | 2022년 1회]

공급망 프로세스의 경쟁능력을 결정하는 4요소 중에서 '시간'에 대한 설명으로 적절한 것은 무엇인가?

① 적은 자원으로 제품·서비스를 창출할 수 있는 능력이다.
② 고객 욕구를 만족시키는 척도이며 소비자에 의하여 결정되는 능력이다.
③ 설계 변화와 수요 변화에 효율적으로 대응할 수 있는 능력이다.
④ 경쟁사보다 빠른 신제품 개발능력, 신속한 제품 배달능력, 정시 배달능력이다.

해설

공급망 프로세스의 경쟁능력을 결정하는 4요소 중 ①은 비용, ②는 품질, ③은 유연성에 대한 설명이다.

07 [1급 | 2021년 3회]

다음 중에서 공급망관리 정보 시스템의 효과로 적합하지 않은 것은 무엇인가?

① 고객주문 및 처리시간의 단축으로 고객 서비스 향상
② 재고량 축소로 재고비용 절감
③ 정보발생 지역의 분산으로 공급망 프로세스 다양성 증가
④ 신속하고 저렴한 운송 방법 탐색으로 운송비용 절감

해설

정보발생 지역의 분산으로 공급망 프로세스의 다양성이 증가하여 획일적 처리가 곤란하다는 특징이 있기는 하지만, 이것이 공급망관리 정보 시스템의 효과라고 할 수는 없다.

08 [1급 | 2022년 1회]

[보기]는 공급망관리 정보 시스템에 대한 설명이다. 괄호 안에 들어갈 영어 용어로 가장 적절한 것은?

┌ 보기 ───────────────
• (A)은(는) 제조업체와 유통업체 간의 상호 협업기능을 강화하여 지속적인 재고적시보충을 통해 결품비율을 낮추고 효과적인 재고관리가 가능하도록 하는 방식이다.
• (B.)은(는) 유통업체와 제조업체가 효율적인 상품보충, 점포진열, 판매촉진 등을 목적으로 POS 시스템을 도입하여 자동적으로 제품을 충원하는 방식이다.
└────────────────────

	A	B
①	QR	WMS
②	CMI	CRP
③	CRP	ECR
④	CMI	WMS

해설

A는 지속적 보충 프로그램(CRP), B는 효율적 소비자 대응(ECR)에 대한 설명이다.

09 [2급 | 2021년 3회]

신속 대응(QR; Quick Response) 시스템 적용 시 소매업자 측면에서의 기대 효과로 가장 옳지 않은 것은?

① 유지비용 절감
② 고객 서비스 제고
③ 재고 절감 및 미출고 예방
④ 높은 상품 회전율

해설

신속 대응 시스템은 소매업체와 제조업체가 정보를 공유하여 효율적인 생산과 공급망 재고량을 최소화하는 전략이다. 이를 통하여 유지비용 절감, 고객 서비스 제고, 높은 상품 회전율 등의 효과는 얻을 수 있으나 미출고를 예방하는 것은 아니다. 재고 절감 및 미출고 예방은 창고관리 시스템의 기대 효과이다.

10 [2급 | 2021년 3회]

다음 중 공급자 관리재고(VMI; Vendor Managed Inventory) 시스템에 관한 설명으로 가장 옳은 것은?

① 제조업체(공급자)는 물류거점의 운영을 유통업체(구매자)에게 위임한다.
② 제조업체(공급자)는 유통업체(구매자)로부터 물류정보를 전달받고, 유통업체의 재고를 직접 관리한다.
③ 제조업체(공급자)는 유통업체(구매자)의 재고를 물류거점에 보관하지 않고 분류하여 곧바로 배송한다.
④ 제조업체(공급자)와 유통업체(구매자)가 공동으로 여러 상황을 고려하면서 적절하게 재고수준을 관리한다.

해설

① 공급자관리재고(VMI) 시스템에서 유통업체(구매자)는 물류거점의 운영을 자재·부품 제조업체(공급자)에게 위임한다.
③은 크로스도킹 시스템, ④는 공동 재고관리(CMI) 시스템에 대한 설명이다.

| 정답 | 06 ④ 07 ③ 08 ③ 09 ③ 10 ②

11 [1급 | 2022년 4회]

[보기]에서 공통적으로 설명하는 SCM 정보 시스템으로 가장 적절한 것은?

> ── 보기 ──
> • 제조업체의 효과적인 재고관리와 유통업체에 대한 적시보충이 가능하도록 하여 결품 비율을 낮출 수 있도록 지원
> • 제조업체와 협력사 간 상호 협업기능을 강화한 시스템

① 창고관리 시스템(WMS)
② 운송관리 시스템(TMS)
③ 지속적 보충 프로그램(CRP)
④ 효율적 소비자 대응 시스템(ECR)

해설

지속적 보충 프로그램(CRP; Continuous Replenishment Program)은 제품의 유통업체와 제조업체가 전자상거래를 통하여, 상품의 재고가 부족할 때 자동으로 보충하고 재고관리를 하도록 지원하는 시스템이다. 제조업체가 효과적으로 재고를 관리하여 유통업체에 적시에 보충이 가능하도록 하여 결품 비율을 낮추어 주고 상호 협업기능을 강화할 수 있다.

12 [2급 | 2022년 1회]

공급망 운영 전략의 유형을 효율적 공급망 전략과 대응적 공급망 전략으로 구분할 경우, 대응적 공급망 전략의 특징으로 가장 옳지 않은 것은?

① 높은 재고 회전율과 낮은 재고수준을 유지한다.
② 수요예측이 어렵고, 이익률이 높은 제품에 적용한다.
③ 스피드, 유연성, 품질을 중심으로 공급자를 선정한다.
④ 고객 서비스를 비용적인 측면보다 우선 고려하는 전략이다.

해설

높은 재고 회전율과 낮은 재고수준을 유지하는 것은 효율적 공급망 전략의 특징이다.

13 [1급 | 2021년 5회]

다음 중 미국 공급망위원회(Supply Chain Council)에서 제안한 성공적인 SCM을 위한 기준으로, 효율적인 공급망의 설계 및 구축부터 지속적인 프로세스 개선 과정을 효율적으로 수행하는 데 필요한 가이드라인을 제공하는 것은?

① 공급망계획 참고 모형(SCPR)
② 공급망조달 참고 모형(SCSR)
③ 공급망 운영 참고 모형(SCOR)
④ 공급망생산 참고 모형(SCMR)

해설

공급사슬 프로세스 분석 및 설계 모델로 성공적인 SCM을 위한 기준인 공급망 운영 참고(SCOR) 모델에 대한 설명이다.

14 [1급 | 2021년 3회]

공급망 운영 참고(SCOR) 모델의 5개 프로세스 중에서 계획(Plan) 단계에 해당하는 운영내용이 아닌 것은 무엇인가?

① 공급자 평가
② 완제품 회수
③ 재고계획
④ 수요의 우선순위

해설

공급망 운영 참고(SCOR) 모델의 5개 프로세스 중 계획 단계는 수요와 공급을 계획하는 단계로, 모든 공장의 모든 제품에 대해 공급자 평가, 수요의 우선순위, 재고계획, 분배 요구량 파악, 생산계획, 자재조달, 개략적 능력을 계획한다. 완제품의 회수는 반품 단계에 해당한다.

15 [2급 | 2021년 4회]

물류거점 설계 시 고려하는 비용 항목에 대한 설명 중 옳지 않은 것은?

① 재고비용은 물류거점 수가 증가함에 따라 처음에 크게 증가하다 어느 수준 이상이 되면 완만히 증가하는 경향을 갖는다.
② 고정투자비용에는 인건비 및 초기 설비투자비용을 포함한다.
③ 물류거점 수가 증가하면 1회당 수송거리가 짧아지고 1회당 수송량이 증가하게 된다.
④ 수송비용은 주로 1회당 수송량과 수송거리에 비례하여 증가한다.

해설

물류거점 수가 증가하면 1회당 수송거리가 짧아지고 1회당 수송량이 감소하게 된다.

16 [2급 | 2022년 1회]

공급망 물류거점 운영 방식 중 지역 물류센터 운영 방식에 대한 설명으로 옳은 것은?

① 중앙 물류센터에서 전체 공급망의 물품을 통합 운영하는 방식
② 공장과 함께 위치한 생산자 창고만 보유하고 물류거점을 거치지 않고 소비자에게 직접 배송하는 방식
③ 소비자 근처로 위치한 분산 물류거점을 운영하는 방식
④ 중앙 물류센터와 지역 물류센터를 혼합하여 사용하는 방식

해설

①은 통합 물류센터 운영 방식, ②는 직배송 방식, ④는 통합·지역 물류센터 혼합 운영 방식에 대한 설명이다.

| 정답 | 11 ③ | 12 ① | 13 ③ | 14 ② | 15 ③ | 16 ③ |

17 [1급 | 2021년 4회]

물류거점 운영 방식 중에서 보관기능보다는 원활한 흐름에 초점을 두고 물류센터를 운영하는 방식으로, 물류거점에 재고를 보유하지 않고 물류거점이 화물에 대한 '환적'기능만을 제공하도록 하는 방식은 무엇인가?

① 크로스도킹 운영 방식
② 통합 물류센터 운영 방식
③ 공급자 재고관리 운영 방식
④ 지역 물류센터 운영 방식

해설

② 통합 물류센터 운영 방식: 중앙 물류센터에서 전체 공급망의 물품을 통합하여 운영하는 방식
③ 공급자 재고관리(VMI) 운영 방식: 물류거점의 운영을 자재·부품 공급업체에 일임하고 필요한 경우에 필요한 수량만큼 공급자가 운영하는 물류거점에서 가져오는 방식
④ 지역 물류센터 운영 방식: 소비자 근처에 위치한 분산 물류거점을 운영하는 방식

18 [2급 | 2021년 5회]

다음 [보기]의 설명에 해당하는 재고유형으로 옳은 것은?

┌ 보기 ┐
공정에서 가공 중인 자재의 성격을 가지나 동시에 판매 가능한 품목임
└────┘

① 제품
② 반제품
③ 재공품
④ 소모성 자재

해설

• 반제품: 공정에서 가공 중인 자재의 성격을 가지나 동시에 판매 가능한 품목
• 재공품: 공정에서 가공 중인 자재이나 그대로는 판매할 수 없는 품목

19 [2급 | 2022년 1회]

편의점에서는 아이스크림의 재고 회전율을 파악하고자 한다. 제품의 재고와 관련된 정보가 [보기]와 같을 때, 아이스크림의 재고 회전율로 옳은 것은?

┌ 보기 ┐
• 연간 총판매량: 6,000
• 기초재고량: 1,000
• 기말재고량: 200
└────┘

① 5   ② 10
③ 15   ④ 20

해설

• 평균 재고량: $\dfrac{\text{기초재고량 } 1,000 + \text{기말재고량 } 200}{2} = 600$
• 재고 회전율: $\dfrac{\text{총판매량 } 6,000}{\text{평균 재고량 } 600} = 10$

20 [1급 | 2022년 4회]

[보기]는 제품 A의 재고와 관련된 정보이다. 제품 A의 재고 회전율이 4회일 때 연간 총판매량은 얼마인가? (정답은 단위를 제외하고 숫자만 입력하시오.)

┌ 보기 ┐
• 연간 총판매량: (   )
• 기초재고량: 400   • 기말재고량: 600
└──────────────────────┘

(답:)

해설

• 평균 재고량: $\dfrac{\text{기초재고량 } 400 + \text{기말재고량 } 600}{2} = 500$
• 재고 회전율 $4 = \dfrac{\text{총판매량}}{\text{평균 재고량 } 500}$
∴ 총판매량 = 2,000

21 [2급 | 2021년 4회]

다음 중 수송 중에 있는 재고를 설명하는 용어로 옳은 것은?

① 비축재고
② 순환재고
③ 안전재고
④ 파이프라인 재고

해설

① 비축재고: 계절적인 수요 급등, 가격 급등, 파업으로 인한 생산 중단 등이 예상될 때 향후 발생할 수요에 대비하여 미리 생산하여 보관하는 재고
② 순환재고: 비용 절감을 위하여 경제적 주문량(생산량) 또는 로트 사이즈로 구매(생산)하게 되어 당장 필요한 수량을 초과하는 잔량에 의해 발생하는 재고
③ 안전재고: 조달기간의 불확실, 생산의 불확실 또는 그 기간 동안의 수요량이 불확실한 경우 등 예상 외의 소비나 재고부족 상황에 대비하여 보유하는 재고

22 [1급 | 2022년 2회]

(주)KPC전자는 생산현장에서 필요로 하는 부품을 경제적 주문량만큼 발주하여 사용하고 남는 자재는 창고에 보관한다. 보관 중인 재고의 유형으로 옳은 것은?

① 순환재고
② 투기재고
③ 안전재고
④ 파이프라인재고

해설

비용 절감을 위하여 경제적 주문량 또는 로트 사이즈로 구매하게 되어 당장 필요한 수량을 초과하는 잔량에 의해 발생하는 재고는 순환재고이다.

| 정답 | 17 ①   18 ②   19 ②   20 2,000   21 ④   22 ①

23 [1급 | 2021년 5회]

재고의 유형 중 생산에 직접 사용되지 않으나 생산활동에 필요한 시설물의 유지와 보수, 운전에 필요한 자재로 소비자재와 설비용 자재로 구분하기도 하는 것은?

① 재료
② 재공품
③ 소모성 자재(MRO)
④ 반제품

해설

생산에 직접 소요되는 원·부재료를 제외한 간접적인 소요자재인 소모성 자재(MRO; Maintenance, Repair and Operation)에 대한 설명이다.

24 [1급 | 2022년 3회]

재고관리비용에 관한 설명 중 옳지 않은 것은?

① 재고유지비용은 평균 재고량의 크기에 상관없이 일정하다.
② 생산준비비용은 생산수량과 관계없이 발주마다 일정하게 발생하는 고정비용이다.
③ 주문비용은 1회 주문량을 크게 할수록 재고 1단위당 비용이 줄어드는 특성이 있다.
④ 재고부족비용은 납기지연, 판매기회 상실, 거래처 신용하락, 잠재적 고객 상실 등과 관련된 비용이다.

해설

재고유지비용은 재고를 일정 기간 동안 보관·유지하는 데 드는 비용으로, 평균 재고량에 따라 달라진다.

25 [1급 | 2022년 3회]

[보기]는 재고관리 기본 모형에 대한 설명이다. 괄호 안에 들어갈 내용을 ㉠, ㉡ 순으로 예와 같이 알파벳으로 입력하시오. (예 A, B)

┌ 보기 ─────────────────────────
• (㉠) System
  – 재고보유량이 정해진 수준, 즉 발주점까지 하락하면 사전에 결정되어 있는 수량을 발주하는 방식이다.
  – 발주량은 경제적 주문량(EOQ)으로 결정한다.
• (㉡) System
  – 재고량을 정기적으로 조사하여 일정한 목표 수준까지의 부족수량을 발주하는 방식이다.
  – 수요가 일정할 경우에는 발주량이 일정하지만 수요가 수시로 변동하면 발주량도 수시로 달라지는 특징이 있다.
└─────────────────────────────

(답: ,   )

해설

㉠은 Q System(고정주문량 발주 모형), ㉡은 P System(고정주문기간 발주 모형)에 대한 설명이다.

26 [2급 | 2021년 3회]

제품 A의 연간 판매량은 90,000개이다. 또한 발주한 제품 A가 회사 창고에 입고되기까지는 10일이 소요되며, 제품 A의 안전재고량은 4,000개이다. 연간 영업일은 300일인 경우, 제품 A에 대한 재주문점 수량으로 옳은 것은?

① 5,000개 ② 6,000개
③ 7,000개 ④ 8,000개

해설

• 일평균 사용량: $\dfrac{\text{연간 판매량 90,000개}}{\text{연간 영업일 300일}} = 300개/일$

• 구매 리드 타임 동안의 수요: 조달기간 10일 × 일평균 사용량 300개/일 = 3,000개

• 재주문점 수량: 구매 리드 타임 동안의 수요 3,000개 + 안전재고 4,000개 = 7,000개

27 [2급 | 2021년 6회]

[보기]는 재고에 대한 정보이다. 다음 중에서 고정주문기간 발주 모형(P System)을 이용할 때, 적절한 발주량은 무엇인가?

┌ 보기 ─────────────────────────
• 현재 재고: 50
• 검토 주기 기간의 수요: 30
• 구매 리드 타임 기간의 수요: 100
• 안전재고: 20
└─────────────────────────────

① 50 ② 100
③ 150 ④ 200

해설

• 목표재고: 검토 주기 동안의 수요 30 + 구매 리드 타임 동안의 수요 100 + 안전재고 20 = 150

• 발주량: 최대 재고수량(목표재고) 150 − 현재 재고수량 50 = 100

| 정답 | 23 ③ | 24 ① | 25 Q, P | 26 ③ | 27 ② |

28 [1급 | 2021년 6회]

현재 보유재고 220개, 안전재고 10개, 주문 리드 타임 2주, 최소 구매량이 150개인 K 지점의 유통소요계획을 수립하려고 한다. 수요량이 [보기]와 같이 매주 100개일 경우, 1주차에 발주해야 할 주문량은 얼마인가? (답은 단위는 생략하고 예와 같이 숫자만 기재하시오. 예 10)

보기

K 지점의 유통소요계획 관련 정보

주차	이전기간	1주차	2주차	3주차	4주차
수요예측		100	100	100	100
운송 중 재고					
예정 입고량					
기말재고수준	220				
주문량		(?)			

* 안전재고: 10, 주문 리드 타임: 2주, 최소 구매량: 150

(답:)

해설

주차	이전기간	1주차	2주차	3주차	4주차
수요예측		100	100	100	100
운송 중 재고					
예정 입고량				150	150
기말재고수준	220	120	20	70	120
주문량		(150)	150		

- 1주차 기말재고: 이전기간 기말(현재 보유)재고 220개 - 1주차 수요예측 100개 = 120개
- 2주차 기말재고: 1주차 기말재고 120개 - 2주차 수요예측 100개 = 20개
- 3주차 기말재고: 2주차 기말재고 20개 - 3주차 수요예측 100개 + 입고 예정량 150개 = 70개

∴ 안전재고가 10개이므로 기말재고가 10개 이상이어야 한다. 따라서 3주차에 입고가 되어야 하며, 3주차의 입고 예정량은 최소 구매량인 150개이다. 또한, 리드 타임이 2주이므로 3주차의 입고 예정량 150개는 2주 전인 1주차에 주문을 하여야 한다. 즉, 1주차의 주문량은 150개이다.

29 [1급 | 2022년 1회]

다음 [보기]는 재고자산 기록 방법에 대한 설명이다. [보기]의 (   )에 공통으로 들어갈 적절한 한글 용어를 기재하시오.

보기

- 계속기록법은 재고 감모손실이 기말재고수량에 포함되지 않아 (   )이/가 과소평가되어 당기 매출이익이 크게 나타난다.
- 실지 재고조사법은 재고 감모손실이 당기 매출수량에 포함되므로 (   )이/가 과대평가되고 당기 매출이익이 작게 나타난다.

(답:)

해설

- 계속기록법은 매출원가가 과소평가되어 당기 매출이익이 크게 나타난다.
- 실지 재고조사법은 매출원가가 과대평가되어 당기 매출이익이 작게 나타난다.

30 [2급 | 2024년 6회]

재고자산 기록방법 중 실지 재고조사법에 대한 설명으로 가장 적절한 것은?

① 거래가 빈번하지 않을 때 적용이 적합한 방법이다.
② 기말재고로 파악되지 않은 수량은 당기에 매출된 수량으로 간주한다.
③ 재고자산의 입출고 시에 재고의 증감수량과 금액을 일일이 계속 장부에 기록하는 방법이다.
④ 감모손실이 기말재고수량에 포함되지 않으므로 실제 재고수량보다 기말재고수량이 많을 수 있다.

해설

①, ③, ④는 계속기록법에 대한 설명이다.

31 [1급 | 2021년 4회]

다음 [보기]는 재고자산기록 방법에 대한 설명이다. [보기]의 (㉠)과 (㉡)에 들어갈 적절한 한글 용어를 순서대로 예와 같이 기재하시오. (예 기초, 기말)

보기

- (㉠)법은 매출원가가 과거 매입단가로 결정되므로 매입가격 상승기에는 매출이익이 상대적으로 크게 나타난다.
- (㉡)법은 재고자산이 입고될 때마다 재고자산가액의 새로운 평균을 산정하여 매출원가에 적용하는 방법이다.

(답: ,   )

해설

㉠ 선입선출법: 먼저 매입한 재고자산을 먼저 매출하는 것으로 가정하여 매출원가에 적용하는 방법
㉡ 이동평균법: 매출원가는 매입이 있을 때마다 달라지며, 추가매입이 발생할 때까지는 동일한 매출원가 적용

| 정답 | **28** 150 **29** 매출원가 **30** ② **31** 선입선출, 이동평균

32 [1급 | 2022년 4회]

[보기]의 자료는 (주)생산성의 1분기 매입과 매출 자료이다. 이 자료를 참조하여 선입선출법에 의한 3월 말 재고자산액을 산출하면 얼마인가?

보기

일자	내역	입고		출고
		수량	단가	수량
1월 1일	기초재고	100개	300원	
2월 10일	매입	200개	400원	
2월 18일	매출			200개
3월 27일	매입	100개	500원	

① 60,000원   ② 70,000원
③ 80,000원   ④ 90,000원

해설

선입선출법에 의하므로 2월 18일의 출고수량 200개는 1월 1일의 기초수량 100개와 2월 10일 매입분 중 100개에 해당한다. 따라서 재고자산은 매출 후 남은 수량이므로 2월 10일 매입분 중 100개와 3월 27일 매입분 100개이다.
∴ 재고자산액: 2월 10일 매입분 100개 × 400원 + 3월 27일 매입분 100개 × 500원
= 40,000원 + 50,000원 = 90,000원

33 [1급 | 2022년 1회]

다음 [보기]의 자료를 이용하여 후입선출법에 의한 기말재고자산가액을 계산하시오. (@: 단위당 가격, 단위: 원)

보기

- 전기이월
  8월 1일 @100원 * 100단위
- 매입
  8월 3일 @110원 * 50단위
  8월 10일 @120원 * 100단위
  8월 20일 @150원 * 200단위
- 매출
  8월 31일: 300단위
- 차기이월
  8월 31일: 150단위
- 단위당 판매가격: @200원

(답: 원)

해설

기말재고자산: 8월 1일 전기이월 @100원 × 100단위 + 8월 3일 매입 @110원 × 50단위
= 10,000원 + 5,500원 = 15,500원

34 [2급 | 2021년 6회]

재고자산의 매입단가가 지속적으로 상승하는 환경에서 재고자산을 평가할 때, 매출총이익이 가장 크게 계산되는 평가 방법부터 순서대로 나열한 것으로 가장 옳은 것은?

① 선입선출법 > 이동평균법 > 총평균법 > 후입선출법
② 선입선출법 > 후입선출법 > 이동평균법 > 총평균법
③ 후입선출법 > 선입선출법 > 총평균법 > 이동평균법
④ 후입선출법 > 총평균법 > 이동평균법 > 선입선출법

해설

매입가격 상승 시(인플레이션) 재고자산 평가 방법의 비교
- 기말재고자산가액: 선입선출법 > 이동평균법 > 총평균법 > 후입선출법
- 매출총이익: 선입선출법 > 이동평균법 > 총평균법 > 후입선출법
- 매출원가: 선입선출법 < 이동평균법 < 총평균법 < 후입선출법

35 [2급 | 2021년 4회]

창고 내에서 이루어지는 물품의 입출고관리, 로케이션관리, 재고관리, 피킹 등을 수행하는 정보 시스템을 지칭하는 용어로 옳은 것은?

① WMS   ② WLS
③ WQR   ④ WDC

해설

창고 내에서 이루어지는 물품의 입출고관리, 로케이션관리, 재고관리, 피킹, 분류, 차량관리지원, 인원관리, 작업관리, 지표관리 등을 수행하는 정보 시스템은 창고관리 시스템(WMS; Warehouse Management System)이다.

36 [2급 | 2024년 6회]

창고 입고 업무 프로세스에 관한 설명으로 [보기]의 (　　) 안에 들어갈 용어를 짝지어 놓은 것으로 가장 옳은 것은?

보기

구매·주문 요청 → 입고 통보 접수 → 입고 계획 수립 → 입하·하차 → (㉠) → 입고 지시 → (㉡) → 입고 마감

	㉠	㉡
①	피킹	검사(검품·검수)
②	분류	검사(검품·검수)
③	검사(검품·검수)	피킹
④	검사(검품·검수)	입고(적치)

해설

창고 입고업무 프로세스는 '구매·주문요청 → 입고 통보 접수 → 입고계획 수립 → 입하·하차 운반 → ㉠ 검사(검품·검수) → 입고 지시 → ㉡ 운반, 입고(적치) → 입고 마감' 순서로 진행된다.

37 [1급 | 2021년 4회]

다음 중 [보기]에 해당하는 활동은 무엇인가?

┌─ 보기 ─────────────────────────────────┐
출고 지시서에 따라 해당 물품을 창고에 보관된 재고에서 골라 꺼내는 활동이다.
└───────────────────────────────────────┘

① 출하포장
② 출고피킹
③ 상차적재
④ 출고지시

해설

[보기]는 출고피킹(오더피킹)에 대한 설명이며, 출고피킹은 고객별·품목별·물품 형태별·규모별 등으로 다양하고 복잡하여 업무 처리의 효율성이 중요하다.

38 [1급 | 2022년 4회]

[보기]는 창고보관 원칙 설명에 대한 일부 내용이다. (A)에 들어갈 적절한 용어를 한글로 입력하시오.

┌─ 보기 ─────────────────────────────────┐
• 높이 쌓기의 원칙: 공간 효율을 위해 물품을 높이 쌓는다.
• (A) 원칙: 먼저 입고된 물품을 먼저 출고한다.
└───────────────────────────────────────┘

(답:)

해설

선입선출 원칙은 먼저 입고된 물품을 먼저 출고한다는 원칙이며, 재고 회전율이 낮은 품목, 모델 변경이 잦은 품목, 라이프 사이클이 짧은 품목, 파손·감모가 쉬운 품목 등이 주요 대상이다.

39 [1급 | 2022년 2회]

창고보관의 기본 원칙 중 보관물품의 상호 관련 정도에 따라 연계하여 보관 장소를 정하는 원칙을 가리키는 용어로 옳은 것은?

① 동일성의 원칙
② 회전대응의 원칙
③ 위치표시의 원칙
④ 네트워크 보관의 원칙

해설

보관물품의 상호 관련 정도에 따라 연계하여 보관 장소를 정하는 원칙은 네트워크 보관의 원칙이다.

40 [2급 | 2021년 4회]

창고배치의 기본 원칙으로 가장 옳지 않은 것은?

① 높낮이 차이의 최대화
② 자재 취급 횟수 최소화
③ 흐름 방향의 직진성의 원리
④ 물품, 사람, 운반기기의 역행 및 교차 없애기

해설

창고배치의 기본 원칙으로 물품의 흐름 과정에서 크기 및 높낮이 차이를 최소화해야 한다.

41 [1급 | 2021년 5회]

다음은 운송계획에 대한 설명이다. 가장 적합하지 않은 것을 고르시오.

① 운송계획의 목적은 최소의 총비용으로 고객만족도를 최대한 높이는 운송 서비스를 제공하는 것이다.
② 재고비용이 클수록 운송비용도 증가한다.
③ 배송은 소량의 물품을 지역 물류센터로부터 고객/소비자에게 전달하는 활동이다.
④ 운송 서비스는 비용 이외에 속도와 신뢰성이 가장 중요한 요소이다.

해설

운송비용과 재고비용은 상충관계에 있으므로 재고비용이 클수록 운송비용은 감소한다.

| 정답 | 37 ② 　 38 선입선출 　 39 ④ 　 40 ① 　 41 ② |

42 [1급 | 2022년 2회]

다음 [보기]의 운송경로에서 지점 A에서 지점 H까지의 최단경로에 의한 소요시간으로 옳은 것은?

보기

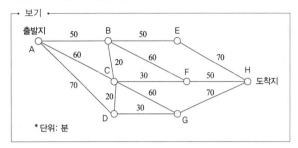

* 단위: 분

① 130분
② 140분
③ 150분
④ 160분

해설

지점 A에서 지점 H까지의 최단경로는 A − C − F − H이며, 소요시간은 60 + 30 + 50 = 140분이다.

43 [1급 | 2022년 3회]

운송수단의 5가지 유형 중에서 (A)에 들어갈 적절한 운송수단을 예와 같이 한글로 입력하시오. (예 물류)

보기

(A) 운송의 특징
• 대형화물 및 중·장거리 운송에 적합하다.
• 안정성이 높으며, 중량 제한이 거의 없다.
• 발송화주의 문전과 도착화주의 문전까지 운송의 완결성이 미흡하다.

(답: 운송)

해설

철도 운송은 중·장거리 대량 운송에 적합하다. 중·장거리 운송 시 운임이 저렴하며, 중량에 제한을 받지 않는다.

44 [1급 | 2022년 4회]

[보기]는 운송수단에 대한 설명이다. 다음 중 선박 운송의 특성에 해당하는 설명으로만 묶인 것은?

보기

㉠ 화물의 운송속도가 매우 빠름
㉡ 화물의 손상이 적고 포장이 간단함
㉢ 고가, 고부가가치 소형 상품의 운송에 유리함
㉣ 화물의 안전 운송을 위한 포장비가 많이 발생함
㉤ 다른 운송수단에 비해 운송기간이 많이 소요됨
㉥ 운송 중 기상 상황에 따라 화물 손상사고가 자주 발생함

① ㉠, ㉡, ㉢
② ㉡, ㉢, ㉣
③ ㉢, ㉣, ㉤
④ ㉣, ㉤, ㉥

해설

㉠ 화물의 운송속도가 매우 빠르고, ㉡ 화물의 손상이 적고 포장이 간단하며, ㉢ 고가·고부가가치 소형 상품의 운송에 유리한 운송수단은 항공 운송의 특성이다.

45 [2급 | 2022년 2회]

[보기]에서 설명하는 운송경로 방식으로 옳은 것은?

보기

• 고객처별 물류거점 운영으로 고객대응에 있어 신속한 대응이 가능한 방식
• 고객 밀착형 물류거점 설치로 다수의 물류거점 확보 및 운영비 가중이 요구됨

① 공장직송 방식
② 복수거점 방식
③ 배송거점 방식
④ 중앙집중거점 방식

해설

신속한 고객대응을 할 수 있도록 고객처별 물류거점을 운영하는 방식은 배송거점 방식이다.

CHAPTER

구매관리

1 구매관리

1. 구매관리의 개념

(1) 구매

① 구매의 정의: 생산과 판매 등 기업의 활동에 필요한 품목을 매입하는 활동을 말하며, 자재의 유리한 조달에 필요한 모든 시장정보를 수집하고 분석하여 그 결과를 생산 및 판매활동에 반영하는 것도 구매활동에 해당한다.

② 구매의 주요 대상
- 원·부재료, MRO(소모성 자재), 부품, 외주가공품, 기계설비, 상품 등
- 기타 생산 및 판매와 관련된 활동을 지원하기 위한 용역

(2) 구매관리

구매관리는 제품 생산에 필요한 원재료 및 상품을 되도록 저렴한 가격으로, 필요한 시기에 적당한 공급자에게 구입하기 위한 체계적인 활동을 말한다. 구매조직관리, 구매계획, 구매실행, 구매분석 등의 구매기능에 대한 조정 및 통제활동이다.

(3) 구매관리 업무의 목적(5R)

① 적절한 품질의 물품 구매(Right Quality)
② 적절한 수량의 파악(Right Quantity)
③ 적절한 시기의 구매(Right Time)
④ 적절한 가격의 구매(Right Price)
⑤ 적절한 구매처의 선정(Right Vendor or Supplier)

(4) 구매관리기능의 변화

전통적 시각	현대적 시각
• 단기간의 성과 중시 • 획득비용(가격) 중심 • 비용관리센터 • 요청에 지원하는 업무	• 장기간의 전략적 구매 중시 • 총원가에 집중 • 이익관리센터 • 사전에 계획하는 업무

2. 구매관리의 영역별 기능

영역	기능
구매전략	구매방침 설정, 구매계획 수립, 구매방법 결정
구매실무	시장조사 및 원가 분석, 구매가격 결정, 공급자 선정 및 평가, 계약 및 납기관리, 규격 및 검사관리
구매분석	구매활동의 성과 평가, 구매활동의 감사

2 구매전략

1. 구매방침

(1) 자체생산과 외주생산(구매)의 결정

① 기술권리 측면
- **자체생산이 유리한 경우**: 고유기술을 보호해야 하는 경우(특허권을 취득할 때까지 자체생산하는 것이 유리함)
- **외주생산이 유리한 경우**: 특허가 없는 품목 등 기술보호의 필요가 없는 경우

② 제조기술 측면: 자사와 타사의 제조기술 능력에 차이가 없을 때는 원가를 비교하여 결정한다.
- **자체생산이 유리한 경우**: 제품의 구성에서 전략적으로 중요한 부품을 생산하는 경우
- **외주생산이 유리한 경우**: 주요 부품이나 기술이 포함되지 않는 경우

③ 원가 절감 측면: 자체생산 시설이 있다면 시설의 감가액까지도 고려하여 한계비용을 평가한 후 결정한다.
- **자체생산이 유리한 경우**: 모델 변경 가능성이 낮고 지속적으로 대량생산을 해야 하는 경우, 시설감가액을 고려한 생산한계비용(제조시설에 대한 고정비용 등)이 한계수입보다 낮은 경우
- **외주생산이 유리한 경우**: 생산제품의 모델 변경이 잦은 경우, 다품종 소량생산인 경우, 기술 진부화가 예측되는 경우, 계절적 수요를 갖는 품목의 경우

④ 생산능력 측면
- **외주생산이 유리한 경우**: 자체 보유시설과 생산인력 등의 생산능력을 초과하는 수요의 경우, 납기 단축 요구, 긴급주문, 일시적 주문, 불규칙한 수요 등

> **원가 절감 측면에서의 외주생산이 유리한 경우**
> 제조시설에 대한 신규 투자와 유지 등의 고정비를 고려하면 구매(외주)를 선택하는 것이 원가 절감 측면에서 유리함

(2) 본사 집중구매와 사업장별 분산구매의 결정 〔중요〕

기업이 사업장을 여러 개 가지고 있는 경우에는 본사에서 기업 전체의 구매를 통합하여 진행하거나(본사 집중구매), 각 사업장별로 구매하거나(사업장별 분산구매), 본사와 사업장이 협력하여 품목에 따라 분리하여 구매할 수 있다.

① 본사 집중구매
- 대량구매품목, 고가품목, 공통품목 또는 표준품목 등에 적합하다.
- 대량구매로 가격이나 거래조건을 유리하게 결정할 수 있다.
- 공통자재를 일괄구매하므로 단순화, 표준화가 쉽고 재고량이 감소한다.
- 전문적인 구매지식과 구매기능을 효과적으로 활용할 수 있다.
- 구매절차 통일에 용이하다.
- 구매비용이 감소한다.
- 구매가격 조사, 공급자 조사, 구매 효과 측정 등이 수월하다.

② 사업장별 분산구매
- 지역성 품목, 소량구매품목 등에 적합하다.
- 각 사업장별로 구매 자립성을 가지므로 구매수속이 간단하고 구매기간이 감축된다.
- 긴급수요의 경우 대처하기 쉽다.
- 지역구매가 많아 수송비가 절감되고 해당 지역과 호의적인 관계를 유지할 수 있다.

2. 구매계획

(1) 구매계획

가격추세, 대용자재, 생산계획, 재고수량, 구매량 및 구매시기, 조달 소요 시간, 납기 등을 고려하여 구매계획을 수립하며, 경제적 주문량(EOQ) 등을 이용하여 구매단가의 절감을 목표로 구매수량을 결정한다. 설계자, 구매자, 생산자, 공급자 간 구매물품의 특성(성분, 치수, 형상, 강도, 견고도, 점도, 색상 등)에 대한 견해가 다른 경우가 많으므로 품질규격을 표준화하고 측정할 수 있도록 객관화하여 사전에 결정할 필요가 있다.

(2) 구매절차

> 구매청구 → 공급자 파악 → 견적* → 내부검토 및 승인* → 계약 → 발주서 → 물품 납입 → 검수 및 입고* → 구매결과 내부 통보* → 구매대금 결제

3. 구매방법 _{중요}

(1) 수시구매

구매청구가 있을 때마다 구매하여 공급하는 방식으로, 과잉구매를 방지하고 설계 변경 등에 대응하기 쉽다는 장점이 있다. 계절품목 등 일시적인 수요품목 등에 적합하다.

(2) 예측구매 또는 시장구매

미래 수요를 고려하여 시장 상황이 유리할 때 일정한 양을 미리 구매하여 재고로 보유하였다가 생산계획이나 구매청구에 따라 공급하는 방식이다. 계획구매로 조달비용을 절감하고, 수량할인, 수송비 감소 등 경제적으로 구매할 수 있다. 생산시기가 일정한 품목 또는 항상 비축이 필요한 상비 저장품목 등에 적합하다.

(3) 투기구매

가격 인상을 대비하여 이익을 도모할 목적으로 가격이 저렴할 때 장기간의 수요량을 미리 구매하여 재고로 보유하는 구매 방식이다. 계속적으로 가격 상승이 명백한 때(인플레이션)에 유리하지만, 가격동향의 예측이 부정확하여 구매품목의 가격이 하락하는 때에는 손실의 위험이 크다.

(4) 장기계약구매

특정 품목에 대해 수립한 장기 제조계획에 따라 필요한 자재의 소요량을 장기적으로 계약하여 구매하는 방식이다. 자재의 안정적인 확보가 필요할 때 적합하며 계약 방법에 따라 저렴한 가격, 충분한 수량을 확보할 수 있다.

(5) 일괄구매

소량 다품종의 품목을 구매해야 하는 경우 품목별로 구매처를 선정하는 데 많은 시간과 노력이 드는 단점을 보완하여, 다품종의 품목을 한꺼번에 구매함으로써 구매시간과 비용을 줄이고 구매절차를 간소화할 수 있는 방식이다. 소모용품이나 사무용품 등에 적합하다.

✳ **견적**
공급자로부터 가격과 조건을 수집하는 과정

✳ **내부검토 및 승인**
견적의 내용을 검토 및 승인하는 과정

✳ **검수 및 입고**
물품 납입 이후에 품질 및 수량을 확인하는 과정

✳ **구매결과 내부 통보**
구매 결과를 관련 부서에 통보하는 과정

3 구매실무

1. 시장조사와 원가 분석

(1) 시장조사

① **시장조사의 개념**: 구매시장의 정보를 수집하고 분석하는 과정으로, 공급자 선정이나 구매 계약 과정에서 주도적인 협상과 적극적인 구매활동을 위한 중요한 기능을 한다.

② **시장조사의 목적**: 구매가격, 품질, 조달기간, 구매수량, 공급자, 지불조건 등을 결정하기 위한 정보를 수집하여 합리적 구매계획을 수립하도록 한다.

③ **시장조사의 방법**: 직접조사와 간접조사가 있으며, 비용, 시간, 정확성 등을 고려하여 결정한다.

- **직접조사(1차 자료)**: 해당 기업이나 판매시장에서 각종 자재의 시세·변동 등을 직접 조사한다.
- **간접조사(2차 자료)**: 신문, 관련 잡지, 기타 협회·조합·정부기관에서 발간하는 간행물을 이용하여 조사한다. 일반적으로 직접조사에 비하여 조사시간이 적게 소요된다.

TIP

시장조사 시, 직접조사나 간접조사 어느 하나를 우선적으로 고려하지는 않는다.

(2) 원가 분석

① **원가의 구분**

- **직접원가**: 제조 과정에서 단위 제품에 직접 투입된 비용으로, 제품 단위 원가로 추적이 가능하여 직접 배분한다. 직접재료비, 직접노무비, 직접경비로 구분한다.
- **간접원가**: 다수 제품의 제조 과정에 공통적으로 소비된 비용으로, 생산된 제품에 인위적으로 적당하게 배분한다. 간접재료비, 간접노무비, 간접경비로 구분한다.

② **원가의 구성**

TIP

원가의 구성 공식을 암기하여 계산할 수 있어야 한다.

> - 직접원가 = 직접재료비 + 직접노무비 + 직접경비
> - 제조원가 = 직접원가 + 제조간접비
> - 판매원가(총원가) = 제조원가 + 판매비와 관리비
> - 매출가(판매가격) = 판매원가 + 이익

③ **원가 분석의 목적**

- 시장가격의 적정성을 판단하고 적정한 구매가격을 결정한다.
- 구매원가는 구매예산 편성, 매출원가 산정, 판매이익 계산, 재무제표 작성 등에 중요한 영향을 미친다.

(3) 원가의 분류 〈중요〉

① **표준원가**: 가장 이상적이고 모범적인 원가로, 공정상에서 어떠한 원가손실도 가정하지 않는다. 최적의 제조환경에서 설계도에 따라 가장 이상적으로 제조 과정이 진행된 경우에 구성되는 이론적인 원가이다.

② **예정원가**: 과거 제조경험을 고려하고 향후 제조환경을 반영하여 미래에 산출될 것으로 기대하는 원가이다. 공급자가 입찰가 또는 견적가를 제시할 경우 기초로 사용되는 원가이다.

③ **실제원가**: 완제품의 제조 과정에서 실제 발생한 원가로, 일반적으로 실제원가를 원가라고 한다. 실제원가는 표준원가와 비교하고 분석하여 원가 개선활동의 평가 요소로 활용된다.

> **고정비와 변동비**
> - 고정비: 조업도의 증감과는 상관없이 항상 일정하게 지출되는 비용
> - 변동비: 조업도가 변동함에 따라 총원가가 비례적으로 변동하는 원가

2. 구매가격

(1) 가격 결정 영향 요인

원가를 절감하기 위하여 구매가격의 결정 방식과 유형, 할인방법을 이해하여야 한다.

① 기준가격 설정: 구매가격은 매번 변동되기 때문에 구매가격을 결정하기 위해서는 품목에 따라 기준가격을 설정하여야 한다. 시장품목의 기준가격은 시장조사를 통해 가격을 확인하고, 가격 변동 추세를 통계적으로 분석하여 설정할 수 있다. 외주품목의 기준가격은 재료비 · 노무비 · 경비 · 관리비 · 적정이익을 분석하고 적정가격을 추정하여 설정할 수 있다.

② 구매가격 결정에 영향을 주는 요인: 품질, 지불조건, 구매시점, 구매방법, 납기, 공급자, 유통경로 등이 있으며, 발주수량, 발주 긴급성, 발주 반복성 등에 따라 변동되기도 한다.

(2) 가격 결정 방식

구매가격은 판매가격에 큰 영향을 미친다. 따라서 공급자의 판매가격 결정 방법의 적정성을 평가하여 구매가격 협상에 반영하여야 한다.

① 비용 중심적 가격 결정: 제품의 생산 또는 판매에 지출되는 총비용을 포함하고, 목표이익을 달성할 수 있는 수준에서 가격을 결정하는 방식이다.

코스트플러스 (비용 가산) 방식	제품원가에 판매비와 관리비, 목표이익을 가산하여 가격을 결정하는 방식
가산이익률 방식	제품 단위당 매출원가에 적정이익이 가능한 가산이익률을 곱하여 가격을 결정하는 방식
목표투자이익률 방식	기업이 목표로 하는 투자이익률을 달성할 수 있도록 가격을 결정하는 방식
손익분기점 분석 방식	손익분기점의 매출액 또는 매출수량을 기준으로 가격을 결정하는 방식

② 구매자 중심적 가격 결정: 생산원가보다는 소비자의 평가나 수요를 바탕으로 가격을 결정하는 방식이다.

구매가격 예측 방식	소비자의 구매의도, 구매능력 등을 고려하여 소비자가 기꺼이 지불할 수 있는 가격수준으로 결정하는 방식
지각가치 기준 방식	소비자들이 직접 지각하는 제품의 가치를 물어보는 방법을 통하여 소비자가 느끼는 가치를 토대로 소비자의 평가나 수요를 바탕으로 가격을 결정하는 방식이며, 비용 중심적 방식보다 높은 가격이라도 소비자가 그 가격을 쉽게 수용함

③ 경쟁자 중심적 가격 결정: 경쟁환경을 고려하여 시장점유율을 높이기 위해 경쟁기업의 가격을 기준으로 전략적으로 가격을 결정하는 방식이다.

경쟁기업가격 기준 방식	자사의 시장점유율, 이미지, 제품 경쟁력 등을 고려하여 판매이익보다는 경쟁기업의 가격을 기준으로 전략적으로 판매가격을 결정하는 방식
입찰경쟁 방식	거래처의 공급자 선정 시 입찰경쟁에서 경쟁자를 이기기 위하여 전략적으로 가격을 결정하는 방식

(3) 가격의 유형

① 시중가격(시장가격): 판매자와 구매자의 판단에 좌우되지 않고 시장에서 수요와 공급의 균형에 따라 가격을 결정하는 것이다. 가격이 수시로 변동하므로 가격동향을 판단하여 구입 시기를 결정함으로써 구매를 유리하게 할 수 있다.
예 시기나 환경에 따라 수요 또는 공급의 변동이 심한 야채, 꽃, 어류, 철광, 견사 등

> 💡 **TIP**
> 각 가격의 특징과 예시를 연결할 수 있어야 한다.

② **개정가격**: 가격 그 자체는 명확히 결정되어 있지는 않으나 업계의 특수성이나 지역성 등으로 일정한 범위의 가격이 정해져 있는 것으로, 판매자가 그 당시의 환경과 조건에 따라 가격을 결정한다.

　예 자동차 업계에서 모델 변경 전후의 판매가격 등

③ **정가가격**: 판매자가 자기의 판단으로 결정하는 가격이다.

　예 화장품, 약, 서적, 맥주 등과 같이 전국적으로 시장성을 가진 상품

④ **협정가격**: 판매자 다수가 서로 협의하여 일정한 기준에 따라 가격을 결정하는 것이다.

　예 일반적으로 공공요금 성격을 갖는 교통비, 이발료, 목욕료, 공정거래를 위해 설정된 각종 업계의 협정가격 등

⑤ **교섭가격**: 거래 당사자 간의 교섭을 통하여 결정되는 가격으로, 판매자와 구매자 모두 가격 결정에 영향을 준다. 거래품목, 거래조건, 기타 거래환경에 따라 가격 차이가 날 수 있으므로 교섭기술이 가격 결정에 크게 영향을 미친다.

　예 건축공사, 주문용 기계설비, 광고료 등

(4) 가격할인 방식

가격할인이란 상품의 가격을 인하하여 고객을 확보하고 판매를 증진시키기 위한 차별적 가격정책의 한 유형이다. 다양한 가격할인 방식을 이해하고 적절한 구매조건을 제시하여야 한다.

① **현금할인 방식**: 결제조건이 어음 지불이거나 연불(대금 지불일이 연기)일 경우 등에서 지불기일 이전에 대금을 현금 지불하는 거래처에게 대금의 일부를 차감해 주는 방식이다. 현금 지불 거래처를 우대하고 자본 회전율을 높이는 장점이 있다.

구분	내용
선일부 현금할인 (Advanced Dating)	거래일자를 늦추어 기입함으로써 대금 지불일자를 연기하여 현금할인의 기산일을 거래일보다 늦추어 잡는 방식 예 거래일이 3월 1일인 경우 거래일자를 3월 15일로 기입하여 늦추고 '3/10 Advanced'를 결제조건으로 하면 할인기산일인 3월 15일로부터 10일 이내, 즉 3월 25일까지 현금 지불이 되면 3%의 할인이 적용된다.
특인기간 현금할인 (Extra Dating)	할인판매 등의 특별기간 동안 현금할인기간을 추가로 적용하는 방식 예 '5/10 – 30 Days Extra'를 결제조건으로 하면 거래일로부터 10일 이내의 현금 지불에 대하여 5% 할인을 인정하며, 특별히 추가로 30일간 할인기간을 연장한다는 의미로서 거래일로부터 총 40일간 현금할인이 적용된다.
구매당월락 현금할인 (EOM; End-Of-Month Dating)	관습상 25일 이후의 구매는 익월에 행해진 것으로 간주되어, 구매당월은 할인기간에 산입하지 않고 익월부터 시작하는 방식 예 3월 27일 거래일의 결제조건이 '3/10 EOM'인 경우 익월인 4월 10일까지 현금 지불이 되면 3%의 할인이 적용된다.
수취일기준 현금할인 (ROG; Receipt-Of-Goods Dating)	할인기간의 시작일을 거래일로 하지 않고 송장(Invoice)의 하수일 또는 선적 화물 수취일을 기준으로 할인하는 방식으로, 무역거래 등의 원거리 수송이 필요할 때 구매거래처의 대금 지급일을 연기해 주는 효과가 있다. 예 '5/10 ROG'인 경우 선적화물 수취일로부터 10일 이내에 현금 지불이 되면 5%의 할인이 적용된다.
선불기일 현금할인 (Anticipation)	현금할인과 더불어 현금할인 만기일 이전에 선불되는 기일에 비례하여 이자율을 차감해 주는 방식 예 결제조건이 '3/30 Anticipation'이고 월 조달금리가 1%일 경우 30일 이내에 현금 지불 시 3%의 현금할인과 더불어 1%의 선불금할인을 적용한다. 6월 1일 계약 체결 후 6월 15일에 결제할 경우 선불기일에 비례하여 선불금할인이 0.5%가 되어 3%와 더불어 0.5%의 선불금할인을 적용하여 할인율은 3.5%가 된다.

② **수량할인 방식**: 일정 거래량 이상의 대량구매자에 대한 할인 방식이다. 수량할인은 실질적인 판매가격할인 효과가 나타나게 되어 대량구매와 계속구매를 권장하는 효과가 나타날 수 있다.

• 비누적 수량할인과 누적 수량할인

비누적 수량할인	1회 구매량을 기준으로 기준 수량 이상을 일시에 구입할 때 적용하는 수량할인 예 2개 구매 시 1개를 무료로 주는 2 + 1 행사
누적 수량할인	일정 기간 동안 구매수량이 기준 수량 이상일 때 적용하는 수량할인 예 도장을 10개 모으면 커피 한 잔을 무료로 주는 행사

• 품목별 할인과 총합적 할인

품목별 할인	판매 과정에서 부피, 무게, 성질, 취급 방법 등의 특성 때문에 많은 비용이 발생할 때 판매비 절감 효과가 큰 특정 품목에 대한 수량할인
총합적 할인	판매비 절감 차이가 품목별로 구분하기 어려운 유사한 품목으로 구성된 경우 적용하는 판매총량에 대한 수량할인

• 판매금액별 할인과 판매수량별 할인

판매금액별 할인 방식	판매금액에 따라 할인율을 다르게 적용하는 방식 예 100만원 미만은 3%, 100만원 ~ 300만원은 5%의 할인율 적용
판매수량별 할인 방식	판매수량의 단계별로 할인율을 다르게 적용하는 방식

▶ 판매수량별 할인 방식의 장점
판매수량별 할인 방식은 상품가격이 변동해도 할인금액 단계와 할인율을 조정할 필요가 없으므로, 판매금액별 할인 방식에 비하여 적용이 수월할뿐만 아니라 할인율의 판매이익 기여 효과에 대한 분석이 분명해지는 장점이 있음

3. 공급자 선정

구매 목적에 적합한 공급자를 선정하여 효율적인 구매를 하는 것은 매우 중요하다. 최적의 공급자는 가격·품질·납기·거래조건 등에서 구매자가 요구하는 기대수준 이상의 조건, 즉 낮은 가격, 낮은 불량률, 납기준수율, 결제조건, 기타 사후관리 등을 충족하는 공급자라고 할 수 있다.

(1) 평점 방식

공급자에 대한 여러 가지 평가 요소를 마련하고 각 평가기준을 측정할 수 있는 평가 항목과 평가 기준이 포함된 평가표를 이용하여 평가 대상 기업들을 평가한 후 최고의 평가점수를 받은 기업을 공급자로 선정하는 방식이다. 이 방식은 다양한 평가 요소를 이용하여 기업을 평가하므로 종합적이고 객관적인 평가가 가능하다는 장점이 있다.

(2) 경쟁 방식

① **일반경쟁 방식**: 구매 대상 물품의 규격, 시방서, 구매조건 등의 구매내용을 널리 공고하여 불특정 다수인의 입찰 희망자를 모두 경쟁입찰에 참여시켜 구매에 가장 유리한 조건을 제시한 공급자를 선정하는 방식이다. 참가기회를 확대하는 이점이 있으나, 부적격 업체의 응찰로 경쟁과열 등의 우려가 있다.

② **지명경쟁 방식**: 구매담당자가 과거의 신용과 실적 등을 기준으로 공급자로서 일정한 자격을 갖추었다고 인정되는 다수의 특정한 경쟁 참가자에게 경쟁입찰에 참여하도록 하는 방식이다. 신용, 실적, 경영상태가 우량한 복수의 공급자를 지명하여 입찰에 참가시키므로 구매 계약 이행에 대한 신뢰성을 확보하고 구매 계약에 소요되는 비용과 절차를 간소화할 수 있다는 장점이 있으며, 특히 긴급구매에 적합하다. 또한 입찰 참가자를 지명할 때에는 공정성을 염두에 두고 신중히 지명하여야 한다.

▶ 입찰 참가 자격의 범위
일반경쟁 방식
∨
제한경쟁 방식
∨
지명경쟁 방식
∨
수의 계약 방식

③ 제한경쟁 방식: 입찰 참가자의 자격을 제한하지만 특정한 자격을 갖춘 모든 대상자를 입찰 참가자에 포함시키는 방식이다. 일반경쟁 방식과 지명경쟁 방식의 중간적 성격으로서 두 방식의 단점을 보완하고 경쟁의 장점을 유지시켜 구매 목적을 효과적으로 달성하기 위한 방법이다.

④ 수의 계약 방식: 경쟁입찰 방법에 따르지 않고 특정 기업을 공급자로 선정하여 구매 계약을 체결하는 방식으로 거래 당사자 간의 교섭을 통하여 구매가격이 결정된다. 구매 품목을 제조하는 공급자가 유일한 경우, 구매조건을 이행할 수 있는 능력을 갖춘 다른 공급업체가 없는 경우, 구매 금액이 소액인 경우, 경쟁입찰을 할 수 없는 특별한 상황인 경우 등의 특수한 경우에 적합하다.

장점	단점
• 신용이 확실하고 안정적인 공급자 선정 가능 • 절차가 간편하고 구매 계약 과정에서 발생하는 비용과 인원 절감 효과가 있음 • 공급 금액에 대하여 협의가 가능하므로 공급단가가 시중물가 급등의 영향을 적게 받음	• 공급자를 선정할 때 공정성을 잃기 쉽고 정실 계약이 될 수 있음 • 계약 과정에 대한 의심을 받기 쉬움 • 좋은 조건을 제시하는 다른 공급자를 선정할 기회 소멸 • 불합리한 가격으로 계약 체결 가능

4. 구매 계약

(1) 구매 계약의 개념

구매 계약은 매매 당사자 간에 매매의사를 합의함으로써 성립되는 법률적 행위를 말한다. 모든 구매에서 구매 계약을 반드시 해야 하는 것은 아니지만 장기간의 포괄적 거래내용을 정해야 할 필요가 있을 경우, 거래 금액이 많을 경우, 특별한 계약내용을 추가해야 하는 경우 등에는 계약의 근거를 확인하고 분쟁의 발생을 방지하기 위하여 매매 계약서를 작성하는 것이 바람직하다. 구매 계약 방법에는 일반경쟁, 지명경쟁, 제한경쟁, 수의 계약 등이 있다.

(2) 구매 계약의 성립

일반적으로 구매 계약은 구매 당사자가 구매 계약서를 교환하거나 계약서가 상대방에게 전달되면 성립된다. 또한 구매담당자의 구매 통지나 주문서 전달만으로도 상대방이 이를 승낙한다면, 계약이 성립된 것으로 법률에서 규정하고 있다. 구매 계약은 매매 당사자 간에 거래의사를 합의함으로써 성립되는 법률적 행위로, 구매 계약의 상대방에게 승낙 사실을 통보하고 상대방이 이를 접수하여 장부에 주문을 기입한 순간부터 구매 계약은 성립된다. 구매 승낙 후의 계약서 작성은 이미 성립한 계약내용을 문서화하는 형식적인 행위에 불과하지만, 향후 거래 과정에서 품질, 수량, 납기, 기타 거래조건에 대하여 문제가 발생할 가능성이 있을 경우에는 구매 계약서를 작성해 두는 것이 좋은 방법이다.

> **+ 구매 계약 시 '해제'와 '해지'**
>
> 구매 계약에 대한 '해제'는 기발생된 행위를 소급하여 무효로 하는 것을 말하며, '해지'는 미래에 대해서만 법률적 효력을 무효로 하는 것을 말한다.

(3) 계약조건

구매품목의 부피, 무게 또는 기타 특성으로 인하여 물품의 인도 장소나 하역·수송 방법이 구매원가를 크게 좌우하는 경우가 있으므로, 구매 계약 과정에서 세부적인 협의가 필요하다. 대금 지급 방법은 모든 거래에 있어서 가장 중요한 거래조건이므로, 현금할인 등의 거래조건을 잘 익혀서 적극적으로 검토하여야 한다.

① **구매 계약 시 계약 금액 결정 방법**: 구매 계약 시 계약 금액 총액 방식, 개별가격 방식, 희망수량가격 방식 등

② **계약수량 결정 방법**

확정수량 방식	계약 체결 전에 예정수량을 미리 결정하고 계약을 체결하는 통상적인 방법
개산수량 방식	수량을 개략적으로 계산하는 방식으로 계약수량보다 물품수량이 약간의 과부족이 있어도 인수 가능

③ **계약조건에 포함되는 내용**: 대금 지급 방법, 가격인하 또는 할인내용, 선급금 또는 전도금, 물품 인도 장소, 하역·수송 방법, 품질 등

01 [1급 | 2021년 5회]

다음 중 구매관리의 목적(5R)에 해당하지 않는 것은?

① 적절한 구매처의 선정(Right Vendor)
② 적절한 경로로부터의 구매(Right Path)
③ 적절한 수량의 파악(Right Quantity)
④ 적절한 가격의 구매(Right Price)

해설

구매관리 업무의 목적(5R)은 적절한 품질의 물품 구매(Right Quality), 적절한 수량의 파악(Right Quantity), 적절한 시기의 구매(Right Time), 적절한 가격의 구매(Right Price), 적절한 구매처의 선정(Right Vendor or Supplier)이다.

02 [1급 | 2022년 3회]

현대적 시각에서 바라보는 구매관리 기능과 가장 거리가 먼 것은?

① 비용관리센터
② 총원가에 집중
③ 사전계획적인 업무
④ 장기간의 전략적 구매 중시

해설

• 전통적 시각: 단기간의 성과 중시, 획득비용(가격) 중심, 비용관리센터, 요청에 지원하는 업무
• 현대적 시각: 장기간의 전략적 구매 중시, 총원가에 집중, 이익관리센터, 사전계획적인 업무

03 [2급 | 2021년 4회]

다음의 구매관리 영역과 기능의 구분 중에서 구매분석에 대한 기능으로 적절한 것은?

① 구매방침 설정
② 시장조사
③ 구매활동 감사
④ 규격 및 검사관리

해설

• 구매전략: 구매방침 설정, 구매계획 수립, 구매방법 결정
• 구매실무: 시장조사 및 원가 분석, 구매가격 결정, 공급자 선정 및 평가, 계약 및 납기 관리, 규격 및 검사관리
• 구매분석: 구매활동의 성과 평가, 구매활동의 감사

04 [2급 | 2022년 1회]

구매방침 중 원가 절감 측면에서 자체생산보다 외주생산이 더 유리한 경우로 옳지 않은 것은 무엇인가?

① 다품종 소량생산인 경우
② 기술진부화가 예측되는 경우
③ 생산제품의 모델 변경이 잦은 경우
④ 제조시설에 대한 고정비용이 낮은 경우

해설

제조시설에 대한 고정비용이 한계수입보다 낮은 경우에는 외주생산보다 자체생산이 유리하다.

05 [1급 | 2022년 2회]

효율적인 구매목적 달성을 위한 자체생산과 구매(외주) 결정을 할 때, 고려해야 하는 측면으로 옳지 않은 것은?

① 기술권리 측면
② 생산능력 측면
③ 원가 절감 측면
④ 영업능력 측면

해설

자체생산과 구매(외주) 결정을 할 때 고려해야 하는 측면은 기술권리 측면, 제조기술 측면, 원가 절감 측면, 생산능력 측면이다.

06 [2급 | 2021년 1회]

다음 중 구매방침에 있어 본사 집중구매의 장점으로 가장 옳지 않은 것은?

① 구매비용이 줄어든다.
② 구매절차를 통일하기 용이하다.
③ 지역구매가 많으므로 수송비가 절감된다.
④ 구매가격 조사, 공급자 조사, 구매 효과 측정 등이 수월해진다.

해설

지역구매가 많아 수송비가 절감되고, 해당 지역과 호의적인 관계 유지가 가능한 것은 사업장별 분산구매의 특징이다.

| 정답 | 01 ② 02 ① 03 ③ 04 ④ 05 ④ 06 ③

07 [2급 | 2021년 6회]

다음 중 본사 집중구매보다는 사업장별 분산구매가 더 유리한 품목으로 옳은 것은?

① 대량구매품목
② 지역성 품목
③ 고가품목
④ 공통 또는 표준품목

• 본사 집중구매가 유리한 품목: 대량구매품목, 고가품목, 공통품목 또는 표준품목 등
• 사업장별 분산구매가 유리한 품목: 지역성 품목, 소량구매품목 등

08 [1급 | 2021년 5회]

다음은 일반적인 구매절차를 나타낸 것이다. (   )에 들어갈 순서를 옳게 나열한 것은?

구매청구 → 공급자 파악 → (   ) → (   ) → (   ) → (   ) → (   ) → 검수 및 입고 → 구매결과 내부 통보 → 구매대금 결제

① 견적, 내부검토 및 승인, 계약, 발주서, 물품 납입
② 견적, 발주서, 계약, 내부검토 및 승인, 물품 납입
③ 계약, 발주서, 내부검토 및 승인, 물품 납입, 견적
④ 내부검토 및 승인, 견적, 계약, 발주서, 물품 납입

구매절차는 '구매청구 → 공급자 파악 → (견적) → (내부검토 및 승인) → (계약) → (발주서) → (물품 납입) → 검수 및 입고 → 구매결과 내부 통보 → 구매대금 결제' 순이다.

09 [2급 | 2021년 5회]

다음 중 구매시기와 구매목적 등에 따라 구분되는 구매방법의 특징을 설명한 것으로 가장 옳지 않은 것은?

① 시장구매는 구매청구가 있을 때마다 구매하여 공급하는 방식이다.
② 투기구매는 가격이 인상(인플레이션)될 것을 대비하여 가격이 저렴할 때 구매하는 방법으로 최고 경영자의 지시로 이루어지는 것이 보통이다.
③ 일괄구매는 소모용품 등과 같이 사용량은 적으나 여러 종류로 품종이 많은 경우에 공급처를 선정하여 일괄적으로 구매하는 데 적합하다.
④ 예측구매는 시장 상황이 유리할 때 구매하는 방법으로, 생산시기가 일정한 품목이나 상비 저장품목 등에 적합하다.

• 시장구매: 미래 수요를 고려하여 시장 상황이 유리할 때 일정한 양을 미리 구매하여 재고로 보유하였다가 생산계획이나 구매청구에 따라 공급하는 방식
• 수시구매: 구매청구가 있을 때마다 구매하여 공급하는 방식

10 [1급 | 2021년 3회]

다음은 구매방법에 따른 적합한 품목을 설명한 것이다. 다음 중 설명 내용이 가장 적절한 것은?

① 시장구매 – 계절품목 등과 같이 일시적인 수요품목에 적합
② 장기계약구매 – 자재의 안정적인 확보가 필요한 품목에 적합
③ 수시구매 – 다품종의 품목을 한꺼번에 구매하고자 할 때 적합
④ 일괄구매 – 항상 비축이 필요한 상비 저장품목 등에 적합

① 수시구매: 계절품목 등과 같이 일시적인 수요품목에 적합
③ 일괄구매: 다품종의 품목을 한꺼번에 구매하고자 할 때 적합
④ 시장구매: 항상 비축이 필요한 상비 저장품목 등에 적합

11 [2급 | 2022년 1회]

구매시장 조사의 개념에 대한 설명으로 가장 옳지 않은 것은?

① 시장조사는 구매시장의 정보를 수집하고 분석하는 과정이다.
② 시장조사는 공급자 선정 및 구매 계약 과정에서 주도적인 협상과 적극적인 구매활동을 가능하게 하는 매우 중요한 기능이다.
③ 시장조사는 구매가격, 품질, 조달기간, 구매수량, 공급자, 지불조건 등을 결정하기 위한 정보를 수집하여 합리적 구매계획을 수립하도록 하는 목적을 갖는다.
④ 시장조사 방법 중에서 직접조사 방법은 신문사, 협회·조합·정부기관 등에서 발간되는 간행물을 이용하여 가격의 시세와 변동 등을 직접 파악하는 것이다.

• 직접조사: 해당 기업이나 판매시장에서 각종 자재의 시세와 변동 등을 직접 조사
• 간접조사: 신문, 관련 잡지, 기타 협회·조합·정부기관에서 발간하는 간행물을 이용하여 조사

| 정답 | 07 ② 08 ① 09 ① 10 ② 11 ④

12 [2급 | 2021년 2회]

[보기]는 원가 구성 관련 정보이다. 다음 중 [보기]에 주어진 정보를 토대로 산출한 원가로 가장 옳지 <u>않은</u> 것은?

> **보기**
> • 제조간접비: 4,000원 • 직접노무비: 3,000원
> • 직접재료비: 4,000원 • 직접제조경비: 2,000원
> • 판매자의 이익: 2,000원 • 판매 및 일반관리비: 3,000원

① 직접원가는 9,000원이다.
② 제조원가는 13,000원이다.
③ 총원가는 15,000원이다.
④ 매출가(판매가)는 18,000원이다.

해설

① 직접원가: 직접재료비 4,000원 + 직접노무비 3,000원 + 직접(제조)경비 2,000원 = 9,000원
② 제조원가: 직접원가 9,000원 + 제조간접비 4,000원 = 13,000원
③ 총원가(판매원가): 제조원가 13,000원 + 판매 및 일반관리비 3,000원 = 16,000원
④ 매출가(판매가격): 총원가(판매원가) 16,000원 + 이익 2,000원 = 18,000원

13 [1급 | 2022년 3회]

[보기]는 제조원가의 산출을 위한 원가 요소들의 관계를 나타낸다. 다음 (   )에 공통적으로 들어갈 원가유형의 용어를 예와 같이 한글로 기입하시오. (예 물류)

> **보기**
> • (   )원가 = 직접재료비 + 직접노무비 + 직접경비
> • 제조원가 = (   )원가 + 제조간접비

(답: 원가)

해설

• 직접원가 = 직접재료비 + 직접노무비 + 직접경비
• 제조원가 = 직접원가 + 제조간접비

14 [2급 | 2022년 2회]

구매품목에 대한 구매원가의 활용 용도로 가장 옳지 <u>않은</u> 것은?

① 구매예산 편성
② 매출원가 산정
③ 판매이익 계산
④ 상품 회전율 판단

해설

구매원가 분석은 시장가격의 적정성을 판단하고 적정한 구매가격을 결정한다. 또한 구매원가는 구매예산 편성, 매출원가 산정, 판매이익 계산, 재무제표 작성 등에 중요한 영향을 미친다.

15 [1급 | 2022년 1회]

다음 [보기]에서 설명하는 원가분류의 유형은 무엇인가? (   )에 적절한 한글 용어를 예와 같이 직접 기입하시오. (예 구매)

> **보기**
> • (   )원가는 과거 제조경험을 고려하고 향후 제조환경을 반영하여 미래 산출될 것으로 기대하는 추정원가이다.
> • 공급자가 입찰 또는 견적에서 제시하는 가격은 이 (   )원가를 기초로 한다.

(답: 원가)

해설

공급자가 입찰가 또는 견적가를 제시할 경우 기초로 사용되는 원가는 예정원가이다.

16 [1급 | 2022년 1회]

다음 중 비용 중심적 가격 결정 방식의 유형에 대한 설명으로 가장 적절하지 <u>않은</u> 것은?

① 제품원가에 판매관리비와 목표이익을 가산하여 가격 결정
② 소비자의 제품에 대한 평가나 수요를 바탕으로 가격 결정
③ 기업이 목표하는 투자수익률을 달성할 수 있도록 가격 결정
④ 제품 단위당 매출원가에 적정이익이 가능한 가산이익률을 곱하여 가격 결정

해설

②는 지각가치 기준 방식으로 구매자 중심적 가격 결정 방식이다.
①은 코스트플러스(비용 가산) 방식, ③은 목표투자이익률 방식, ④는 가산이익률 방식에 대한 설명으로 비용 중심적 가격 결정 방식이다.

17 [1급 | 2021년 3회]

강의용 화이트보드를 생산하는 S사의 총고정비가 2,000만원, 단위당 변동비가 5만원이다. S사가 1,000개의 화이트보드를 판매하여 4,000만원의 이익을 목표로 한다면, 코스트플러스 방식에 의한 화이트보드 1개의 가격을 얼마로 책정해야 하는가? (단위: 원)

(답: 원)

해설

• 화이트보드의 판매가격 = 변동비 + 고정비 + 이익
• 1개의 가격 × 1,000개 = (5만원 × 1,000개) + 2,000만원 + 4,000만원 = 11,000만원
∴ 화이트보드 1개의 가격 = 110,000원

18 [2급 | 2021년 5회]

생산비용보다는 소비자의 제품에 대한 평가나 소비자들의 수요를 바탕으로 가격을 결정하는 방식과 가장 관련이 있는 것으로 옳은 것은?

① 목표투자이익률 방식
② 지각가치 기준 방식
③ 코스트플러스 방식
④ 손익분기점 분석 방식

해설

생산비용보다는 소비자의 제품에 대한 평가나 소비자들의 수요를 바탕으로 가격을 결정하는 방식인 구매자 중심적 가격 결정 방식에는 구매가격 예측 방식과 지각가치 기준 방식이 있다. ①, ③, ④는 비용 중심적 가격 결정 방식에 해당한다.

19 [2급 | 2022년 2회]

경쟁기업의 가격을 기준으로 자사의 제품가격을 결정하는 경우에 고려할 요소로 적절하지 **않은** 것은?

① 기업 이미지
② 제품 경쟁력
③ 투자이익률
④ 시장점유율

해설

경쟁기업 가격 기준 방식은 자사의 시장점유율, 기업 이미지, 제품 경쟁력 등을 고려하여 판매이익보다는 경쟁기업의 가격을 기준으로 전략적으로 판매가격을 결정하는 방식이다.

20 [1급 | 2021년 6회]

구매부 김과장은 퇴근길에 동네 횟집과 화원에서 광어회와 장미꽃을 샀다. 다음 중 김과장이 구매한 광어회, 장미꽃의 가격 유형으로 가장 적절한 것은 무엇인가?

① 시중가격
② 교섭가격
③ 협정가격
④ 개정가격

해설

시가나 환경에 따라 수요 또는 공급의 변동이 심한 야채, 꽃, 어류, 철광, 건사 등은 시중가격이 적절하다.

21 [1급 | 2021년 4회]

다음 [보기]는 가격 유형에 대한 설명이다. (   )에 적절한 한글 용어를 기입하시오.

> ┌─ 보기 ─────────────────────────
> (   )가격이란 가격이 명확히 결정되어 있지는 않으나, 업계의 특수성이나 지역성 등으로 자연히 일정한 범위로 정해지는 가격으로 자동차 업계의 모델 변경 전 판매가격 등이 대표적인 예이다.
> └─────────────────────────────

(답: 가격)

해설

업계의 특수성이나 지역성 등으로 일정한 범위의 가격이 자연스럽게 정해지는 가격은 개정가격이다.

22 [2급 | 2022년 2회]

가격 유형 중에서 거래 당사자인 판매자와 구매자가 가격에 영향을 직접 미칠 수 있는 유형으로 옳은 것은?

① 시장가격
② 개정가격
③ 협정가격
④ 교섭가격

해설

거래 당사자 간의 교섭을 통하여 결정되는 가격으로 판매자와 구매자 모두 가격 결정에 영향을 주는 가격 유형은 교섭가격이다.

23 [2급 | 2022년 1회]

가격할인 방식 중에서 현금할인 방식에 대한 설명으로 옳지 **않은** 것은?

① 지불기일 이전에 판매대금을 현금 지불하는 경우 적용하는 방식임
② 할인폭은 이자, 수금비용 등에 해당하는 금액임
③ 자본 회전율을 낮출 수 있음
④ 현금 지불 거래처를 우대하는 효과가 있음

해설

현금할인 방식은 현금 지불 거래처를 우대하고 자본 회전율을 높이는 장점이 있다.

| 정답 | 18 ② 19 ③ 20 ① 21 개정 22 ④ 23 ③

24 [2급 | 2021년 2회]

수취일 기준 현금할인에 대한 설명으로 옳지 않은 것은?

① 할인기간의 시작일을 거래일로 하지 않음
② 송장의 하수일을 기준으로 할인함
③ 원거리 수송 시 구매 거래처의 대금 지급일을 연기해주는 효과가 있음
④ 10/5 ROG인 경우 2%의 현금할인이 적용되는 방식임

해설

10/5 ROG는 선적화물 수취일로부터 5일 이내에 현금 지불이 되면 10%의 할인이 적용되는 방식이다.

25 [2급 | 2021년 3회]

거래일이 5월 27일로 결제조건이 '3/8 EOM'으로 표시되는 경우, 현금할인을 적용받을 수 있는 현금 지급일 기한으로 옳은 것은 무엇인가?

① 5월 30일
② 6월 3일
③ 6월 5일
④ 6월 8일

해설

EOM은 관습상 25일 이후의 구매는 익월에 행해진 것으로 간주되는 것으로, 거래일이 5월 27일로 결제조건이 '3/8 EOM'이라면 익월인 6월 8일까지 현금 지불이 되면 3%의 할인이 적용되는 것이다.

26 [1급 | 2022년 4회]

[보기]는 특인기간 현금할인(Extra Dating)에 대한 내용이다. (A), (B), (C)에 해당하는 숫자를 A, B, C 순서대로 입력하시오.

> **보기**
>
> • 결제조건: '(A)/(B) − (C)Days Extra'
> • 설명: 거래일로부터 10일 이내의 현금 지불에 대하여 4% 할인을 인정하며, 추가로 30일간 할인기간을 연장한다. (거래일로부터 총 40일간 현금할인이 적용됨)

(답: ,   ,   )

해설

4/10 − 30 Days Extra: 거래일로부터 10일 이내의 현금 지불에 대하여 4% 할인을 인정하며, 추가로 30일간 할인기간을 연장한다. 따라서 거래일로부터 총 40일간 현금할인이 적용된다.

27 [1급 | 2022년 1회]

(주)P법인은 거래처와 계약 체결에 앞서 자사에 유리한 결제조건을 검토 중이다. [보기]에 주어진 정보를 토대로, 10월 12일에 대금을 현금 지불할 경우, A ~ D의 결제조건 중에서 가장 결제 금액이 적은 조건과 해당 조건에 의한 결제 금액은?

> **보기**
>
> • 계약내용
> − 계약금액: 10억원
> − 계약 체결일: 9월 29일
> − 선적화물 수취일: 10월 2일
> − 선일부 현금할인기산일: 10월 3일
> • 결제조건
> − A. 10/7 ROG   − B. 10/7 EOM
> − C. 10/7 Advanced   − D. 10/7−10 Days Extra

① A조건, 9억 7천만원
② B조건, 9억 3천만원
③ C조건, 9억원
④ D조건, 9억원

해설

• A. 10/7 ROG: 선적화물 수취일 10월 2일로부터 7일 이내인 10월 9일까지 현금 지불이 되면 10%의 할인이 적용되며, 10월 12일에는 현금할인이 적용되지 않아 <u>10억원</u>을 결제한다.
• B. 10/7 EOM: 계약 체결일 9월 29일의 익월인 10월 7일까지 현금 지불이 되면 10%의 할인이 적용되며, 10월 12일에는 현금할인이 적용되지 않아 10억원을 결제한다.
• C. 10/7 Advanced: 할인기산일인 10월 3일로부터 7일 이내. 즉 10월 10일까지 현금 지불이 되면 10%의 할인이 적용되며, 10월 12일에는 현금할인이 적용되지 않아 <u>10억원</u>을 결제한다.
• D. 10/7−10 Days Extra: 계약 체결일인 9월 29일로부터 7일 이내의 현금 지불에 대하여 10% 할인을 인정하며, 특별히 추가로 10일간 할인기간을 연장하여 거래일로부터 총 17일간 현금할인이 적용된다. 따라서 10월 16일까지 할인이 적용되어 10월 12일에 10억원의 10%인 1억원이 할인되어 <u>9억원</u>을 결제한다.
∴ 10월 12일의 결제 금액이 가장 적은 조건은 D이며, 금액은 9억원이다.

28 [1급 | 2022년 1회]

다음의 공급자를 선정하는 방법 중에서 객관적인 평가 기준을 이용하여 공급기업을 비교하여 선정하는 방식은 무엇인가?

① 수의 계약 방식
② 지명경쟁 방식
③ 평점 방식
④ 제한경쟁 방식

해설

다양한 평가 요소를 이용하여 기업을 평가하므로 종합적이고 객관적인 평가가 가능한 공급자 선정 방식은 평점 방식이다.

| 정답 | 24 ④ 25 ④ 26 4, 10, 30 27 ④ 28 ③

29 [1급 | 2022년 3회]

[보기]는 공급자 선정 방식에 대한 설명이다. 괄호 안에 들어갈 용어로 가장 적절한 것은?

┌─ 보기 ─────────────────────────────┐
• (A.   ) 방식이란 "입찰 참가자의 자격을 정하여, 일정 자격을 갖춘 모든 대상자를 입찰 참가자에 포함시키는 방법"을 말한다.
• (B.   ) 방식이란 "불특정 다수를 입찰에 참여시켜 가장 유리한 조건을 제시한 공급자를 선정하는 방법"을 말한다.
└────────────────────────────────┘

	A	B
①	지명경쟁	제한경쟁
②	지명경쟁	일반경쟁
③	일반경쟁	제한경쟁
④	제한경쟁	일반경쟁

해설

• A. 제한경쟁 방식: 입찰 참가자의 자격을 제한하지만 특정한 자격을 갖춘 모든 대상자를 입찰 참가자에 포함시키는 방식
• B. 일반경쟁 방식: 구매 대상 물품의 규격, 시방서, 구매조건 등의 구매내용을 널리 공고하여 불특정 다수인의 입찰 희망자를 모두 경쟁입찰에 참여시켜 구매에 가장 유리한 조건을 제시한 공급자를 선정하는 방식

30 [1급 | 2021년 4회]

다음 [보기]의 설명은 공급업체를 선정하기 위한 계약 체결 방법 중의 하나이다. (㉠) 안에 들어갈 단어는 무엇인가? (정답은 한 단어의 한글로 작성할 것)

┌─ 보기 ─────────────────────────────┐
(㉠)경쟁 방식이란 "구매담당자가 과거의 신용과 실적 등을 기준으로 공급자로써 일정한 자격을 갖추었다고 인정되는 다수의 특정한 경쟁 참가자에게 경쟁입찰에 참여하도록 하는 방법"을 말한다.
└────────────────────────────────┘

(답: 경쟁)

해설

지명경쟁 방식은 구매 계약 이행에 대한 신뢰성을 확보하고 구매 계약에 소요되는 비용과 절차를 간소화할 수 있다.

31 [2급 | 2021년 6회]

다음 중 공급업체 선정 방법 중에서 수의 계약 방식이 적용되는 경우로 가장 옳지 않은 것은?

① 구매금액이 소액인 경우
② 구매품목을 제조하는 공급자가 유일한 경우
③ 구매조건을 이행할 수 있는 능력을 갖춘 공급업체가 다수일 경우
④ 경쟁입찰을 할 수 없는 특별한 상황 등의 특수한 사정이 있는 경우

해설

수의 계약 방식은 구매품목을 제조하는 공급자가 유일한 경우, 구매조건을 이행할 수 있는 능력을 갖춘 다른 공급업체가 없는 경우, 구매금액이 소액인 경우, 경쟁입찰을 할 수 없는 특별한 상황인 경우 등의 특수한 경우에 적합하다.

32 [1급 | 2021년 4회]

공급자 선정 시 수의 계약 방식의 장점과 거리가 먼 것은?

① 신용이 확실하고 안정적인 공급자를 선정할 수 있다.
② 구매 계약 과정에서 발생하는 비용과 인원 절감이 가능하다.
③ 협의에 의한 공급가격 결정에 따라 시중물가 급등에 크게 영향을 받지 않는다.
④ 항상 최적의 조건을 제시하는 공급자를 선정하는 결과를 갖는다.

해설

수의 계약 방식은 좋은 조건을 제시하는 다른 공급자를 선정할 기회가 소멸되는 단점이 있다.

33 [2급 | 2021년 3회]

구매 계약에 대한 설명으로 옳지 않은 것은?

① 구매할 물건에 대한 거래의사를 합의함으로 성립하는 법률행위임
② 구매승낙 후에 계약서 작성일로부터 유효함
③ 구매 계약의 해제는 기 발생된 행위를 소급하여 무효로 함을 의미
④ 계약 방법은 경쟁입찰과 수의 계약으로 구분함

해설

일반적으로 구매 계약은 구매 계약의 상대방에게 승낙 사실을 통보하고 상대방이 이를 접수하여 장부에 주문을 기입한 순간부터 성립된다.

34 [2급 | 2021년 4회]

구매 계약 시 대표적인 구매거래조건에 포함될 사항으로 가장 옳지 않은 것은?

① 대금 지급 방법
② 선급금 또는 전도금
③ 거래 물품의 시장가격
④ 가격인하 또는 할인내용

해설

구매거래조건(계약조건)에 포함되는 내용은 대금 지급 방법, 가격인하 또는 할인내용, 선급금 또는 전도금, 물품 인도 장소, 하역·수송 방법 등이 있다.

| 정답 | 29 ④ | 30 지명 | 31 ③ | 32 ④ | 33 ② | 34 ③ |

무역관리 <small>1급에만 해당</small>

1 무역

1. 무역의 개념과 비교우위

(1) 무역의 개념

무역은 흔히 국가 간의 거래를 의미하며 상품이나 서비스뿐만 아니라 자본이나 기술, 용역의 이동을 포함하는 활동이다. 비교우위 상품을 국가 간에 거래할 경우 상호 이익이 발생하며 이것이 무역 발생의 근본적인 이유이다. 어떤 국가에서 비교우위 상품을 생산한다면 생산국에서는 그 상품을 다른 국가에 판매하는 것이 이익을 얻을 수 있는 방법이며, 반대로 다른 국가에서는 그 상품을 자체생산하는 것보다 저렴하게 좋은 품질의 상품을 구입할 수 있을 것이다.

(2) 비교우위

한 나라에서 어떤 재화를 생산하기 위하여 투입한 기회비용이 다른 나라의 기회비용보다 더 낮을 경우 비교우위를 갖는다. 이를 적용하여 한 국가에서 모든 상품을 생산하기보다는 다른 국가에 비하여 상대적으로 유리한 상품을 생산하여 상호 교역하는 것이 바람직하다.

(3) 절대우위

동일한 양의 생산요소를 투입할 때 한 나라가 다른 나라보다 어떤 재화를 더 많이 생산할 경우 절대우위를 갖는다.

2. 무역의 유형

(1) 거래에 따른 분류

거래 주체	담당 주체	민간무역, 공무역
	국가의 간섭 정도	자유무역, 보호무역, 관리무역, 협정무역
	당사국의 관계	남북무역, 동서무역
거래 대상	상품의 형태	유형무역, 무형무역
	상품의 생산 단계	수평무역, 수직무역
	기타의 특수 형태	기술수출, 해외건설수출, 산업설비수출, OEM방식수출, 녹다운방식수출, 각서무역, 국제전자상거래
거래 방향 및 방법	상품의 방향	수출무역, 수입무역
	상품의 매매 형태	직접무역, 간접무역, 중계무역, 통과무역, 중개무역, 스위치무역
	상품의 균형 및 연계	구상무역, 삼각무역, 연계무역
	가공 및 판매 방식	일반가공무역, 수(위)탁가공무역, 수(위)탁판매무역
	수송경로	육상무역, 해상무역, 연안무역

> 상품의 매매형태에 따른 무역의 유형

중계무역	화물이 제3국에 도착한 후 원형 그대로나 약간의 가공만을 거쳐 수입국가에서 재수출함으로써 소유권을 이전시키는 형태
통과무역	수출국에서 수입국에 수출물품이 직접 인도하지 않고, 제3국을 통과하여 수입국가에 인도되는 경우를 제3국의 입장에서 본 무역거래 형태
중개무역	수출국과 수입국 사이의 무역거래에 제3국의 무역업자가 개입하여 중개인은 수출국 또는 수입국 상인으로부터 거래의 알선 및 중개에 따른 중개수수료를 받는 형태
스위치무역	매매계약은 수출국과 수입국 사이에 체결되고 화물도 수출국에서 수입국으로 직행하지만, 대금 결제는 제3국의 무역업자가 개입하여 제3국의 결제통화나 계정을 이용하는 무역거래 형태

거래 수단	서류 중심의 무역거래	서류무역
	전자무역거래	EDI에 의한 무역
		인터넷을 이용한 사이버 무역

(2) 국가의 간섭 정도에 따른 분류

① 자유무역: 국가가 무역업체 수출입 등 무역행위에 아무런 간섭을 하지 않고 무역업체의 자유에 맡겨 국가의 관리나 통제가 없는 무역이다.

② 보호무역: 국가가 외국과의 경쟁에서 자국의 산업을 보호할 목적으로 관세 등의 여러 수단으로 보호하는 무역이다.

③ 관리무역: 국내 경제 향상, 정치적 목적, 군사적 목적 등을 위해 실시하는 무역으로 국가에 의해 직접 관리나 통제되는 무역이다.

④ 협정무역: 두 국가나 다국가 간에 무역협정을 체결하고 그 조항에 따라 거래되는 무역이다.

3. 무역에 관한 국제규범

(1) 무역관계 국제규칙

국제무역의 기본법이며 가장 중요하고 기본적인 규칙이다.

① 국제상업회의소(ICC)의 '화환신용장에 관한 통일규칙 및 관례(Uniform Customs and Practice for Documentary Credits, UCP 600: 1993년 제정, 2006년 개정)'

② 'INCOTERMS 2020(무역거래조건의 해석에 관한 국제규칙, International Rules for the Interpretation of Trade Terms, 2020: 1936년 제정, 2020년 개정)'

③ 국제상업회의소가 제정한 중요한 국제규칙 '추심통일규칙(Uniform Rules for Collections, 1995: 1956년 제정, 1995년 개정)'

④ 국제상업회의소와 국제연합무역개발회의(UNCTAD)가 공동으로 제정한 '복합운송증권에 관한 UNCTAD/ICC규칙(UNCTAD/ICC Rules for Multimodal Transport Documents, 1992: 1975년 제정)'

(2) 운송조약

해상 운송에 사용되는 선하증권의 국제적 통일조약이다.

① Hague Rule 1924(International Convention for the Unification of Certain Rules of Law Relating to Bins of Lading: 선하증권에 관한 약간의 규칙의 통일을 위한 국제조약)

② Hague-Visby Rules 1968(Protocol to amend the International Convention for the Unification of Certain Rules of Law Relating to Bins of Lading: 1924년 선하증권 통일조약을 개정하기 위한 의정서)

③ Hamburg Rules 1978(United Nations Convention on the Carriage of Goods by Sea: 1978년 해상물건운송에 관한 국제연합조약)

(3) 국제항공에 있어서 사법관계를 규정한 조약

Warsaw Convention 1955(The Warsaw Convention as amended as the Hague Rules, 1955: 1955년에 Hague에서 개정한 바르샤바조약)

(4) 보험약관

해상보험에 관한 국제법규는 없으며 세계 각국이 대부분 영국의 런던보험업자협회(ILU; Institute of London Underwriters)가 제정하고 개정한 협회적하약관(ICC; Institute Cargo Clauses)과 1982년에 개정한 ICC(A)(B)(C) 약관을 사용하고 있다. 사실상 영국해상보험(MIA; Marine Insurance Act)이 국제적 해상보험법의 역할을 하고 있다.

➕ 협회적하약관(ICC; Institute Cargo Clauses)

- 보험조건의 확인을 위하여 해상보험증권에 보험약관이 포함되어야 한다.
- 런던보험업자협회(ILU)에서 제정한 화물해상보험 특별약관이다.
- 해상 운송 과정에서 사고가 발생한 경우, 보상책임 범위에 대한 약관이다.
- 1981년에 새로 제정된 협회적하약관은 ICC(A), ICC(B), ICC(C) 등으로 구분되어 있다.

---

4. 무역에 관한 국내 법률

(1) 대외무역법

대외무역법은 우리나라의 대외무역거래 전반을 관리·조정하기 위한 일반 법이자 기본 법이다. 대외무역을 진흥하고 공정한 거래 질서를 확립하여 국제수지의 균형과 통상의 확대를 도모함으로써 국민 경제를 발전시키는 데 이바지함을 목적으로 한다. 무역업 및 무역대리업 등의 주체에 대한 관리, 수출입공고, 통합공고, 전략물자수출입공고 등의 대상에 대한 관리, 수출입승인제도 산업피해조사, 무역분쟁의 해결 등의 행위에 대한 관리, 수출입 질서유지, 벌칙 등의 행정관리로 구성되어 있다.

➕ 대외무역법 제11조(수출입의 제한 등)

산업통상자원부장관은 다음 각 호의 어느 하나에 해당하는 이행 등을 위하여 필요하다고 인정하여 지정·고시하는 물품 등의 수출 또는 수입을 제한하거나 금지할 수 있다.
1. 헌법에 따라 체결·공포된 조약과 일반적으로 승인된 국제법규에 따른 의무의 이행
2. 생물자원의 보호
3. 교역상대국과의 경제협력 증진
4. 국방상 원활한 물자 수급
5. 과학기술의 발전
6. 그 밖에 통상·산업정책에 필요한 사항으로서 대통령령으로 정하는 사항

---

(2) 외국환거래법

외국환거래법은 외국환거래체계에 관한 기본 법규이며 수출입 과정에서 자본의 흐름에 대해 규정한 법이다. 외국환거래의 자유를 보장하고 시장기능을 활성화하여 국제수지의 균형과 통화가치의 안정을 위해 제정한 법률로, 외국환과 그의 거래를 합리적으로 조정하고 관리함으로써 원활한 국제거래와 국제수지의 균형 및 통화 가치의 안정을 도모하기 위해 제정되었다. 외국환거래법, 외국환거래법 시행령, 외국환거래규정 등으로 구성되어 있으며 주요 내용으로는 환율 및 지정통화, 결제 방법의 제한, 현지 금융 및 해외직접투자에 대한 제한 등이 있다.

(3) 관세법

관세법은 관세의 부과와 징수, 적정한 수출입물품의 통관으로 관세 수입을 확보하여 국민 경제의 발전에 이바지하고자 정한 법으로 수출입물품의 통관에 따른 관련 세금의 부과와 징수요건 및 절차 등을 규정한 법이다. 관세법, 관세법 시행령, 관세법 시행규칙, 관세청 고시 및 훈령으로 구성되어 있으며 주요 내용으로는 과세와 징수, 국제관세협력, 보세구역, 통관에 대한 규정 등이 있다.

💡 TIP

대외무역법, 외국환거래법, 관세법의 개념을 익혀야 한다.

▶ 무역거래에서의 원산지 표시 규정
무역거래에 있어 원산지를 표시하는 규정은 대외무역법을 적용함
예 Made in Korea

▶ 대외무역법 제2조(정의)
무역거래자란 수출 또는 수입을 하는 자, 외국의 수입자 또는 수출자에게서 위임을 받은 자 및 수출과 수입을 위임하는 자 등 물품 등의 수출행위와 수입행위의 전부 또는 일부를 위임하거나 행하는 자를 말한다.

▶ 관세법 제2조(정의)
- 외국물품
  - 외국으로부터 우리나라에 도착한 물품으로서 수입신고가 수리되기 전의 것
  - 수출신고가 수리된 물품
- 내국물품
  - 우리나라에 있는 물품으로서 외국물품이 아닌 것
  - 우리나라의 선박 등이 공해에서 채집하거나 포획한 수산물 등
  - 입항 전 수입신고가 수리된 물품
  - 수입신고 수리 전 반출승인을 받아 반출된 물품
  - 수입신고 전 즉시반출신고를 하고 반출된 물품
- 통관: 관세법에 따른 절차에 이행하여 물품을 수출·수입 또는 반송하는 것

(4) 기타 법규

전자거래기본법, 수출보험법, 수출검사법, 농수산물 수출진흥법, 관세 환급에 관한 특례법, 군납에 관한 법률, 수출지원금융에 관한 제정, 수출산업공업단지개발조성법, 수출자유지역설치법 등

5. 무역 관련 기관

① 무역업 및 무역대리점 신고기관: 한국무역협회(KITA; Korea International Trade Association)
② 수출입 추천기관: 주무관서장 또는 조합의 추천
③ 수출입관계 금융기관: 갑류 외국환은행
④ 무역운송 및 보험관계기관: 해상보험회사, 선박회사, 운송주선인, 항공회사, 항공화물대리점 등
⑤ 무역거래 알선 및 조사기관: 대한상공회의소(원산지증명서 발행), 공업연구소(수출검사증 취급), 대한무역진흥공사 및 한국무역협회(수출입관계 조사, 무역거래 알선, 무역상담)

TIP

한국무역협회는 무역을 영위하는 자의 등록신청을 받아 무역법 고유번호를 부여한다.

6. 무역 관련 국제기구

① 세계무역기구(WTO; World Trade Organization): 기존의 관세 및 무역에 관한 일반협정(GATT)을 대신하여 세계무역질서를 세우고 무역자유화를 통한 전 세계의 경제 발전을 목적으로 하는 국제기구
② 국제상업회의소(ICC; International Chamber of Commerce): 제1차 세계대전 이후 세계 경제의 부흥을 위해서 세계 각국의 기업 및 사업자 대표들로 조직된 국제기관
③ 국제연합무역개발회의(UNCTAD; United Nations Conference on Trade and Development): 개발도상국과 선진국 사이의 무역 불균형을 바로잡아 개발도상국의 산업화와 국제무역을 지원하고 심화된 남북문제를 해결하기 위하여 설치된 UN총회의 상설기관

2 무역 계약 및 무역조건

1. 무역 계약
(1) 무역 계약의 개념

① 국제 간의 매매 계약을 뜻하는 무역 계약은 국내거래와 마찬가지로 거래에서 금전적 대가를 지급하며, 계약에 의해 서로 책임과 의무가 발생한다. 다만 무역 계약은 국제거래 간의 관습이 적용되고 국가별로 무역관리에 수반되는 내용과 절차의 제약이 있다는 점이 국내거래와 다르다.
② 수출자의 청약(Offer)에 대하여 수입자의 승낙(Acceptance)이 있는 경우나 수입자의 주문(P/O; Purchase Order)에 대하여 수출자의 주문승낙이 있는 경우에 무역 계약이 성립된다.

(2) 무역 계약의 중요성

무역거래 시 거래의 내용을 명확히 하고 장래에 발생할 수 있는 분쟁에 대비하기 위해 국제규칙에 따르는 정비된 계약서를 작성하는 것이 좋으며, 이 경우 계약에 따라 분쟁이 생기더라도 중재조항에 따라 합리적으로 해결할 수 있다. 따라서 무역 계약은 계약 당사자 간의 거래내용을 명확히 하고 계약의 기준을 설정하여 불필요한 분쟁이 발생하지 않도록 하는 데에 그 목적이 있다.

(3) 무역 계약의 종류

① 개별 계약(Case by Case Contract): 거래 단위별로 일일이 별도의 계약서를 작성하며, 계약 당사자가 거래조건에 합의하면 계약이 성립된다.

② 포괄 계약(Master Contract): 계약 당사자가 일반 거래조건에 관한 상호 합의점을 찾았을 경우 그 내용을 문서화하여 교환하는 '일반적 거래조건 협정서'이다. 거래할 때마다 여러 거래조건을 재확인하거나 재계약해야 하는 번거로움이 없다는 장점이 있다.

③ 독점 계약(Exclusive Contract): 특정 기업 간의 매매를 제약하는 계약으로 다른 거래처와의 거래를 하지 않는 독점 방식으로 거래할 것을 조건으로 하는 계약이다.

(4) 무역 계약서의 내용

① 무역거래의 기본 내용: 무역거래 당사자, 서명, 계약의 체결일, 계약의 유효기간, 품질조건, 수량조건, 가격조건, 운송조건, 결제조건, 보험조건 등

② 기타: 포장조건, 중재조항, 불가항력·기타 계약불이행에 대한 처리약관 등

2. 일반 거래조건 협정서(Agreement on General Terms and Conditions)

(1) 일반 거래조건 협정서의 개념

무역 당사자 간의 장기거래나 당해 거래에서의 어떤 상황에서도 공통적으로 적용될 수 있는 기본적이고 일반적인 거래조건을 거래 당사자 간에 합의하여 결정한 후 문서화하고 서명하여 서로 교환하는 문서이다. 당사자 간에 무역거래를 처음할 때는 일반 거래조건 협정서를 작성하는 것이 바람직하며 미래에 발생 가능한 여러 거래 상황에 대비하여 거래 방법의 일관성을 유지하고 무역 분쟁의 예방과 해결을 위하여 작성하는 것이 좋다. 일반적으로 수출자의 계약서(Contract Sheet)와 수입자의 주문서(Order Sheet)도 일반 거래조건 협정서를 기본으로 작성한다. 무역 매매 계약 성립 시 수출자는 매도 계약서 또는 매매 계약서 등을 작성하여 수입자에게 발송하는데, 이때 이 협정서는 별도로 인쇄하거나 매도 계약서의 이면 또는 하단에 인쇄한다.

(2) 일반 거래조건 협정서의 내용

① 거래 형태	② 품질조건	③ 수량조건	④ 가격조건
⑤ 선적조건	⑥ 보험조건	⑦ 결제조건	⑧ 품질보증
⑨ 불가항력	⑩ 공업소유권	⑪ 검사	⑫ 상시중재
⑬ 준거법			

3. 무역조건에 대한 국제규칙과 INCOTERMS

(1) 정형적 무역조건에 대한 국제규칙의 필요성

무역 계약서에는 관습적으로 정형화된 무역조건이 사용되며 가격, 비용 부담, 소유권, 물품 인도 장소, 위험의 이전 등에 관련된 여러 가지 약호가 사용되고 있다. 그러나 이러한 관습적 조건이나 약호가 실제 무역거래에서 표준화되거나 통일되지 않아서 오해와 분쟁을 발생시키는 경우가 많다. 이러한 분쟁을 줄이기 위하여 무역조건의 해석에 관한 통일된 규칙이 요구되며, 현재 국제적으로 가장 널리 통용되고 있는 규칙은 INCOTERMS이다.

(2) INCOTERMS의 의의

INCOTERMS란 일반적으로 '무역거래조건의 해석에 관한 국제규칙'이라고 하며 'International Commercial Terms'의 약칭에서 나온 것이다. 국제무역 계약에서 사용되고 있는 무역조건인 CIF, FOB 등 무역용어의 해석을 통일하기 위하여 국제상업회의소(ICC)가 정한 규칙이다.

1936년에 제정되었으며 10년 단위로 개정되어 2020년에 'INCOTERMS 2010'에서 'INCOTERMS 2020'으로 변경되어 사용되고 있다. INCOTERMS 2010은 INCOTERMS 2000의 거래조건 중 DAF, DES, DEQ, DDU가 폐지되고 DAT, DAP가 추가되어 11개의 조건으로 구성되었다. 이후 INCOTERMS 2020은 INCOTERMS 2010의 거래조건 중 DAT가 폐지되고 DPU로 변경되었으며, FCA와 CIP의 조건이 일부 변경되었다. FCA는 매도인 선적식 B/L 제공의무가 신설되었으며, CIP는 보험이 최대 담보조건으로 변경되었다. 또한 매수인에게 화물이 인도될 때까지 매도인이 운송보안 요건을 준수할 것을 의무화하였다.

(3) INCOTERMS 2020의 구조

INCOTERMS 2020은 무역거래조건을 물품 인도 장소와 운임부담의 영역에 따라 4개의 그룹으로 나누고 있으며 수출인 매도인의 입장에서 서술하고 있다.

① Group E: Departure(선적지 인도조건) – 수출자에게 유리한 조건
- EXW(Ex Work, 공장 인도조건): 수출자의 공장이나 창고 등에서 직접 구매하고 출고 이후는 모두 수입상이 책임을 진다. 수출자에게는 부담이 없으며 수입자에게 가장 큰 부담이 있다. 수출자는 물품을 수취용 차량에 적재하지 않아도 되고, 수출통관을 할 필요가 없다(수출자의 최소 부담).

② Group F: Main Carriage Unpaid(운송비 미지급 인도조건) – 수출자에게 유리한 조건
- FCA(Free Carrier, 운송인 인도조건): 지정된 장소에서 지정된 운송인에게 물품을 인도할 때까지 수출자가 책임을 부담한다.
- FAS(Free Alongside Ship, 선측 인도조건): 물품을 운송할 본선의 선측에 인도할 때까지의 수출자가 책임을 부담한다.
- FOB(Free On Board, 본선 인도조건): 수출자가 화물을 본선에 적재하였을 때 인도의무를 이행한 것을 의미한다. 본선 적재 이후에는 물품의 멸실 또는 손상 위험이 수입자에게 이전된다. 수출자의 비용 부담은 본선의 적재비용까지이고 위험 부담은 수출항의 본선의 난간까지이다.

③ Group C: Main Carriage Paid(운송비 지급 인도조건) – 수출자에게 불리한 조건
- CFR(Cost and Freight, 운임 포함 인도조건): 수출자가 선적하고 목적항까지의 운임을 부담하며, 보험료는 부담하지 않는 조건이다. 물품이 선적항에서 본선의 난간을 통과하였을 때부터 물품에 대한 위험 부담 및 추가 발생 비용은 수입자가 부담한다.
- CIF(Cost, Insurance and Freight, 운임·보험료 포함 인도조건): 수출자가 선적하고 목적항까지의 운임료에, 즉 CFR조건에 해상보험료까지 부담하는 조건이다.
- CPT(Carriage Paid To, 운송비 지급 인도조건): 수출자가 지정 목적지까지 인도하면서 운송비의 책임을 부담하는 조건이다.
- CIP(Carriage & Insurance Paid to, 운송비·보험료 지급 인도조건): 수출자가 지정목적지까지 인도하면서 운송비와 보험료의 책임을 부담하는 조건이다.

④ Group D: Arrival(도착지 인도조건) – 수출자에게 불리한 조건
- DAP(Delivered At Place, 도착지 인도조건): 수출자가 수입국의 지정 목적지까지 운송비용을 부담하며 지정 목적지에서 화물을 내리지 않고 인도하는 조건이다.
- DPU(Delivered at Place Unloaded, 도착지 양하 인도조건): 수출자가 수입국의 지정 목적지에서 운송수단으로부터 화물을 내린(양하) 상태로 인도하는 조건으로, 매도인이 목적지에서 물품을 양하하도록 요구하는 유일한 INCOTERMS 규칙이다.
- DDP(Delivered Duty Paid, 관세 지급 인도조건): 수출자가 수입통관비용과 관세를 부담하여 수입통관을 하고 물품인도까지 모든 위험과 비용을 부담하며, 지정 목적지까지 인도하는 조건이다(수출자의 최대 부담).

◉ INCOTERMS 2020
- 해상 운송 및 내수로 운송에 적용되는 조건: FAS, FOB, CFR, CIF
- 이외의 조건은 복합 운송조건임

3 무역대금결제

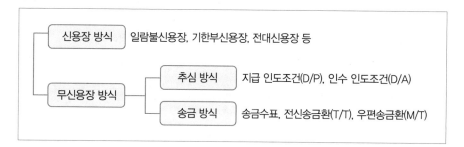

1. 신용장(L/C; Letter of Credit) 방식

(1) 신용장의 개념

신용장이란 수출대금 지급에 대한 은행의 확약서로서 신용장을 발행한 개설은행이 신용장의 여러 조건에 일치되고 약정기간 내에 신용장에서 요구하는 서류를 수출자가 제시하였을 때 수출자에게 수출대금을 지급하겠다고 약속한 지불보증서로 조건부 지급 확약서이다. 따라서 수출자는 신용장을 수취하면서 계약서를 기준으로 신용장에 명시된 조건을 주의 깊게 검토하여야 한다. 신용장 발행은행이 수입자의 신용을 보증하므로 수출자는 수입자의 신용상태를 직접 조사하지 않아도 되며 확실하게 대금을 받을 수 있게 된다.

(2) 신용장의 분류

무역거래의 결제를 위해 사용되는 신용장을 통칭하여 상업신용장(Commercial L/C)이라하며 상업신용장은 무담보신용장(Documentary Clean L/C), 화환신용장(Documentary L/C), 특수신용장(Special L/C)으로 분류한다.

① **무담보신용장(Documentary Clean L/C):** 선적서류의 첨부를 지급조건으로 하지 않으며 선적서류가 첨부되지 않더라도 인수 또는 지불할 것을 약정하는 신용장이다. 수출자는 자신이 발행한 환어음 외의 선적서류를 첨부할 필요가 없다. 이러한 무담보신용장은 운임, 보험료나 수수료 등의 무역 외 거래의 결제에 주로 이용된다. 개설은행이 개설의 뢰인의 신용을 높이 평가할 때만 발행이 가능하며 일반적으로 환어음 이외의 부대 선적서류는 은행을 경유하지 않고 수출상이 수입상에게 직송하게 된다.

② **화환신용장(Documentary L/C):** 주로 무역대금의 결제수단으로 이용되는 신용장이다. 화환신용장은 물권증서로서 신용장에서 요구하는 서류인 선하증권, 보험증권, 상업송장 등의 선적서류를 첨부하여 은행에 제시할 것을 요구하는 신용장을 말한다. 수출업자가 수출대금 회수를 위하여 발행한 환어음의 지급이나 인수 매입을 요청할 때 사용한다. 즉, 신용장에 명시된 조건과 첨부되어 있는 선적서류가 일치될 경우에만 신용장 개설은행이 그 어음의 매입과 대금 지급을 보증하는 신용장이다.

   • **일람불신용장(Sight Credit):** 신용장에서 요구하는 서류를 제시하면 개설은행이 서류상의 하자가 없는 한 즉시 신용장 대금의 전액을 지불하는 형식의 현금거래 신용장이다.

- **기한부신용장(Usance Credit)**: 신용장에 의해 발행되는 환어음의 기간이 기한부인 신용장으로 일정 기간이 경과한 후 대금 지급을 확약하는 신용장이다. 신용장을 받은 뒤 일정 기간 내에 상환하면 되므로 자금이 부족한 수입업자에게 유리하다.
- **전대신용장(Red Clause or Packing Credit)**: 수출업자의 제조, 가공, 구입자금을 도와줄 수 있도록 신용장 발행의뢰인이 통지은행에 수출업자에게 선불을 주도록 허용한 신용장이다. 이 선불을 허용하는 약관이 붉은색으로 되어 있어 Red Clause Credit 이라고도 한다.

③ **특수신용장(Special L/C)**: 특정 은행만이 선적서류의 매입을 취급할 수 있는 신용장으로 대부분 통지은행이 매입을 취급한다.

(3) 신용장의 효용 〈중요〉

① 수출자에 대한 효용
- **수출대금 회수 보장**: 개설은행의 신용에 의하여 물품대금 지급이 약속되므로 대금회수를 확실하게 보장받을 수 있다.
- **매매 계약 이행 보장**: 신용장이 개설되면 체결된 계약 상대방이 일방적으로 취소 또는 변경 등을 할 수 없어 매매 계약 이행이 보장된다.
- **외환변동위험 회피**: 수입국의 외환시장 악화에 따른 대외지불 중지 등 외환변동위험을 회피할 수 있다.
- **수출대금 신속 회수**: 물품이 선적되면 은행이 신용장을 매입하므로 수출대금의 신속한 회수가 가능하다.
- **무역금융* 활용 가능**: 신용장을 담보로 은행으로부터 무역금융 지원을 받을 수 있으며, 이 무역금융을 활용하여 자기자금이 부족하더라도 수출이 가능하다.

② 수입자에 대한 효용
- **상품인수의 보장**: 수출자가 대금회수를 하기 위해서 신용장에서 요구한 운송서류를 정확히 제시해야 하므로 수입자는 계약 상품이 제대로 선적될 것이라는 확신을 가질 수 있어 상품인수가 보장된다.
- **상품인수시기 예측 가능**: 신용장에는 최종 선적일과 유효기간이 명시되어 있어 계약 상품이 적기에 도착하여 인수할 수 있다고 예측할 수 있다.
- **대금결제 연기 효과**: 선적서류보다 수입물품이 먼저 도착하는 경우에는 화물을 선취하여 상품을 판매하는 기간 동안 대금결제를 연기받는 효과를 가질 수 있다. 또한 기한부신용장을 개설한 경우에는 수입상품을 판매한 후 만기일에 수입대금을 상환할 수 있어 수입자는 자기자금이 부족하여도 수입이 가능하다.

(4) 신용장의 구성 요소

신용장은 국제상업회의소가 권고한 표준 양식에 기본을 두고 각 은행이 적절하게 구성하여 발행하고 있다. 신용장의 종류는 다양하지만 대개 공통적 항목이 많으며, 일정한 요소로 구성되어 있다.

① **신용장 자체에 관한 사항**: 개설은행명, 수익자명, 신용장 개설의뢰인, 신용장 금액, 발행일자, 신용장 유효기간, 신용장의 종류, 신용장 번호, 신용장 통지번호, 통지은행명 등
- **개설의뢰인(Applicant)**: 신용장 개설을 의뢰하는 수입업자
- **수익자(Beneficiary)**: 신용장을 수취하여 발행 혜택을 받는 수출업자
- **개설은행(Opening Bank) 또는 발행은행(Issuing Bank)**: 개설의뢰인의 요청과 지시에 따라 신용장을 개설하는 은행
- **통지은행(Advising Bank)**: 개설은행으로부터 내도된 신용장을 수익자에게 송부하거나 교부하는 수출지의 은행

＊ 무역금융
수출업체의 원자재 구입 및 생산 등에 필요한 자금을 대출형식으로 지원해 주고 수출을 지원하기 위해 도입된 제도로 금리 우대를 적용받을 수 있는 단기 금융지원제도

② 환어음에 관한 사항: 환어음 발행인과 지급인, 지급기일, 표시 문구 등
③ 상품에 관한 사항: 상품명, 수량, 단가, 명세, 가격조건 등
④ 운송에 관한 사항: 선적지, 도착지, 선적일자, 분할선적, 환적 등
⑤ 서류에 관한 사항: 선하증권(B/L), 보험증권, 상업송장(Commercial Invoice), 포장명세서(Packing List), 운송서류 제시기간 등
⑥ 기타: 특수조건, 개설은행의 지급확약문언, 신용장통일규칙 준거문언, 신용장 번호표시 요구문언, 매입은행에 대한 지시문언, 통지은행의 표시 등

(5) 신용장에 의한 거래 과정 〈중요〉

신용장 방식에 의한 거래 과정은 다음과 같이 진행된다.

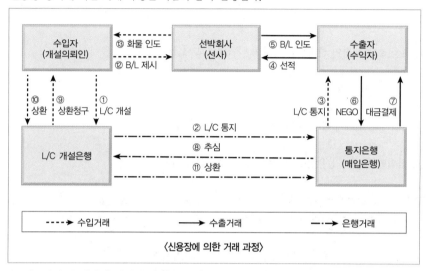

〈신용장에 의한 거래 과정〉

① L/C 개설: 수입자가 신청서 작성 후 개설은행에 L/C 개설 요청
② L/C 통지(L/C 개설은행 → 통지은행): L/C 개설 후 개설은행에서 통지은행으로 L/C를 통지
③ L/C 통지(통지은행 → 수출자): 통지은행에서 수출자에게 L/C를 통지
④ 선적: 수출자가 선사에 화물을 인도 및 선적
⑤ B/L 인도: 화물 인수 후 선사가 수출자에게 B/L 인도
⑥ NEGO: 수출자가 매입은행에 B/L을 포함한 선적서류를 제시하고 대금 지불을 요청
⑦ 대금결제: 매입은행이 L/C와 선적서류를 확인한 후 수출자에게 대금 결제
⑧ 추심: 매입은행이 L/C와 선적서류를 개설은행에 발송하여 대금 지불을 요청
⑨ 상환청구: 개설은행이 L/C와 선적서류를 수입자에게 제시하고 대금 상환을 청구
⑩ 상환(수입자 → L/C 개설은행): 수입자가 개설은행에 대금을 상환한 후 선적서류를 인수
⑪ 상환(L/C 개설은행 → 통지은행): 개설은행이 매입은행에 대금을 상환
⑫ B/L 제시: 수입자가 선사에게 B/L 원본을 제시하고 화물 인도를 요청
⑬ 화물 인도: 선사가 화물 인도 지시서를 교부하여 본선에서 화물 인도

➕ 신용장통일규칙(UCP: Uniform Customs and Practice for Documentary Credits)

신용장통일규칙은 국제거래에서 국가마다 다른 거래제도의 관습 때문에 발생하는 혼란을 막기 위하여 국제 상업회의소 ICC가 1933년 제정한 신용장의 국제적인 통일규칙이다. 2006년까지 6차례 개정되어 현재 널리 사용되고 있는 'UCP 600'은 총 39개 조항으로 구성되어 있다. 강제성은 없어 거래 당사자가 사전에 합의해야 적용된다.

2. 추심 방식

(1) 추심 방식의 개념

수출자가 수입자에게 물품을 송부한 뒤 추심의뢰은행*을 통해 수입자에게 대금을 청구하면 수입자는 추심은행*을 통해 대금을 지급하는 방식이다. 신용장 없이 거래를 하므로 은행도 지급에 대한 확약이 없어 서로 신용이 있는 관계에서 거래가 진행된다. 만약 대금결제가 지연되거나 거절되는 경우 은행은 수출자에게 통보만 하고 그 후의 문제는 매매 당사자가 직접 해결해야 한다.

(2) 추심 방식의 유형

① 지급 인도조건 방식(D/P; Documents Against Payment): 수입자가 대금 지급을 해야 추심은행이 선적서류를 인도하는 방식으로 추심의뢰은행의 지시대로 대금을 송금한다. D/P는 일람불(요구불) 거래 방식으로 추심은행과 수입업자가 환어음과 선적서류를 현금과 교환하는 것이 특징이며 수출업자는 수출대금을 보장받을 수 있다.

② 인수 인도조건 방식(D/A; Documents Against Acceptance): 수출자는 물품을 선적한 후 기한부환어음을 발행하여 운송서류와 함께 추심의뢰은행을 통하여 추심은행으로 보낸다. 추심은행이 수입자에게 기한부환어음을 제시하면 수입자는 인수증에 'accepted'라고 표시하고 서명날인하는 것만으로 대금지불과 관계없이 선적서류를 받을 수 있다. 추심은행은 어음의 지급 만기일에 추심하여 수입자로부터 대금을 받아 수출자의 거래은행에 송금한다. 지급 및 인수의 근거가 환어음이 되므로 환어음이 필요요건이 되며 관련 은행은 매매 당사자를 대신하여 수출대금을 추심하거나 송금하는 일만 담당한다.

(3) 추심결제에 의한 거래 과정 중요

D/P 또는 D/A 방식에 의한 거래 과정은 다음과 같이 진행된다.

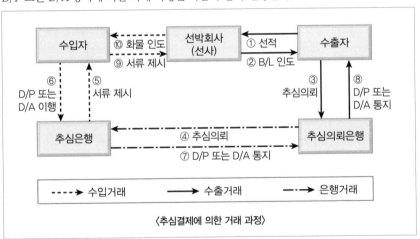

〈추심결제에 의한 거래 과정〉

① 선적: 수출자가 선사에 화물 인도
② B/L 인도: 화물 인수 후 선사가 수출자에게 B/L 인도
③ 추심의뢰(수출자 → 추심의뢰은행): 수출자가 추심의뢰은행에 B/L을 포함한 선적서류를 제출하고 추심의뢰
④ 추심의뢰(추심의뢰은행 → 추심은행): 추심의뢰은행이 B/L을 포함한 선적서류를 추심은행에 발송하여 추심의뢰
⑤ 서류제시: 추심은행이 선적서류를 수입자에게 제시하고 D/P 또는 D/A 요청
⑥ D/P 또는 D/A 이행: 수입자가 추심은행에 D/P 또는 D/A를 이행하고 선적서류를 인수
⑦ D/P 또는 D/A 통지(추심은행 → 추심의뢰은행): 추심은행이 추심의뢰은행에 수입자의 D/P 또는 D/A 사실을 통지

❋ 추심의뢰은행
수출자를 대신하여 수입 거래은행에 대금 지급 청구서(환어음) 및 선적서류를 발송하는 은행

❋ 추심은행
수입자에게 어음 및 선적서류를 제시하여 수출대금을 받아 주는 은행

⑧ D/P 또는 D/A 통지(추심의뢰은행 → 수출자): 추심의뢰은행이 수출자에게 수입자의 D/P 또는 D/A 사실을 통지하고 D/P의 경우는 대금 결제

⑨ 서류제시: 수입자가 선사에 선적서류를 제시하고 화물 인도를 요청

⑩ 화물 인도: 선사가 화물 인도 지시서를 교부하여 본선에서 화물 인도

3. 송금 방식

(1) 송금 방식의 개념

송금 방식은 신용장 방식이나 추심 방식처럼 은행을 통하여 거래하는 것이 아니라 수출자와 수입자가 결제대금을 직접 송금하고 선적서류 송부도 직접 하는 방식이다. 신용장 방식이나 추심 방식에 비하여 은행 수수료 등의 금융비용이 적게 들고 결제 과정이 단순하다는 장점이 있으나 은행의 지급 보장이 없어 대금의 회수 및 상품의 입수가 불확실하다는 단점이 있다. 따라서 수출자와 수입자 간의 신뢰가 전제되어야 하며 본사와 해외지사 간의 거래에서 많이 볼 수 있는 형태이다. 송금 방식은 신용장 방식이나 추심 방식과는 달리 국제규범이 없기 때문에 당사자들 간의 합의하에 거래조건을 변경할 수 있다.

(2) 송금의 형태

① 송금수표(Demand Draft): 수입자는 거래은행에서 수표를 교부받아 수출자에게 송부하고, 수출자는 거래은행에 수표를 제시하여 수출대금을 회수할 수 있다.

② 전신송금환(T/T; Telegraphic Transfer): 수입대금의 지급을 은행을 통하여 전신이나 텔렉스를 이용하여 송금하는 방식이다. 수출자가 계좌로 송금받을 수 있기 때문에 신속하고 편리하여 많이 사용한다.

③ 우편송금환(M/T; Mail Transfer): 송금수표를 사용하지 않고 우편으로 외국의 은행에 대하여 특정 금액의 지급을 지시하는 방식이다.

(3) 송금 방식의 유형

① 사전 송금 방식

- 주문불(CWO; Cash With Order) 방식: 수출자가 주문을 받으면 미리 대금의 결제를 받은 후에 선적하는 방식이다. 수출자의 대금회수를 확실히 보장받을 수 있는 사전 송금 방식으로서 선불 방식(CIA; Cash in Advance)이라고도 한다. 수입자의 신용이 파악되지 않는 경우나 처음 거래하는 경우에 주로 사용한다.
- 일부선불(Advance Money) 방식: 결제대금의 일부를 수입자가 주문 시 선지급하고 잔금은 선적이 완료되어 선적서류를 인수할 때 지급하는 방식이다.
- 누진불(Progressive Payment) 방식: 일부 사전 송금 방식의 성격을 갖고 있는 것으로 선박이나 기계처럼 제작기간이 오래 소요되는 경우에 사용한다. 수입자가 물품의 진행 단계에 따라 대금을 분할하여 지급하는 방식으로 주문 시, 선적 시, 화물 도착 시 등으로 나누어 대금을 지급한다.

② 사후 송금 방식

- 연불(Deferred Payment) 방식: 선적서류가 수입지에 도착하더라도 거래 당사자가 사전에 합의한 약정기간이 경과된 후에 대금을 지급하는 방법이다. 자금사정이 좋지 않은 수입자가 물품을 판매한 후에 수입대금을 상환할 수 있다는 장점이 있으며, 거래 당사자 간에 신용이 확실한 경우에 사용한다.
- 현물상환불(COD; Cash On Delivery) 방식: 수입지에 물품이 도착하면 수입자와 선적서류를 가진 수출자 대리인이 함께 수입통관을 한 후, 수입자가 직접 품질 검사를 하여 물품과 상환하여 수입대금을 지급하고 물품을 인수하는 방식이다. 사전에 품질 검사가 필요한 귀금속 등 고가품의 거래에 주로 사용하며 수입자가 인수를 거절하면 물품을 반송*하거나 다른 구매자를 찾아야 하는 단점이 있다.

💡TIP

사전 송금 방식과 사후 송금 방식을 구분할 수 있어야 한다.

＊ 반송
국내에 도착한 외국물품이 수입통관 절차를 거치지 않고 다시 외국으로 반출되는 것

- 서류상환불(CAD ; Cash Against Documents) 방식 : 수입자 대리인이 수출지에서 제조 과정이나 품질을 확인할 수 있으므로 현물 대신에 B/L 등의 선적서류와 상환하여 수 입자가 수입대금을 지급하는 방식이다.
- 상호계산(Current Account) 방식 : 선적할 때마다 대금을 결제하는 번거로움 없이 장 부에 수출이나 수입 내역을 기입하여 일정 기간마다 서로 지급 금액을 상쇄하고 잔액 만을 결제하는 방식이다. 본사와 지사 등 무역거래 당사자가 서로 특수한 거래관계 에 있을 때 주로 사용한다.
- 청산결제(O/A ; Open Account) 방식 : 무역거래에서 상품은 계속 선적하고 대금은 일 정 기간에 한 번씩 누적된 것을 결제하는 방식이다. 특수한 관계나 거래가 빈번한 회 사 사이에 행하는 결제 방식으로 대금 회수가 불가능해질 위험이 높다.

4 내국신용장(Local L/C)과 구매확인서(구매승인서)

수출자는 자체생산이나 구매를 통하여 수출할 물품을 확보하게 된다. 이때 수출물품의 생산 에 필요한 원자재나 완제품을 국내에서 조달할 경우에 부담을 덜어 줄 수 있도록 내국신용장 이나 구매확인서를 이용하여 영세율을 적용받을 수 있다.

1. 내국신용장(Local L/C)

(1) 내국신용장의 개념

원신용장(Master L/C)을 소지한 수출자가 제조에 필요한 원자재나 수출용 완제품을 국내 에서 조달하기 위하여 원신용장을 근거로 국내공급자를 수익자로 하여 국내에서 다시 개 설하는 신용장이다.

(2) 내국신용장에 의한 수출자의 입장

원신용장을 소지한 수출자가 거래은행에 내국신용장 개설을 의뢰하면 내국신용장의 개설 의뢰인(수출자)은 매입 시 부가가치세 영세율 적용을 받아 경제적 부담을 덜 수 있으며 무 역금융과 개설은행의 지급보증을 통하여 원자재나 수출용 완제품을 국내에서 쉽게 조달 할 수 있다는 이점을 갖는다.

(3) 내국신용장에 의한 국내의 원자재나 완제품 공급자의 입장

수출자의 거래은행에서 물품대금 지급을 보장하므로 판매대금을 확실하게 회수할 수 있 다는 장점을 갖는다. 국내의 구매자(수출자)에게 매출하는 것이지만 수출로 인정되므로 영세율 세금계산서를 발급할 수 있고 무역금융 혜택을 받을 수도 있다. 또한 매출액이 수 출실적으로 인정되므로 관세환급도 받을 수 있게 된다.

2. 구매확인서(구매승인서)

① 구매확인서는 국내에서 생산된 물품을 외화 획득용 원료로 구매하는 것을 승인하는 서 류로 외화 획득용 원료 구매확인서라고도 한다. 무역금융 한도가 부족하거나 비금융 대상 수출신용장 등으로 인하여 내국신용장을 개설하기 어려운 경우 등에 외국환은행 이 내국신용장 취급규정에 준하여 발급한다.
② 구매확인서는 내국신용장과 같은 역할을 하지만 내국신용장이 개설은행의 대금 지급 보증을 받는 데 비해, 구매확인서는 지급보증을 받을 수 없다는 것이 다르다. 대금 지 급은 거래 당사자 간 계약에 따르므로 상대방의 신용이 확실하지 않으면 사용하기 곤란 할 수 있다.
③ 내국신용장과 마찬가지로 수출용 원자재나 완제품을 공급하는 업체에 수출실적을 인 정해 주며, 부가가치세 영세율을 적용받을 수 있다.

5 환어음과 환율

1. 환어음

(1) 환어음의 개념

환어음은 무역거래에서 어음상의 지급 금액을 지급 기일에 어음상의 권리자(수취인 또는 지시인)에게 무조건 지급할 것을, 어음의 발행인이 어음의 지급인에게 위탁하는 유가증권이다. 환어음의 효력은 원칙적으로 행위지의 법률에 의하여 처리하므로 발행에 관해서는 발행지 국가의 법을, 지급에 관해서는 지급지 국가의 법을 적용한다.

(2) 환어음의 발행

환어음의 발행인은 수출자이다. 수출자는 수출대금의 안전한 회수를 위하여 환어음을 발행하여 수출대금의 지급을 요청하고, 거래 상대방인 수입자나 수입자의 거래은행이 지급인이 된다. 대금의 수취인은 환어음의 지급 금액을 지급받는 자이며, 발행인이 발행인 스스로를 지명할 수도 있고 또는 제3자가 될 수도 있다. 일반적으로 수출자(발행인)는 거래은행을 수취인으로 하여 수출자의 거래은행이 수출자를 대신하여 수입자 또는 수입자의 거래은행으로부터 대금을 지급받도록 한다. 환어음은 보통 2통이 발행되고 하나가 결제되면 나머지는 자동적으로 효력을 잃게 된다.

(3) 환어음의 종류

① 무담보환어음과 화환어음
  • 무담보환어음(Clean Bill of Exchange): 환어음 그 자체만으로 결제가 될 수 있는 어음 (주로 운임, 수수료, 보험료 지급 등에 이용되지만 최근에는 거의 사용되지 않음)
  • 화환어음(Documentary Bill of Exchange): 수출대금의 결제용으로 사용되는 선적서류가 첨부된 어음
② 일람불환어음과 기한부환어음
  • 일람불환어음(Sight Bill of Exchange): 지급인에게 제시된 날 즉시 금액이 지급되는 어음
  • 기한부환어음(Usance Bill of Exchange): 지급인에게 제시된 날부터 일정 기간이 지난 후에 지급이 이루어지는 어음

일람 후 정기출급	환어음이 제시된 날로부터 지정된 기간 후에 지급
일부 후 정기출급	발행일로부터 지정된 기간 후에 지급
확정일 후 정기출급	환어음상에 구체적인 지급일 명시

2. 환율(Exchange Rate)

(1) 환율의 개념

환율이란 서로 다른 국가의 통화 간의 교환비율을 의미하며 이 교환비율을 통해 각국 통화의 대외적인 가치와 상품 구매력을 알 수 있다. 환율은 외환에 대한 수요와 공급에 의하여 결정되며 각 외국환은행이 외국환거래에 적용할 환율을 매일 고시하여 환율이 매일 달라진다. 환율에 따라 수출입 대금결제와 관세의 세액 결정 과정에서 비용과 이익이 달라지므로 환율의 변동은 무역거래에서 매우 중요한 의미를 갖는다.

(2) 환율의 유형

환율에는 외환시장의 매매율, 외국환은행 간 매매율, 매매기준율, 외국환은행 대고객매매율 등이 있다. 이 중 외국환은행 대고객매매율은 외국환은행이 고객과 외환거래를 할 때 적용하는 환율로서 매 영업일마다 외국환은행장이 외국환은행 간 매매율을 기준으로 하여 자율적으로 정하여 적용한다. 외국환은행 대고객매매율의 세부적인 유형으로 전신환, 현찰매매율, 일람출급환어음매매율, 기한부어음매입률 등이 있다.

① **전신환(T/T)매매율**: 환어음의 결제를 전신으로 행하는 경우 적용되는 환율이며 환어음의 송달이 1일 이내에 완료되므로 우송기간 동안의 금리가 환율에 영향을 미치지 않는 순수한 의미의 환율이며 타 매매율 결정의 기준이 되는 환율이다. 기업이나 개인이 전신을 통해 수출입 대금 또는 자녀 유학자금을 송금할 때 기준이 되는 환율로서 송금환율로 불리기도 한다.

② **현찰매매율**: 외국환은행이 고객과 외화 현찰거래를 할 때 적용하는 환율이다.

③ **일람출급환어음매매율**: 일람출급환어음의 매매에 적용되는 환율이며 환어음의 우송기간에 대한 금리를 전신환매매율에서 가감하여 정한다.

④ **기한부어음매입률**: 기한부환어음을 매입할 때 적용하는 환율이며 일람출급환어음매입률에서 어음기간 동안의 금리를 차감한 것이다.

6 선적서류(Shipping Documents)

국제무역에서 인정되어 사용되고 있는 서류로 수출화물의 선적을 증명한다. 수출자는 화환어음의 발행을 위하여, 수입자는 수입물품의 인수를 위하여 각각 선적서류를 사용한다. 상황에 따라 필요한 서류의 종류가 다르지만 일반적으로 필요한 서류는 다음과 같다.

1. 운송서류

운송물품의 인수확인, 영수증, 세관신고서의 역할에 소유권 증명으로의 역할을 한다.

(1) 선하증권(B/L; Bill of Lading)

선하증권은 운송화물 수령을 확인하고 운송 목적지에서 선하증권의 정당한 소지인에게 운송화물을 인도할 것을 약속하는 유가증권이다. 선하증권은 해상 운송 계약을 근거로 선박회사가 발행하며 선적된 화물을 대표하는 증서로서의 역할을 한다. 또한 선하증권의 소지자는 선박회사에 대하여 화물의 인도를 청구할 수 있으며 화물에 대한 소유권리증뿐만 아니라 채권으로서의 효력을 가지며, 배서 또는 인도하여 소유권을 양도할 수 있다.

(2) 항공화물운송장(AWB; Air Way Bill)

항공화물운송장은 선하증권과 성격이 유사하나 운송목적지에서 지정된 수하인에게만 전달된다. 항공 운송은 선박 운송에 비하여 수송기간이 단축된다는 장점이 있으나 수송비용이 많이 들고 대형화물을 취급하기 어렵다는 단점이 있다.

(3) 선하증권과 항공화물운송장의 차이점

구분	선하증권	항공화물운송장
운송 방법	해상 운송	항공 운송
유가증권성	유가증권	유가증권이 아닌 단순화 화물 수취증
유통성	유통성	비유통성
발행 방식	지시식(무기명식)	기명식
발행시기	본선 선적 후 발행	창고반입 후 발행

💡**TIP**

선하증권과 항공화물운송장의 차이를 구분할 수 있어야 한다.

2. 보험증권

(1) 보험증권의 의의

보험이란 운송 과정에서 예상치 못한 사고로 발생한 손해를 보험회사가 보상하여 줄 것을 약속하는 것이다. 보험증권(Insurance Policy)은 운송화물에 대한 보험성립을 증명하는 서류이며, 보험증권 대신 보험증명서(Insurance Certificate)와 보험승인서(Cover Note)가 사용되기도 한다.

① 보험증명서: 동일 물품이 반복적으로 운송될 때마다 사전에 발급받은 포괄보험증권에서 보장하는 물품임을 증명하는 서류이다.

② 보험승인서: 보험가입이 완료된 사실에 대한 보험영수증 수준의 역할만 하고 있다.

(2) 보험증권의 특징

① 운송거래마다 보험 계약이 체결되어 개별보험증권이 발행된다.

② 보험증권은 유통성 증권이어야 한다.

③ 조건의 확인을 위하여 보험약관이 첨부되어야 한다.

④ 선적서류로서의 보험증권은 해상보험증권을 의미한다.

(3) 해상보험증권

해상보험(Marine Insurance)이란 해상 운송 중의 사고로 발생할 수 있는 손해의 보상을 위한 손해보험의 일종이다.

① FOB 조건의 거래: 보험을 수입자가 계약하므로 수입자가 보험 계약자이자 피보험자가 된다.

② CIF 조건의 거래: 수출자가 보험료를 지불하므로 보험 계약자는 수출자이며 피보험자는 수입자가 된다.

3. 상업송장(Commercial Invoice)

상업송장은 거래물품의 품목명, 단가, 부대비용, 보험료, 총금액, 지불 방식, 지불시기 등을 표기하고 있으며, 거래계산서 및 내용명세서, 대금청구서의 역할을 한다. 상업송장은 수출자가 작성하여 환어음 및 다른 선적서류들과 함께 수입자에게 보내는 필수적인 서류이며 환어음의 발행 금액과 상업송장의 총액이 일치하여야 한다. 또한 수입통관 시 세관신고의 증명자료로서 중요하며 상업송장의 금액으로 관세, 부가세 등의 비용도 계산하게 된다.

4. 기타 서류

(1) 포장명세서(Packing List)

외관상 구분하기 어려운 포장된 운송물품의 구분을 위하여 발행되는 서류로 포장단위번호, 포장단위별 명세, 순중량 및 총중량, 수량과 일련번호, 용적 등이 기재된다.

> **기타 서류의 종류**
> 포장명세서, 원산지증명서, 품질증명서, 검사증, 용적 및 중량증명서 등

(2) 원산지증명서(C/O; Certificate of Origin)

물품이 확실하게 그 국가에서 생산되거나 제조된 것이라는 것을 증명하는 공문서로 수입 시 원산지증명서의 제출을 강요하는 추세이다.

7 수출입통관 실무

1. 수출통관

(1) 수출통관의 개념

수출통관이란 수출신고를 받은 세관장이 수출신고를 심사하여 수출신고인에게 수출을 허용하는 것으로 수출용 물품을 외국으로 반출하는 것을 허용하는 세관장의 처분이다.

(2) 수출통관의 절차

수출신고 → 수출신고 심사 → (수출검사) → 수출신고 수리 → 수출신고필증 교부

> 🔅**TIP**
> 수출검사는 특별한 경우를 제외하고는 거의 하지 않는다.

① **수출신고**: 생산이 완료된 수출물품은 관할세관장에게 수출신고를 한다. 수출물품의 제조가 완료되기 이전이라도 수출신고가 가능하며 수출신고는 전자데이터교환(EDI; Electronic Data Interchange) 방식 또는 인터넷에 의한 무서류(P/L; Paperless) 방식으로 할 수 있다.

② **수출신고 심사 및 수리**: 세관에서는 수출신고서의 관세법, 대외무역법, 외환관리법의 성실이행 여부를 심사하여 수출신고를 수리한다. 수출검사는 실제 수출되는 물품이 수출신고된 물품과 규격, 수량, 성질 등이 동일한지의 여부를 확인하는 과정이다. 일반적으로 수출검사를 생략하는 경우가 많고, 특별히 지정된 경우에만 검사를 실시한다.

③ **수출신고필증 교부**: 수출신고를 하여 심사가 수리된 수출물품에 대하여 세관장은 수출신고필증을 발행하여 수출신고자에게 교부한다. 수출신고가 수리된 물품은 적재의무 기한인 '수리일로부터 30일 이내'에 적합한 운송수단에 선적하여야 한다.

2. 수입통관

(1) 수입통관의 의의

수입통관이란 수입신고를 받은 세관장이 수입신고를 심사하여 수입신고사항과 수입물품이 동일한지, 수입과 관련된 법규정을 충족하였는지의 여부를 확인한 후 외국물품을 내국물품화하여 반입을 허용하는 세관장의 처분이다.

(2) 수입통관 절차

> 수입신고 → 수입신고서류 심사 → (물품검사) → 수입신고 수리 → 수입신고필증 교부

① **수입신고**: 수입자는 수입물품에 대하여 수입신고서, 선하증권 또는 항공화물운송장, 상업송장 등의 필요서류를 해당 세관에 제출하여 수입신고를 한다. 수입신고의 시기는 여러 사정에 의하여 출항 전 신고, 입항 전 신고, 입항 후 보세구역 도착 전 신고, 보세구역 장치 후 신고 등으로 구분할 수 있다. 수입물품을 선적한 선박은 입항한 후에 부두에 물품을 하역하고 하역된 물품은 원칙적으로 보세구역에 장치하며, 입항 전 신고 등으로 이미 수입신고 수리된 물품은 보세구역에 장치할 필요가 없이 반출할 수 있다. 관세법상 원칙적으로 수입물품의 과세물건 확정시기는 수입신고 시점이다.

② **수입신고서류 심사**: 수입신고서류에 이상은 없는지, 수입신고서류의 품목과 수입품목이 동일한지, 관세법 등의 규정을 충족하는지 등을 심사한다. 수입신고서를 접수한 세관은 즉시수리, 심사 및 현품 확인, 물품검사 중 한 가지 방법을 선택하여 수입신고서를 처리한다.

- **즉시수리**: 신고서와 제출 서류의 형식적 요건만 확인한 후 서류심사나 수입물품에 대한 검사의 생략 후, 즉시 수입신고를 수리하는 방법이다.
- **심사 및 현품 확인**: 심사는 신고된 과세가격의 적정 여부, 법규 충족 여부 등을 확인하기 위하여 서류를 검토하고 필요하면 현품을 확인하는 절차를 거침친다.
- **물품검사**: 수입물품과 신고물품의 일치 여부를 확인하기 위하여 일부 발췌검사 또는 전량검사를 실시한다.

③ **수입신고 수리 및 수입신고필증 교부**: 세관장은 관세법 규정을 적법하게 이행한 수입신고를 지체 없이 수리하고 수입신고필증을 교부해야 한다. 수입신고필증을 교부받은 수입자는 수입물품을 반출할 수 있다.

8 관세(Customs Duty, Tariff)

1. 관세의 개념

관세는 조세법률주의에 의하여 국가재정의 수입 및 국내산업의 보호와 경제정책 등에 따라 수입물품에 대하여 부과하는 조세이며 대부분의 수출품목에는 관세를 부과하지 않는다. 한 나라의 경제적 경계인 관세선(Customs Line)을 통과하는 물품에 대하여 부과한다.

2. 관세의 종류

① 과세 기회에 따른 분류: 수입세, 수출세, 통과세
② 과세 목적에 따른 분류: 재정관세, 보호관세
③ 과세 방법에 따른 분류: 종가세, 종량세, 선택세, 복합세
④ 과세 성격에 따른 분류: 국경관세, 협정관세, 특혜관세

3. 관세의 산정과 납부

(1) 관세의 산정

관세를 과세하기 위해서는 과세요건인 과세물건, 납세의무자, 세율, 과세표준 등이 정해져 있어야 하며 이에 따른다.
① 과세물건: 과세 부과 대상으로서 수입신고 시 신고된 물품이다.
② 납세의무자: 원칙적으로 수입자이다.
③ 세율: 우리나라의 경우 관세율표를 따른다.
④ 과세표준: 세액을 결정하는 데 기준이 되는 과세물건의 가격 또는 수량을 말하며 수입신고 서류에서의 품목과 금액으로 한다.

(2) 과세가격 결정

과세가격 결정 방법은 총 6가지가 있는데 일반적으로 1방법인 수입물품에 대한 CIF 가격조건을 적용하며, 관세는 원화로 환산된 과세가격에 관세율을 곱하여 결정한다.

> **＋ 과세가격 결정 방법**
>
> 과세가격 결정 방법에는 6가지가 있다. 1방법으로 결정할 수 없을 경우에는 2방법, 2방법으로 결정할 수 없을 경우에는 3방법, 이렇게 6방법까지 결정한다.
> - **1방법**: 과세평가에 있어서 가장 기본적이고 원칙적인 방법으로, 수입자가 수출자에게 물품에 대하여 실제로 지급되는 금액에 조정 요소를 가감하고 운임과 보험료인 CIF 조건으로 결정한다.
> - **2방법**: 동종, 동질물품의 거래가격을 기초로 결정한다.
> - **3방법**: 유사물품의 거래가격을 기초로 결정한다.
> - **4방법**: 국내 판매가격을 기초로 결정한다.
> - **5방법**: 산정가격을 기초로 결정한다.
> - **6방법**: 합리적인 기준에 의하여 결정한다.

(3) 관세의 납부 방식과 납부기한

① 납세의무자가 관세액을 결정하여 자진신고하는 신고납부제도의 경우 수입신고가 수리된 날로부터 15일 이내에 관세납부
② 세관장이 납부세액을 결정하여 납부고지서를 발급하는 부과고지 방식의 경우 납세고지서를 받은 날로부터 15일 이내 관세납부

(4) 관세의 납부제도

현행 수입신고제는 수입신고 수리 후에 관세를 납부하는 사후납부제도로, 통관절차와 과세절차를 분리하고 있다.

4. 관세환급*

(1) 관세환급

수입할 때 징수하였던 관세를 환급해 주는 제도이다. 세관장은 수입하는 품목에 대하여 수입 시 관세를 징수하였다가 그 품목이 수출 등에 활용된 때는 환급청구권자의 신청에 따라 2년 이내에 수입된 당해 수출용 원재료에 대한 관세를 환급한다. 관세환급을 통하여 물품의 수출가격을 낮추고 수출품목의 가격경쟁력을 높여 수출을 촉진하기 위한 목적이다.

(2) 관세환급액 산출

관세환급액 산출을 위해 필요한 원재료 소요량을 계산하는 방법으로, 수출품의 생산에 국산 원재료의 사용을 촉진하기 위하여 필요한 경우에는 관세환급을 제한할 수 있다.
① 개별환급 방식: 수출품의 생산에 소요된 원재료의 소요량을 기준으로 하여 환급액을 산출하는 방식
② 정액환급률표에 의한 산출 방식: 수출물품별로 사전에 정해 놓은 환급률에 의한 방식
③ 간이정액환급률표에 의한 산출 방식: 중소기업용 정액환급률표를 적용하여 수출물품별로 사전에 정해 놓은 환급률에 의한 방식

(3) 간이정액환급제도

① 중소기업의 관세환급절차를 간소화하기 위해 만들어진 제도로, 수출 사실을 확인해 일정액을 환급하여 준다.
② 중소기업에 적용하는 관세환급액은 간이정액환급률표에 의해 산출한다.
③ 수출물품 제조 시 소요되는 원재료의 납부세액을 정하여 매 건별 관세 등의 납부액을 확인하지 않고 일정액을 환급하여 주는 제도이다.
④ 원재료 수입 단계의 납부관세 등 증명과 소요량 산정을 하지 않고 환급신청할 수 있다.

※ 관세환급
환급신청자인 수출자는 환급액을 산출하여 세관에 환급신청서를 제출하며, 당해 세관장이 환급 금액에 대해 한국은행에 지급요구를 하면 한국은행은 환급신청자의 계좌에 환급금을 입금하고 당해 세관장에게 그 사실을 통지함으로써 환급절차가 끝남

기출&확인 문제

CHAPTER 04

01 [1급 | 2020년 4회]

다음은 갑을상사의 무역거래 내용이다. 각각의 거래와 관련되어 적용되는 법률로 가장 적절한 것은?

> 가. 태국에서 1개당 20달러의 청바지를 수입하면서 15달러로 수입가격을 낮추어 신고하였다.
>
> 나. 셔츠 하단에 'MADE IN TAIWAN'으로 인쇄되어 있다.

	가	나
①	대외무역법	출입국관리법
②	대외무역법	관세법
③	관세법	대외무역법
④	관세법	외국환거래법

해설

가. '관세법'은 관세의 부과와 징수, 적정한 수출입물품의 통관으로 관세 수입을 확보하여 국민경제의 발전에 이바지하고자 정한 법이다.

나. 무역거래에 있어 원산지를 표시하는 규정은 '대외무역법'을 적용한다.

02 [1급 | 2022년 2회]

[보기]의 내용이 설명하고 있는 관세법상 용어의 정의는?

> ─ 보기 ─
> 관세법에 따른 절차를 이행하여 물품을 수출·수입 또는 반송하는 것

① 포장
② 통관
③ 탁송품
④ 외국물품

해설

관세법에 따른 절차를 이행하여 물품을 수출·수입 또는 반송하는 것은 통관이다.

03 [1급 | 2022년 4회]

무역 계약의 종류에 대한 설명이다. 수출입을 전문으로 하는 특정 기업 간의 매매를 제약하는 계약에 가장 적절한 것은?

① 포괄 계약(Master Contract)
② 쌍무 계약(Bilateral Contract)
③ 독점 계약(Exclusive Contract)
④ 개별 계약(Case by Case Contract)

해설

독점 계약(Exclusive Contract)은 특정 기업 간의 매매를 제약하는 계약으로, 다른 거래처와의 거래를 하지 않는 독점 방식으로 거래할 것을 조건으로 하는 계약이다.

04 [1급 | 2021년 3회]

INCOTERMS 2020에서 제시된 총 11가지 조건 중에서 [보기]에서 설명하는 거래조건에 해당하는 영어 용어를 약어로 예와 같이 기재하시오. (예 ABC)

> ─ 보기 ─
> • 운송 방법에 관계없이 사용되는 조건으로, 매도인(수출자)이 최소의무를 부담하는 조건
> • 공장에서 물품이 인도된 이후부터 수입지에 도착할 때까지의 모든 과정을 수입자가 책임지는 조건

(답:)

해설

수출자의 공장이나 창고 등에서 직접 구매하고 출고 이후는 모두 수입상이 책임을 지는 조건은 EXW(공장 인도조건)에 대한 설명이다.

05 [1급 | 2022년 3회]

INCOTERMS 2020의 정형거래조건 중 다음 [보기]의 특징을 가장 잘 반영하는 조건은 무엇인지 영어 약어로 기입하시오. (예 ABC)

> ─ 보기 ─
> • 수출자의 인도 의무는 본선적재로 완료됨
> • 수출자가 지정 목적항까지의 모든 비용과 운임 및 보험료를 부담하는 조건임
> • 수출자는 수출통관을 책임지나, 수입통관은 수행할 의무가 없음

(답:)

해설

CIF(Cost, Insurance and Freight, 운임·보험료 포함 인도조건)는 수출자가 선적하고 목적항까지의 운임료에 해상보험료까지 부담하는 조건이다.

| 정답 | 01 ③ | 02 ② | 03 ③ | 04 EXW | 05 CIF |

06 [1급 | 2021년 6회]

다음 중 [보기]의 조건으로 계약을 체결하는 경우에 INCOTERMS 2020의 표기가 올바른 것은?

> **보기**
>
> 서울의 수출기업 A사는 LA항구까지의 해상 운송비를 부담하는 조건으로 B사와 수출 계약을 체결하였다.

① FCA, Busan Port, INCOTERMS 2020
② CFR, Busan Port, INCOTERMS 2020
③ CFR, LA Port, INCOTERMS 2020
④ CPT, LA Port, INCOTERMS 2020

해설

INCOTERMS 2020 중 수출자가 선적하고 목적항까지의 운임을 부담하는 조건은 CFR이다. 또한 INCOTERMS 조건 뒤에 언급된 장소는 수출자가 비용을 부담하기까지의 장소를 의미하는 것으로 도착지인 LA Port이다.

07 [1급 | 2022년 1회]

INCOTERMS 2010(INCOTERMS 2020)에서는 운송수단에 따라 복합 운송조건과 해상 운송조건으로 분류하고 있다. 다음 중 복합 운송조건에 해당하는 것은?

① CFR
② FOB
③ FAS
④ CPT

해설

해상 운송 및 내수로 운송에 적용되는 조건은 FAS, FOB, CFR, CIF이며, 이외의 조건은 복합 운송조건에 해당한다.

08 [1급 | 2021년 4회]

다음 중 무역대금을 결제하는 방식 중 결제대금이 부족한 수입자가 신용장을 발행함으로써 약정 기간 동안 수입품을 매각하여 대금을 상환할 수 있다는 장점이 있는 화환신용장 결제 방식은?

① 일람불신용장 방식
② 기한부신용장 방식
③ 전대신용장 방식
④ 인수 인도조건 방식

해설

신용장에 의해 발행되는 환어음의 기간이 기한부인 신용장으로, 일정 기간이 경과한 후 대금 지급을 확약하는 신용장은 기한부신용장 방식이다.

09 [1급 | 2021년 3회]

다음 중 신용장의 수입자에 대한 효용으로 가장 적절한 것은?

① 상품인수 보장
② 매매 계약 이행 보장
③ 외환변동위험 회피
④ 무역금융 활용 가능

해설

② 매매 계약 이행 보장, ③ 외환변동위험 회피, ④ 무역금융 활용 가능은 신용장의 수출자에 대한 효용이다.

10 [1급 | 2021년 5회]

다음은 신용장의 주요 구성 요소에 관한 설명이다. 설명 내용이 적합하지 않은 것은?

① 개설의뢰인(Applicant)은 신용장 개설을 의뢰하는 수입업자를 의미한다.
② 수익자(Beneficiary)는 신용장 발행의 혜택을 받는 수출업자를 의미한다.
③ 개설은행(Opening Bank)은 신용장 개설의뢰인의 신청과 지시에 따라 신용장을 개설하는 은행을 말한다.
④ 발행은행(Issuing Bank)은 개설은행으로부터 내도된 신용장을 수익자에게 송부하거나 교부하는 은행을 말한다.

해설

- 발행은행(Issuing Bank): 개설의뢰인의 요청과 지시에 따라 신용장을 개설하는 은행
- 통지은행(Advising Bank): 개설은행으로부터 내도된 신용장을 수익자에게 송부하거나 교부하는 수출지의 은행

11 [1급 | 2021년 2회]

[보기]는 신용장에 의한 거래절차 중 일부를 나타낸 것이다. [보기]의 거래절차가 순서대로 나열된 것은?

┌─ 보기 ─────────────────────────────┐
- A. L/C 개설   • B. L/C 통지
- C. 선적   • D. B/L 인도
- E. NEGO   • F. 대금결제
- G. 추심
└────────────────────────────────────┘

① A → B → C → D → E → F → G
② A → C → B → E → D → F → G
③ A → C → D → B → E → G → F
④ A → B → C → E → D → G → F

해설

신용장 거래절차는 'L/C 개설 → L/C 통지 → 선적 → B/L 인도 → NEGO → 대금결제 → 추심 → 상환청구 → 상환 → B/L 제시 → 화물 인도' 순서로 이루어진다.

12 [1급 | 2023년 5회]

다음 [보기]는 신용장에 의한 결제 절차의 일부를 설명하고 있다. (㉠)에 들어갈 적합한 용어를 예와 같이 영문 약어로 기입하시오. (예 ABCD)

┌─ 보기 ─────────────────────────────┐
(㉠)(이)란 수출업자가 수출상품을 통관한 후 본선에 선적하고 수출신용장과 일치되는 선적서류(선하증권, 보험증권, 상업송장 등)를 매입은행에 제출하여 선적서류와 환어음의 매입을 의뢰하고 수출대금을 지급받는 절차를 말한다.
└────────────────────────────────────┘

(답:)

해설

수출자가 매입은행에 B/L을 포함한 선적서류를 제시하고 대금지불을 요청하는 NEGO에 대한 설명이다.

13 [1급 | 2021년 1회]

무역대금결제 방식 중 추심결제 방식에 대한 설명으로 적절하지 않은 것은?

① 결제시기에 따라 지급 인도조건 방식(D/P)과 인수 인도조건 방식(D/A)으로 구분한다.
② 은행의 지급확약이 없으므로 상호 성실한 계약 이행에 의존하여 결제가 진행된다.
③ 추심은행(Collecting Bank)은 수입자에게 수출자의 환어음과 선적서류를 제시하여 수출대금을 받아주는 은행이다.
④ 수출자는 신용장을 확인한 후 물품을 선적하며, 추심의뢰은행을 통해 대금을 청구하고 추심은행을 통해 대금을 회수한다.

해설

추심결제 방식은 신용장 없이 거래를 하여 은행의 지급에 대한 확약이 없는 방식이다.

14 [1급 | 2021년 3회]

지급 인도조건(D/P) 방식에서 수출자에게 수출대금이 지급되는 시기로 적절한 것은 무엇인가?

① 선사가 수출자에게 B/L을 인도한 직후
② 수출자가 추심의뢰은행에게 선적서류를 제출하고 추심의뢰한 직후
③ 추심은행이 선적서류를 수입자에게 제시하고 D/P를 요청한 직후
④ 추심의뢰은행이 수출자에게 수입자의 D/P 사실을 통지한 직후

해설

지급 인도조건(D/P) 방식에서는 추심의뢰은행이 수출자에게 수입자의 D/P 사실을 통지한 후에 수출자에게 대금결제를 한다.

15 [1급 | 2021년 4회]

다음 [보기]는 추심 방식의 유형에 대한 설명이다. (㉠) 안에 들어갈 알맞은 용어를 한글로 쓰시오.

┌─ 보기 ─────────────────────────────┐
(㉠)조건 방식은 수입자가 기한부환어음을 인수하면서 추심은행이 제시하는 인수증에 수입업자가 'accepted'라고 기입하고 서명날인을 하면 추심은행이 선적서류를 넘겨주게 되고 어음만기일에 현금을 추심하는 방식이다.
└────────────────────────────────────┘

(답:)

해설

추심은행이 어음의 지급만기일에 추심하여 수입자로부터 대금을 받아 수출자의 거래은행에 송금하는 방식은 인수 인도조건 방식(D/A)이다.

16 [1급 | 2021년 5회]

다음 [보기]에서 설명하는 무역대금결제 방식의 유형은 무엇인가?

┌─ 보기 ─────────────────────────────┐

- 사전 송금 방식에 해당함
- 수출자가 대금회수를 확실히 보장받는 방법으로, 수입자의 신용을 파악하기 어려운 경우에 주로 사용됨
- 수입자가 계약 상품을 선적하기 전에 수출자에게 무역대금 전액을 미리 송금하는 방식

└──────────────────────────────────┘

① 연불(Deferred Payment)
② 주문불(Cash With Order)
③ 현물상환불(Cash On Delivery)
④ 서류상환불(Cash Against Documents)

해설

① 연불(Deferred Payment): 선적서류가 수입지에 도착하더라도 거래 당사자가 사전에 합의한 약정기간이 경과된 후에 대금을 지급하는 방법
③ 현물상환불(Cash On Delivery): 수입지에 물품이 도착하면 수입자와 선적서류를 가진 수출자 대리인이 함께 수입통관을 한 후, 수입자가 직접 품질 검사를 하여 물품과 상환하여 수입대금을 지급하고 물품을 인수하는 방식
④ 서류상환불(Cash Against Documents): 수입자 대리인이 수출지에서 제조 과정이나 품질을 확인할 수 있으므로 현물 대신에 B/L 등의 선적서류와 상환하여 수입자가 수입대금을 지급하는 방식

17 [1급 | 2021년 3회]

다음 [보기]에서 공통적으로 설명하는 수출대금결제를 위한 송금 방식의 유형은 무엇인가? (답은 예와 같이 한글 용어로 기재하시오. 예 무역)

┌─ 보기 ─────────────────────────────┐

- (   ) 방식은 수입자가 무역물품의 선적 진행 단계에 따라 대금을 분할하여 지급하는 방식으로, 분할 지급 방식이라고 불리기도 한다.
- (   ) 방식은 선박, 기계류, 설비 등과 같이 제작기간이 오래 소요되는 경우에 주문 체결시 1/3, 선적시 1/3, 화물이 도착 후 잔액을 지급하는 것과 같은 방법이 이용된다.

└──────────────────────────────────┘

(답: 방식)

해설

누진불(Progressive Payment) 방식은 일부 사전 송금 방식의 성격을 갖고 있는 것으로 선박이나 기계처럼 제작기간이 오래 소요되는 경우에 사용하는 방식이다.

18 [1급 | 2022년 4회]

송금 방식의 유형을 결제시기로 구분할 때, 사후 송금 방식에 해당하는 것은?

① 연불(Deferred Payment)
② 주문불(Cash With Order)
③ 일부선불(Advance Money)
④ 누진불(Progressive Payment)

해설

- 사전 송금 방식: 주문불, 일부선불, 누진불
- 사후 송금 방식: 연불, 현물상환불, 서류상환불, 상호계산, 청산결제

19 [1급 | 2021년 1회]

다음 [보기]는 송금결제 방식에 대한 설명이다. 괄호 안에 들어갈 용어를 A, B 순서로 예와 같이 약자로 직접 기재하시오. (예 ABC, DEF)

┌─ 보기 ─────────────────────────────┐

- (A.   ) 방식은 사전 송금 방식으로서 수입자의 신용을 파악하기 어려운 경우에 주로 사용하며, 미리 물품대금이 결제되지 않으면 수출자가 선적을 하지 않는 방식이다.
- (B.   ) 방식은 현물 대신에 B/L 등의 선적서류와 상환하여 수입자가 수입대금을 지급하는 방식으로서, 수출자가 선적 후, 수입자 대리인에게 선적서류를 제시하면 대금을 결제하는 방식으로, 수입자 대리인이 수출지에서 제품의 제조 과정이나 품질을 선적 전에 확인할 수 있다.

└──────────────────────────────────┘

(답: ,   )

해설

A. 주문불(CWO; Cash with Order) 방식, B. 서류상환불(CAD; Cash Against Documents) 방식에 대한 설명이다.

| 정답 | 16 ②   17 누진불   18 ①   19 CWO, CAD

20 [1급 | 2021년 4회]

다음 중에서 내국신용장과 구매확인서의 특징을 나타낸 것으로 옳지 않은 것은?

	비교 내용	내국신용장	구매확인서
①	개설기관	외국환은행	외국환은행
②	부가가치세 영세율 적용	불가능	가능
③	수출실적 인정	인정	인정
④	은행의 대금 지급 보증	가능	불가능

해설

- 내국신용장: 부가가치세의 영세율 적용 가능, 수출실적 인정, 은행의 대금 지급 보증 가능
- 구매확인서: 부가가치세의 영세율 적용 가능, 수출실적 인정, 은행의 대금 지급 보증 불가능

21 [1급 | 2022년 4회]

환어음에 대한 설명으로 가장 적절하지 않은 것은?

① 화환어음은 선적서류가 첨부된 어음이다.
② 일람불환어음은 지급인에게 제시된 날에 즉시 금액이 지급된다.
③ 기한부환어음은 제시된 날부터 일정 기간이 지난 후에 대금 지급이 이루어진다.
④ 무담보환어음은 매매 계약서에 명시된 서류를 첨부하여 수출대금의 결제를 위해 주로 사용된다.

해설

무담보환어음(Clean Bill of Exchange)은 환어음 그 자체만으로 결제가 될 수 있는 어음으로 주로 운임, 수수료, 보험료 지급 등에 이용되지만 최근에는 거의 사용되지 않는다.

22 [1급 | 2021년 3회]

[보기]에서 설명하는 환어음에 해당하는 유형은 무엇인가?

- 보기 -
선적서류가 첨부된 어음으로 수출대금의 결제용으로 사용된다.

① 일람불환어음
② 기한부환어음
③ 화환어음
④ 무담보환어음

해설

① 일람불환어음: 지급인에게 제시된 날 즉시 금액이 지급되는 어음
② 기한부환어음: 지급인에게 제시된 날부터 일정 기간이 지난 후에 지급이 이루어지는 어음
④ 무담보환어음: 환어음 그 자체만으로 결제가 될 수 있는 어음으로 주로 운임, 수수료, 보험료 지급 등에 이용되지만 최근에는 거의 사용되지 않음

23 [1급 | 2021년 6회]

다음 [보기]의 설명에 해당하는 외국환은행 대고객매매율의 유형을 기입하시오.

- 보기 -
환어음의 결제를 전신으로 행하는 경우 적용되는 환율

(답:)

해설

환어음의 송달이 1일 이내에 완료되므로 우송기간 동안의 금리가 환율에 영향을 미치지 않는 순수한 의미의 환율이며 타 매매율 결정의 기준이 되는 환율인 전신환(T/T)매매율에 대한 설명이다.

24 [1급 | 2020년 3회]

다음 [보기]의 설명에 해당하는 외국환은행 대고객매매율의 유형을 기입하시오.

- 보기 -
외국환은행이 고객과 외화 현찰거래를 할 때 적용하는 환율

(답:)

해설

외국환은행이 고객과 외화 현찰거래를 할 때 적용하는 환율은 현찰매매율이다.

25 [1급 | 2021년 1회]

다음 중 선하증권에 대한 설명으로 적절하지 않은 것은?

① 운송위탁인과 운송회사 간에 체결한 해상 운송 계약을 근거로 한다.
② 선하증권은 채권으로서의 효력을 가지며, 배서하여 소유권을 양도할 수 있다.
③ 선하증권의 소지자는 선박회사에 대하여 화물의 인도를 청구할 수 없다.
④ 운송회사(선박회사)가 발행하는 유가증권이다.

해설

선하증권의 소지자는 선박회사에 대하여 화물의 인도를 청구할 수 있다.

| 정답 | 20 ② 21 ④ 22 ③ 23 전신환매매율 또는 T/T매매율
24 현찰매매율 25 ③

26 [1급 | 2024년 1회]

[보기]에서 설명하는 선적서류를 한글로 기입하시오.

┌─ 보기 ─────────────────────────────────┐
- 운송위탁인(화주)과 운송회사(선박회사) 간에 체결한 해상 운송 계약을 근거로 선박회사가 발행하는 유가증권
- 운송화물 수령을 확인하고 운송목적지에서 이 서류의 정당한 소지인에게 운송화물을 인도할 것을 약속하는 유가증권
└──┘

(답:)

해설

운송회사(선박회사)가 발행하는 유가증권인 선하증권(B/L; Bill of Lading)에 대한 설명이다. 선하증권의 소지자는 운송회사(선박회사)에 대하여 화물의 인도를 청구할 수 있고, 화물에 대한 소유권리증뿐만 아니라 채권으로서의 효력을 가지며, 배서 또는 인도하여 소유권을 양도할 수도 있다.

27 [1급 | 2022년 2회]

항공 운송에 사용되는 운송서류이며, 선하증권과 유사한 성격을 가지지만 [보기]의 특성을 갖는 서류는 무엇인가? (용어를 영어 대문자 약어로 예와 같이 기입하시오. 예 CIP)

┌─ 보기 ─────────────────────────────────┐
- 항공 운송 계약에서 화물의 수령확인, 영수증, 세관신고서로서의 역할 등을 한다.
- 선하증권과 다르게 운송목적지에서 명기된 수하인에게만 전달되고 양도성은 없다.
└──┘

(답:)

해설

선하증권과 성격이 유사하나 운송목적지에서 지정된 수하인에게만 전달되는 것은 항공화물운송장(AWB; Air Way Bill)이다.

28 [1급 | 2022년 3회]

[보기]의 내용이 설명하고 있는 무역 관련 서류는 무엇인가?

┌─ 보기 ─────────────────────────────────┐
- 수입상품의 내용과 그 정확성을 입증할 수 있으므로, 수입통관 시 세관신고의 증명자료로 사용된다.
- 수출자가 작성하여 다른 선적서류들과 함께 수입자에게 보내는 필수적인 서류이다.
- 거래물품의 단가, 부대비용, 보험료, 총금액, 지불 방식 등이 표기되어 있으며, 거래계산서 및 대금청구서의 역할을 한다.
└──┘

① 환어음   ② 상업송장
③ 선하증권   ④ 원산지증명서

해설

세관신고의 증명자료로서 중요하며 수출자가 작성하여 환어음 및 다른 선적서류들과 함께 수입자에게 보내는 필수적인 서류인 상업송장(Commercial Invoice)에 대한 설명이다.

29 [1급 | 2022년 4회]

포장명세서에 대한 설명으로 가장 적절한 것은?

① 거래물품의 단가, 보험료, 지불방식, 지불시기 등이 표기된다.
② 포장단위번호, 포장단위별 명세, 포장단위별 순중량이 기재된다.
③ 매도인이 매수인에게 발송하는 선적화물의 계산서 및 내용명세서이다.
④ 화주와 선박회사 간 체결한 해상 운송 계약을 근거로 선박회사가 발행하는 유가증권이다.

해설

①, ③은 상업송장(Commercial Invoice), ④는 선하증권(B/L; Bill of Lading)에 대한 설명이다.

30 [1급 | 2020년 3회]

다음 [보기]는 수출통관 절차를 나타낸 것이다. (   ) 안에 들어갈 숫자는?

┌─ 보기 ─────────────────────────────────┐
수출신고 → 수출신고 심사 → 수출신고 수리 → (   )일 이내 선적 → 출항
└──┘

(답: 일)

해설

수출신고가 수리된 물품은 적재의무 기한인 '수리일로부터 30일 이내'에 적합한 운송수단에 선적하여야 한다.

| 정답 | 26 선하증권   27 AWB   28 ②   29 ②   30 30 |

31 [1급 | 2021년 6회]

관세를 과세하기 위해서는 과세요건이 정해져야 한다. 다음 중에서 과세요건에 해당하지 <u>않는</u> 것은?

① 납세의무자
② 과세물건
③ 세율
④ 납부 방식

관세를 부과하기 위한 과세요건에는 납세의무자, 과세물건, 세율, 과세표준이 있다.

32 [1급 | 2022년 3회]

관세법령상 원칙적으로 수입물품의 과세물건 확정시기는 언제인가?

① 수입신고 시점
② 보세창고 반입시점
③ 수출국의 선적시점
④ 수입국의 항만 도착시점

관세법상 원칙적으로 수입물품의 과세물건 확정시기는 수입신고 시점이다.

33 [1급 | 2022년 4회]

[보기]는 관세의 납부 방법 및 납부기한에 대한 설명이다. (A)에 공통으로 들어갈 내용을 단위를 제외하고 숫자만 입력하시오. (단위: 일)

┌─ 보기 ─
• 납세의무자가 관세를 결정하여 자진신고한 경우: 수입신고가 수리된 날로부터 (A)일 이내 관세납부
• 세관장이 납부세액을 결정하여 납부고지서를 발급하는 경우: 납부고지서를 받은 날로부터 (A)일 이내 관세납부

(답: 일)

• 납세의무자가 관세액을 결정하여 자진신고하는 신고납부제도의 경우: 수입신고가 수리된 날로부터 15일 이내 관세납부
• 세관장이 납부세액을 결정하여 납부고지서를 발급하는 부과고지 방식의 경우: 납세고지서를 받은 날로부터 15일 이내 관세납부

34 [1급 | 2022년 2회]

간이정액환급에 대한 설명으로 가장 옳지 <u>않은</u> 것은?

① 수출 사실을 확인하여 일정액을 환급하여 주는 제도이다.
② 중소기업에 대한 관세환급절차를 간소화하기 위한 제도이다.
③ 원재료 수입 단계의 납부관세 등 증명과 소요량 산정을 하지 않고 환급을 신청할 수 있다.
④ 간이정액환급률표에 없는 품목도 관세 등의 납부액을 확인한 후에 일정액을 환급해주는 제도이다.

간이정액환급은 간이정액환급률표에 있는 품목에 대하여 환급해주는 제도이다.

35 [1급 | 2022년 1회]

다음 [보기]의 (   )에 공통적으로 들어갈 한글 용어를 기입하시오.

┌─ 보기 ─
• (   )환급은 중소기업에 대한 관세환급절차를 간소화하기 위한 제도이다.
• (   )환급은 수출물품 제조 시 소요되는 원재료의 납부세액을 정하여 매 건별 관세 등의 납부액을 확인하지 않고 일정액을 환급하여 주는 제도이다.
• (   )환급은 원재료 수입 단계의 납부관세 등 증명과 소요량 산정을 하지 않고 환급을 신청할 수 있다.

(답: 환급)

중소기업에 대한 관세환급절차를 간소화하기 위한 제도인 간이정액환급제도에 대한 설명이다.

| 정답 | 31 ④ | 32 ① | 33 15 | 34 ④ | 35 간이정액 |

자신의 능력을 믿어야 한다.
그리고 끝까지 굳세게 밀고 나가라.

– 엘리너 로절린 스미스 카터(Eleanor Rosalynn Smith carter)

실무

PART

03

실무 시뮬레이션

Enterprise

Resource

Planning

ㅣ프로그램 설치 & 백데이터 복원

☑ [에듀윌 도서몰]−[도서자료실]−[부가학습자료]에서 다운로드

☑ PART 03 실무 시뮬레이션 → 2025 핵심ERP 프로그램 설치

☑ 백데이터 파일은 반드시 압축 해제 후 복원

☑ 오류 발생 시 플래너 뒷면의 FAQ 참고

iCUBE 핵심ERP 프로그램 설치 방법

QR코드를 촬영해 프로그램 설치 방법을 확인하세요!

실무 기초 특강

1 iCUBE 핵심ERP 프로그램 설치 시 유의사항

아래 컴퓨터 사양보다 낮은 환경에서는 iCUBE 핵심ERP 프로그램을 설치할 수 없다.

설치 가능 OS	Microsoft Windows7 이상(Mac OS X, Linux 등 설치 불가)
CPU	Intel Core2Duo / i3 1.8Ghz 이상
Memory	3GB 이상
DISK	10GB 이상의 C:\ 여유 공간

2 iCUBE 핵심ERP 프로그램 설치 방법

① 에듀윌 도서몰(book.eduwill.net) 홈페이지에 접속한다.
② 로그인 후 [도서자료실]-[부가학습자료]를 클릭한다.

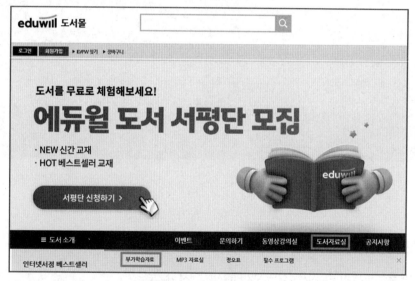

③ 카테고리를 'ERP 정보관리사'로 선택한 후 검색한다.

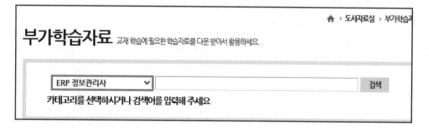

④ 〈2025 에듀윌 ERP 정보관리사 물류 1·2급〉 교재 우측의 다운로드 버튼을 클릭한 후 iCUBE 핵심ERP 프로그램을 다운로드한다.

⑤ 압축된 파일을 풀고 'CoreCubeSetup.exe'를 실행한다. 'CoreCube.exe'를 실행한 경우 아래와 같이 설치를 진행할 수 없다는 경고창이 뜨므로 유의한다.

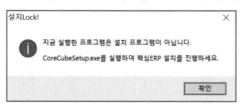

⑥ 설치가 진행되면 '핵심ERP 설치 전 사양체크'가 실행된다.

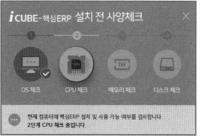

⑦ 설치가 완료되면 iCUBE 핵심ERP를 실행시켜 첫 화면에서 백데이터를 복원하거나 시스템관리자로 로그인한다.

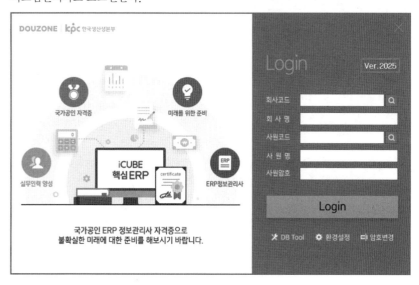

TIP

백데이터와의 호환을 위해 [PART 03 실무 시뮬레이션]은 2025 버전 프로그램과 2025 백데이터를, [PART 04 최신 기출문제]는 2024 버전 프로그램과 기출 백데이터를 다운로드하여 학습해야 한다.

TIP

4단계에 걸쳐 현재 컴퓨터의 사양을 체크하여 핵심ERP 설치 가능 여부를 확인한다. 4단계를 모두 충족해야만 핵심ERP 프로그램의 설치가 진행된다.

TIP

설치 중 오류 발생 시, [에듀윌 도서몰]–[도서자료실]–[부가학습자료]–'ERP 정보관리사'에서 '핵심ERP 프로그램 설치 매뉴얼'을 다운로드하여 확인한다.

3 iCUBE 핵심ERP 백데이터 설치 방법

① [에듀윌 도서몰]−[도서자료실]−[부가학습자료]−'ERP 정보관리사'로 검색한다.
② 〈2025 에듀윌 ERP 정보관리사 물류 1·2급〉 교재 우측의 다운로드 버튼을 클릭한 후 '백데이터'를 다운로드한다.
③ 다운로드된 백데이터의 압축을 풀고 **4**를 참고하여 백데이터를 복원한다.

4 iCUBE 핵심ERP 백데이터 사용 방법

1. 백데이터 복원 방법

① iCUBE 핵심ERP 첫 화면에서 'DB Tool' 버튼을 클릭한다.

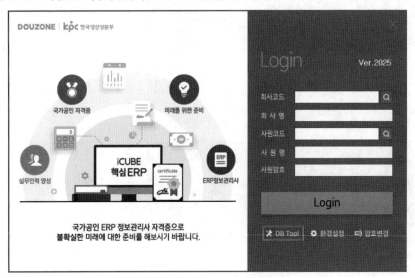

② iCUBE 핵심ERP DB TOOL 화면에서 'DB복원'을 클릭한다.

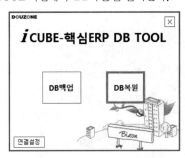

TIP

복원 시 현재 작업 중인 백데이터는 모두 삭제되므로 중요한 백데이터는 반드시 백업해 놓아야 한다.

TIP

DB복원 클릭 시 '사용자 'sa'이(가) 로그인하지 못했습니다.'라는 경고창이 뜨면, [DB Tool] 클릭 − 왼쪽 하단의 '연결설정' 클릭 − [windows 인증] 체크 − '확인'을 누르고 복원한다.

- 방법 1. '기본백업폴더 복원'을 지정하여 복원하는 경우, [C:₩iCUBECORE₩iCU-BECORE_DB₩BAK] 경로에 있는 백데이터가 복원된다.

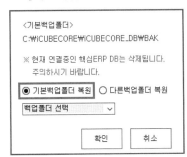

💡 **TIP**

다운로드한 백데이터 파일을 압축 해제하지 않고 복원하는 경우, 백데이터가 조회되지 않으므로 반드시 압축을 해제한 후 복원한다.

- 방법 2. '다른백업폴더 복원'을 지정하여 복원하는 경우, 복원하고자 하는 폴더를 지정한 후 '확인'을 클릭하면 지정한 폴더에 있는 백데이터가 복원된다.

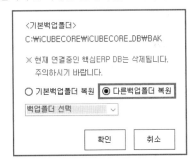

2. 백데이터 백업 방법

① iCUBE 핵심ERP 첫 화면에서 'DB Tool' 버튼을 클릭한다.

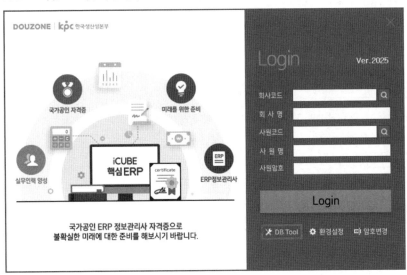

② iCUBE 핵심ERP DB TOOL 화면에서 'DB백업'을 클릭한다.

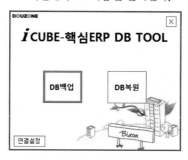

- 방법 1. '기본폴더 백업'으로 백업하는 경우, [C:₩iCUBECORE₩iCUBECORE_DB ₩BAK] 경로에 백업된다.

- 방법 2. '다른폴더 백업'으로 백업하는 경우, '확인' 버튼을 클릭한 후 백데이터를 저장할 폴더를 직접 지정하여 백업할 수 있다.

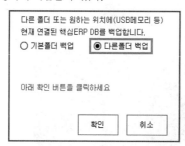

③ 폴더 선택 후 아래와 같이 백업 작업이 완료되면 지정한 폴더에 백데이터가 생성된 것을 확인할 수 있다.

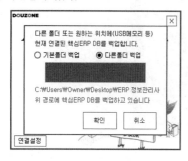 

시스템관리

+ [PART 03 실무 시뮬레이션] 실습 방법

- [2025 에듀윌 ERP 정보관리사] 실무 시뮬레이션 백데이터를 복원
- 회사코드 '3001', 회사명 '2025 에듀윌 ERP 물류', 사원코드 'ERP13L01', 사원명 '홍길동'으로 로그인(로그인 시 암호는 입력하지 않음)
- [PART 03 실무 시뮬레이션]은 '2025 버전 핵심ERP 프로그램'을 사용

1 iCUBE 핵심ERP 시작하기

1. 백데이터 복원하기

실무 시험에 대한 이해를 높이고자 2025년 핵심ERP 프로그램에 맞추어 2025년 1회차 시험 DB를 바탕으로 재구성한 실무DB를 이용하여 연습하도록 구성하였다. ERP 프로그램을 설치한 후 실행하면 처음에는 회사가 등록되어 있지 않기 때문에 하단의 'DB Tool → DB복원'을 클릭하여 '2025 에듀윌 ERP 물류' 백데이터를 복원해야 한다. 백데이터는 바탕화면이나 찾기 편한 위치에 저장한 후 복원하는 것이 편리하다.

물류 2급 실무에서 [무역관리] 모듈이 추가된 것이 물류 1급 실무이다.

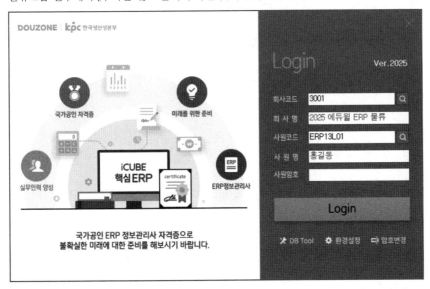

> 💡 **TIP**
> DB복원 클릭 시 '사용자 'sa'이(가) 로그인하지 못했습니다.'라는 경고창이 뜨면, [DB Tool] 클릭 – 왼쪽 하단의 '연결설정' 클릭 – [windows 인증] 체크 – '확인'을 누르고 복원한다.

> 💡 **TIP**
> 다운로드한 백데이터 파일은 반드시 압축을 해제한 후 복원해야 한다.

2. 로그인 화면

처음 로그인하면 다음과 같은 화면이 나온다. 왼쪽 하단에 [시스템관리], [영업관리], [구매/자재관리], [무역관리] 모듈이 있으며 각 모듈을 클릭하면 하위 메뉴를 확인할 수 있다.

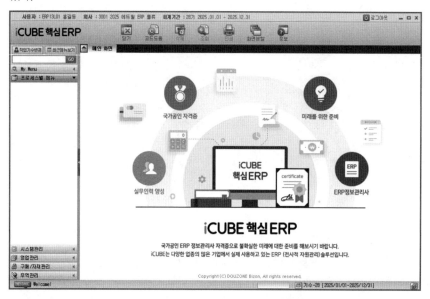

① 각 메뉴에 들어갈 때는 더블클릭을 한다.
② 시험에서는 팝업으로 메뉴가 열리므로 각 메뉴를 사용한 후에는 메뉴를 닫아야 한다.
③ 노란색으로 표시되는 입력부분은 필수 입력란이므로 꼭 입력해야 한다.
④ 상단의 입력부분을 입력한 후 키보드의 'F12'나 화면 상단의 '조회' 버튼을 누르면 조회가 되며 'ENTER'를 계속 누르며 내려가도 조회할 수 있다.
⑤ 시험에서는 화면 왼쪽 상단의 메뉴 검색 기능이 지원되지 않으므로 실습 시에도 메뉴 검색 기능은 사용하지 않는 것이 좋다.
⑥ 키보드의 'F12' 버튼은 조회 시 사용되며, 저장이 필요한 경우에도 사용한다.

TIP

시험 시 여러 개의 메뉴가 열려 있으면 필요한 메뉴가 보이지 않을 수 있으므로 사용하지 않는 메뉴는 바로 종료하는 것이 좋다.

2 개요

[시스템관리]는 회사 업무를 수행함에 있어서 기초가 되는 자료를 입력하고 조회할 수 있는 모듈로 [회사등록정보], [기초정보관리], [초기이월관리], [마감/데이타관리]로 이루어져 있다. 각 메뉴를 더블클릭하거나 메뉴 옆의 ⊞를 클릭하면 하위 메뉴를 확인할 수 있다.

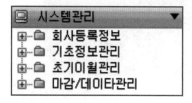

3 회사등록정보

1. 회사등록

🔍 ERP 메뉴 찾아가기

시스템관리 ▶ 회사등록정보 ▶ 회사등록

[회사등록]은 우리 회사의 사업자등록증을 바탕으로 본점의 회계연도, 사업자등록번호, 법인등록번호, 대표자 성명 등을 등록하는 메뉴로, 로그인할 때의 회사 정보가 등록되어 있다. 화면 왼쪽에서 회사명을 선택하면 화면 오른쪽에서 해당 회사의 정보를 조회할 수 있다. 기출문제 DB에는 여러 회사가 등록되어 있으므로 각 회사를 클릭하여 정보를 확인한다.

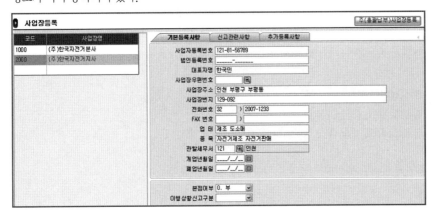

💡 TIP

시험용 백데이터에서 사업자등록번호와 주민등록번호는 실제 유효한 번호가 아니므로 붉은색 글자로 표시될 수 있다. 이것은 잘못된 번호라는 뜻이므로 실제 업무에서는 주의해야 한다.

2. 사업장등록

🔍 ERP 메뉴 찾아가기

시스템관리 ▶ 회사등록정보 ▶ 사업장등록

회사에서 여러 개의 사업장을 운영하고 있는 경우 「부가가치세법」상 사업장마다 각각 사업자등록을 하여야 한다. 회사의 모든 장부는 사업장별로 조회가 이루어지며 각 사업장별로 납부(환급) 세액을 계산하여 이를 각 사업장이 속해 있는 관할 세무서장에게 신고·납부한다. 따라서 [사업장등록] 메뉴를 조회하면 (주)한국자전거본사, (주)한국자전거지사의 정보가 각각 등록되어 있다.

💡 TIP

시험에는 '본사'와 '지사'가 혼용되어 출제되므로 문제를 끝까지 잘 읽고 각 사업장을 확인한 후 풀어야 한다.

3. 부서등록

🔎 **ERP 메뉴 찾아가기**

시스템관리 ▶ 회사등록정보 ▶ 부서등록

💡**TIP**

부서등록 전에 부문등록이 선행되어 야 한다.

회사에서는 업무 영역에 따라 부서가 여러 개로 나누어져 있으며 이러한 부서를 등록하는 메뉴가 [부서등록]이다. 각 부서들의 총괄 업무를 '부문'이라고 하며, 오른쪽 상단의 '부문 등록'에 부문이 등록되어 있으면 부서등록 시 부문코드와 부문명을 선택하여 등록할 수 있 다. 하나의 사업장에 여러 개의 부서가 등록될 수 있지만 부서코드는 중복하여 입력할 수 없다.

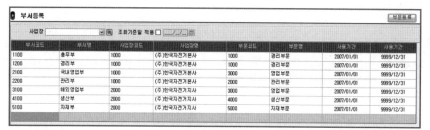

부서코드	부서명	사업장코드	사업장명	부문코드	부문명	사용기간	사용기간
1100	총무부	1000	(주)한국자전거본사	1000	경리부문	2007/01/01	9999/12/31
1200	경리부	1000	(주)한국자전거본사	1000	경리부문	2007/01/01	9999/12/31
2100	국내영업부	1000	(주)한국자전거본사	3000	영업부문	2007/01/01	9999/12/31
2200	관리부	1000	(주)한국자전거본사	2000	관리부문	2007/01/01	9999/12/31
3100	해외영업부	2000	(주)한국자전거지사	3000	영업부문	2007/01/01	9999/12/31
4100	생산부	2000	(주)한국자전거지사	4000	생산부문	2007/01/01	9999/12/31
5100	자재부	2000	(주)한국자전거지사	5000	자재부문	2007/01/01	9999/12/31

4. 사원등록

🔎 **ERP 메뉴 찾아가기**

시스템관리 ▶ 회사등록정보 ▶ 사원등록

회사의 각 사원별로 사원코드, 사원명, 입력방식, 조회권한 등을 설정할 수 있는 메뉴이 다. 퇴사일은 시스템관리자만 입력할 수 있으며, 퇴사일이 입력되어 있는 사원은 퇴사일 이후 시스템에 접근할 수 없다. 또한 사용자여부가 '여'로 설정되어 있는 사원만 프로그램 에 접근할 수 있다. 프로그램 시작 시 사원별로 암호를 설정해야 하지만, 시험용 프로그램 이므로 생략한다.

사원코드	사원명	사원명(영문)	부서코드	부서명	입사일	퇴사일	사용자여부	암호	인사입력방식	회계입력방식	조회권한	품의서권한	검수조사권한	비상연락망
20000601	이종현		2200	관리부	2000/06/01		부		미결	미결	미사용	미결	미결	
ERP13L01	홍길동		2200	관리부	2000/01/01		여		미결	미결	회사	미결	미결	0

(1) 인사입력방식

급여에 대해 조금 더 안정적이고 정확한 관리가 이루어질 수 있도록 급여 마감에 대한 통제 권한자를 설정한다.

① '0. 미결': 급여의 통제 및 결재권한이 없다.

② '1. 승인': 급여 승인권자만 최종 급여를 승인 또는 해제할 수 있다.

(2) 회계입력방식

사원의 전표입력방식에 대한 권한을 설정한다.

① '0. 미결': 전표입력 시 미결전표가 발행되며, 승인권자의 승인이 필요하다.

② '1. 승인': 전표입력 시 승인전표가 발행되며, 전표를 수정하거나 삭제할 경우에 승인해 제를 해야 한다.

③ '2. 수정': 전표입력 시 승인전표가 발행되며, 승인해제를 하지 않아도 곧바로 수정 및 삭제할 수 있다.

💡**TIP**

인사입력방식과 회계입력방식은 물 류와 생산 모듈보다는 회계나 인사 모듈에서 주로 출제되는 내용이다.

(3) 조회권한

① '1. 회사': 회사 전체의 내역을 입력 및 조회할 수 있다.
② '2. 사업장': 사원이 소속되어 있는 사업장의 내역만을 입력 및 조회할 수 있으며, 다른 사업장에는 접근할 수 없다.
③ '3. 부서': 사원이 소속되어 있는 부서의 내역만을 입력 및 조회할 수 있으며, 다른 부서에는 접근할 수 없다.
④ '4. 사원': 사원 본인의 내역만을 입력 및 조회할 수 있으며, 다른 사원의 정보에는 접근할 수 없다.

5. 시스템환경설정

 ERP 메뉴 찾아가기

시스템관리 ▶ 회사등록정보 ▶ 시스템환경설정

각 메뉴의 운영여부, 소수점 자리수, 사용여부 등을 선택할 수 있으며, 오른쪽 선택범위에 해당하는 내용의 번호를 유형설정에서 선택할 수 있다.

예를 들어, 조회구분 '4. 물류'에서 품의등록운영여부의 유형설정이 '0'으로 선택되어 있다는 것은 오른쪽 선택범위의 '0. 운영안함, 1. 운영함' 중에서 '0. 운영안함'을 선택하여 품의등록을 운영하지 않는다는 뜻이다. '0. 부'나 '0. 운영안함'으로 설정되어 있는 메뉴를 열려고 시도하면 [시스템환경설정]에서 운영여부가 '0. 부' 또는 '0. 운영안함'으로 선택되어 있다는 팝업창이 나오면서 메뉴를 열 수 없다. 해당 메뉴를 열어 보고자 한다면 운영여부를 '1. 여' 또는 '1. 운영함'으로 설정하고 로그아웃을 한 후 다시 로그인해야 한다.

6. 사용자권한설정

 ERP 메뉴 찾아가기

시스템관리 ▶ 회사등록정보 ▶ 사용자권한설정

사용자별로 각 모듈의 사용권한을 설정할 수 있으며, '모듈구분'에서 모듈을 선택하면 사용 가능한 메뉴를 확인할 수 있다. 메뉴 조회 시 '홍길동' 사원은 'S. 시스템관리', 'B. 영업관리', 'P. 구매/자재관리', 'D. 무역관리' 모듈에 대해서만 권한이 설정되어 있으며 '홍길동' 사원으로 로그인하면 왼쪽의 메뉴에서 [시스템관리], [영업관리], [구매/자재관리], [무역관리]만을 입력 및 조회할 수 있다.

만약에 사원에게 더 많은 모듈의 사용권한을 설정하고자 한다면 '모듈구분' 선택 → '사원' 선택 → 'MENU' 선택 → 오른쪽 상단의 '권한설정' 버튼을 클릭하면 된다. 권한설정을 하고 로그아웃한 후 다시 로그인하면 권한설정이 된 모듈과 메뉴를 확인할 수 있다.

4 기초정보관리

1. 일반거래처등록

⊘ ERP 메뉴 찾아가기

시스템관리 ▶ 기초정보관리 ▶ 일반거래처등록

회사의 매입처, 매출처 등의 일반거래처를 등록하는 메뉴이다. 화면의 왼쪽에는 등록된 거래처의 이름이, 화면의 오른쪽에는 각 거래처의 기본등록사항과 거래등록사항, 추가등록사항이 입력되어 있다. 거래처 구분이 '일반'인 경우에 사업자등록번호는 입력부분이 노란색으로 표시되어 필수입력해야 하며, 그 외 '무역, 주민, 기타'인 경우에는 필수입력하지 않아도 된다.

실무 연습문제   일반거래처등록

다음 (주)한국자전거의 일반거래처에 대한 설명 중 옳지 않은 것은 무엇인가?

① (주)대흥정공의 사업자번호는 311-28-19927이다.
② (주)형광램프의 종목은 조명기기제조 외이다.
③ (주)제일물산은 서울 강남구에 위치해 있다.
④ 모든 거래처는 사업자등록번호를 반드시 입력해야 한다.

정답 ④

각 거래처마다 등록되어 있는 내역을 확인한다. 거래처 구분이 '일반'인 경우에 사업자등록번호는 입력부분이 노란색으로 표시되어 필수입력해야 하며, 그 외 '무역, 주민, 기타'인 경우에는 필수입력하지 않아도 된다. 구분이 '무역'인 거래처가 있으므로 모든 거래처에 사업자등록번호를 반드시 입력해야 하는 것은 아니다.

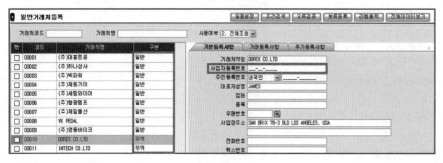

2. 금융거래처등록

◇·· ERP 메뉴 찾아가기

시스템관리 ▶ 기초정보관리 ▶ 금융거래처등록

금융기관, 정기예금, 카드사 등의 금융거래처를 등록하는 메뉴이다. 각 거래처의 내용이 오른쪽의 '기본등록사항' 탭과 '고정자금등록' 탭에 입력되어 있다.

실무 연습문제 금융거래처등록

국민은행에 새로 개설한 당좌계좌를 ERP에 등록하고자 할 때 활용해야 하는 메뉴는 무엇인가?

① 일반거래처등록
② 금융거래처등록
③ 품목군등록
④ 물류관리내역등록

정답 ②

새로 개설한 당좌계좌를 등록할 때 활용하는 메뉴는 [금융거래처등록]이다.

3. 품목군등록

◇·· ERP 메뉴 찾아가기

시스템관리 ▶ 기초정보관리 ▶ 품목군등록

회사에서 사용하고 있는 품목을 그룹별로 관리하기 위하여 품목군을 등록하는 메뉴이다. 품목등록 시 [품목군등록]에서 사용여부가 '사용'으로 설정되어 있는 품목군만 사용할 수 있으며, 품목군 없이도 품목등록이 가능하다.

실무 연습문제 품목군등록

회사는 품목관리를 효율적으로 하기 위해 품목별로 유아용, 일반용, 산악용 등의 품목군을 지정하여 품목을 관리하고 있다. 다음 중 어떤 메뉴를 활용하여 품목군을 등록해야 하는가?

① 관리내역등록   ② 품목분류(대/중/소)등록

③ 품목군등록   ④ 프로젝트등록

정답 ③

새로운 품목군을 등록하는 메뉴는 [품목군등록]이다.

4. 품목등록 중요

ERP 메뉴 찾아가기

시스템관리 ▶ 기초정보관리 ▶ 품목등록

회사에서 사용하고 있는 품목의 정보를 등록하는 메뉴이다. 생산관리와 물류관리에서 반드시 선행되어야 하는 필수입력 메뉴이며, 시험에도 가장 많이 출제된다. 화면 왼쪽에 품번과 품명이 있고, 화면 오른쪽에 'MASTER/SPEC', 'ORDER/COST', 'BARCODE 정보' 탭이 있어서 각 품목의 정보를 입력할 수 있다.

TIP

어떤 정보가 어느 탭에 있는지 위치를 파악하는 것이 중요하다.

(1) 'MASTER/SPEC' 탭

① 계정구분
  - '0. 원재료': 제품이나 반제품 생산에 투입되는 주요 품목
  - '1. 부재료': 제품이나 반제품 생산에 투입되는 부수 품목
  - '2. 제품': 기업에서 판매를 목적으로 생산하는 품목
  - '4. 반제품': 완전한 제품으로는 부족하지만 제품 생산에 투입하거나 독립적으로도 판매가 가능한 품목
  - '5. 상품': 판매를 목적으로 구매하는 품목

② 조달구분
  - '0. 구매': 계정구분이 원재료·부재료·상품 등으로 외부에 발주하여 구매하는 품목
  - '1. 생산': 계정구분이 제품·반제품 등으로 내부에서 자재를 투입하여 생산하는 품목
  - '8. Phantom': 공정상 잠시 존재하여 구매 및 수불행위가 발생하지 않는 품목

③ 재고단위: 재고관리 등에 사용되는 단위로, 입·출고, 재고관리, 생산·외주 시 사용되는 품목의 재고 기준단위이다.

④ 관리단위: 영업을 위한, 구매에서의 발주 시 사용되는 관리 기준단위이다.

⑤ 환산계수: 재고단위/관리단위로 계산할 수 있으며, 'F2'를 누르면 계산식을 확인할 수 있다.

⑥ 품목군: 품목을 그룹별로 관리하는 경우에 사용한다.

⑦ LOT*여부: 품목의 입·출고나 생산 시 LOT의 사용여부(사용·미사용)를 결정한다.

⑧ SET품목: 2가지 이상의 품목을 묶어서 SET로 구성하는지의 여부를 결정한다.

⑨ 검사여부: 영업관리, 구매관리, 생산관리, 외주관리 등을 운영할 때 품목의 검사여부를 결정한다.

⑩ 사용여부: 품목의 사용여부를 결정한다.

✱ LOT

1회에 생산되는 특정 수의 단위 또는 회사에서 관리하는 공정이나 라인 등의 기준

(2) 'ORDER/COST' 탭

① LEAD TIME: 품목의 조달 시 소요되는 기간을 의미하며, 일 단위로 설정한다. 'MASTER/SPEC' 탭의 조달구분에 따라 일자를 산정하는 기준이 다르다.

- 조달구분이 '0. 구매'인 경우: 발주에서 입고까지 소요되는 일자
- 조달구분이 '1. 생산'인 경우: 작업지시에서 생산완료까지 소요되는 일자

② 안전재고량: 여러 가지 불확실한 상황에 대비하여 회사에서 보유하고 있는 재고량이다.

③ 표준원가: 사전원가의 개념으로, 기업이 이상적인 제조활동을 하는 경우의 원가이다.

④ 실제원가: 사후원가의 개념으로, 제품이 완성된 후에 제조를 위하여 소비되는 금액을 산출한 원가이다.

실무 연습문제 품목등록

아래 [보기]의 조건으로 데이터를 조회한 후 물음에 답하시오.

┌─ 보기 ───
│ • 조달구분: 0. 구매
└──

다음 중 [보기]의 조건에 해당하는 품목 정보에 대한 설명으로 옳지 않은 것은?

① 품목 21-3000300. WIRING-DE의 표준원가는 7,000원이다.

② 품목 21-3065700. GEAR REAR C의 대분류는 2000. PACKING이다.

③ 품목 21-1060700. FRAME-NUT는 발주에서 입고까지 3일이 소요된다.

④ 품목 21-3001500. PEDAL(S)의 품목군은 P100. PEDAL이다.

정답 ②

[보기]의 조건으로 조회되는 품목을 확인한다. ① 표준원가, ② 대분류, ③ LEAD TIME(발주에서 입고까지 소요일수)은 'ORDER/COST' 탭에서, ④ 품목군은 'MASTER/SPEC' 탭에서 확인할 수 있다. 여러 품목이 섞여 있으므로 품번이나 품명으로 조회하는 것이 한눈에 확인하기 편리하다.

② 품목 21-3065700. GEAR REAR C의 대분류는 4000. PCB이다.

TIP

LEAD TIME은 시험에 자주 출제된다. 'ORDER/COST' 탭에서 LEAD TIME을 조회할 수 있다는 것을 반드시 기억해야 한다.

이론   실무 시뮬레이션   최신 기출문제

5. 창고/공정(생산)/외주공정등록

◇ ERP 메뉴 찾아가기

시스템관리 ▶ 기초정보관리 ▶ 창고/공정(생산)/외주공정등록

사업장별로 '창고/장소', '생산공정/작업장', '외주공정/작업장'에 관한 정보를 등록하는 메뉴로, 각 탭마다 조회하여 등록할 수 있다. 생산관리와 물류관리를 운영하기 위해서는 창고, 공정, 작업장등록이 선행되어야 한다.

① 창고나 공정은 사업장별로 관리되므로 사업장을 선택한 후 각 창고나 공정을 조회 및 입력한다.

② 사업장 옆의 🔍를 누르거나 사업장란에서 'F2'를 누른 후 사업장을 선택할 수 있다.

③ 각 탭의 화면 상단에 창고, 생산공정, 외주공정을 등록할 수 있고, 화면 하단에 창고의 장소나 생산공정의 작업장, 외주공정의 작업장을 등록할 수 있다.

④ 하나의 창고나 공정에 여러 개의 장소나 작업장을 등록하여 사용할 수 있다.

⑤ 탭별로 각각 등록되어 있으므로 조회조건을 정확히 파악하여야 한다.

실무 연습문제 창고/공정(생산)/외주공정등록

다음 [보기]의 조건으로 데이터를 조회한 후 물음에 답하시오.

┌ 보기 ┄┄┄
- 사업장: 1000. (주)한국자전거본사
- 탭: 창고/장소
└┄┄

다음 중 적합여부가 '부적합'이며 가용재고여부가 '여'인 위치코드와 위치명으로 옳은 것은?

① M102. 제품장소

② 1200. 진열장소

③ M320. 제품_부산장소

④ P101. 제품장소

정답 ③

[보기]의 조건으로 조회한 후 각 위치의 적합여부와 가용재고여부를 확인한다. 각 창고를 클릭하면 하단에서 위치를 확인할 수 있다.

③ M300. 완성품창고 하단의 M320. 제품_부산장소의 적합여부가 '부적합', 가용재고여부가 '여'이다.

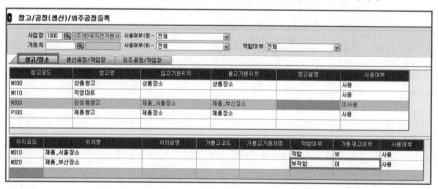

6. 프로젝트등록

🔍 ERP 메뉴 찾아가기

시스템관리 ▶ 기초정보관리 ▶ 프로젝트등록

특정한 행사, 프로젝트 등을 별도로 관리하고자 할 때 사용하는 메뉴이다. 오른쪽 상단의 '분류등록'을 클릭하면 프로젝트분류를 추가할 수 있다.

실무 연습문제   프로젝트등록

다음 [보기]와 같은 프로젝트분류를 추가하고자 할 때 활용해야 하는 메뉴는?

> ─ 보기 ─
> • 프로젝트분류: L100, 상반기사업

① 프로젝트등록

② 품목등록

③ 관리내역등록

④ 물류관리내역등록

정답 ①

프로젝트분류는 [프로젝트등록] 메뉴에서 오른쪽 상단의 '분류등록'을 이용하여 등록할 수 있다.

7. 관리내역등록

🔍 ERP 메뉴 찾아가기

시스템관리 ▶ 기초정보관리 ▶ 관리내역등록

예금종류, 거래처등급 등의 관리항목을 등록해 놓은 메뉴이다. 구분이 '변경가능'인 것은 변경 및 입력이 가능하고, '변경불가능'인 것은 변경 및 입력이 불가능하다. 조회구분에는 '0. 공통', '1. 회계'가 있다.

💡 **TIP**

[관리내역등록]은 물류와 생산보다 는 주로 회계 모듈에서 사용하는 메 뉴이다.

8. 회계연결계정과목등록

⊗ ERP 메뉴 찾아가기

시스템관리 ▶ 기초정보관리 ▶ 회계연결계정과목등록

물류, 생산 등 여러 모듈에서 발생한 매입과 매출 정보에 대한 회계처리를 수행할 때 자동으로 분개하기 위해 계정과목코드를 미리 등록하는 메뉴이다. 회계처리 관련 메뉴에서 전표처리를 진행하면 [회계연결계정과목등록]에 등록되어 있는 계정이 대체차변, 대체대변에 생성된다. 각 모듈에서 회계처리된 것은 미결전표로 생성되므로 회계 승인권자가 [전표승인/해제] 메뉴에서 승인을 하여야 승인전표가 된다.

실무 연습문제 회계연결계정과목등록

아래 [보기]의 조건으로 데이터를 조회한 후 물음에 답하시오.

┌ 보기 ─────────────────────────
- 모듈: 영업관리
- 전표코드: DOMESTIC_영업
└──────────────────────────────

다음 중 회계처리(매출마감)에서 사용되는 계정코드와 적요명이 <u>아닌</u> 것은?

① 10800 – 외상매출금 증가(상품)

② 40400 – 제품 매출

③ 25500 – 부가세예수금_DOMESTIC

④ 83100 – 수수료 대체

정답 ④

[보기]의 조건으로 조회 시 ④ 83100 – 수수료 대체는 조회되지 않는다.

전표코드	전표명	순번	순번명	차대구분	계정코드	표준적요
S1	DOMESTIC_영업	101	외상매출금(원재료)	대체차변	10800	외상매출금 증가(원재료)
S1	DOMESTIC_영업	102	외상매출금(부재료)	대체차변	10800	외상매출금 증가(부재료)
S1	DOMESTIC_영업	103	외상매출금(제품)	대체차변	10800	외상매출금 증가(제품)
S1	DOMESTIC_영업	104	외상매출금(반제품)	대체차변	10800	외상매출금 증가(반제품)
S1	DOMESTIC_영업	105	외상매출금(상품)	대체차변	10800	외상매출금 증가(상품)
S1	DOMESTIC_영업	106	외상매출금(저장품)	대체차변	10800	외상매출금 증가(저장품)
S1	DOMESTIC_영업	107	외상매출금(수익)	대체차변	10800	외상매출금 증가(용역)
S1	DOMESTIC_영업	201	원재료	대체대변	40100	원재료 상품대체 매출
S1	DOMESTIC_영업	202	부재료	대체대변	40100	부재료 상품대체 매출
S1	DOMESTIC_영업	203	제품	대체대변	40400	제품 매출
S1	DOMESTIC_영업	204	반제품	대체대변	40400	반제품 매출
S1	DOMESTIC_영업	205	상품	대체대변	40100	상품 매출
S1	DOMESTIC_영업	206	저장품	대체대변	40100	저장품 상품대체 매출
S1	DOMESTIC_영업	207	수익	대체대변	40400	용역 매출
S1	DOMESTIC_영업	301	부가세예수금	대체대변	25500	부가세예수금_DOMESTIC

9. 물류관리내역등록

🔍 ERP 메뉴 찾아가기

시스템관리 ▶ 기초정보관리 ▶ 물류관리내역등록

물류나 생산 모듈에서 사용하는 생산설비, 작업팀, 영업관리구분 등의 관리항목을 등록하고 관리하는 메뉴이다. 화면 왼쪽의 코드와 관리항목명은 시스템에서 자동으로 제공되며, 화면 오른쪽의 관리내역코드와 관리항목명은 직접 입력 및 수정할 수 있다. 사용하지 않는 관리내역의 사용여부를 '미사용'으로 설정하면 [작업지시등록] 메뉴 등에서 사용할 수 없다.

실무 연습문제 물류관리내역등록

다음 중 영업관리구분에 해당하는 관리항목은 무엇인가?

① 일반매출   ② 긴급매출
③ 할인매출   ④ 정기매출

정답 ①

[물류관리내역등록] 메뉴에서 'LS. 영업관리구분'에 등록되어 있는 관리항목명을 확인한다.

10. 물류담당자코드등록

🔍 ERP 메뉴 찾아가기

시스템관리 ▶ 기초정보관리 ▶ 물류담당자코드등록

물류나 생산 업무에서 사용하는 담당자를 등록하는 메뉴이다. 오른쪽 상단의 '담당그룹등록' 버튼을 클릭한 후 담당그룹을 먼저 등록할 수 있으며 담당그룹 없이도 담당자 등록이 가능하다. 시작일과 종료일 사이의 기준일자에 유효한 담당자의 조회가 가능하다.

실무 연습문제 물류담당자코드등록

아래 [보기]의 조건으로 데이터를 조회한 후 물음에 답하시오.

┌ 보기 ─────────────────────
• 기준일자: 2025/04/01
└──────────────────────────

다음 중 회사에 등록되어 있는 담당자코드와 담당자코드명으로 올바르지 <u>않은</u> 것은?

① 1000. 김대연   ② 2000. 이봉회
③ 3000. 김민경   ④ 4000. 성민석

정답 ②

[보기]의 기준일자로 조회한 후 등록되어 있는 담당자코드와 담당자코드명을 확인한다.
② 담당자코드 2000의 담당자코드명은 정대준이다.

탭	담당자코드	담당자코드명	사원코드	사원명	전화번호	팩스번호	휴대폰	담당그룹	시작일	종료일	사용여부
☐	10	영업1부							2007/01/01	9999/12/31	사용
☐	1000	김대연							2013/01/01	9999/12/31	사용
☐	20	영업2부							2007/01/01	9999/12/31	사용
☐	2000	정대준							2013/01/01	9999/12/31	사용
☐	30	영업3부							2007/01/01	9999/12/31	사용
☐	3000	김민경							2013/01/01	9999/12/31	사용
☐	40	무역부							2007/01/01	9999/12/31	사용
☐	4000	성민석							2013/01/01	9999/12/31	사용
☐	50	구매부							2007/01/01	9999/12/31	사용
☐	5000	이봉회							2013/01/01	9999/12/31	사용

11. 물류실적(품목/고객)담당자등록

ERP 메뉴 찾아가기

시스템관리 ▶ 기초정보관리 ▶ 물류실적(품목/고객)담당자등록

[물류담당자코드등록] 메뉴에서 등록한 물류담당자를 조회하여 거래처나 품목별로 담당자를 등록하는 메뉴이다. '거래처' 탭에서는 거래처별로, '품목' 탭에서는 품목별로 담당자를 입력할 수 있으며 영업담당자, 구매담당자, 외주담당자, 지역, 거래처분류, 영업기본단가, 구매기본단가 유형을 입력할 수 있다. [물류실적(품목/고객)담당자등록] 메뉴에는 담당자뿐만 아니라 지역이나 거래처분류, 영업기본단가 등도 입력할 수 있으므로 [물류실적(품목/고객)담당자등록] 메뉴의 입력사항을 확인해야 한다.

실무 연습문제 물류실적(품목/고객)담당자등록

다음 중 영업담당자와 구매담당자가 동일하지 않은 거래처는 어디인가?

① (주)대흥정공
② (주)빅파워
③ (주)제동기어
④ (주)제일물산

정답 ③

'거래처' 탭에서 각 거래처의 영업담당자와 구매담당자를 확인한다.
① (주)대흥정공: 영업담당자-김대연, 구매담당자-김대연
② (주)빅파워: 영업담당자-김대연, 구매담당자-김대연
③ (주)제동기어: 영업담당자-성민석, 구매담당자-이봉회 ✓
④ (주)제일물산: 영업담당자-김민경, 구매담당자-김민경

물류실적(품목/고객)담당자등록

거래처		-			거래처분류		
0. 전체 ▼ 담당자		지역그룹					
영업기본단가유형		지역			구매기본단가유형		

『	코드	거래처명	영업담당자	구매담당자	외주담당자	지역	지역그룹	거래처분류	기본납품처	영업기본단가유형	구매기본단가유형
□	00001	(주)대흥정공	김대연	김대연		서울					
□	00002	(주)하나상사	성민석	정대준		서울					
□	00003	(주)빅파워	김대연	김대연		인천					
□	00004	(주)제동기어	성민석	이봉회		인천		매출처			
□	00005	(주)세림와이어	김대연	김대연		경기		매출처			
□	00006	(주)형광램프	김대연	정대준		부산		매출처			
□	00007	(주)제일물산	김민경	김민경		경기					
□	00008	YK PEDAL	성민석	이봉회		경기					

12. 품목분류(대/중/소)등록

ERP 메뉴 찾아가기

시스템관리 ▶ 기초정보관리 ▶ 품목분류(대/중/소)등록

품목을 특성에 따라 품목군, 대분류, 중분류, 소분류별로 관리하고자 할 경우에 등록하는 메뉴이다. 품목군, 대분류, 중분류, 소분류 설정은 [품목등록] 메뉴에서도 가능하며, [품목분류(대/중/소)등록] 메뉴에서 품목분류를 등록하면 [품목등록] 메뉴에도 동일하게 적용된다. [물류관리내역등록] 메뉴의 품목대분류, 품목중분류, 품목소분류에 등록되어 있는 내용을 사용하며 사용여부가 '미사용'인 품목은 조회되지 않는다.

실무 연습문제 품목분류(대/중/소)등록

다음 중 품목의 대분류가 '4000. PCB'인 품목으로 옳지 않은 것은 무엇인가?

① 21-1060850. WHEEL FRONT-MTB

② 21-3065700. GEAR REAR C

③ 87-1002001. BREAK SYSTEM

④ 90-9001000. FRAME GRAY

정답 ④

'대분류: 4000. PCB'로 조회하여 포함되는 품목을 확인한다. 전체로 조회해도 되지만 대분류를 설정하고 조회하면 품목을 확인하기 더욱 편리하다.
④ 90-9001000. FRAME GRAY의 대분류는 '1000. FRAME'이다.

품목분류(대/중/소)등록

품목군		조달구분 전체		계정구분 전체	
품목		-			
대분류 4000 PCB		중분류		소분류	

품번	품명	규격	단위(관리)	품목군	대분류	중분류	소분류
21-1060850	WHEEL FRONT-MTB		EA	WHEEL	PCB	WCT	JIS-I12
21-1060950	WHEEL REAR-MTB		EA	WHEEL	PCB		
21-3065700	GEAR REAR C		EA	GEAR	PCB		
85-1020400	POWER TRAIN ASS'Y(MTB)		EA	반조립품	PCB		
87-1002001	BREAK SYSTEM		BOX	반조립품	PCB		
ABU-012	ARU_230		EA	TRIDEA	PCB		
TTS-230	가죽용하이킹세트		EA		PCB		

13. 검사유형등록

🔍 ERP 메뉴 찾아가기

시스템관리 ▶ 기초정보관리 ▶ 검사유형등록

물류나 생산의 각 모듈에서 검사를 할 경우에 사용하는 검사유형을 등록한다. 검사구분에는 '11. 구매검사', '21. 외주검사', '41. 공정검사', '51. 출하검사'가 있다. 각 검사유형명 하단에 검사유형질문을 등록할 수 있으며, 입력필수에 '필수'와 '선택'을 구분하여 등록할 수 있다.

실무 연습문제 검사유형등록

아래 [보기]의 조건으로 데이터를 조회한 후 물음에 답하시오.

┌ 보기 ─────────────────────────────────
• 검사구분: 51. 출하검사
└───────────────────────────────────────

다음 중 입력필수여부가 필수인 검사유형질문이 등록되어 있는 검사유형명은 무엇인가?

① 01. 조립검사

② 02. 외관검사

③ 03. 포장검사

④ 04. 기능검사

정답 ②

[보기]의 검사구분으로 조회한 후 각 검사유형명 하단에서 입력필수여부를 확인한다.

② '02. 외관검사'에 등록되어 있는 검사유형질문 '스크래치가 난 곳은 없는가?'의 입력필수여부는 '필수'이다.

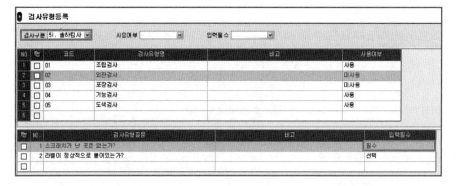

14. SET구성품등록

🔍 ERP 메뉴 찾아가기

시스템관리 ▶ 기초정보관리 ▶ SET구성품등록

두 개 이상의 품목을 SET로 묶어서 판매하는 경우에 사용하는 메뉴이다. 화면의 상단에는 세트품을, 화면의 하단에는 세트의 구성품을 등록하여 SET로 관리할 수 있다. [품목등록] 메뉴에서 'SET품목'이 '1. 여'로 설정되어 있는 품목이 조회된다.

다음 중 'TTS-230. 가족용하이킹세트' 품목의 SET구성품으로 옳지 <u>않은</u> 것은?

① 자물쇠

② 일반자전거

③ 유아용자전거

④ 산악자전거

정답 ④

조회 후 'TTS-230. 가족용하이킹세트' 품목의 하단에 등록되어 있는 구성품을 확인한다. 등록되어 있는 구성품은 자물쇠, 유아용자전거, 일반자전거이다.

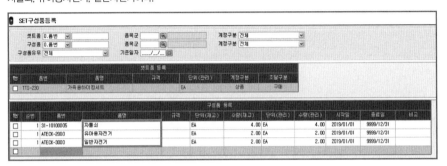

15. 고객별출력품목등록

✒️- ERP 메뉴 찾아가기

시스템관리 ▶ 기초정보관리 ▶ 고객별출력품목등록

동일한 품목에 대해서 고객마다 품번, 품명, 규격 등이 다를 경우 출력품번, 출력품명, 출력규격, 단위, 출력환산계수, 사용여부 등을 고객의 요구에 따라 등록하는 메뉴이다. 거래명세서나 세금계산서 등을 발급할 때 고객에게 맞출 수 있으므로 유용하게 사용할 수 있다.

실무 연습문제　고객별출력품목등록

품목 NAX-A500. 30단기어자전거에 대해 고객별로 출력품목을 설정하여 견적서를 인쇄하려고 한다. 고객과 출력품명의 연결이 올바르지 <u>않은</u> 것은?

① YK PEDAL - 30 MT BIKE

② DOREX CO.LTD - 30 DGR BK

③ INTECH CO.LTD - 30 DGR BIKER

④ 에치에프아이 - 30 DG BIKE X

정답 ③

'0. 품번. NAX-A500'으로 조회하여 고객명과 출력품명을 확인한다. 전체로 조회해도 되지만 품번이나 품명으로 조회하면 확인하기 편리하다.

③ 품목 'NAX-A500. 30단기어자전거'의 하단에 등록되어 있는 고객 'INTECH CO.LTD'의 출력품명은 '30 DG BIKE'이다.

5 초기이월관리

1. 회계초기이월등록

🔍 ERP 메뉴 찾아가기

시스템관리 ▶ 초기이월관리 ▶ 회계초기이월등록

주로 회계 모듈에서 사용하며, '1. 재무상태표', '2. 손익계산서', '3. 500번대원가', '4. 600번대원가', '5. 700번대원가'의 구분으로 입력 및 조회할 수 있는 메뉴이다. 전기의 보고서를 조회하여 이월기준일 1월 1일로 당기 이월된 내역을 입력 및 조회할 수 있으며, 차기에는 [시스템관리]-[마감/데이타관리]-[마감및년도이월] 메뉴를 통해 자동으로 회계이월작업을 할 수 있다.

2. 재고이월등록

🔍 ERP 메뉴 찾아가기

시스템관리 ▶ 초기이월관리 ▶ 재고이월등록

당기 말(대상년도: 2025)의 기말재고를 차기(이월년도: 2026)의 기초재고로 반영하여 이월시키는 메뉴이다. 재고이월작업 후에 대상연도 재고를 수정하지 않으려면 [자재마감/통제등록] 메뉴에서 마감등록을 하여야 한다. 만약 이월작업 후 대상연도 재고의 변경이 발생할 경우, 대상연도의 기말재고와 이월연도의 기초재고가 일치하도록 이월작업을 다시 하여야 한다.

6 마감/데이타관리

1. 영업마감/통제등록

🔍 ERP 메뉴 찾아가기

시스템관리 ▶ 마감/데이타관리 ▶ 영업마감/통제등록

사업장별로 영업에 관련된 판매단가, 품목코드도움창, 주문(유통) 여신통제 방법 등을 설정할 수 있는 메뉴이다.

① 판매단가: [영업관리]-[기초정보관리] 메뉴에 품목단가와 고객별단가가 등록되어 있어야 적용된다. 견적이나 수주등록을 할 경우에 적용할 단가를 선택할 수 있다.

② 품목코드도움창: 품목이 5,000건 미만인 표준코드도움과 품목이 5,000건 이상인 대용량코드도움 중에서 선택한다.

③ 일괄마감 후 출고변경 통제: '통제안함'을 선택하면 출고처리 수량 및 금액을 수정할 수 있고, '통제'를 선택하면 출고처리 수량 및 금액을 통제하여 수정할 수 없다.

④ 마감일자: 설정된 마감일자 이전의 매출이나 매출반품 등 영업품목의 이동(수불)을 통제하여 매출마감에 제약을 받는다. 재고평가를 한 경우에는 마감일자가 자동으로 설정되며, 사용자가 직접 마감일자를 입력하여 저장할 수도 있다.

⑤ 입력통제일자: 설정된 일자를 포함한 이전 일자에 대하여 재고수불과 관련 없는 메뉴(견적등록, 수주등록 등)에 대한 입력을 통제한다.

실무 연습문제   영업마감/통제등록

다음 중 [영업마감/통제등록] 메뉴에 판매단가로 설정되어 있는 것은 무엇인가?

① 적용안함

② 품목단가

③ 고객별단가

④ 고객 & 품목유형별단가

정답 ②

[영업마감/통제등록] 메뉴에 판매단가로 설정되어 있는 것은 품목단가이다.

---

2. 자재마감/통제등록

ERP 메뉴 찾아가기

시스템관리 ▶ 마감/데이타관리 ▶ 자재마감/통제등록

사업장별로 자재정보에 대한 구매단가, 재고평가방법, 사업장이동평가, 품목코드도움창, 재고(-) 통제여부, 마감일자, 입력통제일자 등의 정보를 설정하여 통제하는 메뉴이다.

① 구매단가: [구매/자재관리]-[기초정보관리] 메뉴에서 품목단가와 거래처별 단가가 등록되어 있어야 적용된다. 발주하여 구매할 경우 적용할 단가를 선택할 수 있으며, 구매단가를 적용하면 발주등록 시 단가를 자동으로 반영할 수 있다.

② **재고평가방법**: 재고평가작업에 활용되는 평가방법을 설정하는 것으로 총평균, 이동평균, 선입선출, 후입선출 중에서 선택한다.

③ **사업장이동평가**: 사업장 간의 재고이동 시 표준원가와 사업장출고단가 중에서 재고의 단가유형을 선택한다.

④ **품목코드도움창**: 품목이 5,000건 미만인 표준코드도움과 품목이 5,000건 이상인 대용량코드도움 중에서 선택한다.

⑤ **재고(-) 통제여부**: '통제안함'을 선택하면 재고가 없어도 (-)재고를 허용하여 출고처리가 가능하고, '통제'를 선택하면 (-)재고를 허용하지 않아 출고처리가 불가능하다.

⑥ **일괄마감 후 입고변경 통제**: '통제안함'을 선택하면 입고처리 수량 및 금액을 수정할 수 있지만, '통제'를 선택하면 입고처리 수량 및 금액을 통제하여 수정할 수 없다.

⑦ **마감일자**: 설정된 마감일자 이전의 매입이나 매입반품 등 자재품목의 이동(수불)을 통제하여 입고 및 매입마감에 제약을 받는다. 재고평가를 한 경우에는 마감일자가 자동으로 설정되며, 사용자가 직접 마감일자를 입력하여 저장할 수도 있다.

⑧ **입력통제일자**: 설정된 입력일자를 포함한 이전 일자에 대하여 재고수불과 관련 없는 메뉴(발주등록 등)에 대한 입력을 통제한다.

실무 연습문제 자재마감/통제등록

다음 중 [자재마감/통제등록] 메뉴의 설정항목별 설정값에 대한 설명으로 옳지 <u>않은</u> 것은?

① 구매단가 설정항목에 대한 설정값은 '품목단가'이다.
② 재고평가방법 설정항목에 대한 설정값은 '총평균'이다.
③ 일괄마감 후 입고변경 통제 설정항목에 대한 설정값은 '통제안함'이다.
④ 재고(-) 통제여부 설정항목에 대한 설정값은 '통제안함'이다.

정답 ②

재고평가방법 설정항목에 대한 설정값은 '선입선출'이다.

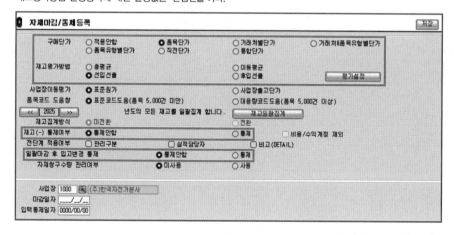

3. 마감및년도이월

🔍 ERP 메뉴 찾아가기

시스템관리 ▶ 마감/데이타관리 ▶ 마감및년도이월

회계 모듈에서 주로 사용하는 메뉴이며 당기의 재무제표정보를 다음 연도의 초기이월데이터로 이월할 수 있는 메뉴이다. 당기의 회계처리 관련 입력 및 결산을 완료한 후에 [마감및년도이월] 메뉴에서 이월 작업을 하면, 기존 자료의 추가 입력 및 수정이 불가능하여 자료를 안전하게 보존할 수 있다.

4. 사원별단가/창고/공정통제설정

🔍 ERP 메뉴 찾아가기

시스템관리 ▶ 마감/데이타관리 ▶ 사원별단가/창고/공정통제설정

사원별로 단가통제나 창고/공정통제를 설정하는 메뉴로 [시스템관리]-[회사등록정보]-[시스템환경설정] 메뉴에서 '사원별창고및단가입력통제 적용 여부'에 '1. 여'를 선택해야만 사용할 수 있다. 현재 '0. 부'로 설정되어 있으므로 메뉴를 사용할 수 없다.

만약 [사원별단가/창고/공정통제설정] 메뉴를 실행하고자 한다면 [시스템관리]-[회사등록정보]-[시스템환경설정] 메뉴에서 조회구분 '4. 물류', 코드 '55. 사원별창고및단가입력통제 적용 여부'의 유형설정을 '1. 여'로 변경하고 로그아웃한 후 다시 로그인해야 한다.

CHAPTER 03 영업관리

[영업관리]는 수주, 출고 등 매출에 관련된 작업을 입력 및 조회하는 모듈로 [영업관리], [영업현황], [영업분석], [기초정보관리]로 이루어져 있다.

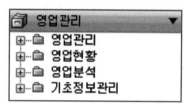

1 기초정보관리

품목별 단가나 고객별 단가 및 납품처를 등록해야 출고 등 매출이 원활하게 이루어질 수 있다.

1. 품목단가등록

ERP 메뉴 찾아가기

영업관리 ▶ 기초정보관리 ▶ 품목단가등록

구매 및 판매하는 품목의 단가를 입력하는 메뉴로 '구매단가' 탭에서는 구매 품목의 구매단가를, '판매단가' 탭에는 구매 및 생산한 품목을 판매할 경우의 판매단가를 등록한다.
[시스템관리]−[마감/데이타관리]−[영업마감/통제등록] 메뉴에서 '판매단가' 항목이나 [자재마감/통제등록] 메뉴에서 '구매단가' 항목이 '품목단가'로 선택되어 있을 경우 [품목단가등록] 메뉴에서 입력한 단가가 적용된다.
① '판매단가' 탭의 일괄수정: 표준원가대비, 구매단가대비, 최저판매가대비에 대한 마진율을 입력한 후 '일괄수정'을 클릭하면 마진율을 적용한 판매단가를 일괄적으로 등록할 수 있다.
② 판매부가세단가: 판매단가에 10%의 부가세를 합한 금액이다.
③ 환산표준가: [품목등록] 메뉴의 'MASTER/SPEC' 탭에서 입력한 환산계수와 'ORDER/COST' 탭에서 입력한 표준원가를 적용하여 '표준원가×환산계수'의 계산식에 의해 자동 반영된다.

실무 연습문제 | 품목단가등록

다음 품목 중 구매단가와 판매단가의 차이가 커서 이익이 가장 많이 발생하는 품목으로 옳은 것은?

① 산악자전거
② PS−BLACK
③ PS−WHITE
④ 싸이클

> **TIP**
>
> [영업관리]−[기초정보관리]−[품목단가등록] 메뉴는 [구매/자재관리]−[기초정보관리]−[품목단가등록] 메뉴와 동일한 작업이다.

정답 ③

'판매단가' 탭에서 조회한 후 각 품목의 구매단가와 판매단가의 차이를 계산한다.

① 산악자전거: 구매단가 210,000원, 판매단가 320,000원 → 차이 110,000원

② PS–BLACK: 구매단가 6,500원, 판매단가 220,000원 → 차이 213,500원

③ PS–WHITE: 구매단가 5,520원, 판매단가 220,000원 → 차이 214,480원 ✓

④ 싸이클: 구매단가 190,000원, 판매단가 280,000원 → 차이 90,000원

TIP

'판매단가' 탭에서는 구매단가와 판매단가를 한 번에 확인할 수 있으므로 편리하다.

품목단가등록

품번			–			조달구분	전체		계정구분	전체	
품목군						증분류			소분류		
대분류											

구매단가 / **판매단가**

마진율 [   ] % ⦿ 표준원가대비 ○ 구매단가대비 ○ 최저판매가대비 [일괄수정]

	품번	품명	규격	재고단위	관리단위	환산계수	환산표준원가	구매단가	최저판매가	판매단가	판매부가세단가
☐	BOLT100	볼트100		EA	EA	1.000000	0.00	8,000.00	0.00	10,000.00	11,000.00
☐	NAX-A400	싸이클		EA	EA	1.000000	190,000.00	190,000.00	0.00	280,000.00	308,000.00
☐	NAX-A420	산악자전거		EA	EA	1.000000	210,000.00	210,000.00	0.00	320,000.00	352,000.00
☐	NAX-A500	30단기어자전거		EA	EA	1.000000	250,000.00	250,000.00	0.00	250,000.00	275,000.00
☐	PIPE06	200 X 600 PIPE	200*600	EA	EA	1.000000	10,100.00	1,250.00	0.00	1,563.00	1,719.30
☐	PS-ZIP01	PS-DARKGREEN		EA	BOX	10.000000	250,000.00	78,000.00	0.00	220,000.00	242,000.00
☐	PS-ZIP02	PS-WHITE		EA	EA	1.000000	8,000.00	5,520.00	0.00	220,000.00	242,000.00
☐	PS-ZIP03	PS-BLACK		EA	EA	1.000000	6,000.00	6,500.00	0.00	220,000.00	242,000.00
☐	TTS-230	가죽용하이힐세트		EA	EA	1.000000	0.00	550,000.00	0.00	600,000.00	660,000.00

2. 고객별단가등록

◎ ERP 메뉴 찾아가기

영업관리 ▶ 기초정보관리 ▶ 고객별단가등록

고객별로 구매단가와 판매단가를 다르게 적용시킬 경우에 사용하는 메뉴로, '구매단가' 탭에서는 고객별 구매단가를, '판매단가' 탭에서는 고객별 판매단가를 등록한다.

[시스템관리]–[마감/데이타관리]–[영업마감/통제등록] 메뉴에서 '판매단가' 항목이 '고객별단가'로 선택되어 있는 경우와 [자재마감/통제등록] 메뉴에서 '구매단가' 항목이 '거래처별단가'로 선택되어 있는 경우에 [고객별단가등록] 메뉴에서 입력한 단가가 적용된다. 고객별 단가등록이므로 고객인 거래처명을 반드시 입력하여야 입력 및 조회할 수 있다.

TIP

[영업관리]–[기초정보관리]–[고객별단가등록] 메뉴는 [구매/자재관리]–[기초정보관리]–[거래처별단가등록] 메뉴와 동일한 작업이다.

실무 연습문제 고객별단가등록

다음 품목 중 (주)제동기어에서 구매하는 단가가 올바르지 않은 것은?

① FRONT FORK(S): 19,000원

② PEDAL: 50,000원

③ HEAD LAMP: 10,000원

④ WHEEL FRONT-MTB: 17,000원

정답 ④

'구매단가' 탭에서 '거래처: (주)제동기어'로 조회한 후 각 품목의 구매단가를 확인한다.

④ WHEEL FRONT-MTB의 구매단가는 18,000원이다.

이론 | 실무 시뮬레이션 | 최신 기출문제

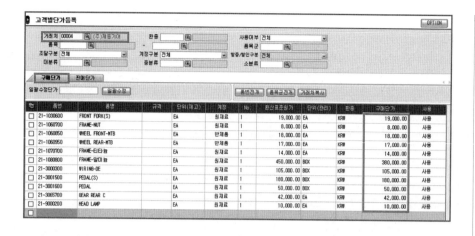

3. 납품처등록

🔍 **ERP 메뉴 찾아가기**

영업관리 ▶ 기초정보관리 ▶ 납품처등록

거래처에 실제로 물건을 납품해야 하는 장소와 운임 등 납품처의 정보를 등록하는 메뉴로 거래처와 납품처가 다른 경우나 납품처가 여러 곳인 경우에 편리하게 사용할 수 있다.

실무 연습문제 납품처등록

다음 (주)제일물산의 납품처 중 배송방법이 화물차량 1톤으로 설정되어 있는 곳은?

① 제일물산/하남창고
② 제일물산/대전창고
③ 제일물산/대구창고
④ 제일물산/부산창고

정답 ①

(주)제일물산의 납품처 중 배송방법이 화물차량 1톤으로 설정되어 있는 곳은 '제일물산/하남창고'이다.

4. 채권기초/이월/조정(출고기준)

🔍 **ERP 메뉴 찾아가기**

영업관리 ▶ 기초정보관리 ▶ 채권기초/이월/조정(출고기준)

사업장별로 채권기초, 채권이월, 채권조정을 등록하는 메뉴이다.
① '채권기초' 탭: 고객별 채권의 기초금액인 '기초미수채권'을 입력한다.
② '채권이월' 탭: 해당 연도 기말의 미수채권을 차기연도로 이월할 경우 이월미수채권을
보여준다.
③ '채권조정' 탭: 해당 거래처의 실제 미수채권과 장부상의 미수채권에 차이가 발생했을
때 채권을 조정하는 메뉴이다. 채권을 비교한 후 장부상 미수채권 금액을 증가시키려
면 (+)값을, 장부상 미수채권 금액을 감소시키려면 (−)값을 입력한다.

실무 연습문제 채권기초/이월/조정(출고기준)

(주)한국자전거본사의 김대연 담당자가 담당하고 있는 고객 중 2025년도 기초미수채권이 가장
큰 고객으로 옳은 것은?

① (주)대흥정공
② (주)빅파워
③ (주)세림와이어
④ (주)형광램프

정답 ①

'사업장: (주)한국자전거본사, 해당년도: 2025, 담당자: 김대연'으로 조회한 후 '채권기초' 탭에서 각 고객별 기초미
수채권을 확인한다. 전체로 조회해도 되지만 담당자를 김대연으로 지정하여 조회하는 것이 한눈에 확인하기 편리
하다.
① (주)대흥정공의 기초미수채권: 10,081,505원 ✓
② (주)빅파워의 기초미수채권: 3,700,500원
③ (주)세림와이어의 기초미수채권: 844,250원
④ (주)형광램프의 기초미수채권: 844,250원

2 영업관리

1. 판매계획등록

◇ - ERP 메뉴 찾아가기

영업관리 ▶ 영업관리 ▶ 판매계획등록

사업장별, 계획연도별 등 판매계획을 등록하는 메뉴로 '기초계획' 탭에서는 계획연도의 월별 판매계획 내역을 등록하고, '수정계획' 탭에서는 기초계획에 입력한 내용의 수정계획을 등록한다.

실무 연습문제 판매계획등록

아래 [보기]의 조건으로 데이터를 입력 및 조회한 후 물음에 답하시오.

┌ 보기 ─────────────────────────────────
• 사업장: 1000. (주)한국자전거본사
• 계획연도: 2025년 5월
└────────────────────────────────────

(주)한국자전거본사는 2025년 5월 판매계획을 등록하였으나 갑작스러운 질병의 유행으로 인한 수요 증가로 판매계획수량을 수정하였다. 판매단가는 수정하지 않고 모든 품목의 계획수량만 100EA로 수정하여 등록한다면 수정계획을 등록한 후 각 품목의 판매예상 금액으로 옳지 않은 것은?

① 유아용자전거: 16,000,000원

② 일반자전거: 24,000,000원

③ 싸이클: 27,000,000원

④ 산악자전거: 33,000,000원

정답 ④

'수정계획' 탭에서 [보기]의 조건으로 조회한다. 각 품목별 수정계획수량을 100EA로 입력하고 각 품목별 기초계획단가와 동일하게 수정계획단가를 등록하면 변경된 수정계획 금액을 확인할 수 있다.

④ 산악자전거의 수정계획 금액은 32,000,000원이다.

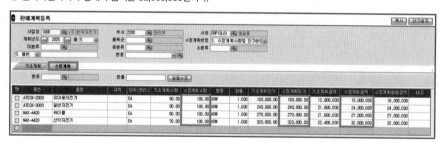

2. 판매계획등록(고객별상세)

ERP 메뉴 찾아가기

영업관리 ▶ 영업관리 ▶ 판매계획등록(고객별상세)

판매계획을 고객별로 상세하게 등록하는 메뉴로 대상년월의 고객별 매출예상 금액과 수금예상 금액을 확인할 수 있다.

실무 연습문제 판매계획등록(고객별상세)

다음 중 (주)한국자전거본사의 2025년 10월 매출예상 금액보다 수금예상 금액이 적은 고객이 아닌 것은?

① (주)대흥정공

② (주)하나상사

③ (주)제일물산

④ YK PEDAL

정답 ④

'사업장: (주)한국자전거본사, 대상년월: 2025/10월'로 조회한 후 고객별 매출예상 금액과 수금예상 금액을 확인한다.

④ YK PEDAL은 매출예상 금액과 수금예상 금액이 38,600,000원으로 같다.

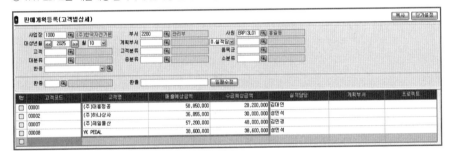

3. 견적등록

ERP 메뉴 찾아가기

영업관리 ▶ 영업관리 ▶ 견적등록

고객에게 수량, 단가, 납품일정 등을 전달할 견적서의 내용을 등록하는 메뉴이다. 견적등록은 선택사항으로 반드시 입력해야 하는 것은 아니며 직접 입력만 할 수 있다. 견적등록한 내용을 적용받아 수주등록할 수 있으며, 이러한 경우에는 견적내역을 수정 및 삭제할 수 없다.

(1) 과세구분

① '0. 매출과세': 세금계산서가 교부되는 거래로 부가가치세 10%의 과세매출

② '1. 수출영세': 국외 수출거래로 부가가치세 0%의 매출

③ '2. 매출면세': 계산서가 교부되는 거래로 면세재화의 매출

④ '3. 매출기타': 과세와 면세 이외의 매출

다음 [보기]의 조건으로 데이터를 입력 및 조회한 후 물음에 답하시오.

> ── 보기 ──
> - 사업장: 1000. (주)한국자전거본사
> - 견적기간: 2025/04/15
> - 고객: 00009. (주)영동바이크
> - 과세구분: 0. 매출과세
> - 단가구분: 0. 부가세미포함
> - 납기일: 2025/04/19
> - 견적수량: 10EA

다음 중 [보기]의 조건으로 견적등록을 하였을 때 등록되는 단가가 가장 큰 품목으로 옳은 것은?

① NAX-A400. 싸이클

② NAX-A420. 산악자전거

③ ATECK-2000. 유아용자전거

④ ATECK-3000. 일반자전거

정답 ②

[보기]의 사업장과 견적기간으로 조회한 후 메뉴의 상단에 견적일자, 고객, 과세구분, 단가구분을 입력하고 하단에 선택지의 각 품목과 납기일, 견적수량을 입력하면 단가와 금액이 자동 적용된다.
① NAX-A400. 싸이클의 단가: 280,000원
② NAX-A420. 산악자전거의 단가: 320,000원 ✓
③ ATECK-2000. 유아용자전거의 단가: 85,000원
④ ATECK-3000. 일반자전거의 단가: 165,000원

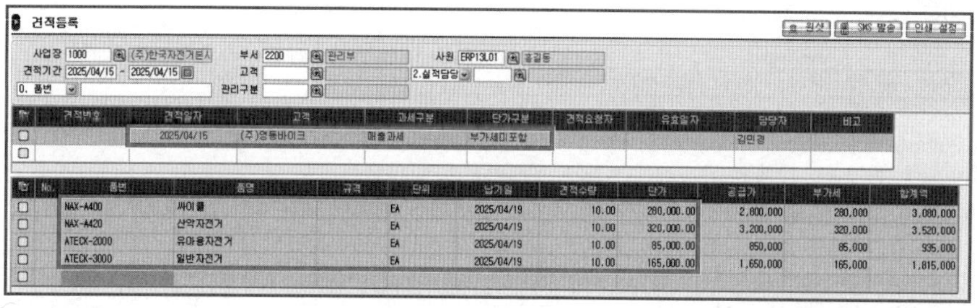

TIP

적용되는 단가를 확인하는 문제이므로 저장은 하지 않아도 된다.

4. 수주등록

ERP 메뉴 찾아가기

영업관리 ▶ 영업관리 ▶ 수주등록

고객으로부터 주문받은 수주내역을 등록하는 메뉴이다. 오른쪽 상단의 '견적적용 조회' 버튼을 클릭해 견적내용을 적용받아 수주등록을 할 수 있으며, 견적 없이 직접 등록할 수도 있다. '재고확인' 버튼을 이용해 관리단위와 재고단위의 현재고, 가용재고, 입고예정량을 확인할 수 있다.

다음 [보기]의 조건으로 데이터를 조회한 후 물음에 답하시오.

┌─ 보기 ───
• 사업장: 1000. (주)한국자전거본사
• 주문기간: 2025/09/01 ~ 2025/09/30
└──

[보기]의 조건에 해당하는 주문내역 중 견적적용 조회 기능을 이용하여 수주등록을 한 주문번호
로 옳은 것은?

① SO2509000001

② SO2509000002

③ SO2509000003

④ SO2509000004

정답 ①

[보기]의 조건으로 조회한 후 각 주문번호의 하단에서 마우스 오른쪽 버튼을 클릭하여 '[수주등록] 이력정보'를 확
인한다.

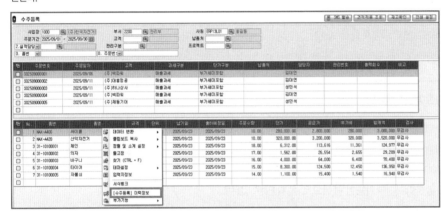

① SO2509000001의 이전 이력은 견적등록으로 오른쪽 상단의 견적적용 조회 기능을 이용하여 수주등록한 것을
알 수 있다.

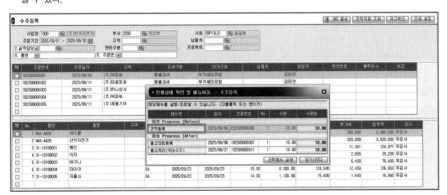

②, ③, ④는 이전 이력이 등록되어 있지 않으므로 적용을 받지 않고 직접 수주등록한 것을 알 수 있다.

5. 수주등록(유상사급)

⊘ ERP 메뉴 찾아가기

영업관리 ▶ 영업관리 ▶ 수주등록(유상사급)

수주등록 시 외주생산에 사용될 자재를 외주업체에 유상으로 공급(판매)할 때 등록하는 메뉴이며 생산관리 모듈의 [외주관리]와 연계된 메뉴이다. 외주업체에 자재를 공급할 때 대가를 받고 판매하는 것을 유상사급, 대가를 받지 않고 공급하는 것을 무상사급이라고 한다.

6. 출고의뢰등록

⊘ ERP 메뉴 찾아가기

영업관리 ▶ 영업관리 ▶ 출고의뢰등록

수주받은 품목에 대해 출고담당자에게 출고를 의뢰하는 메뉴이다. [시스템관리]-[회사등록정보]-[시스템환경설정] 메뉴에서 조회구분 '4. 물류'의 '출고의뢰운영여부'가 '1. 운영함'으로 되어 있으면 [출고의뢰등록] 메뉴를 사용할 수 있다.
수주등록된 내역을 적용받아 출고의뢰등록을 하기 위해서는 오른쪽 상단의 '주문적용 조회' 버튼을 클릭하여 조회된 주문잔량을 출고의뢰등록할 수 있다.

실무 연습문제 출고의뢰등록

아래 [보기]의 조건으로 데이터를 조회한 후 물음에 답하시오.

┌ 보기 ─────────────────────────────────────
• 사업장: 1000. (주)한국자전거본사   • 의뢰기간: 2025/09/01 ~ 2025/09/30
• 주문기간: 2025/09/01 ~ 2025/09/30
└──

주문정보를 적용하여 출고의뢰를 등록할 경우 등록 가능한 품목으로 옳지 않은 것은?

① 81-1001000. BODY-알미늄(GRAY-WHITE)

② 83-2000100. 전장품 ASS'Y

③ 21-1070700. FRAME-티타늄

④ 21-1080800. FRAME-알미늄

정답 ④

[보기]의 사업장과 의뢰기간으로 조회한 후 오른쪽 상단의 '주문적용 조회' 버튼을 클릭하여 [보기]의 주문기간을 입력한다. 이때, 조회되는 품목과 주문잔량이 주문정보를 적용하여 출고의뢰등록이 가능한 품목과 수량이다.

💡 TIP

'주문적용 조회' 버튼은 의뢰번호가 등록되어 있지 않은 빈칸에서 클릭하여야 한다.

7. 출고검사등록

❖ ERP 메뉴 찾아가기

영업관리 ▶ 영업관리 ▶ 출고검사등록

TIP

[출고의뢰등록]과 [출고검사등록]은 반드시 입력해야 하는 메뉴는 아니다.

수주받은 품목을 고객에게 출고하기 전, 출고품목에 대한 검사 결과를 등록하는 메뉴이다. [시스템관리]-[회사등록정보]-[시스템환경설정] 메뉴에서 조회구분 '4. 물류'의 '출고전 검사운영여부'가 '1. 운영함'으로 되어 있어야 [출고검사등록] 메뉴를 사용할 수 있다.
① [시스템관리]-[기초정보관리]-[검사유형등록] 메뉴에 등록된 검사유형을 조회하여 검사내역을 등록할 수 있다.
② [수주등록]이나 [출고의뢰등록] 메뉴에서 검사여부가 '검사'로 설정되어 있어야 출고검사를 등록할 수 있다.
③ 검사구분이 '전수검사'인 경우 시료 수는 검사수량과 같으며, 시료합격수량, 시료불합격수량을 입력할 수 없다.
④ 검사구분이 '샘플검사'인 경우 실제 검사를 시행한 시료 수를 입력한다.
⑤ 합격수량이 출고처리 적용 가능 수량이다.

실무 연습문제   출고검사등록

아래 [보기]의 조건으로 데이터를 조회한 후 물음에 답하시오.

> ─ 보기 ─
> • 사업장: 1000. (주)한국자전거본사
> • 검사기간: 2025/09/01 ～ 2025/09/15

회사에서는 출고검사 시 발생한 불량유형을 알아보고자 한다. [보기]의 조건으로 등록된 출고검사 건에서 발생한 불량유형명은 무엇인가?

① 조립불량
② 포장불량
③ 외관불량
④ 도색불량

정답 ④

[보기]의 조건으로 조회한 후 하단에 등록되어 있는 품목의 불량유형명 '도색불량'을 확인한다.

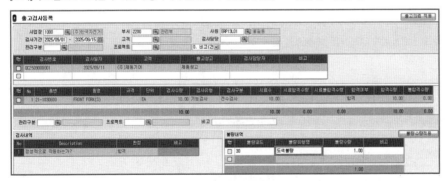

8. 출고처리(국내수주)

◇ ERP 메뉴 찾아가기

영업관리 ▶ 영업관리 ▶ 출고처리(국내수주)

국내수주(주문받은) 내역을 출고처리하는 메뉴이다. 출고처리를 통하여 고객에게 납품을 하게 되면 재고가 감소하며, 반품이 되어 돌아오면 다시 재고가 증가한다.

(1) '예외출고' 탭

① 수주등록 없이 출고처리하거나 샘플, 견본품으로 출고처리 시 사용하며, 출고를 하면 재고가 감소한다.

② 오른쪽 상단의 '출고적용'을 이용하여 적용하면 주문단위수량에 (-)로 입력되고 반품처리된다. 반품으로 인하여 재고는 증가한다.

(2) '주문출고' 탭

수주등록, 출고의뢰등록, 출고검사를 한 내역을 적용받아 출고처리하는 경우에 사용하며, 출고를 하면 재고가 감소한다.

실무 연습문제 출고처리(국내수주)

아래 [보기]의 조건으로 데이터를 조회한 후 물음에 답하시오.

┌ 보기 ─
- 사업장: 1000. (주)한국자전거본사
- 출고기간: 2025/09/01 ~ 2025/09/30
- 출고창고: P100. 제품창고

[보기]의 기간에 출고처리한 내역에 대한 설명으로 올바르지 않은 것은?

① 출고번호 IS2509000001은 적용을 받지 않고 직접 입력한 건이다.

② 출고번호 IS2509000004의 장소는 P101. 제품장소이다.

③ 출고번호 IS2509000010은 출고적용을 통하여 반품이 등록되었다.

④ 출고번호 IS2509000011은 주문번호 SO2509000005의 주문 건의 적용을 받아 등록되었다.

정답 ④

[보기]의 조건으로 조회되는 출고 건을 확인한다. ①, ②, ③은 '예외출고' 탭에서, ④는 '주문출고' 탭에서 확인할 수 있다.

① 출고번호 IS2509000001의 하단 품목에서 마우스 오른쪽 버튼을 클릭하여 '[출고처리(국내수주)] 이력정보'를 확인한다. 이전 이력이 등록되어 있지 않으므로 적용을 받지 않고 직접 입력한 것을 알 수 있다.

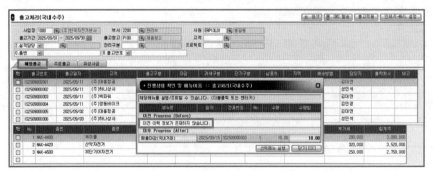

② 출고번호 IS2509000004 하단의 모든 품목을 클릭하면 장소 'P101. 제품장소'를 확인할 수 있다.

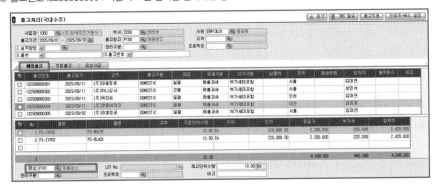

③ 출고번호 IS2509000010의 하단 품목 'WHEEL FRONT−MTB' 주문단위수량 −5EA는 반품되어 등록된 것이다. 하단 품목에서 마우스 오른쪽 버튼을 클릭하여 '[출고처리(국내수주)] 이력정보'를 확인하면 이전 이력에 '출고처리(국내수주)'가 등록되어 있어, [출고처리(국내수주)] 메뉴의 오른쪽 상단 '출고적용' 기능을 통하여 반품이 등록되었음을 알 수 있다.

④ 출고번호 IS2509000011의 하단에 주문번호 SO2509000001이 등록되어 있으므로 주문번호 SO2509000001의 적용을 받아 등록되었음을 알 수 있다. 또한 '[출고처리(국내수주)] 이력정보'에서도 수주등록 전표번호를 확인할 수 있다.

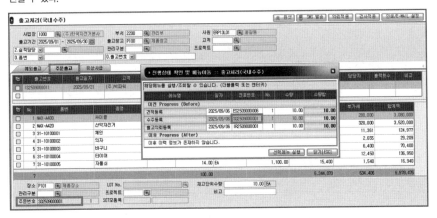

9. 거래명세서발행

ERP 메뉴 찾아가기

영업관리 ▶ 영업관리 ▶ 거래명세서발행

출고된 내역 또는 반품처리한 내역에 대하여 거래명세서를 발행하는 메뉴이다.

① [출고처리(국내수주)] 메뉴에서 등록한 출고 건(반품 포함)이 조회된다.

② 출고수량이나 출고단가를 수정할 수는 없으며, 수정은 [출고처리(국내수주)] 메뉴에서 한다.

③ 상단의 '인쇄' 버튼을 클릭해 거래명세서를 인쇄하여 거래처에 발행할 수 있다.

④ 오른쪽 상단의 '인쇄/E-MAIL 설정' 버튼을 이용하여 인쇄 설정을 할 수 있다.

실무 연습문제   거래명세서발행

다음 중 [거래명세서발행] 메뉴에 대한 설명으로 옳지 않은 것은?

① 출고된 내역 또는 반품처리한 내역에 대하여 거래명세서를 발행하는 메뉴이다.

② [출고처리(국내수주)] 메뉴에서 등록한 출고 건이 조회된다.

③ 필요한 경우에도 출고수량이나 출고단가를 수정할 수 없다.

④ '거래명세서'는 인쇄하여 사용할 수 없으므로 따로 작성하여야 한다.

정답 ④

[거래명세서발행] 메뉴 상단의 '인쇄' 버튼을 이용하여 거래명세서를 바로 인쇄할 수 있다.

10. 매출마감(국내거래)

ERP 메뉴 찾아가기

영업관리 ▶ 영업관리 ▶ 매출마감(국내거래)

국내거래에 대하여 매출마감을 하는 메뉴이다. 출고내역의 수량과 금액을 확정하며, 오른쪽 상단의 '출고적용' 버튼이나 '출고일괄적용' 버튼을 클릭하여 출고내역을 적용받아 매출마감을 할 수 있다.

① 매출마감된 내역은 재고평가와 회계처리의 대상이 된다. 매출마감이 되지 않은 내역은 재고의 감소에 영향을 주지만 세금계산서를 발행할 수 없으며 재고평가 대상에서도 제외된다.

② 마감내역 선택 후 오른쪽 상단의 '계산서처리' 버튼을 클릭하면 세금계산서를 발행할 수 있다.

③ 마감구분이 '건별'이면 자동으로 매출마감이 등록되고, '일괄'이면 직접 매출마감을 등록해야 한다. 따라서 마감구분이 '건별'인 마감 건의 마감수량 및 단가는 본 메뉴에서 직접 수정 및 삭제할 수 없으나, 마감일자와 세무구분은 수정이 가능하다.

실무 연습문제 매출마감(국내거래)

아래 [보기]의 조건으로 데이터를 조회한 후 물음에 답하시오.

> ─ 보기 ─
> • 사업장: 1000. (주)한국자전거본사
> • 마감기간: 2025/09/01 ~ 2025/09/15

다음 중 국내거래의 매출마감내역에 대한 설명으로 옳지 않은 것은?

① 마감번호 SC2509000001은 자동으로 매출마감이 등록되었다.

② 마감번호 SC2509000003은 [회계처리(매출마감)] 메뉴에서 전표처리되었다.

③ 마감번호 SC2509000004의 마감수량 합계는 20EA이다.

④ 마감번호 SC2509000005는 출고번호 IS2509000006의 매출마감 건이다.

정답 ④

[보기]의 조건으로 조회한 후 각 마감번호의 내역을 확인한다.

① 마감번호 SC2509000001의 마감구분은 '건별'로 자동으로 매출마감이 등록되었다. 만약 마감구분이 '일괄'이면 직접 매출마감을 등록해야 한다.

② 마감번호 SC2509000003의 전표구분은 '처리'로 [회계처리(매출마감)] 메뉴에서 전표처리된 것이다.

③ 마감번호 SC2509000004의 하단에 등록되어 있는 마감수량 합계는 20EA이다.

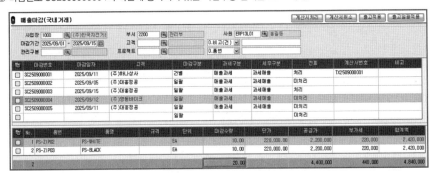

④ 마감번호 SC2509000005의 하단에 출고번호 IS2509000008이 등록되어 있다. 하단에서 마우스 오른쪽 버튼을 클릭하여 '[매출마감(국내거래)] 이력정보'에서도 출고번호를 확인할 수 있다.

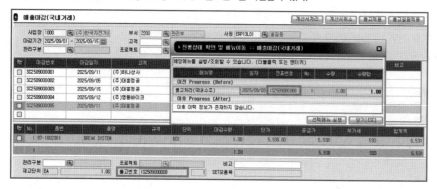

11. 세금계산서처리

ERP 메뉴 찾아가기

영업관리 ▶ 영업관리 ▶ 세금계산서처리

세금계산서를 발행하고 출력하기 위한 메뉴이며, 매출마감된 국내 과세거래의 세금계산서를 발행할 수 있다. 매출마감 데이터를 적용받지 않고 본 메뉴에서 하단의 품목을 직접 입력할 수 없다. 세금계산서 발행 시 이미 대금을 받은 상태이면 '영수', 아직 대금을 받지 않은 상태라면 '청구'를 선택한다.

실무 연습문제 세금계산서처리

다음 [보기]를 바탕으로 (주)한국자전거본사에서 발생된 마감내역을 일괄적용하여 세금계산서를 처리한 후, 등록되는 세금계산서의 내역에 대한 설명으로 올바르지 않은 것은?

┌ 보기 ┄┄
• 조건: 고객일괄
• 발행일자: 2025/09/15
• 과세구분: 전체
• 영수/청구: 청구
• 마감기간: 2025/09/10 ~ 2025/09/15

① 총 2건의 세금계산서가 처리된다.
② (주)대흥정공의 건은 마감번호 SC2509000003과 SC2509000005의 2건을 적용받았다.
③ (주)대흥정공의 외상미수금은 8,505,938원이다.
④ (주)영동바이크 합계액의 합은 4,840,000원이다.

정답 ③

'사업장: 1000. (주)한국자전거본사, 발행기간: 2025/09/15 ~ 2025/09/15'를 입력하여 조회한 후 오른쪽 상단의 '마감일괄적용' 버튼을 클릭한다. [보기]의 조건을 입력한 후 '확인[TAB]'을 클릭하면 세금계산서처리가 된다.

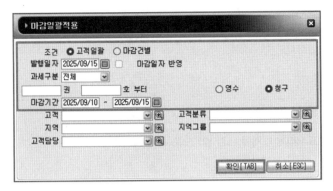

① (주)대흥정공, (주)영동바이크의 세금계산서 2건이 처리된다.

② (주)대흥정공의 품목을 클릭하면 하단에서 마감번호를 확인할 수 있다. 싸이클, 산악자전거, 30단기어자전거의 마감번호는 SC2509000003이며, BREAK SYSTEM의 마감번호는 SC2509000005로 2건의 마감이 세금계산서 처리되었다.

③ (주)대흥정공의 외상미수금은 9,356,531원이다.

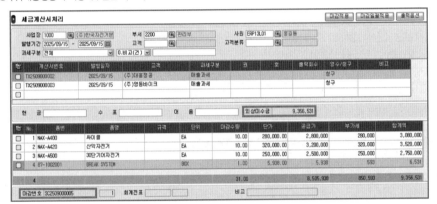

④ (주)영동바이크의 하단에서 합계액의 합 4,840,000원을 확인할 수 있다.

---

12. 회계처리(매출마감)

> **ERP 메뉴 찾아가기**
>
> 영업관리 ▶ 영업관리 ▶ 회계처리(매출마감)

매출마감된 내역을 전표처리기능을 이용하여 회계처리하기 위한 메뉴이다. 영업관리 모듈에서 발생된 자료는 회계관리 모듈에 영향을 주기 때문에 반드시 회계처리를 통하여 이관하는 작업을 해야 하며, 회계관리 모듈로 이관하기 전에 회계연결계정과목이 설정되어 있어야 처리할 수 있다.

① '매출마감' 탭에서 오른쪽 상단의 '전표처리' 버튼을 이용하여 회계전표를 생성할 수 있으며, '전표취소' 버튼을 이용하여 생성된 회계전표를 취소할 수 있다.

② '회계전표' 탭에서 생성된 전표를 확인할 수 있다.

③ 생성된 전표의 상태는 '미결'이며, 회계 모듈에서 승인처리를 하면 전표의 상태가 '승인'으로 변경된다.

아래 [보기]의 조건으로 데이터를 조회한 후 물음에 답하시오.

┌─ 보기 ─
• 사업장: 1000. (주)한국자전거본사
• 기간: 2025/09/10 ~ 2025/09/15

회사에서는 매출마감 데이터를 전표처리하였다. 전표처리된 내역에 대한 설명으로 옳지 않은 것은?

① 마감번호 SC2509000001의 회계전표에는 외상매출금 2,750,000원이 있다.

② 마감번호 SC2509000003의 회계전표에는 상품매출이 8,500,000원 있다.

③ 마감번호 SC2509000001의 회계전표는 (주)하나상사의 마감 건을 전표처리한 것이다.

④ 마감번호 SC2509000003의 회계전표는 미결전표이다.

정답 ②

전표처리된 내역은 '회계전표' 탭에서 확인할 수 있으므로, '회계전표' 탭에서 [보기]의 조건으로 조회한다. ①, ③은 영업관리(매출마감: SC2509000001)에서, ②, ④는 영업관리(매출마감: SC2509000003)에서 확인한다.
② 마감번호 SC2509000003의 회계전표에는 상품매출이 아닌, '제품매출'이 8,500,000원 있다.

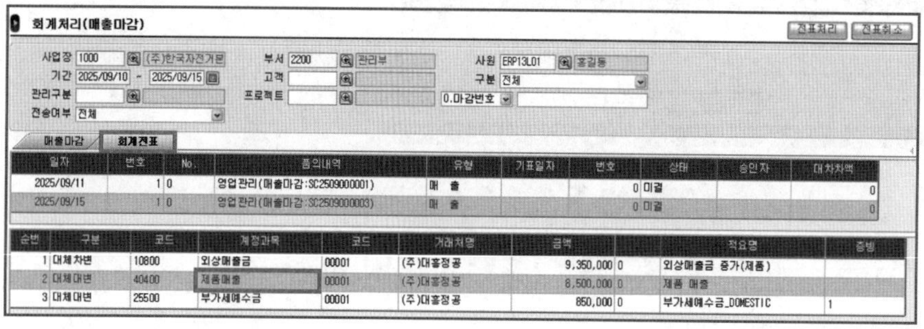

13. 수금등록

> **ERP 메뉴 찾아가기**
>
> 영업관리 ▶ 영업관리 ▶ 수금등록

거래처로부터 수금한 내역을 등록하는 메뉴이다. 매출 후 대금을 수금하는 경우는 '정상수금', 매출 전 미리 계약금을 받은 경우는 '선수금'으로 입력한다.

실무 연습문제 수금등록

아래 [보기]의 조건으로 데이터를 조회한 후 물음에 답하시오.

┌─ 보기 ─
• 사업장: 1000. (주)한국자전거본사
• 수금기간: 2025/09/01 ~ 2025/09/10

[보기]의 기간에 수금된 내역에 대한 설명으로 바르지 않은 것은?

① (주)대흥정공의 선수금정리잔액은 500,000원이다.

② (주)하나상사로부터 받을어음으로 선수금을 수취하였다.

③ (주)빅파워의 선수금정리금액은 1,300,000원이다.

④ (주)제동기어에서는 현금으로 2,000,000원을 수취하였다.

정답 ④

[보기]의 조건으로 조회되는 내역을 확인한다.

① (주)대흥정공의 정리잔액은 500,000원이며, 이는 선수금 2,000,000원에서 오른쪽 상단의 '선수금정리' 버튼을 클릭하여 조회되는 선수금정리금액 1,500,000원을 차감한 금액이다.

② (주)하나상사의 하단에 받을어음으로 선수금 1,500,000원을 수취한 내역이 등록되어 있다.

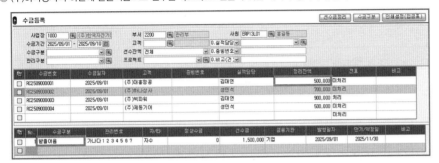

③ (주)빅파워에서 오른쪽 상단의 '선수금정리' 버튼을 클릭하면 정리금액 1,300,000원을 확인할 수 있다. 또한, 선수금정리잔액은 하단의 제예금 선수금 1,200,000원과 받을어음 선수금 1,000,000원의 합 2,200,000원에서 선수금정리금액 1,300,000원을 차감한 900,000원이다.

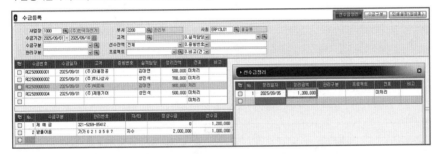

④ (주)제동기어에서는 정상수금 2,000,000원과 선수금 500,000원을 합한 2,500,000원을 현금으로 수취하였다.

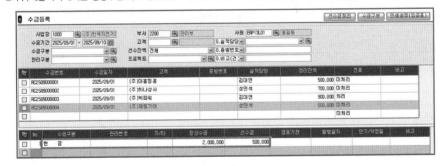

14. 회계처리(수금)

🔍 ERP 메뉴 찾아가기

영업관리 ▶ 영업관리 ▶ 회계처리(수금)

수금된 내역을 회계처리하는 메뉴이다. '수금' 탭과 '선수정리' 탭에서 오른쪽 상단의 '전표처리' 버튼을 이용하여 회계전표를 생성할 수 있으며, 전표취소를 이용하여 생성된 회계전표를 취소할 수 있다. 생성된 전표의 상태는 '미결'이며, 회계 모듈에서 승인처리를 하면 전표의 상태가 '승인'으로 변경된다. 생성된 전표는 '회계전표' 탭에서 확인할 수 있으며 '수금' 탭에서의 회계전표는 '수금'으로 표시되고 '선수정리' 탭에서의 회계전표는 '선수금 정리'로 표시된다.

실무 연습문제 회계처리(수금)

아래 [보기]의 조건으로 데이터를 입력 및 조회한 후 물음에 답하시오.

┌─ 보기 ─────────────────────────
• 사업장: 1000. (주)한국자전거본사
• 기간: 2025/09/01 ~ 2025/09/30
└────────────────────────────

[회계처리(수금)] 메뉴의 선수정리 탭에서 (주)빅파워의 수금내역을 전표처리했을 때 발생하는 전표의 대체차변에 등록되는 계정과목과 적요명을 연결한 것으로 옳은 것은?

① 선수금 – 선수금 정리
② 외상매출금 – 외상매출금 선수금 대체
③ 받을어음 – 받을어음 수금
④ 선수금 – 선수금 입금(제예금)

정답 ①

[보기]의 조건으로 조회한 후 '선수정리' 탭에서 (주)빅파워의 수금번호 □에 체크한다. 오른쪽 상단의 '전표처리' 버튼을 클릭하면 회계전표를 생성할 수 있다.

'회계전표' 탭에서 생성된 전표를 확인한다. '선수정리' 탭에서 전표처리하였으므로 '영업관리(선수금정리: RC2509000003)'의 회계전표를 확인해야 한다. 대체차변에 생성되는 계정과목은 '선수금'이며 적요명은 '선수금 정리'이다.

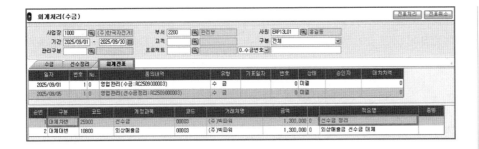

15. 수주마감처리

ERP 메뉴 찾아가기

영업관리 ▶ 영업관리 ▶ 수주마감처리

주문취소 등 여러 사유로 해당 수주 건을 더 이상 진행하지 않고 마감처리하는 메뉴이다. 수주잔량이 남아 있는 상태에서도 수주마감처리가 가능하다. 수주마감처리를 하면 출고의뢰, 출고처리, 출고검사 등에서 제외되며 반드시 해야 하는 작업은 아니다.

실무 연습문제　수주마감처리

다음 [보기]의 조건에 해당하는 수주 건 중 마감처리한 주문번호의 마감사유는 무엇인가?

─ 보기 ─
• 사업장: 1000. (주)한국자전거본사
• 주문기간: 2025/09/01 ~ 2025/09/30

① 재고부족
② 품목변경
③ 고객변심
④ 납기연장

정답 ③

[보기]의 조건으로 조회되는 주문번호 중 주문번호 'SO2509000003'의 마감여부가 '마감'으로 마감처리된 것이다. 하단에 등록된 마감사유는 '고객변심'이다.

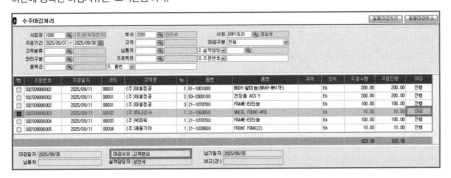

> **TIP**
> 오른쪽 상단의 '일괄마감처리' 버튼을 클릭하여 마감일자와 마감사유를 입력한 후 일괄마감할 수 있으며, 일괄마감 시 주문잔량이 마감된다.

3 영업현황

영업관리에서 등록한 내역의 현황을 확인할 수 있다.

1. 판매계획현황

🔍 ERP 메뉴 찾아가기

　　영업관리 ▶ 영업현황 ▶ 판매계획현황

계획연도에 대하여 품목별, 품목군별, 월별로 판매계획에 등록된 현황을 확인하는 메뉴이다.

품번	품명	규격	단위(관리)	연초수량	수정수량	차이수량	연초원화금액	수정원화금액	차이원화금액
NAX-A500	30단기어자전거		EA	80.00	80.00		20,000,000	20,000,000	
PS-ZIP01	PS-DARKGREEN		BOX	50.00	50.00		11,000,000	11,000,000	
PS-ZIP02	PS-WHITE		EA	50.00	50.00		11,000,000	11,000,000	
PS-ZIP03	PS-BLACK		EA	50.00	50.00		11,000,000	11,000,000	
TTS-230	가족용하이킹세트		EA	100.00	100.00		50,000,000	50,000,000	
	합계			770.00	850.00	-80.00	210,300,000	230,900,000	-20,600,000

해당월	연초수량	수정수량	차이수량	연초원화단가	수정원화단가	연초원화금액	수정원화금액	차이원화금액
10	100.00	100.00		500,000.00	500,000.00	50,000,000	50,000,000	

2. 판매계획대비출고현황

🔍 ERP 메뉴 찾아가기

　　영업관리 ▶ 영업현황 ▶ 판매계획대비출고현황

계획연도의 월에 대하여 품목별, 품목군별, 월별로 판매계획대비출고현황을 확인하는 메뉴이다. 달성기준에는 '0. 수량'과 '1. 금액'이 있으며 각 계획대비 달성률을 확인할 수 있다.

실무 연습문제 　판매계획대비출고현황

(주)한국자전거본사의 2025년 9월 ~ 10월의 판매계획대비출고현황에서 금액 달성기준의 품목별 달성률의 연결이 올바르지 <u>않은</u> 것은?

① 유아용자전거: 13,281%　　　　　② 일반자전거: 54,375%

③ 싸이클: 69.136%　　　　　　　　④ 산악자전거: 66,667%

정답 ②

'사업장: 1000. (주)한국자전거본사, 계획연도: 2025, 계획월: 9 ~ 10, 달성기준: 1. 금액'으로 조회한 후 각 품목의 달성률을 확인한다. 달성기준을 '0. 수량'이 아닌 '1. 금액'으로 조회하여야 한다는 점에 주의한다.
② 일반자전거의 달성률은 34.375%이다.

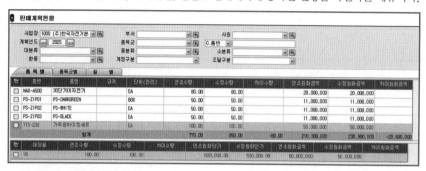

품번	품명	규격	단위	계획수량	출고수량	계획금액	출고금액	달성률
ATECX-2000	유아용자전거		EA	40.00	10.00	6,400,000	850,000	13.281
ATECX-3000	일반자전거		EA	20.00	10.00	4,800,000	1,650,000	34.375
NAX-A400	싸이클		EA	30.00	20.00	8,100,000	5,600,000	69.136
NAX-A420	산악자전거		EA	30.00	20.00	9,600,000	6,400,000	66.667
NAX-A500	30단기어자전거		EA	80.00	0.00	20,000,000	0	0.000

3. 견적현황

 ERP 메뉴 찾아가기

영업관리 ▶ 영업현황 ▶ 견적현황

견적기간에 견적등록된 현황을 확인하는 메뉴이다.

4. 견적대비수주현황

 ERP 메뉴 찾아가기

영업관리 ▶ 영업현황 ▶ 견적대비수주현황

견적기간에 견적등록된 내역에 대한 수주현황을 확인하는 메뉴이다.

5. 수주현황

ERP 메뉴 찾아가기

영업관리 ▶ 영업현황 ▶ 수주현황

주문기간에 수주가 등록된 현황을 확인하는 메뉴이다.

6. 수주대비출고현황

ERP 메뉴 찾아가기

영업관리 ▶ 영업현황 ▶ 수주대비출고현황

주문기간에 수주등록된 내역에 대한 출고현황을 확인하는 메뉴이다.

7. 수주미납현황

ERP 메뉴 찾아가기

영업관리 ▶ 영업현황 ▶ 수주미납현황

기준일자 대비 납기일이나 출하예정일의 수주에 대한 미납현황을 확인하는 메뉴이다.

실무 연습문제 | 수주미납현황

(주)한국자전거본사에서는 2025/09/30 기준으로 출하예정일이 2025/09/01 ~ 2025/09/30인 주문대비 출고되지 못한 내역을 확인하였다. 경과일수가 다른 고객으로 옳은 것은?

① (주)제동기어
② (주)대흥정공
③ (주)하나상사
④ (주)빅파워

정답 ①

'사업장: 1000. (주)한국자전거본사, 기준일자: 2025/09/30, 출하예정일: 2025/09/01 ~ 2025/09/30'으로 조회되는 고객의 경과일수를 확인한다. ① (주)제동기어의 경과일수는 -19일이며, ②, ③, ④의 경과일수는 -10일이다.

TIP

조회조건이 납기일인 경우와 출하예정일인 경우에 따라 경과일수가 달라질 수 있으므로 문제를 정확히 읽고 판단한다.

8. 출고현황

✨ ERP 메뉴 찾아가기

영업관리 ▶ 영업현황 ▶ 출고현황

출고기간에 일자별, 고객별, 품목별, 거래구분별, 관리구분별, 프로젝트별로 출고된 현황을 확인하는 메뉴이다.

실무 연습문제 · 출고현황

(주)한국자전거본사에서 2025년 9월에 발생된 출고기준의 고객별 당기발생 금액의 합계로 옳지 않은 것은? (단, 부가세 포함 금액이며, 국내 출고거래에 한한다.)

① (주)대흥정공: 9,331,506원   ② (주)하나상사: 2,737,350원

③ (주)영동바이크: 2,420,000원   ④ (주)제일물산: 1,126,125원

정답 ③

'사업장: 1000. (주)한국자전거본사, 출고기간: 2025/09/01 ~ 2025/09/30, 거래구분: 0. DOMESTIC'으로 조회한 후 각 고객별로 합계액을 확인한다. 부가세 포함 금액이므로 합계액을 확인해야 하며 국내 출고거래는 거래구분 DOMESTIC이다. 전체로 조회한 후 각 금액을 합하여 계산하는 것보다 고객별로 조회하는 것이 합계액의 합을 한눈에 확인할 수 있어 편리하다.

③ (주)영동바이크 합계액의 합은 4,840,000원이다.

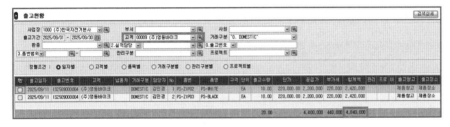

9. 출고반품현황

✨ ERP 메뉴 찾아가기

영업관리 ▶ 영업현황 ▶ 출고반품현황

반품기간에 일자별, 고객별, 품목별, 거래구분별, 관리구분별, 프로젝트별로 출고반품된 현황을 확인하는 메뉴이다.

실무 연습문제 · 출고반품현황

(주)한국자전거본사에서 2025년 9월에 출고반품된 품목으로 옳지 않은 것은?

① 21-1060850. WHEEL FRONT-MTB

② 21-3001500. PEDAL(S)

③ 25-252300. CIRCLE CHAIN

④ NAX-A400. 싸이클

'사업장: 1000. (주)한국자전거본사, 반품기간: 2025/09/01 ~ 2025/09/30'으로 조회되는 품목을 확인한다.
④ NAX-A400. 싸이클은 조회되지 않는다.

10. 매출마감현황

ERP 메뉴 찾아가기

영업관리 ▶ 영업현황 ▶ 매출마감현황

마감기간에 일자별, 고객별, 품목별, 거래구분별, 관리구분별, 프로젝트별로 마감된 현황을 확인하는 메뉴이다.

11. 매출미마감현황

ERP 메뉴 찾아가기

영업관리 ▶ 영업현황 ▶ 매출미마감현황

출고기간에 출고처리한 후 매출마감이 되지 않은 현황을 일자별, 고객별, 품목별, 거래구분별, 관리구분별, 프로젝트별로 확인하는 메뉴이다.

실무 연습문제 | 매출미마감현황

(주)한국자전거본사의 2025년 9월 한 달 간 출고된 품목 중 매출미마감 수량이 남아 있는 품목이 아닌 것은 무엇인가?

① ATECK-2000. 유아용자전거
② 31-10100004. 타이어
③ 31-10100005. 자물쇠
④ NAX-A400. 싸이클

정답 ①

'사업장: 1000. (주)한국자전거본사, 출고기간: 2025/09/01 ~ 2025/09/30'으로 조회되는 매출미마감 품목을 확인한다.

① ATECK-2000. 유아용자전거는 조회되지 않는다.

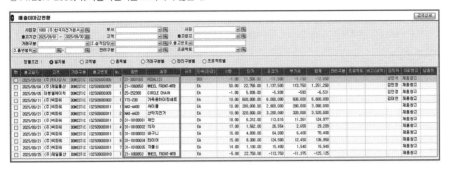

12. 세금계산서발행대장

> ⊗ ERP 메뉴 찾아가기

> 영업관리 ▶ 영업현황 ▶ 세금계산서발행대장

발행기간에 세금계산서가 발행된 현황을 확인하는 메뉴이다.

13. 수금현황

> ⊗ ERP 메뉴 찾아가기

> 영업관리 ▶ 영업현황 ▶ 수금현황

수금기간에 일자별, 고객별, 담당자별, 거래구분별, 관리구분별, 프로젝트별로 수금된 현황을 확인하는 메뉴이다.

14. 받을어음현황

🔍 **ERP 메뉴 찾아가기**

영업관리 ▶ 영업현황 ▶ 받을어음현황

수금기간에 받을어음으로 대금이 회수된 현황을 확인하는 메뉴이다. 각 어음의 금융기관, 발행일자, 만기/약정일 등을 확인할 수 있다.

실무 연습문제 받을어음현황

(주)한국자전거본사의 2025년 9월에 수금한 받을어음 중 '가나다1234567'의 만기/약정일로 옳은 것은?

① 2025/09/01   ② 2025/10/31
③ 2025/11/30   ④ 2025/12/31

정답 ③

'사업장: 1000. (주)한국자전거본사, 수금기간: 2025/09/01 ~ 2025/09/30'으로 조회한다. 관리번호 '가나다1234567'의 만기/약정일은 2025/11/30이다.

15. 미수채권집계

🔍 **ERP 메뉴 찾아가기**

영업관리 ▶ 영업현황 ▶ 미수채권집계

'0. 국내(출고기준), 1. 국내(마감기준), 2. 해외'의 조회기준으로 고객별, 담당자별, 프로젝트별로 수금되지 않은 채권의 현황을 확인하는 메뉴이다. 미수기준은 '0. 발생기준, 1. 잔액기준' 중에서 선택할 수 있다.

실무 연습문제 미수채권집계

(주)한국자전거본사의 2025년 9월 한 달 간 국내 출고기준의 고객과 미수채권 잔액의 연결이 올바르지 <u>않은</u> 것은? (단, 미수기준은 발생기준으로 한다.)

① (주)대흥정공: 17,413,011원
② (주)제일물산: 1,151,150원
③ (주)하나상사: 2,737,350원
④ (주)영동바이크: 9,680,000원

정답 ③

'고객' 탭에서 '사업장: 1000. (주)한국자전거본사, 조회기간: 2025/09/01 ~ 2025/09/30, 조회기준: 0. 국내(출고기준), 미수기준: 0. 발생기준'으로 조회하여 각 고객의 잔액을 확인한다.
③ (주)하나상사의 잔액은 2,474,700원이다.

16. 미수채권상세현황

🔍 ERP 메뉴 찾아가기

영업관리 ▶ 영업현황 ▶ 미수채권상세현황

'0. 국내(출고기준), 1. 국내(마감기준), 2. 해외'의 조회기준으로 고객별, 담당자별, 프로 젝트별로 수금되지 않은 채권의 상세한 현황을 확인하는 메뉴이다.

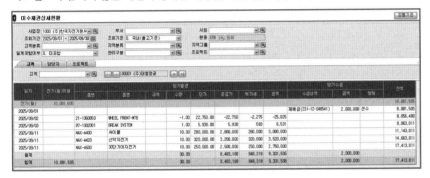

4 영업분석

1. 수주미납집계

🔍 ERP 메뉴 찾아가기

영업관리 ▶ 영업분석 ▶ 수주미납집계

주문일, 납기일, 출하예정일에 대하여 고객별, 품목별, 담당자별, 관리구분별, 프로젝트별 로 수주미납된 내역을 집계하는 메뉴이다.

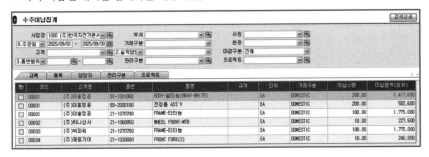

2. 출고실적집계표(월별)

✔ ERP 메뉴 찾아가기

영업관리 ▶ 영업분석 ▶ 출고실적집계표(월별)

해당 연도에 대하여 '0. 수량, 1. 원화금액, 2. 외화금액'의 조회기준으로 월별 출고실적을 집계하는 메뉴이다. '고객', '품목', '담당자', '관리구분', '프로젝트', '부서' 탭에서 각 기준별로 조회할 수 있다.

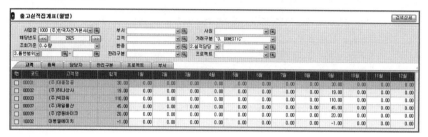

3. 매출현황(부서별)

✔ ERP 메뉴 찾아가기

영업관리 ▶ 영업분석 ▶ 매출현황(부서별)

입력부서, 품목담당부서, 고객담당부서, 실적담당부서 기준으로 매출현황을 분석하는 메뉴이다.

4. 매출집계표(월별)

✔ ERP 메뉴 찾아가기

영업관리 ▶ 영업분석 ▶ 매출집계표(월별)

해당 연도에 대하여 '0. 수량, 1. 원화금액, 2. 외화금액'의 조회기준으로 월별 매출을 집계하는 메뉴이다. '고객', '품목', '담당자', '관리구분', '프로젝트', '부서' 탭에서 각 기준별로 조회할 수 있다.

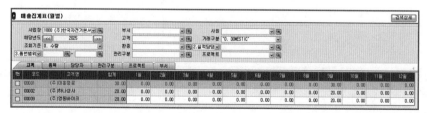

5. 매출집계표(관리분류별)

ERP 메뉴 찾아가기

영업관리 ▶ 영업분석 ▶ 매출집계표(관리분류별)

해당 연도에 대하여 '0. 수량, 1. 원화금액, 2. 외화금액'의 조회기준으로 월별 매출을 집계하는 메뉴이다. '고객분류', '지역분류', '지역그룹', '담당그룹' 탭에서 각 기준별로 조회할 수 있다.

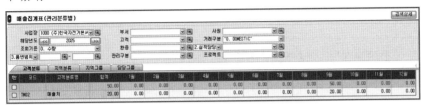

6. 매출순위표(마감기준)

ERP 메뉴 찾아가기

영업관리 ▶ 영업분석 ▶ 매출순위표(마감기준)

'0. 수량, 1. 원화금액, 2. 외화금액'의 조회기준으로 고객별, 품목별, 담당자별, 관리구분별, 프로젝트별, 부서별 마감기준의 매출순위를 분석하는 메뉴이다.

실무 연습문제 ┃ 매출순위표(마감기준)

(주)한국자전거본사의 2025년 9월 한 달 간 원화금액을 기준으로 품목별 매출 1, 2, 3순위를 나열한 것으로 옳은 것은?

① 산악자전거 - 싸이클 - 30단기어자전거

② 산악자전거 - 일반자전거 - 싸이클

③ 일반자전거 - 유아용자전거 - 30단기어자전거

④ 유아용자전거 - 일반자전거 - 싸이클

정답 ①

'사업장: 1000. (주)한국자전거본사, 매출기간: 2025/09/01 ~ 2025/09/30, 조회기준: 1. 원화금액'으로 조회하여 각 품목의 매출순위를 확인한다. 품목별 매출순위이므로 '품목' 탭에서 확인한다.

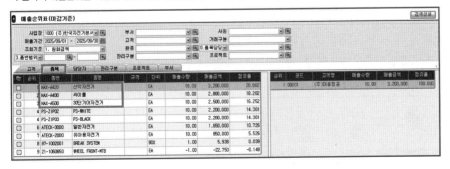

7. 매출채권회전율

🔍 ERP 메뉴 찾아가기

영업관리 ▶ 영업분석 ▶ 매출채권회전율

'0. 출고기준, 1. 마감기준'의 조회기준으로 평균매출채권, 순매출액, 대상일수, 일평균매출액, 회전율, 회수기간을 분석하는 메뉴이다. 매출채권회전율은 순매출액을 평균매출채권으로 나눈 값이다.

실무 연습문제 매출채권회전율

(주)한국자전거본사에서 2025년 9월 한 달 간 (주)빅파워의 매출채권회전율로 옳은 것은? (단, 조회기준은 출고기준으로 한다.)

① 0.732

② 0.667

③ 1.462

④ 1.915

정답 ③

'사업장: 1000. (주)한국자전거본사, 조회기간: 2025/09/01 ~ 2025/09/30, 조회기준: 0. 출고기준'으로 조회되는 (주)빅파워의 회전율은 1.462이다.

8. 추정매출원가보고서

🔍 ERP 메뉴 찾아가기

영업관리 ▶ 영업분석 ▶ 추정매출원가보고서

'0. 매출액, 1. 이익'의 조회기준으로 고객별, 품목별, 담당자별, 관리구분별, 프로젝트별, 부서별로 추정매출원가를 분석하는 메뉴이다.

9. 미수채권연령분석표

 **ERP 메뉴 찾아가기**

영업관리 ▶ 영업분석 ▶ 미수채권연령분석표

기준일자 대비 '0. 출고기준, 1. 마감기준'으로 고객(월), 고객(분기), 담당(월), 담당(분기), 프로젝트(월), 프로젝트(분기)별로 미수채권의 금액과 비율을 분석하는 메뉴이다. 잔액보유조건은 '0. 전체'와 '1. 잔액보유분' 중에서 선택할 수 있다.

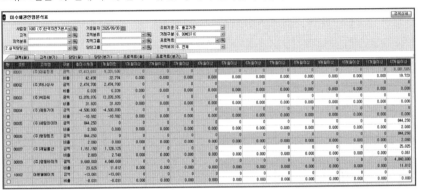

구매/자재관리

[구매/자재관리] 모듈은 상품이나 원재료 등을 구매하기 위해 청구등록, 발주등록에서부터 입고하여 회계처리까지의 과정과 재고 관련 내역을 입력 및 조회하는 모듈이다. [구매관리], [구매현황], [구매분석], [재고관리], [재고수불현황], [재고평가], [기초정보관리]로 이루어져 있다.

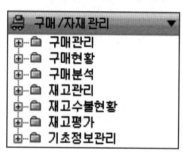

1 구매관리

1. 주계획작성(MPS)

> ⓧ- ERP 메뉴 찾아가기
>
> 구매/자재관리 ▶ 구매관리 ▶ 주계획작성(MPS)

제품이나 반제품 등에 대한 생산계획을 작성하는 메뉴이다. MPS란 주생산계획 또는 기준 생산계획이라고도 하며 MPS를 통하여 해당 품목의 필요수량이나 일정 등을 확인할 수 있다.
판매계획, 주문, SIMULATION의 계획구분에 의하여 일정 등을 계획하며 이 내역은 소요량전개의 입력 요소가 된다.

(1) 계획구분
① '0. 판매계획': [영업관리]－[영업관리]－[판매계획등록] 메뉴에 등록된 월별 판매계획을 근거로 생산계획을 세운다. 오른쪽 상단의 '판매계획적용' 버튼을 클릭해 판매계획을 적용할 수 있다.
② '1. 주문': [영업관리]－[영업관리]－[수주등록] 메뉴에 등록된 수주정보를 근거로 생산 계획을 세운다. 오른쪽 상단의 '주문적용' 버튼을 클릭해 주문내역을 적용할 수 있다.
③ '2. SIMULATION': 판매계획이나 수주정보를 근거로 하지 않고 모의로 생산계획을 세운다.

실무 연습문제　주계획작성(MPS)

(주)한국자전거본사에서는 2025년 9월 주문잔량을 적용하여 주계획작성(MPS)을 하였다. 품목별 계획수량을 연결한 것으로 옳지 <u>않은</u> 것은?

① FRONT FORK(S): 100EA

② FRAME-티타늄: 80EA

③ BODY-알미늄(GRAY-WHITE): 150EA

④ 전장품 ASS'Y: 200EA

정답 ①

'사업장: 1000. (주)한국자전거본사, 계획기간: 2025/09/01 ~ 2025/09/30, 계획구분: 1. 주문'으로 조회하여 품목별 계획수량을 확인한다. 주문잔량을 적용하였으므로 계획구분을 '1. 주문'으로 해야 한다.
① FRONT FORK(S)의 계획수량은 10EA이다.

2. 소요량전개(MRP)

ERP 메뉴 찾아가기

구매/자재관리 ▶ 구매관리 ▶ 소요량전개(MRP)

생산계획 등을 통하여 각 품목의 소요일자, 예정발주일, 예정수량을 산출하는 메뉴이다. 오른쪽 상단의 '소요량전개' 버튼을 클릭하여 소요량전개 작업을 할 수 있다.

① 전개구분
- '0. 판매계획': [영업관리]-[영업관리]-[판매계획등록] 메뉴를 근거로 작성한다.
- '1. 주문전개': [영업관리]-[영업관리]-[수주등록] 메뉴를 근거로 작성한다.
- '2. 모의전개': 판매계획정보나 수주등록정보를 적용받지 않고, [주계획작성(MPS)] 메뉴에서 임의로 작성한다.
- '3. 생산계획': [생산관리공통]-[생산관리]-[생산계획등록] 메뉴를 근거로 작성한다.

② 소요일자: 품목의 조달구분이 '생산'이면 작업완료일을, '구매'이면 납기일을 의미한다.

③ 예정발주일: 품목의 조달구분이 '생산'이면 작업시작일을 의미하고, '구매'이면 발주일을 의미한다.

④ 예정수량: 생산계획에 등록된 품목의 수량을 근거로 BOM(자재명세서)에 등록되어 있는 필요수량을 적용하여 계산한다.

⑤ 소요량전개: 생산품의 생산에 필요한 품목, 소요일자, 예정발주일, 예정수량을 MPS, BOM, [시스템관리]-[기초정보관리]-[품목등록] 메뉴의 LEAD TIME을 근거로 산출한다.

⑥ 소요량취합: 소요량전개 작업 후 같은 품목이 있으면 소요량을 합하여 계산한다.

TIP

소요량전개 시 조회일자가 예정발주일 이전인 경우 예정발주일이 자동 계산되며, 예정발주일 이후인 경우 조회일자가 예정발주일이 된다.

다음 중 (주)한국자전거본사의 2025년 9월 1일부터 30일까지의 판매계획기준 소요량전개 내역 중 WHEEL FRONT-MTB의 구매발주에서 입고까지의 소요일수로 옳은 것은?

① 0일   ② 2일
③ 5일   ④ 10일

정답 ②

'사업장: 1000. (주)한국자전거본사'로 조회하여 소요량전개 내역을 확인한다. WHEEL FRONT-MTB의 소요일자는 2025/08/31이고, 예정발주일은 2025/08/29이므로 예정발주일부터 소요일자까지 2일이 소요된다. 이는 [시스템관리]-[기초정보관리]-[품목등록] 메뉴에서 WHEEL FRONT-MTB 품목의 'ORDER/COST' 탭에 등록된 LEAD TIME 2일이 반영된 것이다.

TIP

전개구분과 계획기간을 변경한 후 조회하여도 원래 등록되어 있는 내역으로 조회된다. 소요량전개를 다시 하거나 변경하려면 전개구분과 계획기간을 입력한 후 오른쪽 상단의 '소요량전개' 버튼을 클릭하여 소요량전개 작업을 해야 하며, 이후 소요량을 취합하는 경우는 '소요량취합' 버튼을 클릭하면 된다.

소요량전개 (MRP) | 전개기준 | 소요량전개 | 소요량취합

사업장 1000 (주)한국자전거 조달구분 계정구분
3.품번범위 내역조회 1. 조회함
대분류 중분류 소분류
전개구분 0. 판매계획 계획기간 2025/09/01 ~ 2025/09/30 자품목 미존재 (반)제품

	품번	품명	규격	소요일자	순번	예정발주일	예정수량	단위	계정구분
	21-1030600	FRONT FORK(S)		2025/08/31	1	2025/08/24	430.00	EA	원재료
	21-1060700	FRAME-NUT		2025/09/06	1	2025/09/03	200.00	EA	원재료
	21-1060850	WHEEL FRONT-MTB		2025/08/31	1	2025/08/29	310.00	EA	반제품
	21-1070700	FRAME-티타늄		2025/09/06	1	2025/09/03	100.00	EA	원재료
	21-3065700	GEAR REAR C		2025/08/31	1	2025/08/26	410.00	EA	원재료
	31-10100001	체인		2025/08/31	1	2025/08/30	100.00	EA	제품

3. 청구등록

ERP 메뉴 찾아가기

구매/자재관리 ▶ 구매관리 ▶ 청구등록

필요한 품목을 요청하여 청구등록하는 메뉴이다. [소요량전개(MRP)] 메뉴의 '소요량적용'을 받거나 직접 입력할 수 있다. '청구구분'이 '0. 구매'이면 하단의 품목이 [구매/자재관리]-[구매관리]-[발주등록] 메뉴와 연계되고, '청구구분'이 '1. 생산'이면 [생산관리공통]-[생산관리]-[작업지시등록], [생산관리공통]-[외주관리]-[외주발주등록] 메뉴와 연계된다. [청구등록]의 내용을 적용받아 [발주등록]한 경우에는 청구내역을 수정 및 삭제할 수 없다.

오른쪽 상단의 '재고확인'을 클릭하면 하단에서 관리단위와 재고단위의 현재고, 가용재고, 입고예정량을 확인할 수 있다.

아래 [보기]의 조건으로 데이터를 조회한 후 물음에 답하시오.

┌ 보기 ─
• 사업장: 1000. (주)한국자전거본사
• 요청일자: 2025/08/01 ~ 2025/08/31

[보기]의 조건으로 입력된 청구번호 PR2508000001의 청구내역에 대한 설명으로 옳지 않은 것은?

① 품목 21-1035600. SOCKET의 계정구분은 원재료이다.

② 품목 21-1070700. FRAME-티타늄의 조달구분과 청구등록의 구분값은 일치한다.

③ 품목 21-1080800. FRAME-알미늄은 주거래처를 [청구등록] 메뉴에서 변경하였다.

④ 품목 21-3000300. WIRING-DE의 관리구분은 P10. 정기구매이다.

정답 ④

[보기]의 조건으로 조회한 후 청구번호 PR2508000001의 하단 내역을 확인한다.

① 품목 21-1035600. SOCKET에서 마우스 오른쪽 버튼을 클릭하여 '부가기능-품목상세정보'를 확인한다. 품목 21-1035600. SOCKET의 계정구분은 '0. 원재료'이다.

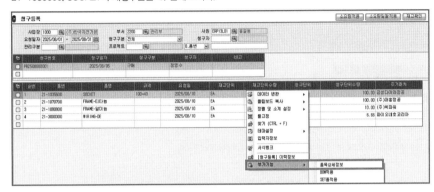

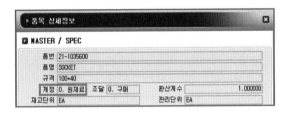

② 품목 21-1070700. FRAME-티타늄에서 마우스 오른쪽 버튼을 클릭하여 '부가기능-품목상세정보'를 확인한다. 품목의 조달구분은 '0. 구매'이고, [청구등록] 메뉴의 청구구분 역시 '구매'이므로 조달구분과 청구등록의 구분값은 일치한다.

③ 품목 21-1080800. FRAME-알미늄에서 마우스 오른쪽 버튼을 클릭하여 '부가기능-품목상세정보'를 확인한다. 품목의 주거래처는 (주)대흥정공인 반면, [청구등록] 메뉴에 등록되어 있는 주거래처는 (주)빅파워이므로 주거래처를 [청구등록] 메뉴에서 변경하였음을 알 수 있다.

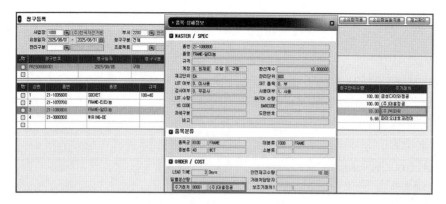

④ 품목 21-3000300. WIRING–DE의 하단에 등록되어 있는 관리구분은 P20. 일반구매이다.

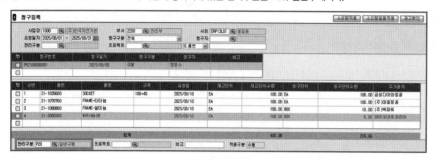

4. 청구품의등록

ERP 메뉴 찾아가기

구매/자재관리 ▶ 구매관리 ▶ 청구품의등록

구매발주 시 구매품에 대하여 품의(결재)과정을 통하여 승인을 얻은 후 구매발주를 처리하고자 할 경우에 사용하는 메뉴이다. 상단의 '청구적용'을 통하여 처리할 수도 있고, 청구작업을 생략하고 직접 '품의일자', '품의구분' 등을 입력할 수도 있다. [시스템관리]–[회사등록정보]–[시스템환경설정]의 조회구분 '4. 물류'에서 '품의등록운영여부'를 '1. 운영함'으로 선택한 경우에만 메뉴를 사용할 수 있다. 이러한 경우 [발주등록] 메뉴에서 '청구적용조회' 버튼을 이용하여 발주를 등록할 수 없으며, 품의승인적용조회 등을 이용하여 발주등록할 수 있다.

> **TIP**
>
> 연습용 DB이므로 [청구품의등록] 메뉴를 사용하지 않고 [발주등록] 메뉴에서 '청구적용 조회' 버튼을 이용하여 실습한다.

5. 청구품의승인등록

🔍 ERP 메뉴 찾아가기

구매/자재관리 ▶ 구매관리 ▶ 청구품의승인등록

[청구품의등록] 메뉴에 등록된 내역을 구매발주를 위해 승인권자가 '승인처리' 또는 '승인 취소'를 하는 메뉴이다. [시스템관리]−[회사등록정보]−[시스템환경설정]에서 '품의등록 운영여부'를 '1. 운영함'으로 선택한 경우에만 메뉴를 사용할 수 있다.

6. 청구품의마감등록

🔍 ERP 메뉴 찾아가기

구매/자재관리 ▶ 구매관리 ▶ 청구품의마감등록

[청구품의등록]이나 [청구품의승인등록] 메뉴에 등록된 내역 중에서 여러 사유로 더 이상 진행되지 않는 내역을 선택하여 등록된 품의를 마감처리하는 메뉴이다. [청구품의마감 등록]에 등록된 내역은 [발주등록]에서 조회되지 않는다.

7. 발주등록

🔍 ERP 메뉴 찾아가기

구매/자재관리 ▶ 구매관리 ▶ 발주등록

거래처에 상품, 원재료, 부재료 등을 주문한 발주내역을 등록하는 메뉴이며, 상단의 '인쇄' 버튼을 눌러 발주서를 출력할 수도 있다. 발주내역은 직접 등록할 수 있으며 상단의 '청구 적용 조회', '주문적용 조회' 등의 버튼을 이용하여 등록할 수도 있다.

실무 연습문제 발주등록

아래 [보기]의 조건으로 데이터를 조회한 후 물음에 답하시오.

┌ 보기 ─────────────────────────
- 사업장: 1000. (주)한국자전거본사
- 발주기간: 2025/08/01 ~ 2025/08/31
- 청구기간: 2025/08/01 ~ 2025/08/31

다음 중 청구적용 조회 기능을 이용하여 발주등록을 시행하려고 할 때 발주등록 가능한 품목 으로 옳지 않은 것은?

① 21−1035600. SOCKET

② 21−1070700. FRAME−티타늄

③ 21−1080800. FRAME−알미늄

④ 21−3001600. PEDAL

정답 ④

[보기]의 사업장과 발주기간으로 조회한 후 오른쪽 상단의 '청구적용 조회' 버튼을 클릭하여 '청구적용창'에서 [보기] 의 청구기간을 입력한다. 이때 조회되는 품목과 청구잔량이 청구적용 조회 기능을 이용하여 발주등록 가능한 품목 과 수량이다.

TIP

상단의 '청구적용 조회'나 '청구일괄
적용' 버튼이 활성화되어 있지 않고
'품의승인적용 조회' 버튼이 활성화
되어 있다면 앞에서 [청구품의등록]
메뉴를 사용할 수 있도록 설정했기
때문이다. 이 경우 [시스템환경설정]
메뉴에서 '품의등록운영여부'를 '0.
운영안함'으로 설정하고 로그아웃한
후 다시 로그인해야 한다.

8. 입고의뢰등록

ERP 메뉴 찾아가기

구매/자재관리 ▶ 구매관리 ▶ 입고의뢰등록

거래처에 발주한 내역을 납품받아 창고에 입고시키기 위해 입고의뢰할 때 사용하는 메뉴
이다. 오른쪽 상단의 '발주적용조회'를 이용하여 입고의뢰를 할 수 있다.

[시스템환경설정]에서 '입고의뢰운영여부'가 '1. 운영함'으로 되어 있어야 [입고의뢰등록]
메뉴를 사용할 수 있다. 입고의뢰등록 시 의뢰창고, 의뢰담당자, 납기일을 반드시 입력해야
한다.

실무 연습문제 | 입고의뢰등록

아래 [보기]의 조건으로 데이터를 조회한 후 물음에 답하시오.

┌ 보기 ─────────────────────
• 사업장: 1000. (주)한국자전거본사
• 의뢰기간: 2025/08/01 ~ 2025/08/31

다음 중 [보기]의 조건으로 조회되는 입고의뢰 건에 대한 설명으로 옳지 <u>않은</u> 것은?

① 의뢰번호 SR2508000001의 납기일과 입고예정일은 같다.

② 모든 의뢰 건은 발주적용을 이용하여 입고의뢰를 등록하였다.

③ 의뢰번호 SR2508000002에 등록된 모든 품목은 [입고검사등록] 메뉴에서 검사를 해야만 입고처리
가 가능하다.

④ 의뢰번호 SR2508000003의 관리구분은 P30. 특별구매이다.

정답 ③

[보기]의 조건으로 조회되는 의뢰 건의 내역을 확인한다.
① 의뢰번호 SR2508000001의 하단에 등록되어 있는 납기일과 입고예정일은 2025/08/05로 같다.
② 모든 의뢰 건의 하단 품목에서 마우스 오른쪽 버튼을 클릭하여 [입고의뢰등록] 이력정보'를 확인한다. 이전
이력에 발주등록이 등록되어 있으므로, 발주적용을 이용하여 입고의뢰를 등록한 것을 알 수 있다.

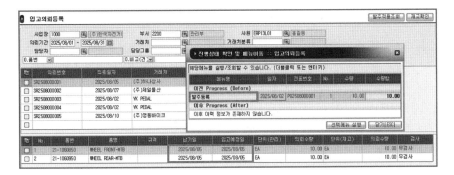

③ 의뢰번호 SR2508000002의 품목 FRAME-티타늄, FRAME-알미늄, WIRING-DE의 검사구분은 '무검사'이고,
GEAR REAR C, FRAME GRAY의 검사구분은 '검사'이다. 검사구분이 '검사'인 품목은 [입고검사등록] 메뉴에서
검사를 해야만 입고처리가 가능하며, '무검사'인 품목은 [입고검사등록] 메뉴에서 검사를 하지 않아도 바로 입고
처리가 가능하다. 따라서 의뢰번호 SR2508000002에 등록된 모든 품목이 [입고검사등록] 메뉴에서 검사를 해
야만 입고처리가 가능한 것은 아니다.

TIP

[입고검사등록] 메뉴에서 '입고의뢰
적용'을 클릭하면 '검사'로 되어있는
품목만 조회되며, [입고처리(국내
발주)] 메뉴에서 '의뢰적용'을 클릭
하면 '무검사'로 되어있는 품목만 조회
된다.

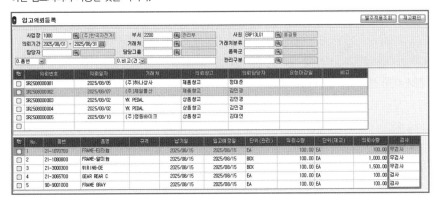

④ 의뢰번호 SR2508000003의 하단에 등록되어 있는 관리구분은 P30. 특별구매이다.

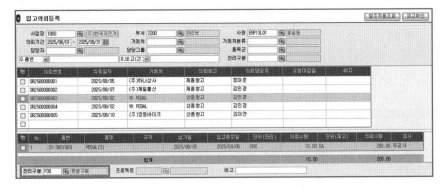

9. 입고검사등록

⊗ ERP 메뉴 찾아가기

구매/자재관리 ▶ 구매관리 ▶ 입고검사등록

입고품목을 창고에 입고하기 전에 검사를 실시하여 검사결과를 등록하는 메뉴이다. [입고의뢰등록] 메뉴에서 검사여부가 '검사'로 설정되어 있는 품목의 입고검사를 등록할 수 있다. '전수검사'일 경우 시료 수를 입력할 수 없으며 '샘플검사'일 경우 검사를 행한 시료 수를 입력할 수 있다. [시스템관리]-[회사등록정보]-[시스템환경설정] 메뉴에서 '입고전검사운영여부'가 '1. 운영함'으로 되어 있어야 메뉴를 사용할 수 있다.

실무 연습문제   입고검사등록

아래 [보기]의 조건으로 데이터를 조회한 후 물음에 답하시오.

┌ 보기 ┄
- 사업장: 1000. (주)한국자전거본사
- 검사기간: 2025/08/01 ~ 2025/08/15

[보기]의 조건으로 조회되는 입고검사 건에 대한 설명으로 옳지 않은 것은?

① 검사번호 QC2508000002의 불합격수량은 2EA이다.

② 검사번호 QC2508000002에 등록된 불량유형은 포장불량과 외관불량으로 총 5EA이다.

③ 검사번호 QC2508000001의 검사유형은 파레트검사이다.

④ 검사번호 QC2508000001은 전수검사로 시료 수를 입력할 수 없다.

정답 ②

[보기]의 조건으로 조회되는 내역을 확인한다.

② 검사번호 QC2508000002에 등록되어 있는 모든 품목을 클릭하여 불량유형을 확인해야 한다. 품목 GEAR REAR C에 등록된 불량유형은 포장불량 3EA와 외관불량 2EA이며, 품목 FRAME GRAY에 등록된 불량유형은 도색불량 2EA이다.

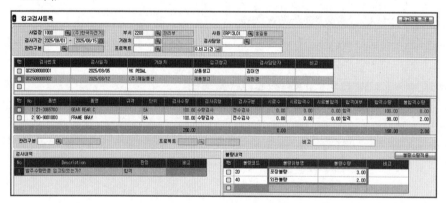

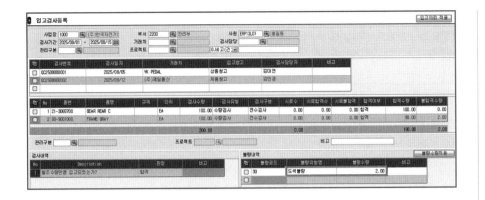

TIP

우측 하단의 '불량수량적용' 버튼을 클릭하면 하단에 등록되어 있는 불량유형의 수량이 불합격수량으로 적용된다.

10. 입고처리(국내발주)

ERP 메뉴 찾아가기

구매/자재관리 ▶ 구매관리 ▶ 입고처리(국내발주)

국내발주분에 대하여 창고에 입고처리한 내역을 등록하는 메뉴이다. 입고처리를 하면 재고가 증가하며, 반품이 되어 나가면 다시 재고가 감소한다.

(1) '예외입고' 탭

① 발주등록 없이 입고처리하거나 샘플이나 견본품으로 입고처리 시 사용하며 재고가 증가한다.

② 오른쪽 상단의 '입고적용'을 이용하여 적용하면 발주수량에 (−)로 입력이 되며 반품으로 처리되므로 재고가 감소한다.

(2) '발주입고' 탭

발주를 통한 입고의뢰나 검사내역을 적용받아 입고처리하는 경우에 사용하며 입고를 하면 재고가 증가한다. [입고의뢰등록] 메뉴에서 '검사'로 되어 있는 품목은 [입고검사등록] 메뉴에서 검사를 해야만 '검사적용'을 통하여 발주입고할 수 있으며, '발주적용'이나 '의뢰적용' 버튼을 통해 적용할 수 없다.

실무 연습문제 | 입고처리(국내발주)

아래 [보기]의 조건으로 데이터를 조회한 후 물음에 답하시오.

┌─ 보기 ─
• 사업장: 1000. (주)한국자전거본사
• 입고기간: 2025/08/01 ~ 2025/08/31
• 입고창고: M100. 상품창고
└

(주)제동기어에서 입고된 품목을 입고처리하였다. 입고처리 후 품목 21−1080800. FRAME−알미늄의 관리단위현재고 수량으로 옳은 것은?

① 2BOX   ② 7BOX

③ 5EA   ④ 70EA

'예외입고' 탭에서 [보기]의 조건으로 조회하면 품목 21-1080800. FRAME-알미늄이 입고번호 RV2508000001에 등록되어 있다. 품목 21-1080800. FRAME-알미늄의 하단에서 '재고확인'을 클릭하면 관리단위현고는 7BOX 이다.

TIP

등록되어 있는 각 품목에서 '재고확인' 을 클릭하면 재고단위현재고와 관리 단위현재고를 확인할 수 있다.

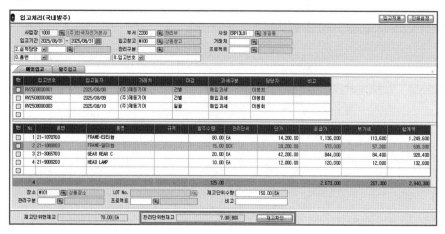

11. 매입마감(국내거래)

ERP 메뉴 찾아가기

구매/자재관리 ▶ 구매관리 ▶ 매입마감(국내거래)

[입고처리(국내발주)] 메뉴에 등록된 내용을 적용받아 국내거래에 대한 매입마감을 하는 메뉴이다. 매입마감이 된 품목은 재고평가 대상이 되며, 입고처리는 되었으나 매입마감이 되지 않은 품목은 재고평가 대상에서 제외되고 재고는 증가한다. 회계처리를 위해서는 매입마감 작업을 선행하여야 한다. 마감구분이 '건별'이면 자동으로 매입마감이 등록되고, '일괄'이면 직접 매입마감을 등록해야 한다. 마감구분이 '건별'인 마감 건의 마감수량 및 단가는 본 메뉴에서 직접 수정 및 삭제할 수 없으나, 마감일자와 세무구분은 수정이 가능하다. 또한 전표처리된 건에 대해서는 삭제 및 수정이 불가능하다.

 **실무 연습문제** 매입마감(국내거래)

아래 [보기]의 조건으로 데이터를 조회한 후 물음에 답하시오.

┌ 보기 ─────────────────────
• 사업장: 1000. (주)한국자전거본사
• 마감기간: 2025/08/01 ~ 2025/08/15
└──────────────────────────

다음 국내거래에 대한 매입마감 건 중 입고번호 RV2508000005를 마감한 마감번호는 무엇인가?

① PC2508000001

② PC2508000002

③ PC2508000003

④ PC2508000004

[보기]의 조건으로 조회되는 각 마감번호의 하단에 등록된 입고번호를 확인한다. 마감번호 PC2508000003에 등록되어 있는 품목들의 입고번호는 RV2508000005이다. 입고번호는 마우스 오른쪽 버튼을 클릭하여 '[매입마감(국내거래)] 이력정보'에서도 확인할 수 있다.

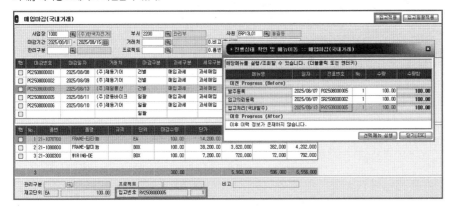

12. 회계처리(매입마감)

ERP 메뉴 찾아가기

구매/자재관리 ▶ 구매관리 ▶ 회계처리(매입마감)

매입마감내역을 회계처리하여 전표발행을 하기 위한 메뉴이다. 매입마감이 되면 회계 모듈로 이관되어 회계처리할 수 있다. 회계연결계정과목등록이 되어 있어야 매입마감내역의 회계처리가 가능하며 생성된 회계전표는 '미결' 상태이고 회계 모듈에서 승인처리를 하면 '승인'으로 변경된다. 회계 모듈에서 전표승인이 되면 '매입마감' 탭에서 전표취소 기능을 이용하여 해당 전표를 삭제할 수 없다.

실무 연습문제 　회계처리(매입마감)

아래 [보기]의 조건으로 데이터를 입력 및 조회한 후 물음에 답하시오.

┌─ 보기 ─
• 사업장: 1000. (주)한국자전거본사
• 기간: 2025/08/01 ~ 2025/08/31
• 마감번호: PC2508000002

[보기]의 기간에 매입마감된 마감 건을 전표처리하고자 한다. 전표처리 후 생성된 회계전표에 대한 설명으로 올바르지 않은 것은?

① 거래처는 (주)제동기어이다.
② 원재료 구매로 인하여 대체대변에 외상매입금이 증가한다.
③ 대체차변에 생성되는 계정과목은 제품이다.
④ 생성된 전표는 '미결' 상태가 된다.

'매입마감' 탭에서 [보기]의 조건으로 조회한다. 마감번호 PC2508000002의 □에 체크한 후 오른쪽 상단의 '전표처리'를 눌러 회계전표를 생성한다.

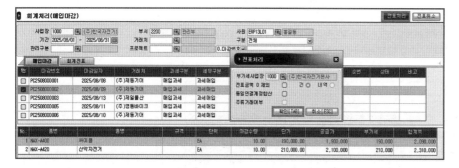

'회계전표' 탭에서 조회하면 생성된 회계전표를 확인할 수 있다.

② 대체대변에 외상매입금이 증가하는 것은 원재료가 아닌 제품 구매로 인한 것이다.

13. 발주마감처리

ERP 메뉴 찾아가기

구매/자재관리 ▶ 구매관리 ▶ 발주마감처리

발주등록된 내역 중에서 더 이상 거래처에 요청하지 않으며 입고처리되지 않고 진행하지 않는 내역을 마감처리하는 메뉴이다. 발주마감처리를 한 품목은 입고의뢰, 입고검사, 입고 처리 대상에서 제외되며 반드시 입력해야 하는 메뉴는 아니다.

실무 연습문제 발주마감처리

아래 [보기]의 조건으로 데이터를 조회한 후 물음에 답하시오.

┌ 보기 ─────────────────────────
- 사업장: 1000. (주)한국자전거본사
- 발주기간: 2025/08/01 ~ 2025/08/31
─────────────────────────────

발주하였으나 입고되지 못한 품목 중 관리구분이 '일반구매'인 품목을 발주마감처리하고자 한다. 다음 중 발주마감처리할 수 있는 품목으로 옳지 <u>않은</u> 것은?

① 21-1060850. WHEEL FRONT-MTB

② 21-3001600. PEDAL

③ 21-3001500. PEDAL(S)

④ 14-252500. SUPREME X2

정답 ③

[보기]의 조건으로 조회한 후 각 품목의 관리구분을 확인한다. 전체로 조회해도 되지만 '관리구분: P20. 일반구매'
로 선택한 후 조회하면 확인하기 편리하다. 조회되는 품목이 발주마감처리 가능한 품목이며 발주잔량이 발주마감
처리 가능한 수량이다.

③ 21-3001500. PEDAL(S)은 관리구분이 '특별구매'인 품목이다.

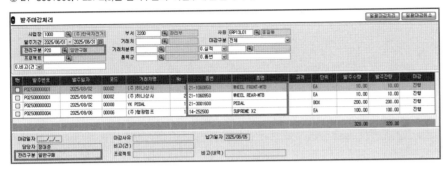

---

2 구매현황

1. 소요량전개현황

> **ERP 메뉴 찾아가기**
>
> 구매/자재관리 ▶ 구매현황 ▶ 소요량전개현황

소요기간 동안 소요량전개된 현황을 확인하는 메뉴이다.

2. 청구현황

> **ERP 메뉴 찾아가기**
>
> 구매/자재관리 ▶ 구매현황 ▶ 청구현황

청구기간 동안 청구된 현황을 확인하는 메뉴이다.

다음 중 (주)한국자전거본사의 2025년 8월 청구내역 중 주거래처가 (주)대흥정공인 품목은 무엇인가?

① SOCKET

② FRAME-티타늄

③ FRAME-알미늄

④ WIRING-DE

정답 ②

'사업장: 1000. (주)한국자전거본사, 청구기간: 2025/08/01 ~ 2025/08/31'로 조회되는 품목 중 주거래처가 (주)대흥정공인 품목은 FRAME-티타늄이다.

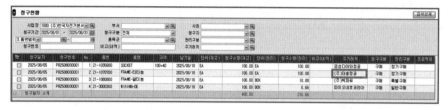

3. 발주현황

✅- ERP 메뉴 찾아가기

구매/자재관리 ▶ 구매현황 ▶ 발주현황

발주기간 동안 발주일별, 납기일별, 거래처별, 품목별, 거래구분별, 관리구분별, 프로젝트별로 발주한 현황을 확인하는 메뉴이다.

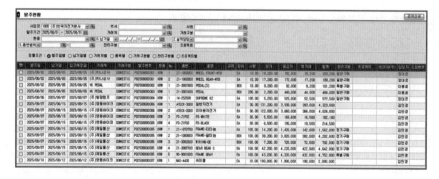

4. 발주대비입고현황

✅- ERP 메뉴 찾아가기

구매/자재관리 ▶ 구매현황 ▶ 발주대비입고현황

발주기간 동안 발주등록된 내역에 대한 입고현황을 확인하는 메뉴이다.

(주)한국자전거본사의 2025년 8월 발주내역 대비 입고내역을 감안할 경우, 추후 발주 시 가장 많은 수량조정이 필요한 품목으로 옳은 것은? (단, 입고수량이 등록된 품목에 한한다.)

① 21-3000300. WIRING-DE

② 21-1070700. FRAME-티타늄

③ 21-3065700. GEAR REAR C

④ 90-9001000. FRAME GRAY

정답 ④

'사업장: 1000. (주)한국자전거본사, 발주기간: 2025/08/01 ~ 2025/08/31'로 조회한 후 각 품목의 발주수량과 오른쪽 화면의 입고수량을 확인한다. 발주수량과 입고수량의 차이가 입고되지 못한 수량이므로 수량조정이 필요한 품목이다.

① 21-3000300. WIRING-DE: 발주수량 100EA, 입고수량 100EA → 차이 0EA

② 21-1070700. FRAME-티타늄: 발주수량 100EA, 입고수량 100EA → 차이 0EA

③ 21-3065700. GEAR REAR C: 발주수량 100EA, 입고수량 100EA → 차이 0EA

④ 90-9001000. FRAME GRAY: 발주수량 100EA, 입고수량 80EA → 차이 20EA ✓

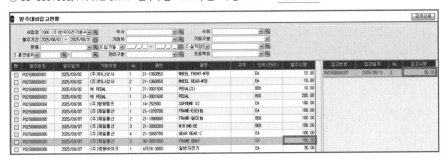

5. 발주미납현황

☞ ERP 메뉴 찾아가기

구매/자재관리 ▶ 구매현황 ▶ 발주미납현황

기준일자 대비 납기일이나 입고예정일에 발주 후 입고되지 않은 발주미납현황을 확인하는 메뉴이다. 미납수량, 합계액, 경과일수 등을 확인할 수 있다.

6. 입고현황

ERP 메뉴 찾아가기

구매/자재관리 ▶ 구매현황 ▶ 입고현황

입고기간 동안 일자별, 거래처별, 품목별, 거래구분별, 관리구분별, 프로젝트별로 입고된 현황을 확인하는 메뉴이다.

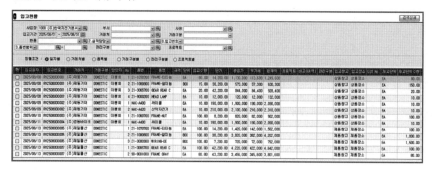

7. 매입마감현황

ERP 메뉴 찾아가기

구매/자재관리 ▶ 구매현황 ▶ 매입마감현황

마감기간 동안 일자별, 거래처별, 품목별, 거래구분별, 관리구분별, 프로젝트별로 매입마감된 현황을 확인하는 메뉴이다.

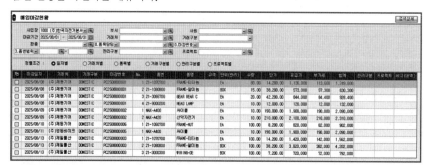

8. 매입미마감현황

ERP 메뉴 찾아가기

구매/자재관리 ▶ 구매현황 ▶ 매입미마감현황

입고기간 동안 일자별, 거래처별, 품목별, 거래구분별, 관리구분별, 프로젝트별로 매입마감이 되지 않은 현황을 확인하는 메뉴이다.

실무 연습문제 매입미마감현황

(주)한국자전거본사의 2025년 8월 한 달 간 매입미마감된 금액의 합계액으로 옳은 것은? (단, 부가세 포함 금액이다.)

① 3,801,600원

② 4,642,000원

③ 7,676,000원

④ 8,443,600원

정답 ④

'사업장: 1000. (주)한국자전거본사, 입고기간: 2025/08/01 ~ 2025/08/31'로 조회 시 부가세를 포함한 매입미마감된 금액의 합계액은 8,443,600원이다.

---

3 구매분석

1. 발주미납집계

ERP 메뉴 찾아가기

구매/자재관리 ▶ 구매분석 ▶ 발주미납집계

'0. 발주일', '1. 납기일', '2. 입고예정일'의 발주미납수량과 미납 금액을 분석하는 메뉴이다.

실무 연습문제 발주미납집계

(주)한국자전거본사의 발주일이 2025년 8월인 발주미납내역 중 미납 금액의 합이 가장 적은 거래처는?

① YK PEDAL

② (주)하나상사

③ (주)형광램프

④ (주)제일물산

정답 ②

'사업장: 1000. (주)한국자전거본사, 발주일: 2025/08/01 ~ 2025/08/31'로 조회한 후 '거래처' 탭에서 각 거래처의 미납 금액 합을 확인한다. 전체로 확인해도 되지만 거래처별로 조회하면 합계를 한눈에 확인할 수 있어 더욱 편리하다.

① YK PEDAL의 미납 금액 합: 532,000원

② (주)하나상사의 미납 금액 합: 354,000원 ✓

③ (주)형광램프의 미납 금액 합: 525,000원

④ (주)제일물산의 미납 금액 합: 864,000원

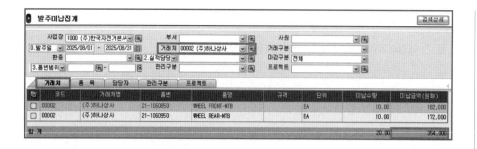

2. 입고집계표(월별)

ERP 메뉴 찾아가기

구매/자재관리 ▶ 구매분석 ▶ 입고집계표(월별)

해당 연도에 대하여 '0. 수량', '1. 원화금액', '2. 외화금액'의 조회기준으로 월별 입고내역을 집계하는 메뉴이다. '거래처', '품목', '담당자', '관리구분', '프로젝트', '부서' 탭별로 조회할 수 있다.

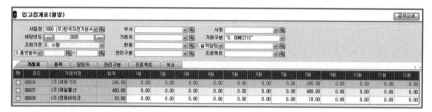

3. 매입집계표(월별)

ERP 메뉴 찾아가기

구매/자재관리 ▶ 구매분석 ▶ 매입집계표(월별)

해당 연도에 대하여 '0. 수량', '1. 원화금액', '2. 외화금액'의 조회기준으로 월별 매입내역을 집계하는 메뉴이다. '거래처', '품목', '담당자', '관리구분', '프로젝트', '부서' 탭별로 조회할 수 있다.

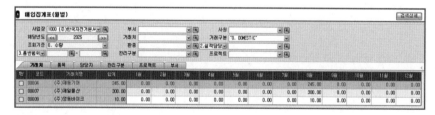

4. 매입집계표(관리분류별)

🔍 ERP 메뉴 찾아가기

구매/자재관리 ▶ 구매분석 ▶ 매입집계표(관리분류별)

해당 연도에 대하여 '0. 수량', '1. 원화금액', '2. 외화금액'의 조회기준으로 월별 매입내역을 집계하는 메뉴이다. '거래처분류', '지역분류', '지역그룹', '담당그룹' 탭별로 조회할 수 있다.

5. 매입순위표(마감기준)

🔍 ERP 메뉴 찾아가기

구매/자재관리 ▶ 구매분석 ▶ 매입순위표(마감기준)

매입기간 동안 '0. 수량', '1. 원화금액', '2. 외화금액'의 조회기준으로 마감기준의 매입순위를 분석하는 메뉴이다. '거래처', '품목', '담당자', '관리구분', '프로젝트', '부서' 탭별로 조회할 수 있다.

실무 연습문제 매입순위표(마감기준)

다음 중 (주)한국자전거본사의 2025년 8월 한 달 간 매입순위표(마감기준)의 수량기준 1순위 거래처와 그 점유율의 연결이 옳은 것은?

① (주)제일물산: 33.333
② (주)영동바이크: 37.454
③ (주)제동기어: 44.144
④ (주)제일물산: 54.054

정답 ④

'사업장: 1000. (주)한국자전거본사, 매입기간: 2025/08/01 ~ 2025/08/31, 조회기준: 0. 수량'으로 조회한 후 '거래처' 탭에서 순위와 점유율을 확인한다.
④ 1순위 거래처는 (주)제일물산이며 점유율은 54.054이다.

4 재고관리

1. 재고이동등록(창고)

 ERP 메뉴 찾아가기

구매/자재관리 ▶ 재고관리 ▶ 재고이동등록(창고)

이동기간에 대하여 동일한 사업장 내에서 다른 창고/장소로의 재고이동을 등록하는 메뉴이다. '출고창고/출고장소'에서 '입고창고/입고장소'로 이동한다. [시스템관리]−[마감/데이타관리]−[자재마감/통제등록] 메뉴의 마감일자 이전으로는 재고이동등록 작업을 할 수 없다.

실무 연습문제 재고이동등록(창고)

아래 [보기]의 조건으로 데이터를 조회한 후 물음에 답하시오.

┌ 보기 ┄┄┄
- 사업장: 1000. (주)한국자전거본사
- 이동기간: 2025/04/01 ~ 2025/04/30
└┄┄┄

다음 중 [보기]의 기간 동안 발생한 재고의 이동으로 인하여 상품창고/상품장소에서 품목 ATECK −2000. 유아용자전거의 재고가 얼마나 변동되었는지 설명한 것으로 옳은 것은?

① 20EA 증가
② 20EA 감소
③ 30EA 증가
④ 30EA 감소

정답 ④

[보기]의 조건으로 조회하면 상품창고/상품장소가 이동번호 MV2504000001에는 출고창고/출고장소에, MV2504000002에는 입고창고/입고장소에 등록되어 있다. ATECK−2000. 유아용자전거가 출고창고/출고장소에서는 50EA만큼 출고되어 감소하며, 입고창고/입고장소에서는 20EA만큼 입고되어 증가하므로 재고는 총 30EA만큼 감소한다.

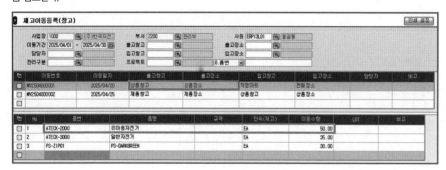

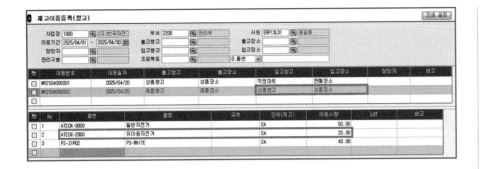

2. 재고이동등록(사업장)

ERP 메뉴 찾아가기

구매/자재관리 ▶ 재고관리 ▶ 재고이동등록(사업장)

이동기간에 대하여 한 사업장에서 다른 사업장의 창고/장소로 재고이동을 등록하는 메뉴이다. '단가설정', '단가일괄적용'의 작업을 통하여 단가를 설정할 수 있다.

실무 연습문제   재고이동등록(사업장)

(주)한국자전거본사 사업장 내 제품창고의 제품장소에서 (주)한국자전거지사 사업장 내 제품창고의 반제품장소로 일반자전거 품목 50EA를 이동시키려고 한다. 이러한 내용을 등록하기 위해 활용해야 하는 메뉴로 옳은 것은?

① 입고처리(국내거래)
② 매입마감(국내거래)
③ 재고이동등록(창고)
④ 재고이동등록(사업장)

정답 ④

회사의 한 사업장에서 다른 사업장의 창고/장소로 재고이동을 등록하는 메뉴는 [재고이동등록(사업장)]이다.

3. 재고실사등록

⟨◯⟩· ERP 메뉴 찾아가기

구매/자재관리 ▶ 재고관리 ▶ 재고실사등록

재고실사내역을 등록하는 메뉴로 재고실사등록을 통하여 전산재고와 실사재고의 수량 차이를 확인할 수 있다. 화면 상단에서 '실사일자, 재고기준일, 창고, 장소' 등을 입력한 후 오른쪽 상단의 '일괄전개' 버튼을 누르면 화면 하단에 모든 품목의 전산재고가 반영되며 여기에 실사재고수량을 입력할 수 있다.

수량 차이의 원인에는 출고나 입고 사실을 누락한 경우, 실제 출고처리수량과 다른 수량으로 잘못 처리한 경우, 파손, 도난 등의 경우가 있다. 전산재고와 실사재고의 수량 차이는 [기초재고/재고조정등록] 메뉴에서 조정하여 일치시킨다.

실무 연습문제 ┃ 재고실사등록

아래 [보기]의 조건으로 데이터를 입력한 후 물음에 답하시오.

┌ 보기 ─────────────────────────
- 사업장: 1000. (주)한국자전거본사
- 실사일자: 2025/12/31
- 재고기준일: 2025/12/31
- 창고/장소: 상품창고/상품장소
└──────────────────────────────

(주)한국자전거본사에서는 실사일자에 정기 재고실사를 실시한 실사결과를 등록하고자 한다. 'FRONT FORK(S)' 품목의 전산재고수량으로 옳은 것은?

① 75EA

② 90EA

③ 100EA

④ 120EA

정답 ④

'사업장: 1000. (주)한국자전거본사, 실사기간: 2025/12/31 ~ 2025/12/31'을 입력한 후 조회한다. 상단에 [보기] 의 실사일자, 재고기준일, 창고, 장소와 '실사구분: 0.정기'를 직접 입력한 후, 하단의 품번란에서 'F2'를 누르거나 더블클릭하여 '품목 코드 도움'창을 띄운다. '품명: FRONT FORK(S)'를 해당 창에 입력하여 '조회[F12]' 버튼을 클릭하고 품목 선택 후 하단의 '확인[ENTER]'을 클릭하면 전산재고수량 120EA가 자동으로 반영된 것을 확인할 수 있다. 해당 품목의 전산재고수량을 확인하는 문제이므로 저장은 하지 않아도 된다.

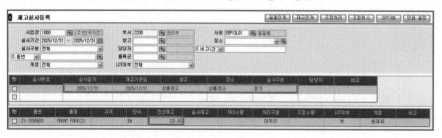

4. 기초재고/재고조정등록

🔍 ERP 메뉴 찾아가기

구매/자재관리 ▶ 재고관리 ▶ 기초재고/재고조정등록

물류이나 생산 모듈을 사용하기 전에 기초재고수량을 '기초조정' 탭에 입력하거나, 운영 중에 발생한 전산재고와 실사재고의 수량을 일치시키기 위한 메뉴이다. 실사재고수량을 기준으로 '입고조정' 탭 또는 '출고조정' 탭에서 재고조정을 등록할 수 있다.

구분	조정수량 양수(+)	조정수량 음수(−)
'기초조정' 탭	전산재고 증가	전산재고 감소
'입고조정' 탭	전산재고 증가	전산재고 감소
'출고조정' 탭	전산재고 감소	전산재고 증가

실무 연습문제   기초재고/재고조정등록

아래 [보기]의 조건으로 데이터를 조회한 후 물음에 답하시오.

┌ 보기 ┄┄
• 사업장: 1000. (주)한국자전거본사
• 조정기간: 2025/01/01 ~ 2025/01/31

다음 중 [보기]의 조건으로 입고조정 및 출고조정된 내역에 대한 설명으로 옳지 않은 것은?

① 제품창고/제품장소의 품목 31−10100005. 자물쇠의 재고가 30EA만큼 증가하였다.

② 제품창고/제품장소의 품목 NAX−A400. 싸이클의 재고가 100EA만큼 감소하였다.

③ 상품창고/상품장소의 품목 ATECK−2000. 유아용자전거의 재고가 30EA만큼 감소하였다.

④ 상품창고/상품장소의 품목 NAX−A500. 30단기어자전거의 재고가 10EA만큼 감소하였다.

정답 ④

[보기]의 조건으로 조회한 후 각 탭에 등록된 내용을 확인한다. ①, ④는 '입고조정' 탭에서, ②, ③은 '출고조정' 탭에서 확인할 수 있다. '입고조정' 탭에 등록된 조정수량만큼 재고가 증가하고, '출고조정' 탭에 등록된 조정수량만큼 재고가 감소한다.

④ 상품창고/상품장소의 품목 NAX−A500. 30단기어자전거는 '입고조정' 탭의 조정번호 IA25010000003에 등록되어 있으므로 재고가 10EA만큼 증가하였음을 알 수 있다.

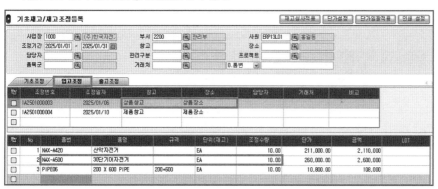

5. SET품 수불조정등록

ERP 메뉴 찾아가기

구매/자재관리 ▶ 재고관리 ▶ SET품 수불조정등록

SET품으로 판매구성한 내역의 SET모품목 입고조정수량과 SET구성품목 출고조정수량을 등록하는 메뉴이다.

실무 연습문제   SET품 수불조정등록

아래 [보기]의 조건으로 데이터를 조회한 후 물음에 답하시오.

┌ 보기 ┄
- 사업장: 1000. (주)한국자전거본사
- 조정기간: 2025/01/01 ~ 2025/01/31
- 입고창고: M100. 상품창고
- 입고장소: M101. 상품장소
- 출고창고: M100. 상품창고
- 출고장소: M101. 상품장소

[보기]의 조건으로 입력된 SET모품목 TTS-230. 가족용하이킹세트에 대한 구성품목을 확인한 결과, 구성품목 중 출고조정이 아직 다 이루어지지 않은 것을 발견하였다. 출고조정잔량이 가장 많이 남아있는 구성품목으로 옳은 것은?

① 31-10100005. 자물쇠

② ATECK-2000. 유아용자전거

③ ATECK-3000. 일반자전거

④ 31-10100003. 바구니

정답 ①

[보기]의 조건으로 조회한 후 SET모품목 TTS-230. 가족용하이킹세트에서 오른쪽 상단의 'SET 적용' 버튼을 클릭하고, '조회' 버튼을 클릭하여 각 품목의 잔량을 확인한다.
① 31-10100005. 자물쇠의 출고조정잔량이 15EA로 가장 많이 남아있다.

6. 재고이동현황(창고)

ERP 메뉴 찾아가기

구매/자재관리 ▶ 재고관리 ▶ 재고이동현황(창고)

이동기간 동안 동일한 사업장 내에서 다른 창고의 장소로 재고이동된 현황을 확인하는 메뉴이다. [재고이동등록(창고)] 메뉴에서 입력한 내역을 조회할 수 있으며, 재고가 이동된 출고창고의 출고장소와 입고창고의 입고장소를 알 수 있다.

7. 재고이동현황(사업장)

ERP 메뉴 찾아가기

구매/자재관리 ▶ 재고관리 ▶ 재고이동현황(사업장)

이동기간 동안 한 사업장에서 다른 사업장으로의 재고이동된 현황을 확인하는 메뉴이다. [재고이동등록(사업장)] 메뉴에서 입력한 내역을 조회할 수 있다.

8. SET품수불조정현황

ERP 메뉴 찾아가기

구매/자재관리 ▶ 재고관리 ▶ SET품수불조정현황

조정기간에 대하여 SET품의 수불조정현황을 확인하는 메뉴이며, [SET품 수불조정등록] 메뉴에서 입력한 내역을 조회하여 조정일자, 입고조정수량, 출고조정수량 등을 알 수 있다.

9. 재고실사현황

ERP 메뉴 찾아가기

구매/자재관리 ▶ 재고관리 ▶ 재고실사현황

실사기간에 대하여 재고실사현황을 확인하는 메뉴이다. [재고실사등록] 메뉴에서 입력한 내역을 조회하여 전산재고와 실사재고의 차이수량, 조정수량 등을 알 수 있다.

10. 기초재고/재고조정현황

ERP 메뉴 찾아가기

구매/자재관리 ▶ 재고관리 ▶ 기초재고/재고조정현황

조정기간에 대하여 [기초재고/재고조정등록] 메뉴에서 입력한 내역을 조회하는 메뉴이다. 조정번호, 창고, 장소, 품목 등을 알 수 있다.

5 재고수불현황

1. 현재고현황(전사/사업장)

ERP 메뉴 찾아가기

구매/자재관리 ▶ 재고수불현황 ▶ 현재고현황(전사/사업장)

해당 연도에 대하여 현재고현황을 전사별, 사업장별로 확인하기 위한 메뉴이다. '전사' 탭에서는 회사 전체의 내역을, '사업장' 탭에서는 사업장별 내역을 확인할 수 있다.

실무 연습문제 현재고현황(전사/사업장)

다음 중 (주)한국자전거지사의 2025년 기준 FRONT FORK(S)의 가용재고량으로 옳은 것은?

① 40EA

② 50EA

③ 150EA

④ 200EA

정답 ①

사업장이 주어졌으므로 '사업장' 탭에서 '사업장: 2000. (주)한국자전거지사, 해당년도: 2025'로 조회한다. FRONT FORK(S)의 가용재고량은 40EA이다.

TIP

(주)한국자전거본사와 (주)한국자전거지사가 혼용되어 출제될 수 있으므로 문제를 정확히 읽고 사업장을 조회해야 한다.

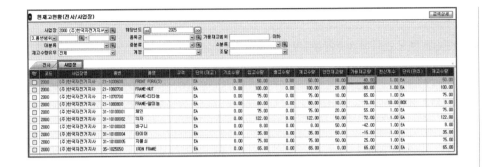

2. 재고수불현황(일자별)

🔍 ERP 메뉴 찾아가기

구매/자재관리 ▶ 재고수불현황 ▶ 재고수불현황(일자별)

일자별 재고수불현황을 조회하기 위한 메뉴이다. 사업장에서의 누계기간 대비 수불기간
에 대하여 입고와 출고의 일계와 누계, 기초재고와 기말재고를 확인할 수 있으며 창고별,
장소별로 조회할 수 있다. '수불기간'은 '누계기간' 이후여야 한다.

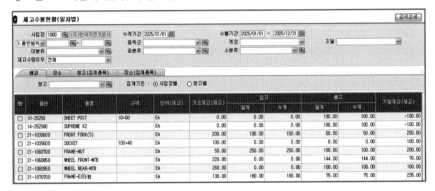

3. 재고수불현황(유형별)

🔍 ERP 메뉴 찾아가기

구매/자재관리 ▶ 재고수불현황 ▶ 재고수불현황(유형별)

수불기간에 대하여 유형별로 각 사업장의 재고수불현황을 파악하기 위한 메뉴이다. '유형
별', '유형별상세' 탭에서 조회할 수 있다.

다음 중 (주)한국자전거본사에서 2025년 8월 한 달 간 구매 입고한 총수량으로 옳은 것은?

① 1,958EA

② 2,194EA

③ 3,170EA

④ 5,148EA

정답 ③

'사업장: 1000. (주)한국자전거본사, 수불기간: 2025/08/01 ～ 2025/08/31', 구매 입고한 수량이므로 '수불유형: 2. 구매', '입출고유형: 1. 입고'로 조회한다. 입고수량의 합계는 3,170EA이다.

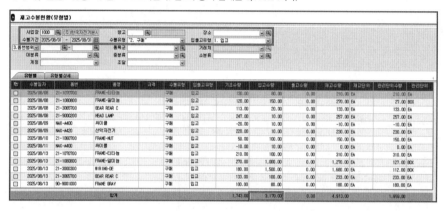

4. 재고수불상세현황(일자별)

ERP 메뉴 찾아가기

구매/자재관리 ▶ 재고수불현황 ▶ 재고수불상세현황(일자별)

일자별 재고수불현황을 상세하게 조회하기 위한 메뉴이다. 누계기간 대비 수불기간에 대하여 창고, 장소별 기준으로 수불일자별 입고와 출고의 재고수불상세현황을 조회하며 '수불기간'은 '누계기간' 이후여야 한다. [재고수불현황(일자별)] 메뉴와 비슷하나 수불일이 추가되어 있다.

5. 과다재고명세서

ERP 메뉴 찾아가기

구매/자재관리 ▶ 재고수불현황 ▶ 과다재고명세서

각 사업장에서의 마감기간에 대하여 과다재고수량을 조회하는 메뉴이며 평가배수의 기준에 따라 조회할 수 있다.

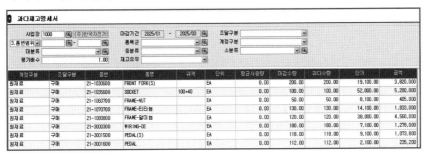

6. 부동재고명세서(사업장)

ERP 메뉴 찾아가기

구매/자재관리 ▶ 재고수불현황 ▶ 부동재고명세서(사업장)

각 사업장의 기준일자 대비 수불기간에 대하여 사업장에 속한 재고품목의 수량과 부동일수를 조회할 수 있는 메뉴이다. 부동일수는 입출고일과 기준일자 기간의 차이로 나타난다.

7. 부동재고명세서(창고/장소)

ERP 메뉴 찾아가기

구매/자재관리 ▶ 재고수불현황 ▶ 부동재고명세서(창고/장소)

각 사업장에서의 기준일자 대비 수불기간에 대하여 창고별, 장소별로 품목의 수량과 부동일수를 조회할 수 있는 메뉴이다.

아래 [보기]의 조건으로 데이터를 조회한 후 물음에 답하시오.

> **보기**
> • 기준일자: 2025/08/31
> • 수불기간: 2025/08/01 ~ 2025/08/31

다음 중 (주)한국자전거본사의 상품창고/상품장소에 있는 원재료 재고의 부동일을 확인하고자한다. 부동일이 가장 작은 품목은 무엇인가?

① FRAME-NUT
② FRAME-알미늄
③ GEAR REAR C
④ FRAME GRAY

정답 ①

[보기]의 조건과 '사업장: 1000. (주)한국자전거본사, 계정구분: 0. 원재료'를 입력한 후 '장소' 탭에서 창고와 장소를 각각 '상품창고'와 '상품장소'로 선택하여 조회한다.
① FRAME-NUT의 부동일: 21일 ✓
② FRAME-알미늄의 부동일: 23일
③ GEAR REAR C의 부동일: 23일
④ FRAME GRAY의 부동일: 31일

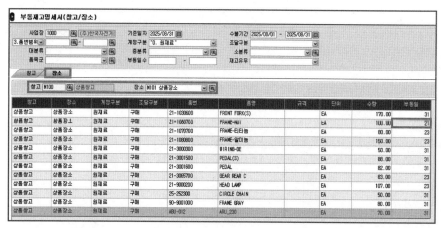

8. 사업장/창고/장소별재고(금액)현황

 ERP 메뉴 찾아가기

구매/자재관리 ▶ 재고수불현황 ▶ 사업장/창고/장소별재고(금액)현황

사업장별, 창고별, 장소별로 일자 대비 재고현황을 수량과 금액 기준으로 확인하는 메뉴이다.

다음 중 2025년 9월 기준 (주)한국자전거본사의 대분류별 재고 금액으로 옳지 않은 것은?
(단, 단가는 조달구분과 관계없이 모두 단가 OPTION의 실제원가[품목등록]으로 설정한다.)

① FRAME: 77,054,500원

② PCB: 30,209,000원

③ PEDAL: 1,491,000원

④ FACIAL POST: 3,820,000원

정답 ②

'사업장' 탭에서 '사업장: 1000. (주)한국자전거본사, 일자: 2025/09/01 ～ 2025/09/30'을 입력한 후 '금액' 조건
으로 조회한다. 오른쪽 상단의 '단가 OPTION'에서 '실제원가[품목등록]'를 선택한 후 '확인(TAB)'을 클릭한다. 전체
로 조회하는 것보다 각 대분류별로 조회하는 것이 한눈에 금액 합계를 확인할 수 있어 편리하다.
② PCB의 재고 합계액은 30,298,800원이다.

TIP
'단가 OPTION'의 설정여부에 따라
조회되는 금액이 달라지므로 조건
설정을 반드시 확인해야 한다.

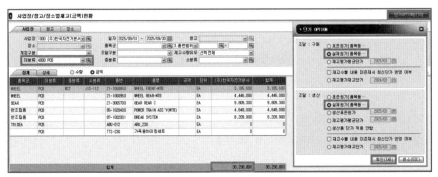

9. 현재고(LOT)현황(전사/사업장)

ERP 메뉴 찾아가기

구매/자재관리 ▶ 재고수불현황 ▶ 현재고(LOT)현황(전사/사업장)

해당 연도에 대하여 전사, 사업장을 기준으로 LOT별로 현재고현황을 조회하는 메뉴이다.

10. 현재고현황(LOT)현황(창고/장소)

ERP 메뉴 찾아가기

구매/자재관리 ▶ 재고수불현황 ▶ 현재고현황(LOT)현황(창고/장소)

해당 연도에 대하여 사업장의 창고, 장소를 기준으로 LOT별 현재고현황을 조회하는 메뉴
이다.

6 재고평가

1. 생산품표준원가등록

ERP 메뉴 찾아가기

구매/자재관리 ▶ 재고평가 ▶ 생산품표준원가등록

생산품의 표준원가를 등록하여 생산품의 입고 금액으로 등록할 단가를 입력하는 메뉴이다. 일반적으로 구매품은 매입 금액이 있으나 생산품은 매입 금액이 분명하지 않으므로 사업장 간의 재고이동이 있을 경우 재고평가를 위하여 입고사업장의 매입원가 단가로 등록한다.

실무 연습문제 생산품표준원가등록

다음 중 (주)한국자전거본사의 2025년 1월 생산품표준원가내역 중 품목별 표준원가를 연결한 것으로 옳지 <u>않은</u> 것은?

① 체인: 3,200원

② 의자: 4,800원

③ 바구니: 1,500원

④ 타이어: 6,000원

정답 ④

'사업장: 1000. (주)한국자전거본사, 해당년도: 2025/1월'로 조회한 후 각 품목의 표준원가를 확인한다.
④ 타이어의 표준원가는 7,200원이다.

2. 재고평가작업

ERP 메뉴 찾아가기

구매/자재관리 ▶ 재고평가 ▶ 재고평가작업

재고자산에 설정된 재고평가방법을 적용하여 재고평가를 하고 매출원가를 산정하기 위한 메뉴이다. 재고평가를 하기 전에 [시스템관리]-[마감/데이타관리]-[자재마감/통제등록] 메뉴에서 '총평균, 이동평균, 선입선출, 후입선출' 중 재고평가방법을 한 가지 선택하여야 한다.

① 재고평가작업을 실행하면 [자재마감/통제등록]과 [영업마감/통제등록]의 마감일자가 재고평가 종료연월의 말일로 자동 변경되어 입고, 출고, 재고의 이동 등이 통제된다.

    예 종료연월이 2025/06이면 마감일자는 자동으로 2025/06/30이 된다.

② 재고평가작업은 사업장 단위로 이루어진다.

③ '매입마감'이나 '매출마감'된 품목은 재고평가 대상이 된다.

④ '시작연월', '종료연월'이 해당 기수에 속해 있어야 재고평가를 할 수 있다.

실무 연습문제　재고평가작업

(주)한국자전거본사의 2025년 1월 ~ 2025년 3월 구매품의 재고평가를 수행하였다. 다음 중 품목별 재고수량을 연결한 것으로 옳지 않은 것은?

① GEAR REAR C: 112EA

② FRAME-티타늄: 130EA

③ FRONT FORK(S): 200EA

④ PEDAL(S): 118EA

정답 ①

'구매품' 탭에서 '사업장: 1000. (주)한국자전거본사'로 조회한 후 '시작년월: 2025/01, 종료년월: 2025/03'에 등록된 각 품목의 재고수량을 확인한다.

① GEAR REAR C의 재고수량은 113EA이다.

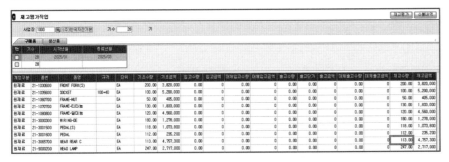

3. 재고평가보고서

⊘ ERP 메뉴 찾아가기

구매/자재관리 ▶ 재고평가 ▶ 재고평가보고서

사업장별로 마감기간을 기준으로 재고평가내역을 조회하기 위한 메뉴이다.

TIP

시작년월과 종료년월을 입력한 후 'ENTER'를 누르고 오른쪽 상단의 '재고평가'를 클릭하면 재고평가작업을 할 수 있다.

재고평가를 하면 [영업마감/통제등록]과 [자재마감/통제등록] 메뉴의 마감일자가 종료연월의 말일로 입력되므로 마감일자 이후에 다른 메뉴의 실습을 위해서는 마감일자를 삭제한 후 저장해야 한다.

4. 재고자산명세서

🔍 **ERP 메뉴 찾아가기**

구매/자재관리 ▶ 재고평가 ▶ 재고자산명세서

사업장별로 재고평가작업 후 재고자산내역을 조회하기 위한 메뉴이다.

실무 연습문제　재고자산명세서

아래 [보기]의 조건으로 데이터를 조회한 후 물음에 답하시오.

┌─ 보기 ─
- 사업장: 1000. (주)한국자전거본사
- 마감기간: 2025/01 ~ 2025/03

다음 중 재고자산명세서에서 조회되는 원재료 PEDAL(S) 품목의 재고 금액으로 옳은 것은?

① 1,278,000원

② 1,073,800원

③ 1,833,000원

④ 2,717,000원

정답 ②

[보기]의 조건으로 조회되는 원재료 PEDAL(S) 품목의 재고 금액은 1,073,800원이다.

재고자산명세서

사업장 1000 (주)한국자전거본 　마감기간 2025/01 ~ 2025/03 　조달구분
3.품번범위 ~ 　품목군 　계정구분
대분류 　중분류 　소분류
평가방법 2. 선입선출법 　재고유무

계정구분	조달구분	품번	품명	규격	단위	재고수량	재고단가	재고금액
원재료	구매	21-1030600	FRONT FORK(S)		EA	200.00	19,100.00	3,820,000
원재료	구매	21-1035600	SOCKET	100*40	EA	100.00	52,000.00	5,200,000
원재료	구매	21-1060700	FRAME-NUT		EA	50.00	8,100.00	405,000
원재료	구매	21-1070700	FRAME-티타늄		EA	130.00	14,100.00	1,833,000
원재료	구매	21-1080800	FRAME-알미늄		EA	120.00	38,000.00	4,560,000
원재료	구매	21-3000300	WIRING-DE		EA	180.00	7,100.00	1,278,000
원재료	구매	21-3001500	PEDAL(S)		EA	118.00	9,100.00	1,073,800
원재료	구매	21-3001600	PEDAL		EA	112.00	2,100.00	235,200
원재료	구매	21-3065700	GEAR REAR C		EA	113.00	42,100.00	4,757,300

5. 재고자산수불부

🔍 **ERP 메뉴 찾아가기**

구매/자재관리 ▶ 재고평가 ▶ 재고자산수불부

사업장별로 마감기간 동안 각 품목당 재고자산수불내역을 상세하게 조회하기 위한 메뉴이다.

6. 대체출고내역현황

🔍 **ERP 메뉴 찾아가기**

구매/자재관리 ▶ 재고평가 ▶ 대체출고내역현황

사업장별로 마감기간 동안 '조정대체', '계정대체', '사업장대체', 'SET조정대체' 탭별로 대체출고내역현황을 조회하는 메뉴이다.

7 기초정보관리

1. 품목단가등록

✧ ERP 메뉴 찾아가기

구매/자재관리 ▶ 기초정보관리 ▶ 품목단가등록

[영업관리]－[기초정보관리]－[품목단가등록] 메뉴의 작업과 동일하다.

실무 연습문제 품목단가등록

다음 중 판매단가가 구매단가보다 작아서 판매를 할수록 손해를 보는 품목으로 옳은 것은?

① 의자
② 바구니
③ 자물쇠
④ 타이어

정답 ④

판매단가와 구매단가를 모두 확인할 때는 '판매단가' 탭에서 조회하는 것이 편리하다.
① 의자: 구매단가 1,250원 < 판매단가 1,563원
② 바구니: 구매단가 3,200원 < 판매단가 4,000원
③ 자물쇠: 구매단가 880원 < 판매단가 1,100원
④ 타이어: 구매단가 65,000원 > 판매단가 8,300원 ✓

2. 거래처별단가등록

✧ ERP 메뉴 찾아가기

구매/자재관리 ▶ 기초정보관리 ▶ 거래처별단가등록

[영업관리]－[기초정보관리]－[고객별단가등록] 메뉴의 작업과 동일하다. 특정 거래처를 선택하고 조회하면 구매단가, 판매단가를 각 품목별로 확인할 수 있다.

다음 [보기]를 참조하여 구매단가 기준의 판매단가를 일괄수정한 뒤 FRAME-NUT 품목의 판매단가로 옳은 것은?

┌─ 보기 ─
• 거래처: (주)제동기어
• 단가수정 대상: 판매단가
• 단가수정 기준단가: 구매단가
• 할증율: 15%

① 8,000원

② 9,200원

③ 10,100원

④ 11,000원

정답 ②

'판매단가' 탭에서 '거래처: (주)제동기어'로 조회한다. [보기]의 조건을 입력하고 FRAME-NUT에 체크한 후 '일괄수정'을 누르면 판매단가가 자동으로 계산되어 입력된다. 품목 FRAME-NUT의 구매단가가 8,000원이므로 15%의 할증을 계산하면 9,200원이 된다.

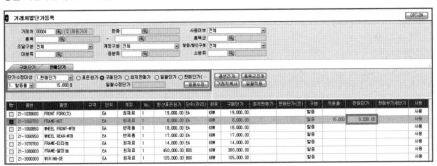

무역관리 1급에만 해당

1 무역관리

[무역관리]는 크게 수출 메뉴와 수입 메뉴로 구분할 수 있다. 수출 메뉴에는 [구매승인서(수출)], [LOCAL L/C(수출)], [MASTER L/C(수출)], [기타(수출)], [수출현황]이 있으며, 수입 메뉴에는 [구매승인서(수입)], [LOCAL L/C(수입)], [MASTER L/C(수입)], [기타(수입)], [수입현황]이 있다. 견적등록(수출), 견적마감처리(수출), L/C등록 등 여러 메뉴들이 그 상위 메뉴들에 중복으로 포함되어 있으며 동일한 메뉴이므로 실제 기출문제 풀이 시 어떤 메뉴를 사용해도 상관없다.

1. 구매승인서(구매확인서)

A 회사가 해외 수출 목적의 품목을 국내의 B 회사로부터 영세율을 적용받아 구입하고자 할 때 사용하는 서류이다. 국내에서 생산된 물품을 외화 획득용 원료로 구매하는 것을 승인하는 서류로, '외화 획득용 원료 구매확인서'라고도 한다. 무역금융 한도가 부족하거나 비금융 대상 수출신용장 등으로 인하여 내국신용장을 개설하기 어려운 경우 등에 외국환은행이 내국신용장 취급규정에 준하여 발급한다.

LOCAL L/C(내국신용장)와 마찬가지로 수출용 원자재를 공급하는 업체에 수출실적을 인정해 주며, 부가가치세 영세율을 적용받을 수 있다. 그러나 LOCAL L/C(내국신용장)는 개설은행의 대금 지급보증을 받을 수 있으나 구매승인서는 지급보증을 받을 수 없다. 대금 지급은 거래 당사자 간 계약에 따르며 상대방의 신용이 확실하지 않으면 사용하기 곤란할 수 있다.

2. LOCAL L/C(내국신용장)

구매승인서와 동일하게 A 회사가 해외 수출 목적의 품목을 국내의 B 회사로부터 영세율을 적용받아 구입하여 수출하고자 할 때 사용하는 서류이다. 구매승인서와 다르게 국내수출업자가 수출용 원자재나 완제품을 국내에서 조달할 때 외국환은행이 물품대금 지급을 보장한다. 국제거래에 이용되는 MASTER L/C(원신용장)와 유사하지만 LOCAL L/C(내국신용장)는 국내거래에서만 사용 가능하다.

3. MASTER L/C(원신용장)

수입업자의 의뢰로 신용장 개설은행이 수출업자 앞으로 개설하는 신용장으로, 원래의 신용장을 말한다. [구매승인서(수출)]와 [LOCAL L/C(수출)]는 국내에서 이루어지는 거래이므로 [거래명세서발행], [세금계산서처리(LOCAL L/C)] 메뉴가 있으며, [MASTER L/C]는 해외에 직접 수출을 등록하는 것으로 [COMMERCIAL INVOICE 등록], [PACKING LIST 등록], [선적등록] 등의 메뉴가 있다.

2 MASTER L/C(수출)

1. 견적등록(수출)

> **ERP 메뉴 찾아가기**
>
> 무역관리 ▶ MASTER L/C(수출) ▶ 견적등록(수출)

해외로 수출하는 경우에 해외의 고객으로부터 견적 요청을 받고 견적서를 보낸 내역을 등록하는 메뉴이다. 상단의 '인쇄' 기능으로 견적서를 출력할 수 있으며, 견적수량, 외화단가, 외화금액 등을 입력할 수 있다.
① 환종: JPY. 일본엔화, KRW. 원화, USD. 미국달러가 있으며 'F2'를 눌러 조회할 수 있다.
② 외화단가: [품목단가등록] 또는 [고객별단가등록] 메뉴에서 판매단가로 등록한 단가가 자동으로 반영되며 수정하여 입력할 수 있다.

실무 연습문제 견적등록(수출)

아래 [보기]의 조건으로 데이터를 조회한 후 물음에 답하시오.

┌ 보기
• 견적기간: 2025/12/01 ~ 2025/12/31

(주)한국자전거본사에서 고객에게 수출할 품목의 견적서를 보냈다. 다음 중 견적조건이 '1개월 내 선적요청'으로 등록되어 있는 견적번호로 옳은 것은?

① ES2512000001
② ES2512000002
③ ES2512000003
④ ES2512000004

정답 ④

[보기]의 조건으로 조회한 후 각 견적번호의 하단에서 견적조건을 확인한다.
④ ES2512000004의 견적조건이 '1개월 내 선적요청'이다.

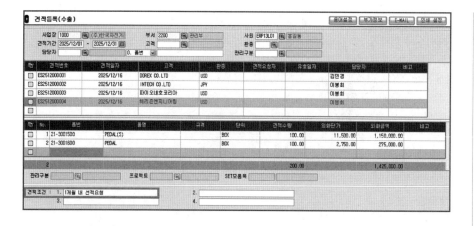

2. 견적마감처리(수출)

☞ · ERP 메뉴 찾아가기

무역관리 ▶ MASTER L/C(수출) ▶ 견적마감처리(수출)

[견적등록(수출)] 메뉴에서 입력한 내역 중에서 여러 가지 이유로 더 이상 진행하지 않는 수출견적을 마감처리하는 메뉴이다. 오른쪽 상단의 '일괄마감처리'를 누르면 마감처리가 되어 더 이상 진행하지 않게 되며, '일괄마감취소'를 누르면 마감이 취소되어 다시 진행할 수 있다. 마감처리 시 마감일자와 마감사유를 등록할 수 있다.

3. L/C등록

☞ · ERP 메뉴 찾아가기

무역관리 ▶ MASTER L/C(수출) ▶ L/C등록

L/C를 등록하는 메뉴이다. L/C(Letter of Credit)란 신용장이라고도 하며 상품의 수입업자가 자신의 지불능력(신용)을 증명하기 위해 거래은행으로부터 발급받는 보증서이다.
① L/C구분: '1. LOCAL L/C', '2. 구매승인서', '3. MASTER L/C' 중에서 선택할 수 있다.
② S/D: Shipping Date로 신용장에 의해 거래되는 화물의 최종 유효 선적기일이다.
③ E/D: Expiry Date로 신용장을 포함한 선적서류를 은행에 제시해야 하는 최종 마감일로 신용장 유효기일이라고도 한다.
④ 외화금액: '주문수량×외화단가'로 계산되는 금액이다.

실무 연습문제   L/C등록

아래 [보기]의 조건으로 데이터를 조회한 후 물음에 답하시오.

┌ 보기 ─────────────────────────────
- 사업장: 1000. (주)한국자전거본사
- 주문기간: 2025/12/01 ~ 2025/12/31
- L/C구분: 3. MASTER L/C
└──────────────────────────────────

(주)한국자전거본사에서는 수출할 품목의 L/C를 등록하였다. 다음 중 고객 DOREX CO.LTD의 L/C 정보에 관한 설명으로 옳지 않은 것은?

① 등록되어 있는 품목은 견적적용을 받아 입력하였다.

② L/C 정보에 대한 가격조건은 FOB이다.

③ 출하예정일은 2025/12/21이다.

④ 품목 21-1060950. WHEEL REAR-MTB의 LOT 사용여부는 사용이다.

정답 ④

[보기]의 조건으로 조회하면 'L/C등록 조회' 창이 나타난다. 고객 DOREX CO.LTD의 L/C □에 체크한 후 '선택항목 편집'을 누르면 [L/C등록] 메뉴에 등록된 내역을 확인할 수 있다.

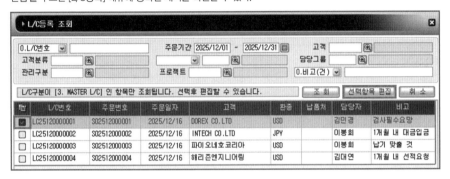

① 품목에서 마우스 오른쪽 버튼을 클릭하고 '[L/C등록] 이력정보'를 확인하면 이전 이력이 '견적등록(수출)'으로, 견적적용을 받아 입력한 것을 알 수 있다.

② 메뉴의 중간에서 '가격조건: FOB'를 확인할 수 있다.

③ 출하예정일은 2025/12/21이다.

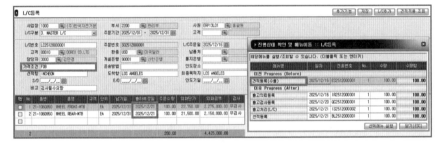

④ 품목 21-1060950. WHEEL REAR-MTB에서 마우스 오른쪽 버튼을 클릭하여 '부가기능-품목상세정보'를 확인하면 LOT 여부가 '0. 미사용'으로 등록된 것을 알 수 있다.

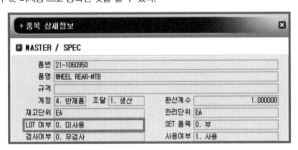

4. 주문마감처리(수출)

✧· ERP 메뉴 찾아가기

무역관리 ▶ MASTER L/C(수출) ▶ 주문마감처리(수출)

수출하기 위하여 주문받은 내역 중에서 여러 가지 이유로 더 이상 진행하지 않는 건을 마감처리하는 메뉴이다. [견적마감처리(수출)] 메뉴와 비슷한 기능을 하는 메뉴로 오른쪽 상단의 '일괄마감처리'를 누르면 마감처리가 되어 더 이상 진행하지 않게 되며, '일괄마감 취소'를 누르면 마감이 취소되어 다시 진행할 수 있다. 마감처리 시 마감일자와 마감사유를 등록할 수 있다.

실무 연습문제 주문마감처리(수출)

아래 [보기]의 조건으로 데이터를 조회하시오.

┌ 보기 ─────────────────────
- 사업장: 1000. (주)한국자전거본사
- 주문기간: 2025/12/15 ~ 2025/12/31
└──────────────────────────

고객 INTECH CO.LTD에 의하여 수출 주문받은 건을 더 이상 진행하지 않고 마감하려고 한다. 주문마감처리가 가능한 수량의 합으로 옳은 것은?

① 100EA

② 200EA

③ 300EA

④ 400EA

정답 ②

[보기]의 조건과 '고객: INTECH CO.LTD'로 조회하면 주문잔량은 200EA이다. 전체로 조회해도 되지만 고객 'INTECH CO.LTD'로 조회하면 확인하기 더욱 편리하다.

💡 TIP

주문잔량은 주문마감처리 가능한 수량이다.

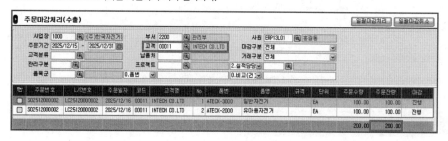

5. 출고의뢰등록

∅- ERP 메뉴 찾아가기

무역관리 ▶ MASTER L/C(수출) ▶ 출고의뢰등록

주문을 받아 수출할 품목을 출고하기 위하여 출고의뢰등록하는 메뉴이다. [시스템관리]−[회사등록정보]−[시스템환경설정] 메뉴에서 '출고의뢰운영여부'가 '1. 여'로 설정되어 있어야 사용이 가능하다. 오른쪽 상단의 '주문적용 조회' 버튼을 이용하여 출고의뢰를 등록할 수 있다.

실무 연습문제　출고의뢰등록

아래 [보기]의 조건으로 데이터를 조회한 후 물음에 답하시오.

┌ 보기 ────────────────────────
- 사업장: 1000. (주)한국자전거본사
- 의뢰기간: 2025/12/01 ~ 2025/12/31
└────────────────────────────

회사에서는 수출 품목에 대하여 출고의뢰를 등록하였다. 등록되어 있는 내역에 대한 설명으로 올바르지 않은 것은?

① 등록되어 있는 출고의뢰 건은 모두 제품창고에 의뢰하였다.

② 고객 DOREX CO.LTD의 출고의뢰 건은 검사를 해야 출고처리할 수 있다.

③ 고객 파이오네호코리아의 출고의뢰 건은 납기일과 출고예정일이 다르다.

④ 고객 INTECH CO.LTD의 출고의뢰등록된 모든 품목의 관리구분은 특별할인매출이다.

정답 ④

[보기]의 조건으로 조회되는 내역을 확인한다.

① 등록되어 있는 모든 의뢰번호의 의뢰창고는 제품창고이다.

② 고객 DOREX CO.LTD의 출고의뢰 건인 의뢰번호 IR2512000001의 검사여부는 '검사'이다. 검사여부가 '검사'인 출고의뢰 건은 [출고검사등록] 메뉴에 등록해야 출고처리를 등록할 수 있다.

③ 고객 파이오네호코리아의 출고의뢰 건인 의뢰번호 IR2512000002의 납기일은 2025/12/31, 출고예정일은 2025/12/20으로 납기일과 출고예정일이 서로 다르다.

④ 고객 INTECH CO.LTD의 출고의뢰 건인 의뢰번호 IR2512000003에 등록되어 있는 품목 일반자전거의 관리구분은 'S50. 특별할인매출'이며, 유아용자전거의 관리구분은 'S10. 일반매출'이다.

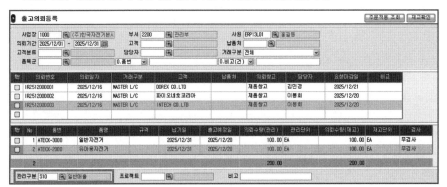

6. 출고검사등록

ERP 메뉴 찾아가기

무역관리 ▶ MASTER L/C(수출) ▶ 출고검사등록

수출하기 위하여 출고할 품목을 출고하기 전에 검사하여 등록하는 메뉴이다. [시스템관리]-
[회사등록정보]-[시스템환경설정] 메뉴에서 '출고전검사운영여부'가 '1. 운영함'으로 설정
되어 있어야 메뉴를 사용할 수 있다. [출고의뢰등록] 메뉴에서 '검사'로 등록된 내역을
적용받아 출고검사를 할 수 있으며, '영업관리' 모듈의 [출고검사등록] 메뉴와 비슷하다.

실무 연습문제 출고검사등록

**(주)한국자전거본사에서는 2025년 12월의 수출 품목에 대하여 출고검사 결과를 등록하였다.
등록된 결과에 대한 올바르지 <u>않은</u> 설명은 무엇인가?**

① 불량이 발생하였으나 합격여부는 합격이다.

② 고객은 DOREX CO.LTD이다.

③ 모든 품목의 검사구분은 전수검사이다.

④ 모든 품목의 검사유형은 조립검사이다.

정답 ④

'사업장: 1000. (주)한국자전거본사, 검사기간: 2025/12/01 ~ 2025/12/31'로 조회되는 내역을 확인한다.
④ 품목 WHEEL FRONT-MTB의 검사유형은 '조립검사'이며, WHEEL REAR-MTB의 검사유형은 '기능검사'이다.

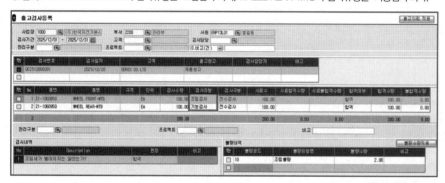

7. 출고처리(L/C)

ERP 메뉴 찾아가기

무역관리 ▶ MASTER L/C(수출) ▶ 출고처리(L/C)

수출하기 위하여 출고처리하는 메뉴이다. '출고적용', '의뢰적용', '검사적용'을 통하여
출고처리가 가능하며 출고처리를 하면 창고의 재고가 감소한다.

① **출고적용**: 출고처리등록된 내역을 적용받아 반품처리하는 경우에 사용한다. '출고적용'
을 받으면 출고처리된 내역의 수량과 금액이 (-)로 등록된다.

② **의뢰적용**: [출고의뢰등록] 메뉴는 진행하고, 검사유무를 '무검사'로 하여 [출고검사등록] 메뉴는 진행하지 않는 경우 출고의뢰등록된 내용을 적용받아 출고처리하는 경우에 사용한다.

③ **검사적용**: [출고의뢰등록]과 [출고검사등록] 메뉴를 모두 진행할 경우 검사등록된 내용을 적용받아 출고처리하는 경우에 사용한다.

실무 연습문제   출고처리(L/C)

아래 [보기]의 조건으로 데이터를 입력한 후 물음에 답하시오.

┌─ 보기 ───
- 사업장: 1000. (주)한국자전거본사
- 출고기간: 2025/12/01 ~ 2025/12/31
- 출고창고: P100. 제품창고
- 거래구분: 전체
└──

다음 중 [보기]의 조건으로 출고처리(L/C)등록된 내역 중 원화 금액의 합이 가장 적은 출고번호로 옳은 것은?

① IS2512000002

② IS2512000003

③ IS2512000004

④ IS2512000005

정답 ③

[보기]의 조건으로 조회한 후 등록되어 있는 각 출고번호의 원화 금액 합을 확인한다.

① IS2512000002의 원화 금액 합: 6,690,000원
② IS2512000003의 원화 금액 합: 20,257,500원
③ IS2512000004의 원화 금액 합: 3,360,000원 ✓
④ IS2512000005의 원화 금액 합: 49,840,000원

8. COMMERCIAL INVOICE 등록

🔍 **ERP 메뉴 찾아가기**

무역관리 ▶ MASTER L/C(수출) ▶ COMMERCIAL INVOICE 등록

COMMERCIAL INVOICE의 세부내용을 등록하는 메뉴이다. COMMERCIAL INVOICE 는 상업송장이라고도 하며, 품목, 수량, 금액, 거래처 등을 상세하게 기록하는 문서로 수출자가 작성하여 수입자에게 발송한다.

조회를 한 후 체크하여 확인하면 등록된 내역을 확인할 수 있고, 오른쪽 상단의 '출고조회'를 이용하여 출고등록된 내역의 COMMERCIAL INVOICE를 등록할 수 있다. 상단의 '인쇄' 버튼을 이용하면 실무에서 사용하는 COMMERCIAL INVOICE 서류 확인이 가능하다.

실무 연습문제 COMMERCIAL INVOICE 등록

(주)한국자전거본사에서는 2025년 12월 고객 DOREX CO.LTD에 수출한 COMMERCIAL INVOICE를 등록하였다. 등록되어 있는 COMMERCIAL INVOICE 금액의 합으로 옳은 것은?

① USD 3,000   ② USD 4,000

③ USD 5,000   ④ USD 6,000

정답 ④

상단의 '조회'를 누르면 뜨는 'COMMERCIAL INVOICE 조회' 창에서 Invoice Date가 2025년 12월인 DOREX CO.LTD □에 체크하고 확인을 클릭하면 등록되어 있는 내역을 확인할 수 있다.

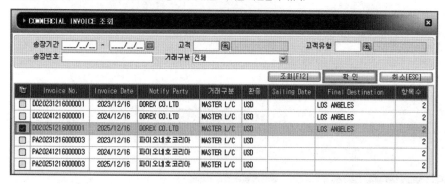

등록되어 있는 COMMERCIAL INVOICE 금액의 합은 USD 6,000이다.

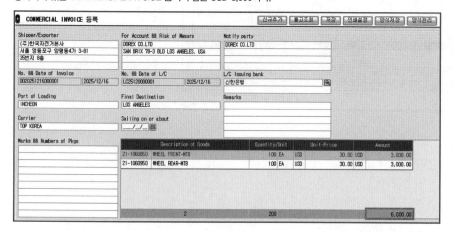

9. PACKING LIST 등록

ERP 메뉴 찾아가기

무역관리 ▶ MASTER L/C(수출) ▶ PACKING LIST 등록

PACKING LIST의 세부내역을 등록하는 메뉴이다. PACKING LIST는 포장명세서라고 도 하며, 품목, 중량, 부피, 수량 등을 상세하게 기록하는 문서로, COMMERCIAL INVOICE와 함께 작성하여 사용된다. '송장조회'를 이용하여 등록된 COMMERCIAL INVOICE의 내역으로 중량, 부피, 수량, 상자수량 등을 등록할 수 있다.

① NET – WEIGHT: 선적품목의 순중량을 의미한다.

② GROSS – WEIGHT: 포장무게를 포함한 총중량을 의미한다.

③ MEASUREMENT: 선적품목의 부피를 의미한다.

④ C/T No.: 상자의 수량을 의미한다.

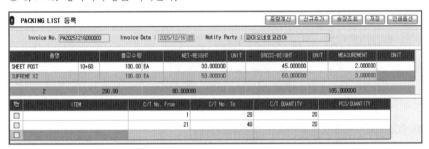

10. 선적등록

ERP 메뉴 찾아가기

무역관리 ▶ MASTER L/C(수출) ▶ 선적등록

수출품목의 선적내역을 등록하는 메뉴로 출고내역을 적용받아 등록할 수 있다. 선적일자, 고객, 거래구분, 환율, 품명, 선적수량, 금액, 도착예정일, 수금예정일 등을 등록할 수 있다.

실무 연습문제   선적등록

아래 [보기]의 조건으로 데이터를 입력한 후 물음에 답하시오.

┌─ 보기 ───┐
• 사업장: 1000. (주)한국자전거본사   • 선적일자: 2025/12/10
• 조건: 출고건별   • 출고기간: 2025/12/01 ~ 2025/12/10
└──┘

[보기]의 기간에 출고된 품목을 출고일괄적용 기능을 이용하여 선적등록을 하고자 한다. 선적 등록한 후 등록된 내용에 대한 설명으로 옳지 <u>않은</u> 것은?

① 선적등록되는 품목은 유아용자전거와 일반자전거이다.

② 고객은 YK PEDAL이다.

③ 외화금액 USD 18,250에 환율 1,110을 곱한 금액이 원화금액 20,257,500원이다.

④ 출고번호 IS2512000004를 적용받아 등록되었다.

'사업장: 1000. (주)한국자전거본사, 선적기간: 2025/12/10 ~ 2025/12/10'으로 조회한 후, 오른쪽 상단의 '출고일괄적용'을 눌러 [보기]의 조건을 입력하고 '확인'을 클릭한다.

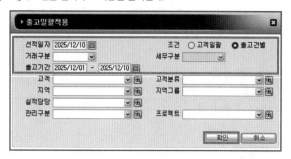

④ 하단에 등록되어 있는 출고번호 IS2512000003을 적용받아 등록된 것을 알 수 있으며, 품목에서 마우스 오른쪽 버튼을 클릭하여 나오는 '[선적등록] 이력정보'에서도 출고번호를 확인할 수 있다.

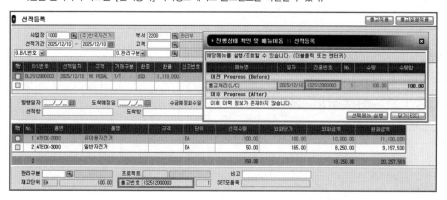

11. 회계처리(선적)

ERP 메뉴 찾아가기

무역관리 ▶ MASTER L/C(수출) ▶ 회계처리(선적)

선적등록된 내역을 회계처리하는 메뉴이다.

① '전표처리'를 하여 생성된 회계전표는 모두 미결 상태이며, 회계 모듈에서 승인권자가 승인을 하면 전표가 '미결'에서 '승인'으로 바뀐다.

② 회계 모듈에서 승인을 한 회계전표는 오른쪽 상단의 '전표취소'를 이용하여 전표를 취소할 수 없다.

③ '회계전표' 탭에서 '대체차변', '대체대변' 등 회계처리된 내역을 조회할 수 있으며, [시스템관리]-[기초정보관리]-[회계연결계정과목등록] 메뉴에 등록되어야 회계처리를 할 수 있다.

④ '매출마감' 탭에서 마감내역을 회계처리할 수 있고, '수출선적' 탭에서 수출선적된 내역을 회계처리할 수도 있다.

아래 [보기]의 조건으로 데이터를 조회한 후 물음에 답하시오.

┌─ 보기 ───
- 사업장: 1000. (주)한국자전거본사
- 기간: 2025/12/01 ~ 2025/12/31
└──

고객 DOREX CO.LTD로 수출선적된 건의 회계전표를 작성하였다. 부가세예수금 금액으로 옳은 것은?

① 0원

② 1,800,000원

③ 6,690,000원

④ 16,800,000원

정답 ①

'회계전표' 탭에서 [보기]의 조건을 조회하여 고객 DOREX CO.LTD의 회계전표를 확인하면 부가세예수금 금액은 0원이다. 수출선적은 세금계산서 발행을 하지 않으므로 부가세예수금이 0원이 되는 것이다.

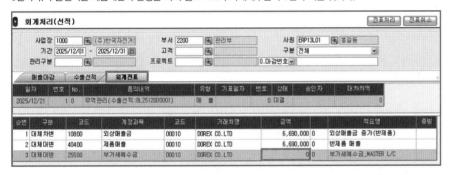

12. NEGO등록

╔═══════════════════════════════════════╗
　ERP 메뉴 찾아가기
╚═══════════════════════════════════════╝

　　무역관리 ▶ MASTER L/C(수출) ▶ NEGO등록

NEGO내역을 등록하는 메뉴이다. NEGO란 Negotiation의 줄임말로 수출업자가 은행에 신용장과 수출환어음 등의 선적서류를 제시하고 기업 활동에 필요한 자금을 확보하는 절차이다.

① 'NEGO등록' 탭에 정상수금 내용을 입력하고, 'NEGO선입정리' 탭에서 선수금 등의 선입정리 내용을 확인한다.

② 형태
- '0. 외화순대체': NEGO 당시의 수출 환종으로 처리한다.
- '1. 원화CONVERT': NEGO 당시의 환율로 환산하여 원화금액으로 계산하여 처리한다.

③ NEGO환율: NEGO 당시의 환율이다.

④ NEGO금액: 'NEGO환율 × NEGO금액(외화)'으로 계산되는 금액이다.

⑤ 수수료(외화)/수수료: '수수료(외화)'란은 '0. 외화순대체'일 때 외화수수료이며, '수수료'란은 '1. 원화CONVERT'일 때의 원화수수료이다.

⑥ 실입금액: NEGO금액에서 수수료를 차감한 금액이다.

⑦ 외환차손익: 형태가 '1. 원화CONVERT'인 경우 발생하며 매출환율로 계산한 원화금액
과 NEGO환율로 계산한 NEGO금액의 차이를 자동 계산하여 반영한다. (+)값인 경우
외환차익이고 (−)값인 경우 외환차손이다.

실무 연습문제 NEGO등록

아래 [보기]의 조건으로 데이터를 입력한 후 물음에 답하시오.

┌─ 보기 ───┐
- 사업장: 1000. (주)한국자전거본사   • NEGO기간: 2025/12/20 ~ 2025/12/31
- NEGO일자: 2025/12/20   • 고객: 파이오네호코리아
- 유형: MASTER L/C   • 환종: USD
- 형태: 원화CONVERT   • 매입은행: 기업은행
- NEGO환율: 1,180원   • 수수료: 58,000원
- 선적일자: 2025/12/20 ~ 2025/12/31   • B/L번호: BL2512000002
└───┘

[보기]의 조건에 의하여 선적등록된 B/L의 NEGO등록 시 외환차손익으로 옳은 것은?

① 900,000원

② 880,000원

③ 800,000원

④ 760,000원

정답 ①

'NEGO등록' 탭에서 [보기]의 사업장, NEGO기간을 입력하여 조회한 후 [보기]의 NEGO일자, 고객, 유형, 환종,
형태를 입력하여 조회한다. 하단에서 'F2'나 🔍를 눌러 '선적번호도움' 창에서 선적일자를 입력한 후 조회되는 B/L
번호 BL2512000002 □에 체크하고 '확인[TAB]'을 클릭한다.

① [보기]의 매입은행, NEGO환율을 입력하면 NEGO금액이 등록되며 외환차손익 900,000원을 확인할 수 있다.
외환차손익을 확인하는 문제이므로 저장할 필요는 없다.

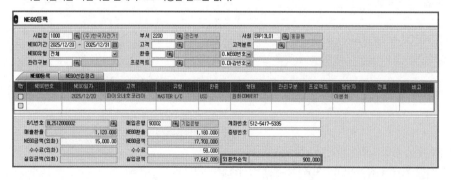

💡 TIP

NEGO금액(외화) USD 15,000에
NEGO환율 1,180을 곱하여 환산한
금액 17,700,000원과 USD 15,000
에 매출환율 1,120을 곱하여 환산한
금액 16,800,000원의 차이인
900,000원이 외환차손익이다.
또한 NEGO금액 17,700,000원에서
수수료 58,000원을 차감한 금액
17,642,000원이 실입금액이 된다.

13. 회계처리(NEGO)

🔍 ERP 메뉴 찾아가기

무역관리 ▶ MASTER L/C(수출) ▶ 회계처리(NEGO)

NEGO등록된 내역을 회계처리하는 메뉴이다.

① '전표처리'를 하여 생성된 회계전표는 모두 미결 상태이며, 회계 모듈에서 승인권자가 승인을 하면 전표가 '미결'에서 '승인'으로 바뀐다.

② 회계 모듈에서 승인을 한 회계전표는 오른쪽 상단의 '전표취소'로 전표취소를 할 수 없다.

③ '회계전표' 탭 하단에서 '대체차변', '대체대변' 등 회계처리된 내역을 조회할 수 있으며, [시스템관리]-[기초정보관리]-[회계연결계정과목등록] 메뉴에 등록되어야 회계처리를 할 수 있다.

3 수출현황

1. 해외수주현황

🔍 ERP 메뉴 찾아가기

무역관리 ▶ 수출현황 ▶ 해외수주현황

주문기간 동안의 해외수주현황을 확인하는 메뉴이다.

2. 선적현황

ERP 메뉴 찾아가기

무역관리 ▶ 수출현황 ▶ 선적현황

선적기간 동안의 선적현황을 확인하는 메뉴이다. 일자별, 고객별, 품목별로 조회할 수 있다.

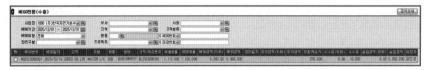

3. NEGO현황(수출)

ERP 메뉴 찾아가기

무역관리 ▶ 수출현황 ▶ NEGO현황(수출)

NEGO기간 동안의 수출 NEGO현황을 확인하는 메뉴이다.

4 기타(수입)

[기타(수입)]는 신용장(L/C)을 기반으로 하지 않고 T/T, D/A, D/P의 거래로 수입한 건을 등록한다.

1. 해외발주등록

ERP 메뉴 찾아가기

무역관리 ▶ 기타(수입) ▶ 해외발주등록

해외에서 수입하기 위해 발주를 등록하는 메뉴이다. 청구내역이나 주문내역을 적용하여 등록할 수 있으며 직접 등록도 가능하다.

① 거래구분

• '4. T/T': 전신환송금으로 수입대금의 지급을 은행을 통해 전신을 이용하여 송금하는 방식이며 계좌로 송금을 받을 수 있기 때문에 간편하다는 장점이 있다.

• '5. D/A': 인수 인도조건으로 수출자가 발행한 화환어음을 지급하지 않고 인수만 함으로써 선적서류가 수입자에게 인도되며, 약정기일 후에 수입대금을 연지급하도록 허용하는 방식이다.

• '6. D/P': 지급 인도조건으로 수출자가 발행한 화환어음 금액을 수입자가 지불하여야만 선적서류를 인도하는 방식이다.

② 환종: JPY. 일본엔화, KRW. 원화, USD. 미국달러가 있으며 'F2'를 눌러 조회할 수 있다.

③ 외화단가: [영업관리]−[기초정보관리]−[품목단가등록]에서 구매단가로 등록한 단가가 자동 반영되며 수정하여 입력할 수 있다.

④ 해외발주등록내역을 적용받아 B/L접수를 하거나 입고의뢰등록을 한 경우에는 해외발주등록 내역을 수정하거나 삭제할 수 없다.

실무 연습문제   해외발주등록

(주)한국자전거본사에서는 2025년 10월 해외발주를 등록하였다. 등록된 발주 건에 관한 설명으로 옳지 않은 것은?

① 등록되어 있는 발주는 모두 4건이다.

② 거래구분은 모두 T/T이다.

③ 품목의 외화금액은 발주수량과 외화단가의 곱으로 계산된다.

④ 모든 발주 건은 청구적용이나 주문적용을 받지 않고 직접 입력하였다.

정답 ②

'사업장: 1000. (주)한국자전거본사, 발주기간: 2025/10/01 ～ 2025/10/31'로 조회되는 발주 건을 확인한다.

② 발주번호 PO2510000001, PO2510000002, PO2510000004의 거래구분은 'T/T'이며, 발주번호 PO2510000003의 거래구분은 'D/A'이다.

④ 각 발주번호의 하단 품목에서 마우스 오른쪽 버튼을 클릭하여 [해외발주등록] 이력정보'를 확인하면 이전 이력이 등록되어 있지 않으므로 직접 입력한 것을 알 수 있다.

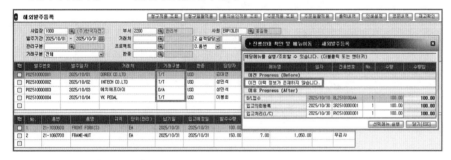

---

2. B/L접수

ERP 메뉴 찾아가기

무역관리 ▶ 기타(수입) ▶ B/L접수

B/L이 접수된 내역을 등록하는 메뉴이다. B/L은 선하증권이라고도 하며 수출업자가 운송화물을 선적하였음을 증명하는 서류로 선박회사가 발행한다. 수출업자가 발급받은 B/L을 수입업자에게 보내야 수입업자는 수입 절차를 진행할 수 있다. 거래구분, 환율, 선사, 인도조건, VESSEL명, 운송방법 등을 등록할 수 있다.

아래 [보기]의 조건으로 데이터를 조회한 후 물음에 답하시오.

┌ 보기 ─────────────────────────────────
• 사업장: 1000. (주)한국자전거본사
• 선적기간: 2025/10/01 ~ 2025/10/31
• B/L번호: BL251012AB
└──

[보기]의 조건으로 등록되어 있는 B/L접수 건에 대한 설명으로 옳지 않은 것은?

① 환율은 1,140원을 적용한다.

② 거래구분은 T/T이다.

③ 인도조건은 FOB이다.

④ 발주번호 PO2510000004의 B/L접수 건이다.

정답 ①

[보기]의 사업장, 선적기간으로 조회하면 '선적적용조회(LIST/건별)' 창이 나타난다. 주어진 B/L번호 □에 체크하고 '선택적용'을 클릭하면 자세한 내역을 확인할 수 있다.

① 환율은 1,150원을 적용한다.

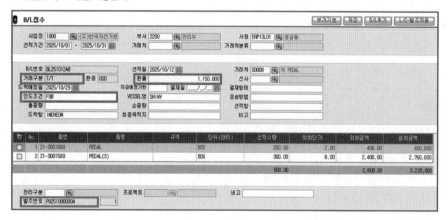

3. 수입제비용등록

⊘ ERP 메뉴 찾아가기

무역관리 ▶ 기타(수입) ▶ 수입제비용등록

수입 과정에서 발생하는 비용을 등록하는 메뉴이다. 수입 절차를 진행하기 위해서는 물품 대금만 필요한 것이 아니다. B/L결제대금, 관세, 부가세, 하역비, 운반비 등 수입 과정에서 진행되는 비용이 있으므로 이러한 수입제비용을 등록하여야 한다. 수입제비용을 등록하면 미결전표가 생성되며 회계 모듈로 이관된다.

① [시스템관리]-[기초정보관리]-[물류관리내역등록] 메뉴에 등록된 내역을 조회하여 비용명을 등록할 수 있다.

② [미착품원가정산] 메뉴에서 배부처리를 하면 배부여부가 '미배부'에서 '배부'로 변경된다.

③ 오른쪽 상단의 '전표생성'을 누르면 전표처리가 되어 전표가 '미처리'에서 '처리'로 변경된다. 이때 생성된 전표는 회계 모듈로 이관이 되어 무역관리 모듈에서는 확인할 수 없으며, [회계관리]-[전표/장부관리]-[매입매출장] 메뉴에서 조회가 가능하다.

④ 오른쪽 상단의 '전표삭제'는 생성된 전표를 삭제하여 전표의 '처리'가 '미처리'로 변경된다.

실무 연습문제 수입제비용등록

(주)한국자전거본사에서는 2025년 10월 수입 건에 대한 수입제비용을 등록하였다. 비용번호 EC2510000003에 등록된 비용명으로 옳지 않은 것은?

① 운반비

② 관세

③ 수수료

④ 하역비

정답 ④

'사업장: 1000. (주)한국자전거본사, 등록기간: 2025/10/01 ~ 2025/10/31'로 조회하면 수입제비용등록 내역을 확인할 수 있다. 비용번호 EC2510000003에 하역비는 등록되어 있지 않다.

4. 입고의뢰등록

🔍 ERP 메뉴 찾아가기

무역관리 ▶ 기타(수입) ▶ 입고의뢰등록

수입한 품목을 창고에 입고하기 위하여 창고담당자에게 요청할 때 사용하는 메뉴이다. 발주내역이나 선적내역을 적용하여 등록할 수 있다. [시스템관리]–[회사등록정보]–[시스템환경설정] 메뉴에서 '입고의뢰운영여부'가 '1. 운영함'으로 설정되어야 [입고의뢰등록] 메뉴를 사용할 수 있다.

① '발주적용': 거래구분이 '1. LOCAL L/C', '2. 구매승인서'인 경우 오른쪽 상단의 '발주적용'을 이용할 수 있다.

② '선적적용': 거래구분이 '3. MASTER L/C', '4. T/T', '5. D/A', '6. D/P'인 경우 오른쪽 상단의 '선적적용'을 이용할 수 있다.

실무 연습문제 입고의뢰등록

아래 [보기]의 조건으로 데이터를 조회한 후 물음에 답하시오.

> ┌ 보기 ┐
> - 사업장: 1000. (주)한국자전거본사
> - 의뢰기간: 2025/10/01 ~ 2025/10/31
> - 거래구분: 4. T/T

해외에서 수입한 품목을 입고의뢰등록하였다. 다음 중 입고검사를 해야 하는 품목으로 옳지 않은 것은?

① WHEEL FRONT–MTB

② WHEEL REAR–MTB

③ GEAR REAR C

④ FRONT FORK(S)

정답 ④

[보기]의 조건으로 조회되는 의뢰번호의 검사여부를 확인한다. 의뢰번호 SR2510000002의 검사여부는 '검사'이며, 등록되어 있는 품목은 WHEEL FRONT–MTB, WHEEL REAR–MTB, GEAR REAR C이다. 검사여부가 '검사'인 품목은 [입고검사등록] 메뉴에서 검사를 해야 입고처리를 할 수 있다.

5. 입고검사등록

🔍 ERP 메뉴 찾아가기

무역관리 ▶ 기타(수입) ▶ 입고검사등록

수입된 품목을 입고하기 전에 입고검사한 내역을 등록하는 메뉴이다.
① [시스템관리]–[회사등록정보]–[시스템환경설정] 메뉴에서 '입고전검사운영여부'가 '1. 운영함'으로 설정되어 있어야 메뉴를 사용할 수 있다.
② [입고의뢰등록] 메뉴에서 검사구분이 '검사'로 등록된 내역을 '의뢰등록' 적용하여 검사할 수 있다.
③ 검사구분이 '검사'로 설정되어 있는 품목은 [입고검사등록] 메뉴에서 검사를 하여야 입고처리할 수 있으며, '무검사'로 설정되어 있는 품목은 검사하지 않고 바로 입고처리가 가능하다.

6. 입고처리(해외발주)

🔍 ERP 메뉴 찾아가기

무역관리 ▶ 기타(수입) ▶ 입고처리(해외발주)

해외에 발주하여 수입한 품목을 창고에 입고처리하는 메뉴이다. 창고에 입고되면 창고의 재고가 증가한다. [입고의뢰등록] 메뉴에서 검사구분이 '검사'로 등록되어 [입고검사등록] 메뉴에서 검사를 한 품목은 오른쪽 상단의 '검사적용'을 이용하며, '무검사'로 등록되어 있는 품목은 오른쪽 상단의 '의뢰적용'을 이용하여 입고처리한다.

실무 연습문제　입고처리(해외발주)

아래 [보기]의 조건으로 데이터를 조회한 후 물음에 답하시오.

> ─ 보기 ─
> • 사업장: 1000. (주)한국자전거본사
> • 입고기간: 2025/10/01 ～ 2025/10/31
> • 입고창고: P100. 제품창고
> • 거래구분: 4. T/T

거래처 DOREX CO.LTD에서 수입하여 입고처리된 건에 대한 설명으로 옳지 않은 것은?

① 입고처리된 품목은 FRONT FORK(S), FRAME–NUT이다.
② 환율은 1,115원을 적용한다.
③ 입고처리 장소는 P102. 반제품장소이다.
④ 입고의뢰적용을 이용하여 입고처리하였다.

정답 ③

[보기]의 조건으로 조회되는 거래처 DOREX CO.LTD의 입고처리 내역을 확인한다.
③ 입고처리 장소는 P101. 제품장소이다.
④ 하단의 품목에서 마우스 오른쪽 버튼을 클릭하여 '[입고처리(해외발주)] 이력정보'를 확인하면 이전 이력에 입고의뢰등록이 있어 입고의뢰적용을 이용하여 입고처리한 것을 알 수 있다.

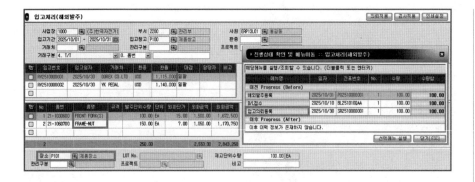

7. 미착품원가정산

ERP 메뉴 찾아가기

무역관리 ▶ 기타(수입) ▶ 미착품원가정산

자산의 매입 시 부대비용은 자산의 취득원가에 포함한다. [미착품원가정산] 메뉴에서는 수입제비용등록한 내역을 '배부처리' 작업을 통하여 배부처리하며 각 품목의 매입원가에 배부하여 가산한다.

① 수입제비용을 배부할 때는 수입 품목의 품목별 금액을 기준으로 한다. 만약 이러한 기준이 아니라 임의로 수정하려면 오른쪽 상단의 '배부조정'을 이용하여 조정할 수 있다.

② 배부처리 시의 정산일자는 배부처리를 완료하는 일자이며 수입 건의 마감일자로 회계처리 시 마감일자로 적용된다.

③ 배부처리 시 배부여부가 '미배부'에서 '배부'로 변경되며, [무역관리]-[MASTER L/C (수입)] 또는 [무역관리]-[기타(수입)]-[수입제비용등록] 메뉴의 배부여부도 '배부'로 변경된다.

 미착품원가정산

아래 [보기]의 조건으로 데이터를 입력한 후 물음에 답하시오.

─ 보기 ─
- 사업장: 1000. (주)한국자전거본사
- 입고기간: 2025/10/01 ~ 2025/10/31
- 정산일자: 2025/10/31

[보기]의 기간에 입고된 B/L번호 BL251010QAA에 대하여 수입제비용 배부처리를 한 후에 FRAME-NUT 품목의 배부비율을 구한 것으로 옳은 것은?

① 15.155
② 23.682
③ 41.177
④ 58.823

[보기]의 사업장, 입고기간으로 조회한다. B/L번호 BL251010QAA □에 체크한 후 오른쪽 상단의 '배부처리'를 클릭하여 주어진 정산일자를 입력하고 확인(TAB)을 클릭하면 배부처리가 된다. 배부처리를 하면 [미착품원가정산]과 [수입제비용등록] 메뉴의 배부여부가 '미배부'에서 '배부'로 변경된다.

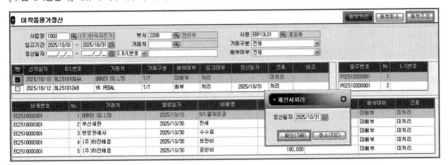

TIP

배부처리된 건을 취소할 때는 오른쪽 상단의 '배부취소'를 클릭하면 된다. 이때 배부여부가 '미배부'로 변경된다.

오른쪽 상단의 '배부조정'을 클릭하면 배부전금액, 배부비율, 배부후금액 등을 확인할 수 있다. 품목별 금액을 기준으로 자동 배부되며 배부비율을 변경하여 입력할 수도 있다. FRAME-NUT 품목의 배부비율은 41.177이다.

8. 회계처리(매입마감)

ERP 메뉴 찾아가기

무역관리 ▶ 기타(수입) ▶ 회계처리(매입마감)

[미착품원가정산] 메뉴에서의 배부내역을 근거로 회계처리하는 메뉴이다.

① '전표처리'를 하여 생성된 회계전표는 모두 미결 상태이며, 회계 모듈에서 승인권자가 승인을 하면 전표가 '미결'에서 '승인'으로 바뀐다.

② 회계 모듈에서 승인한 회계전표는 오른쪽 상단의 '전표취소'를 이용하여 전표취소를 할 수 없다.

③ '회계전표' 탭에서 '대체차변', '대체대변' 등 회계처리된 내역을 조회할 수 있으며, [시스템관리]-[기초정보관리]-[회계연결계정과목등록] 메뉴에 등록되어야 회계처리를 할 수 있다.

아래 [보기]의 조건으로 데이터를 입력한 후 물음에 답하시오.

┌─ 보기 ───
• 사업장: 1000. (주)한국자전거본사
• 기간: 2025/10/01 ~ 2025/10/31
└──

[보기]의 기간에 수입한 매입마감번호 PC2510000001을 회계처리하였다. 생성된 회계전표의 '미착품 원재료 계정 대체' 금액으로 올바른 것은?

① 3,899,000원   ② 3,192,000원
③ 257,000원   ④ 200,000원

정답 ①

'회계전표' 탭에서 [보기]의 조건으로 조회한다. 마감번호 PC2510000001의 회계전표에 등록된 '미착품 원재료 계정 대체' 금액은 3,899,000원이다.

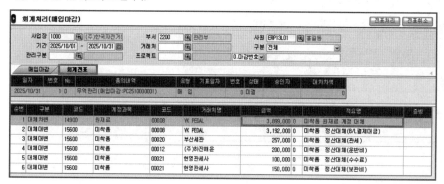

5 수입현황

1. L/C개설및해외발주현황

ERP 메뉴 찾아가기

무역관리 ▶ 수입현황 ▶ L/C개설및해외발주현황

발주기간에 L/C개설이나 해외발주현황을 확인하는 메뉴이다. 발주일별, 납기일별, 거래처별, 품목별, 거래구분별, 관리구분별, 프로젝트별로 조회할 수 있다.

2. 수입선적현황

🔍 ERP 메뉴 찾아가기

무역관리 ▶ 수입현황 ▶ 수입선적현황

선적기간에 대한 수입선적현황을 확인하는 메뉴이다.

3. 미착품원가정산현황

🔍 ERP 메뉴 찾아가기

무역관리 ▶ 수입현황 ▶ 미착품원가정산현황

정산기간과 선적기간에 대한 미착품원가정산현황을 확인하는 메뉴이다.

실무 연습문제   미착품원가정산현황

(주)한국자전거본사의 2025년 10월에 선적하여 정산한 미착품원가정산내역 중 거래처 YK PEDAL의 품목 PEDAL에 대한 배부 후 금액으로 옳은 것은?

① 100,998원

② 556,998원

③ 666,002원

④ 3,342,002원

정답 ②

'사업장: 1000. (주)한국자전거본사, 정산기간: 2025/10/01 ～ 2025/10/31, 선적기간: 2025/10/01 ～ 2025/10/31' 로 조회되는 거래처 YK PEDAL의 품목 PEDAL에 대한 배부 후 금액은 556,998원이다.

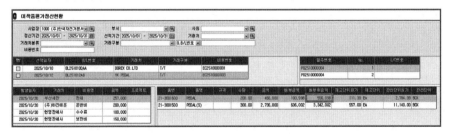

📝 **TIP**

거래처 DOREX CO.LTD의 건은 [미착품원가정산] 메뉴에서 배부처리를 한 경우에 조회된다. 따라서 [미착품원가정산] 메뉴에서 배부처리 연습을 하지 않았다면 조회되지 않는다.

4. 품목별배부현황

🔍 ERP 메뉴 찾아가기

무역관리 ▶ 수입현황 ▶ 품목별배부현황

정산기간과 선적기간에 대한 품목별배부현황을 확인하는 메뉴이다.

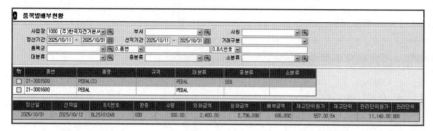

5. B/L결제예정일별조회

🔍 ERP 메뉴 찾아가기

무역관리 ▶ 수입현황 ▶ B/L결제예정일별조회

수입 건의 B/L접수 시 등록된 B/L내역을 B/L결제예정일별로 조회하는 메뉴이다.

6. B/L수금예정일별수금반제현황

🔍 ERP 메뉴 찾아가기

무역관리 ▶ 수입현황 ▶ B/L수금예정일별수금반제현황

선적일에 수입 건의 B/L금액, 환율, 원화금액 등의 내역을 수금예정일별로 확인하는 메뉴이다.

7. 선적대비입고현황(수입)

🔍 ERP 메뉴 찾아가기

무역관리 ▶ 수입현황 ▶ 선적대비입고현황(수입)

선적기간에 수입선적대비 입고현황을 확인하는 메뉴이다.

8. 선적대비입고집계(수입)

◎ ERP 메뉴 찾아가기

무역관리 ▶ 수입현황 ▶ 선적대비입고집계(수입)

선적기간에 수입선적대비 입고내역을 집계하여 확인하는 메뉴이다.

9. 미착정산배부현황(수입)

◎ ERP 메뉴 찾아가기

무역관리 ▶ 수입현황 ▶ 미착정산배부현황(수입)

정산기간과 선적기간에 수입 건의 미착정산배부현황을 확인하는 메뉴이다.

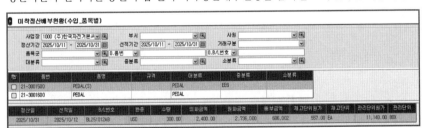

10. 미착정산배부현황(수입_품목별)

◎ ERP 메뉴 찾아가기

무역관리 ▶ 수입현황 ▶ 미착정산배부현황(수입_품목별)

정산기간과 선적기간 동안 수입 건의 미착정산배부현황을 품목별로 확인하는 메뉴이다.

11. 선급금지급대비정리현황(INCOME)

🔍 ERP 메뉴 찾아가기

무역관리 ▶ 수입현황 ▶ 선급금지급대비정리현황(INCOME)

지급기간에 지급한 선급금내역에 대하여 정리현황을 확인하는 메뉴이다.

12. 수입진행현황

🔍 ERP 메뉴 찾아가기

무역관리 ▶ 수입현황 ▶ 수입진행현황

발주기간에 수입진행현황을 확인하는 메뉴이다. 발주번호별, 거래처별, 품목별로 조회가
가능하며, 수입 중인 품목의 발주수량, 선적수량, 입고수량을 비교할 수 있다.

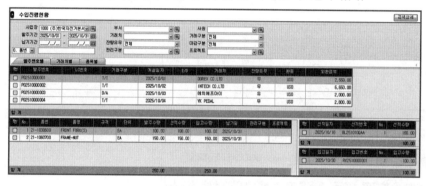

비범한 사람을 부러워 말고,
비범한 고난을 두려워 마세요.

그 사람이 거기까지 간 것은
내가 피한 고난을
끝까지 견뎌냈기 때문입니다.

– 조정민, 『사람이 선물이다』, 두란노

PART

04

최신 기출문제

Enterprise
Resource
Planning

ㅣ 프로그램 설치 & 백데이터 복원

☑ [에듀윌 도서몰]–[도서자료실]–[부가학습자료]에서 다운로드

☑ PART 04 최신 기출문제 → 2024 핵심ERP 프로그램 설치

☑ 백데이터 파일은 반드시 압축 해제 후 복원

☑ 오류 발생 시 플래너 뒷면의 FAQ 참고

기출문제　1급 | 2025년 1회

이론 해설 특강　실무 해설 특강

이론

01

4차 산업혁명 시대의 스마트 ERP에 대한 설명으로 적절하지 **않은** 것은?

① 정교한 수준의 예측 모델을 제시할 수 있다.
② ERP와 연계하여 생산계획의 선제적 예측과 실시간 의사결정이 가능해진다.
③ 스마트 ERP는 인공지능 등의 기술을 활용하여 지능화된 기업경영을 가능하게 하는 통합 정보 시스템이다.
④ 모든 비즈니스 간의 융합을 지원하지 않으나, 전략 경영분석 도구를 통해 특정 산업에서 상위 계층의 의사결정을 돕는 데 적용된다.

02

[보기]는 무엇에 대한 설명인가?

> ┌ 보기 ────────────────────────────
> • 분산형 데이터베이스(Distributed Database)의 형태로 데이터를 저장하는 연결 구조체
> • 모든 구성원이 네트워크를 통해 데이터를 검증 및 저장하여 특정인의 임의적인 조작이 어렵도록 설계된 저장 플랫폼
> └─────────────────────────────────

① 챗봇(Chatbot)
② 블록체인(Blockchain)
③ 메타버스(Metaverse)
④ RPA(Robotic Process Automation)

03

[보기]에서 가장 성공적인 ERP 도입이 기대되는 회사는 어디인가?

> ┌ 보기 ────────────────────────────
> • 회사 A: 업무 프로세스를 재정립하고, 유능한 컨설턴트를 고용한다.
> • 회사 B: IT 전문지식이 풍부한 전산부서 직원들로 구성된 도입 TFT를 결성한다.
> • 회사 C: ERP 구축 과정에서 실무담당자의 참여를 유도하기 위해 경영자는 배제한다.
> • 회사 D: 현재 업무 방식이 최대한 반영되도록 업무 단위에 맞추어 ERP 도입을 추진 중이다.
> └─────────────────────────────────

① 회사 A　　　　　　② 회사 B
③ 회사 C　　　　　　④ 회사 D

04

기업에서 ERP 시스템을 도입하기 위해 분석, 설계, 구축, 구현 등의 단계를 거친다. 이 과정에서 필수적으로 거쳐야 하는 'GAP 분석' 활동의 의미를 적절하게 설명한 것은?

① TO-BE 프로세스 분석
② 현재 업무(AS-IS)의 문제점 분석
③ TO-BE 프로세스에 맞게 모듈을 조합
④ 패키지 기능과 TO-BE 프로세스와의 차이 분석

05

e-Business 지원 시스템을 구성하는 단위 시스템에 해당되지 **않는** 것은?

① 성과측정관리(BSC)
② EC(전자상거래) 시스템
③ 의사결정지원 시스템(DSS)
④ 고객관계관리(CRM) 시스템

06

판매계획은 수립기간에 따라 구분될 수 있다. [보기]의 내용은 어느 계획에 해당하는가?

> ┌ 보기 ────────────────────────────
> • 판매촉진을 위한 정책 수립, 판매 경로 및 판매자원의 구체적인 계획을 수립한다.
> • 제품별 디자인, 원가, 품질 등을 개선한다.
> • 제품별 경쟁력 강화를 위한 계획을 수립한다.
> • 제품별 수요예측과 판매예측을 통하여 제품별로 매출액을 예측한다.
> └─────────────────────────────────

① 단기계획　　　　　② 중기계획
③ 장기계획　　　　　④ 초장기계획

07

교차비율을 이용하여 목표판매액을 차등화하여 할당하는 방법으로 가장 적합하지 <u>않은</u> 것은?

① 한계이익율이 동일할 경우에 상품 회전율이 가장 높은 상품에 대해 가장 높은 목표판매액을 할당한다.

② 상품 회전율이 동일할 경우에 한계이익율이 가장 높은 상품에 대해 가장 높은 목표판매액을 할당한다.

③ 한계이익이 동일할 경우에 평균 재고액이 가장 높은 상품에 대해 가장 높은 목표판매액을 할당한다.

④ 평균 재고액이 동일할 경우에 한계이익이 가장 높은 상품에 대해 가장 높은 목표판매액을 할당한다.

08

가격유지 정책 중 리베이트 전략에 대한 설명으로 옳지 <u>않은</u> 것은?

① 리베이트 비율은 관습 또는 이익의 정도에 따라 달라진다.

② 리베이트의 기능에는 보상적 기능, 통제·관리적 기능도 포함된다.

③ 리베이트 전략은 원래 가격유지 정책이 목적이며, 판매촉진에는 영향을 미치지 못한다.

④ 리베이트는 원래 본래 이익을 얻는 기회를 준 대상에게 이익의 일부를 지급한다는 성격이다.

09

(주)생산성은 파레토 분석으로 보유고객에 대해 A 그룹에 속하는 중점고객을 선정하려고 한다. 그 방법으로 적절한 것은?

① 매출액이 가장 높은 상위 고객 20% ~ 30%를 A 그룹으로 선정한다.

② 매출액이 전체 매출액의 70% ~ 80%를 차지하는 고객을 A 그룹으로 선정한다.

③ 매출액이 전체 매출액의 70% ~ 80%를 차지하는 상위 고객 20% ~ 30%를 A 그룹으로 선정한다.

④ 매출액이 전체 매출액의 70% ~ 80%를 차지하거나 또는 매출 상위 고객 20% ~ 30%를 A 그룹으로 선정한다.

10

2025년 1월 6일 거래처 A로부터 노트북 80대를 주문 받았다. 예정납기일(출고일)을 거래처 A에 통보하려고 할 때, 가장 빠른 날짜는 언제인가? 단, 다른 주문 및 기타 입출고 정보는 존재하지 않으며, [보기]에 주어진 자료를 활용하여 계산하시오.

┌─ 보기 ─────────────────────
- 1월 6일: 현재고 50
- 1월 7일: 가용재고 30
- 1월 8일: 생산완료 예정량 30
- 1월 9일: 생산완료 예정량 30
- 1월 10일: 생산계획 예정량 30
└──────────────────────────

① 1월 7일   ② 1월 8일

③ 1월 9일   ④ 1월 10일

11

[보기]는 수익성 지표를 활용하여 한계이익을 구하는 방법이다. (A)에 들어갈 용어를 한글로 기입하시오.

┌─ 보기 ─────────────────────
- 목표매출액 = 목표한계이익 ÷ 목표한계이익율
- 한계이익 = 매출액 − 변동비 = 이익 + (A)
- 한계이익율 = (한계이익 ÷ 매출액) × 100%
└──────────────────────────

(답:)

12

성장성 지표를 활용하여 (주)KPC의 목표매출액을 결정하려고 한다. [보기]의 자료를 반영하여 (주)KPC의 목표매출액을 계산하면 얼마인가?

┌─ 보기 ─────────────────────
- 금년도 전체 시장 매출액: 1,000억원
- 금년도 (주)KPC 기업의 시장점유율: 20%
- 작년 대비 (주)KPC 기업의 시장점유율 증가율: 40%
- 작년 대비 전체 시장 매출액 증가율: 30%
└──────────────────────────

(답: 억원)

13

[보기]의 (   )에 들어갈 용어를 한글로 입력하시오.

> ┌ 보기 ─────────────────────────────
> - 잠재수요: 물건을 사고 싶은 욕구 또는 필요성이 있지만, 소비할 만한 경제적 능력, 정보 등이 부족하여 소비로 이어지지 못하는 수요를 의미한다.
> - (   )수요: 물건을 사고 싶은 욕구 또는 필요성도 있으며, 소비를 할 수 있는 경제적 능력이 있는 수요를 의미한다.

(답: 수요)

14

선택지에 제시된 창고 출고 업무 프로세스 중에서 가장 먼저 수행되는 업무는 무엇인가?

① 검사
② 분류
③ 출하 포장
④ 출고 지시

15

공급망 프로세스에 대한 경쟁능력 요소 중에서 품질(Quality)과 관련된 설명으로 가장 적절한 것은?

① 경쟁사보다 빠른 신제품 개발능력
② 적은 자원으로 제품을 창출할 수 있는 능력
③ 수요 변화에 효율적으로 대응할 수 있는 능력
④ 고객 욕구를 만족시키는 능력으로 소비자에 의하여 결정

16

공급망 물류거점 운영 방식에 대한 설명으로 가장 적절하지 않은 것은?

① 지역 물류센터 운영 방식: 소비자 근처에 위치한 분산 물류거점을 운영하는 방식
② 통합 물류센터 운영 방식: 중앙 물류센터와 지역 물류센터를 혼합하여 운영하는 방식
③ 크로스도킹 운영 방식: 물류거점에 재고를 보유하지 않고 물류거점이 화물에 대한 '환적'기능만을 제공하는 방식
④ 공급자 재고관리(VMI) 운영 방식: 물류거점의 운영을 자재·부품 공급업체에 일임하고 필요한 경우에 필요한 수량만큼 공급자가 운영하는 물류거점에서 가져오는 방식

17

공급망 재고보충 기법 중 유통소요계획 수립을 위해 필요한 정보로 가장 적절하지 않은 것은?

① 현재 보유하고 재고량
② 접수된 고객의 미수채권 현황
③ 지점 또는 유통센터의 안전재고 정책
④ 물류·제조·구매 간 단계별 리드 타임

18

[보기]에서 설명하는 창고보관의 기본 원칙은 무엇인가?

> ┌ 보기 ─────────────────────────────
> 표준화된 제품을 랙에 보관하고, 표준화되지 않은 물품은 물품의 모양이나 상태에 따라 보관하는 원칙

① 형상 특성의 원칙
② 위치 표시의 원칙
③ 네트워크 보관의 원칙
④ 동일성 및 유사성의 원칙

19

[보기]는 제품 A의 재고와 관련된 정보이다. 제품 A의 재고 회전율이 7회일 때 연간 총판매량은 얼마인가? (정답은 단위를 제외하고 숫자만 입력하시오.)

> ┌ 보기 ─────────────────────────────
> - 연간 총판매량: (   )
> - 기초재고량: 400
> - 기말재고량: 800

(답:)

20

[보기]의 설명에 해당하는 용어를 예와 같이 영어 약어로 기입하시오. (예 CPFR)

> ┌ 보기 ─────────────────────────────
> - 공급망 운영 업무의 효율성을 높이기 위해 개발된 대표적인 모델로서 공급망 효과의 극대화를 목적으로 한다.
> - 공급망 관리의 진단, 벤치마킹과 프로세스 개선을 위한 도구이다.
> - 공급망 관리의 전략 및 운영체계를 측정하고, 지속적인 개선에 필요한 가이드라인을 제공한다.
> - 계획(Plan), 조달(Source), 생산(Make), 배송(Deliver), 반품(Return)의 5개 프로세스로 구성된다.

(답:)

21

구매가격 결정 방식에 대한 설명으로 가장 적절하지 <u>않은</u> 것은?

① 목표투자이익률 방식: 기업이 목표로 하는 투자이익률을 달성할 수 있도록 가격을 결정하는 방식
② 입찰경쟁 방식: 거래처의 공급자 선정 시 입찰경쟁에서 경쟁자를 이기기 위하여 전략적으로 가격을 결정하는 방식
③ 구매가격 예측 방식: 소비자들이 지각하는 제품의 가치를 물어보는 방법으로 소비자가 느끼는 가치를 토대로 가격을 결정하는 방식
④ 경쟁기업 가격기준 방식: 자사의 시장점유율, 이미지, 제품경쟁력 등을 고려하여 판매이익보다는 경쟁기업의 가격을 기준으로 전략적으로 판매가격을 결정하는 방식

22

가격할인 방식 중에서 수량할인 방식의 유형에 대한 설명으로 옳은 것은?

① 비누적 수량할인 방식: 쿠폰 10장을 모으면 1잔을 무료로 주는 커피 전문점의 판매행사
② 누적 수량할인 방식: 1회 구매량이 10BOX 이상인 경우 20% 할인을 적용하는 과일 전문점의 판매행사
③ 품목별 할인 방식: 모델에 상관없이 2대 이상 구매하면 20% 할인, 3대 이상 구매하면 30% 할인을 적용하는 자전거 전문점의 판매행사
④ 판매 금액별 할인 방식: 10만원 이상 구매하면 10% 할인, 20만원 이상 구매하면 15% 할인을 적용하는 아이스크림 전문점의 판매행사

23

표준원가에 대한 설명으로 옳은 것은 무엇인가?

① 표준원가는 과거 데이터를 분석하여 산출된다.
② 표준원가는 예측된 수요에 따라 변경될 수 있다.
③ 표준원가는 최적의 생산환경을 기준으로 설정된다.
④ 표준원가는 실제 발생한 비용에 기반하여 설정된다.

24

[보기]는 구매 과정의 활동들을 구매절차 순서와 상관없이 나열한 것이다. 구매 활동에 대한 설명으로 옳지 <u>않은</u> 것은?

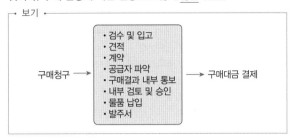

┌─ 보기 ─

구매청구 →
- 검수 및 입고
- 견적
- 계약
- 공급자 파악
- 구매결과 내부 통보
- 내부 검토 및 승인
- 물품 납입
- 발주서
→ 구매대금 결제

① 구매결과 내부 통보 활동은 구매결과를 관련 부서에 통보하는 과정이며, 검수 및 입고 활동 이후에 진행된다.
② 검수 및 입고 활동은 물품 납입 이후에 품질 및 수량을 확인하는 과정이다.
③ 내부 검토 및 승인 활동은 계약서 내용을 검토하고, 필요한 경우 법무팀의 승인을 받는 과정이다.
④ 견적 활동은 공급자로부터 가격과 조건을 수집하는 과정이며, 공급자 파악 후 이루어진다.

25

제품의 원가가 300,000원이고, 이익률이 20%라고 할 때, 가산이익률 방식으로 계산한 제품의 판매단가는 얼마인가?

(답: 원)

26

[보기]는 4단계로 구분한 원가 요소의 구성을 나타내고 있다. ( )에 공통적으로 들어갈 원가 요소를 직접 입력하시오.

┌─ 보기 ─
ⓐ (   ) = 직접재료비 + 직접노무비 + 직접경비
ⓑ 제조원가 = (   ) + 제조간접비
ⓒ 판매원가 = 제조원가 + 판매 및 일반관리비
ⓓ 매출가 = 판매원가 + 이익

(답:)

27

관세환급제도에 대한 설명으로 옳지 <u>않은</u> 것은?

① 관세환급제도의 목적은 수출자의 가격경쟁력을 높여 수출을 촉진하는 것이다.
② 간이정액환급제도는 수입한 모든 기업에게 동일한 환급률을 적용하여 환급절차를 간소화한다.
③ 관세환급제도는 수출용 원자재를 수입할 때 납부한 관세와 내국세를 환급해 주는 제도이다.
④ 개별환급제도는 수출 물품 제조에 소요된 원재료의 품명, 규격, 수량과 납부세액을 기준으로 환급금을 산출한다.

28

[보기]는 간접무역의 여러 사례를 나열하고 있다. 다음 사례와 간접무역 유형의 연결이 옳은 것은?

┌─ 보기 ─────────────────────────────────┐
⊙ 한국의 제조업체가 일본의 무역업자를 통해 미국으로 전자제품을 수출하고, 일본에서 약간의 포장을 변경한 후 미국으로 재수출하는 경우
ⓛ 독일의 자동차 부품이 네덜란드를 경유하여 브라질로 직접 배송되는 경우
ⓒ 중국의 상인이 한국의 제조업체와 미국의 바이어를 연결하여 거래를 성사시키고, 수수료를 받는 경우
ⓔ 프랑스의 와인이 이탈리아에서 구매되지만, 대금 결제는 스위스 무역업자의 은행 계좌를 통해 이루어지는 경우
└─────────────────────────────────────┘

① ⊙ 중개무역   ② ⓛ 중계무역
③ ⓒ 통과무역   ④ ⓔ 스위치무역

29

송금을 통한 결제 방식 중에서 동일한 거래절차를 가정할 때, 수출 대금의 전부가 수출자에게 가장 먼저 지급되는 결제 방식으로 적절한 것은?

① 주문불(CWO) 방식
② 서류상환(CAD) 방식
③ 연불(Deferred Payment)
④ 누진불(Progressive Payment)

30

해상보험증권은 1981년 UNCTAD가 채택한 신양식을 적용하여 피보험자 성명, 선적항과 도착항, 선박명, 출항예정일, 보험 금액, 보험목적물 등을 기재한다. 해상보험 계약자의 당사자는 수출입 매매 계약의 조건에 따라 보험 계약자와 피보험자에 차이가 있다. 수출자가 보험 계약자로 보험료를 지불하고 수입자가 피보험자가 되는 계약은 무엇인가?

① CIF조건 계약   ② CFR조건 계약
③ FAS조건 계약   ④ FOB조건 계약

31

[보기]의 (A)에 공통으로 들어갈 용어를 한글로 입력하시오.

┌─ 보기 ─────────────────────────────────┐
• 수출통관절차: 수출신고 → 수출신고 심사 → 수출검사 → 수출신고 수리 → (A) 교부 → 선적 → 출항
• (A) 교부: 수출신고를 하여 심사가 수리된 수출품에 대하여 세관장이 발행하여 수출 신고자에게 교부하고, 수출신고가 수리된 수출 물품은 수리일로부터 30일 이내에 적합한 운송수단에 선적하여야 한다.
└─────────────────────────────────────┘

(답:)

32

[보기]는 무역거래를 위한 계약의 조건이다. 해당 거래조건에 적합한 'INCOTERMS 2020'을 예와 같이 영어 약어로 표기하시오. (예 ABC)

┌─ 보기 ─────────────────────────────────┐
• INCOTERMS 2020의 신설 규칙으로서 합의된 목적지 장소에서 양하가 이루어진 상태로 매수인의 처분하에 둔 때 인도가 이루어지는 규칙이다.
• DAP조건에서 매도인의 양하 의무가 추가된 것으로 이해할 수 있다.
• 운송 방식에 관계없이 둘 이상의 운송 방식이 채택된 경우에도 이용될 수 있다.
└─────────────────────────────────────┘

(답:)

프로그램 버전	iCUBE 핵심ERP ver.2024
사원명	• 회사: 3001. 물류1급, 회사A • 사원명: ERP13L01. 홍길동
DB 파일명	[백데이터] 2025 에듀윌 ERP 물류 1·2급 > PART 04 최신 기출문제_2025년 1회

01

(주)한국자전거는 재고단위와 관리단위를 분리하여 환산계수를 이용한 재고관리를 하고 있다. 다음 품목 중 재고단위와 관리단위가 서로 다른 하나의 품목을 고르시오.

① 21-1070700. FRAME-티타늄
② 21-1080800. FRAME-알미늄
③ 21-3065700. GEAR REAR C
④ 21-9000200. HEAD LAMP

02

(주)한국자전거본사에서는 각 창고-장소별 적합여부와 가용재고여부를 관리하고 있다. 다음 중 창고에 속한 장소의 '적합여부/가용재고여부'가 나머지와 다른 것을 고르시오.

① H100. 수출창고 - H101. 수출장소
② M100. 상품창고 - M101. 상품장소
③ M300. 완성품창고 - M310. 제품_서울장소
④ P100. 제품창고 - P101. 제품장소

03

(주)한국자전거는 거래처별 물류실적담당자를 등록하여 거래처를 관리하고 있다. 다음 중 옳은 설명을 고르시오.

① (주)대흥정공의 영업담당자는 우승현이다.
② (주)하나상사의 구매담당자는 SCM담당자이다.
③ (주)빅파워의 영업담당자, 구매담당자는 모두 김대연이다.
④ (주)세림와이어의 구매담당자는 정대준이다.

04

아래 [조회조건]으로 데이터를 조회한 후 물음에 답하시오.

┌─조회조건─
• 사업장: 1000. (주)한국자전거본사
• 계획년도/월: 2025/1
└─

(주)한국자전거본사는 2025년 1월 품목에 대한 판매계획을 기초계획에 입력하였다. 하지만 생산라인에 문제가 발생하여 기초계획수량보다 못 미치는 수정계획수량을 입력하게 되었다. 다음 중 수정계획수량이 기초계획수량보다 적은 품목을 고르시오.

① 21-1060850. WHEEL FRONT-MTB
② 21-1060950. WHEEL REAR-MTB
③ NAX-A400. 싸이클
④ NAX-A420. 산악자전거

05

아래 [조회조건]으로 데이터를 조회한 후 물음에 답하시오.

┌─조회조건─
• 사업장: 1000. (주)한국자전거본사
• 견적기간: 2025/01/01 ~ 2025/01/01
└─

다음 견적 중 수주접수까지 이루어진 견적번호를 고르시오.

① ES2501000001   ② ES2501000002
③ ES2501000003   ④ ES2501000004

06

아래 [조회조건]으로 데이터를 조회한 후 물음에 답하시오.

┌─조회조건─
• 사업장: 1000. (주)한국자전거본사
• 견적기간: 2025/01/02 ~ 2025/01/02
└─

다음 국내 견적내역 중 수주대비 견적 잔량이 가장 많이 남아있는 거래처를 고르시오. (관리단위 기준)

① (주)대흥정공   ② (주)하나상사
③ (주)빅파워   ④ (주)제동기어

07

아래 [조회조건]으로 데이터를 조회한 후 물음에 답하시오.

- 조회조건 -
- 사업장: 1000. (주)한국자전거본사
- 주문기간: 2025/01/05 ~ 2025/01/05

다음 관리구분이 '우수고객매출'이면서 프로젝트가 '특별할인판매'인 품목을 포함한 주문 건을 고르시오.

① SO2501000005   ② SO2501000006
③ SO2501000007   ④ SO2501000008

08

아래 [조회조건]으로 데이터를 조회한 후 물음에 답하시오.

- 조회조건 -
- 사업장: 1000. (주)한국자전거본사
- 출고기간: 2025/01/07 ~ 2025/01/07
- 출고창고: P100. 제품창고

다음 국내 출고내역에 대한 설명으로 틀린 것을 고르시오.

① IS2501000001은 '우수고객매출' 관리구분으로 출고처리되었다.
② IS2501000002는 주문번호 'SO2501000010' 내역을 적용받아 출고처리되었다.
③ IS2501000003은 '특별할인판매' 프로젝트로 출고처리되었다.
④ IS2501000004는 검사 과정을 거친 내역이 적용받아 입력되었다.

09

(주)한국자전거본사에서 2025년 1월 10일부터 2025년 1월 14일 동안 출고등록되지 <u>않은</u> 창고, 장소를 고르시오.

① M100. 상품창고 – M101. 상품장소
② M100. 상품창고 – M103. 대리점장소
③ M110. 직영마트 – 1100. 판매장소
④ M110. 직영마트 – 1200. 진열장소

10

(주)한국자전거본사에서 2025년 1월 15일에 매출마감된 내역을 일괄적으로 세금계산서를 발행하였다. 세금계산서 발행 시 판매 후 대금을 청구하면서 발행되는 '청구' 발행과 대금을 수령 후 발행하는 '영수' 발행 방식이 존재한다. 다음 중 '영수' 발행된 세금계산서 번호를 고르시오.

① TX2501000001   ② TX2501000002
③ TX2501000003   ④ TX2501000004

11

(주)한국자전거본사의 2025년 1월 14일 고객들에게 수금된 내역을 등록하였다. 다음 설명 중 틀린 것을 고르시오. (수금 금액은 정상수금과 선수금 모두 포함한다.)

① RC2501000001의 선수금은 2025년 1월 16일에 선수금정리되었다.
② 수금 금액이 가장 적은 번호는 RC2501000002이다.
③ 현금 수금 금액이 많은 큰 번호는 RC2501000003이다.
④ 제예금 수금 금액이 가장 큰 번호는 RC2501000004이다.

12

아래 [조회조건]으로 데이터를 조회한 후 물음에 답하시오.

- 조회조건 -
- 사업장: 1000. (주)한국자전거본사
- 계획기간: 2025/01/20 ~ 2025/01/20
- 계획구분: 2. SIMULATION

다음 입력된 주계획작성내역 중 품목군이 '일반 800만'인 품목을 고르시오.

① 81-1001000. BODY-알미늄(GRAY-WHITE)
② 83-2000100. 전장품 ASS'Y
③ 85-1020400. POWER TRAIN ASS'Y(MTB)
④ 88-1001000. PRESS FRAME-W

13

다음 [보기]는 2025년 1월 1일 등록된 청구내역에 대한 설명이다.

- 보기 -
가. 청구번호 PR2501000001의 청구구분은 품목의 조달구분과 동일하게 설정되었다.
나. 청구번호 PR2501000002는 품목의 주거래처와 동일한 주거래처로 등록이 되었다.
다. 청구번호 PR2501000003은 청구일자 기준 요청일까지의 기간이 제일 짧다.
라. 청구번호 PR2501000004는 이후 발주등록으로 적용할 수 없다.

올바른 설명의 수를 고르시오.

① 0   ② 1
③ 2   ④ 3

14

아래 [조회조건]으로 데이터를 조회한 후 물음에 답하시오.

┌─ 조회조건 ─────────────────────────┐
- 사업장: 1000. (주)한국자전거본사
- 발주기간: 2025/01/02 ~ 2025/01/02
└────────────────────────────────┘

다음 국내 발주내역 중 입고처리까지 진행된 발주 건을 고르시오.

① PO2501000001
② PO2501000002
③ PO2501000003
④ PO2501000004

15

아래 [조회조건]으로 데이터를 조회한 후 물음에 답하시오.

┌─ 조회조건 ─────────────────────────┐
- 사업장: 1000. (주)한국자전거본사
- 입고기간: 2025/01/07 ~ 2025/01/07
- 입고창고: M110. 직영마트
- 발주기간: 2025/01/05 ~ 2025/01/05
└────────────────────────────────┘

(주)한국자전거본사는 (주)영동바이크로 요청한 발주내역을 적용받아 입고처리를 진행하고자 한다. 다음 중 등록된 프로젝트가 '일반용자전거'이면서 발주잔량이 가장 많은 품목을 고르시오. (관리단위 기준)

① 21-3065700. GEAR REAR C
② 21-9000200. HAED LAMP
③ ATECX-2000. 유아용자전거
④ ATECK-3000. 일반자전거

16

(주)한국자전거본사에서 2025년 1월에 입력된 입고번호 RV2501000002의 내역을 조회하고, 입고내역에 대하여 올바른 설명을 고르시오.

① M100. 상품창고로 입고된 내역이다.
② 예외입고로 등록된 입고 건이다.
③ 재고단위와 관리단위의 총수량이 동일하다.
④ LOT No.가 포함된 품목이 등록된 입고 건이다.

17

아래 [조회조건]의 조건으로 데이터를 조회한 후 물음에 답하시오.

┌─ 조회조건 ─────────────────────────┐
- 사업장: 1000. (주)한국자전거본사
- 마감기간: 2025/01/10 ~ 2025/01/10
└────────────────────────────────┘

다음 국내 매입마감 PC2501000001 건에 대한 설명 중 옳은 것을 고르시오.

① 입고번호 RV2501000005에 대한 마감처리 내용이다.
② 입고처리 시 150EA였지만 마감 시점에 100EA로 수량이 변경되었다.
③ 해당 마감 내용은 전표처리가 미처리 상태이다.
④ 입고일자와 마감일자가 서로 다르다.

18

(주)한국자전거본사에서 2025년 1월 12일에 입력된 입고 내역들에 대한 매입미마감 현황을 확인하고자 한다. 해당 일자의 입고내역 중 미마감 수량의 합이 가장 적은 프로젝트를 고르시오. (관리단위 기준)

① 특별할인판매
② 유아용자전거
③ 해외프로모션
④ 일반용자전거

19

아래 [조회조건]으로 데이터를 조회한 후 물음에 답하시오.

┌─ 조회조건 ─────────────────────────┐
- 사업장: 1000. (주)한국자전거본사
- 내역: 2025년 1월 5일에 상품창고-상품장소에 있는 ATECK-3000. 일반자전거 품목의 재고파악 시 실제 수량이 전산수량보다 1EA가 더 많이 존재하여 실제 수량에 맞추어 전산내역을 조정하였다.
└────────────────────────────────┘

다음 [조회조건] 내역을 재고조정 수불을 활용하여 전산에 반영 시 올바르게 입력한 조정번호를 고르시오.

① IA2501000001
② IA2501000002
③ IA2501000003
④ IA2501000004

20

다음의 [보기]의 내용을 읽고 질문에 답하시오.

┌─ 조회조건 ─────────────────────────┐
· 사업장: 1000. (주)한국자전거본사
· 거래구분: 5. D/A
· 주문기간: 2025/01/15 ~ 2025/01/15
└──────────────────────────────────┘

다음 해외수주내역 SO2501000015에 대한 설명으로 옳지 않은 것을 고르시오.

① 환종은 USD이다.
② 납기일은 2025년 1월 31일이다.
③ Invoice Date는 2025년 1월 14일이다.
④ 최종 도착지는 Los Angeles, USA이다.

21

(주)한국자전거본사에서 2025년 1월 16일에 등록된 수출송장등록 내역을 확인하고, 수출 송장에 대한 설명 중 옳지 않은 것을 고르시오.

① Invoice No.는 HSBC25-01001이다.
② 거래구분은 'MASTER L/C'로 거래된 내역이다.
③ 기재된 품목의 총수량은 20BOX이다. (관리단위 기준)
④ 기재된 총금액은 3,500USD이다.

22

아래 [조회조건]으로 데이터를 조회한 후 물음에 답하시오.

┌─ 조회조건 ─────────────────────────┐
· 사업장: 1000. (주)한국자전거본사
· 선적기간: 2025/01/17 ~ 2025/01/17
└──────────────────────────────────┘

다음 'MASTER L/C' 거래로 발생된 수출품 선적등록 내역 중 금액의 합이 가장 적은 프로젝트를 고르시오. (USD 기준)

① 특별할인판매　　　　　② 유아용자전거
③ 해외프로모션　　　　　④ 일반용자전거

23

아래 [조회조건]으로 데이터를 조회한 후 물음에 답하시오.

┌─ 조회조건 ─────────────────────────┐
· 사업장: 1000. (주)한국자전거본사
· L/C구분: 2. 구매승인서
· 발주기간: 2025/01/15 ~ 2025/01/15
└──────────────────────────────────┘

다음 개설된 수입 L/C내역에 대한 설명 중 틀린 내용을 고르시오.

① L/C번호는 'LC2501000001'이다.
② 환종은 'USD'이다.
③ 관리번호는 '001-SL25-7351'이다.
④ 입고예정일은 2025년 1월 31일이다.

24

아래 [조회조건]으로 데이터를 조회한 후 물음에 답하시오.

┌─ 조회조건 ─────────────────────────┐
· 사업장: 1000. (주)한국자전거본사
· 입고기간: 2025/01/20 ~ 2025/01/20
· 입고창고: H100. 수출창고
· 거래구분: 3. MASTER L/C
└──────────────────────────────────┘

다음 수입입고내역에 대한 설명 중 틀린 내용을 고르시오.

① 재고단위기준 총2,600EA의 수량이 입고되었다.
② 입고된 품목은 모두 동일한 장소에 입고되었다.
③ 적용받은 B/L내역은 'BL2501000001'이다.
④ B/L접수 시 환율과 입고 시점의 환율은 동일하다.

25

다음 [보기]는 (주)한국자전거본사에서 2025년 1월 15일에 등록한 수입제비용내역에 대한 설명이다.

┌─ 보기 ─────────────────────────────┐
가. 거래구분 MASTER L/C에 대한 제비용내역이다.
나. 거래처 '파이오네호'와의 수입에 대한 제비용내역이다.
다. 제비용에 대한 전표처리가 진행되었다.
라. 선적에 대한 물품대 비용처리가 진행되었다.
└──────────────────────────────────┘

올바른 설명의 수를 고르시오.

① 0　　　　　　　　　② 1
③ 2　　　　　　　　　④ 3

기출문제

1급 | 2024년 6회

이론 해설 특강

실무 해설 특강

이론

01

ERP 아웃소싱(Outsourcing)에 대한 설명으로 적절하지 않은 것은?

① ERP 자체 개발에서 발생할 수 있는 기술력 부족을 해결할 수 있다.
② ERP 아웃소싱을 통해 기업이 가지고 있지 못한 지식을 획득할 수 있다.
③ ERP 개발과 구축, 운영, 유지보수에 필요한 인적 자원을 절약할 수 있다.
④ ERP 시스템 구축 후에는 IT 아웃소싱 업체로부터 독립적으로 운영할 수 있다.

02

'Best Practice'를 목적으로 ERP 패키지를 도입하여 시스템을 구축하고자 할 경우 가장 적절하지 않은 방법은?

① BPR과 ERP 시스템 구축을 병행하는 방법
② ERP 패키지에 맞추어 BPR을 추진하는 방법
③ 기존 업무 처리에 따라 ERP 패키지를 수정하는 방법
④ BPR을 실시한 후에 이에 맞도록 ERP 시스템을 구축하는 방법

03

ERP 시스템 투자비용에 관한 개념 중 '시스템의 전체 라이프 사이클(Life-Cycle)을 통해 발생하는 전체 비용을 계량화한 비용'에 해당하는 것은?

① 유지보수비용(Maintenance Cost)
② 시스템 구축비용(Construction Cost)
③ 총소유비용(Total Cost of Ownership)
④ 소프트웨어 라이선스비용(Software License Cost)

04

클라우드 서비스의 비즈니스 모델에 관한 설명으로 옳지 않은 것은?

① 공개형 클라우드는 전용 인프라로 인해 데이터 보안과 프라이버시가 강화된다.
② 폐쇄형 클라우드는 특정한 기업 내부 구성원에게만 제공되는 서비스(Internal Cloud)를 말한다.
③ 공개형 클라우드는 사용량에 따라 사용료를 지불하며 규모의 경제를 통해 경쟁력 있는 서비스 단가를 제공한다는 장점이 있다.
④ 혼합형 클라우드는 특정 업무는 폐쇄형 클라우드 방식을 이용하고 기타 업무는 공개형 클라우드 방식을 이용하는 것을 말한다.

05

ERP 시스템 구축 절차에서 수행하는 '패키지 파라미터 설정' 활동의 결과로 적절하지 않은 것은?

① 기업의 특정 요구에 맞게 ERP 시스템의 기능을 조정한다.
② 기업의 환경에 맞게 프로세스를 조정하여 효율성을 높인다.
③ 다양한 사용자들의 요구를 조정하여 ERP 시스템의 목표를 명확하게 한다.
④ 데이터의 흐름과 저장 방식을 조정하여 데이터 무결성과 일관성을 유지한다.

06

수요예측에 대한 설명으로 가장 적절하지 않은 것은?

① 유효수요는 구체적으로 구매계획이 있는 경우의 수요를 의미한다.
② 수요란 재화나 서비스를 구매하려는 욕구를 의미하며, 잠재수요와 유효수요가 있다.
③ 수요예측이란 잠재수요나 유효수요 중 어느 하나만의 크기를 추정하는 것이 아니라 모든 수요의 크기를 예측하는 것이다.
④ 일반적으로 영속성이 없는 상품이나 서비스는 영속성이 있는 상품이나 서비스보다 지속적으로 정확한 예측을 하기가 어렵다.

07

목표매출액을 설정하기 위한 활동의 순서로 적절한 것은?

① 시장조사 → 수요예측 → 판매예측 → 판매목표매출액 설정 → 판매할당

② 시장조사 → 수요예측 → 판매목표매출액 설정 → 판매할당 → 판매예측

③ 판매목표매출액 설정 → 시장조사 → 수요예측 → 판매할당 → 판매예측

④ 판매목표매출액 설정 → 시장조사 → 수요예측 → 판매예측 → 판매할당

08

가격 결정에 영향을 미치는 요인은 내부적 요인과 외부적 요인으로 구성된다. 다음 중 성격이 다른 하나는 무엇인가?

① 물류비용　　　　　② 가격탄력성
③ 대체품가격　　　　④ 이윤극대화목표

09

거래처(고객)별 여신한도 설정방법 중 거래처의 신용능력을 평가하기 위한 경영지표와 재무제표 측정 요소를 가장 적합하게 짝지은 것은 무엇인가?

① 회수성 – 상품 회전율
② 안정성 – 자기자본비율
③ 수익성 – 총자산 증가율
④ 유동성 – 매출채권 회전률

10

수요예측에서 지수평활법을 이용할 때, 평활계수 α값의 영향에 대한 설명으로 적절하지 않은 것은?

① α 값이 0에 가까울수록 예측값의 변동성이 커지게 된다.
② α 값이 0에 가까울수록 장기예측의 신뢰성이 높아진다.
③ α 값이 1에 가까울수록 장기추세를 반영하기 어렵다.
④ α 값이 1에 가까울수록 최근 데이터의 영향력이 커진다.

11

당신은 (주)KPC의 신용관리팀에 소속되어 있으며 새로운 거래처인 (주)한국상사에 대한 여신한도액을 설정해야 한다. [보기]에 제시된 자료를 바탕으로 (주)KPC가 (주)한국상사에 설정할 여신한도액은 얼마인가? (정답은 단위(원)를 제외한 숫자만 입력하시오.)

> 보기
> • (주)한국상사의 연간 예상매출액: 2,000,000원
> • (주)한국상사의 매입원가율: 60%
> • (주)KPC의 (주)한국상사에 대한 수주점유율: 25%
> • 여신기간: 90일(1/4년)

(답: 　　　　　원)

12

[보기]의 자료를 이용하여 손익분기점에서의 매출액을 산출하면 얼마인가? (정답은 단위(원)를 제외하고 숫자만 입력하시오.)

> 보기
> • 연간 고정비: 10,000,000원
> • 제품 단위당 변동비: 5,000원/개
> • 제품 단위당 판매가격: 10,000원/개

(답: 　　　　　원)

13

[보기]는 수요예측을 위한 정성적 방법에 대한 설명이다. [보기]의 (　　)에 공통으로 들어갈 용어를 한글로 입력하시오.

> 보기
> • 제품 (　　　)유추법은 신제품의 경우와 같이 과거 자료가 없을 때 적용하기 적합한 방법이다.
> • 제품 (　　　)유추법은 과거에 기존의 유사한 제품이 시장에서 도입기, 성장기, 성숙기를 거치면서 어떠한 수요 패턴이었는지를 유추하여 수요를 예측하는 방법이다.

(답: 　　　　　)

14

공급망 운영 전략에 대한 설명으로 가장 적절하지 <u>않은</u> 것은?

① 효율적 공급망 전략은 낮은 운송비용을 선호한다.
② 효율적 공급망 전략은 높은 생산가동률을 통한 낮은 비용 유지를 선호한다.
③ 대응적 공급망 전략은 리드 타임을 단축시키기 위해 공격적인 투자를 선택한다.
④ 대응적 공급망 전략은 공급망에서 높은 재고 회전율과 낮은 재고 수준을 유지한다.

15

물류거점 운영 방식 중에서 물류거점에 재고를 보유하지 않고, 물류 거점이 화물에 대한 '환적'기능만을 제공하는 방식으로 가장 적절한 것은?

① 직배송 운영 방식
② 크로스도킹 운영 방식
③ 지역 물류센터 운영 방식
④ 통합 물류센터 운영 방식

16

재고 및 재고관리에 대한 설명으로 가장 적절하지 <u>않은</u> 것은?

① 경제적 주문량 모형(EOQ)은 재고모형의 확정적 모형 중 고정 주문기간 모형(P System)에 속한다.
② ABC 재고관리기법에서는 품목이 다양한 경우 재고관리의 효율성 제고를 위해 재고품목을 3개 그룹으로 구분하여 관리한다.
③ 조달기간의 불확실, 생산의 불확실, 또는 그 기간 동안의 수요량이 불확실한 경우 등 예상 외의 소비나 재고부족 상황에 대비하기 위한 재고를 안전재고라고 한다.
④ 절충형 시스템(s, S System)은 정기적으로 재고수준을 파악하지만 재고수준이 사전에 결정된 발주점으로 감소하면 최대 재고 수준까지 부족량만큼 발주하는 방식이다.

17

[보기]는 재고 관리의 주요 과제를 해결하기 위한 기본 모형들과 각 특징을 비교하고 있다. A, B에 해당하는 적절한 내용을 고르시오.

보기

구분	P System	Q System
재고수준점검	–	–
주문량	–	A
주문시기	B	–

     A   B
① 일정   일정
② 일정   변동
③ 변동   일정
④ 변동   변동

18

고부가가치 화물이나 긴급 배송이 필요한 화물을 운송하는 데 가장 적합한 운송수단은 무엇인가?

① 철도 운송
② 항공 운송
③ 파이프라인 운송
④ 소화물 일괄 운송

19

[보기]의 그래프를 참고하여 경제적 주문량(Q*)을 구하시오. (정답은 숫자만 입력하시오.)

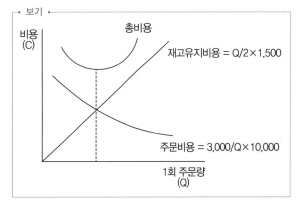

(답:)

20

[보기]의 설명에 해당하는 공급망관리 정보 시스템을 예와 같이 영문 약어로 기입하시오. (예 ERP)

> **보기**
> • 소매업체(유통업체)와 협력사(제조업체)가 공동으로 판촉활동, 지역 여건, 경쟁상황을 고려하면서 적절하게 재고수준을 관리하는 방식이다.
> • 공급업체와 거래처(고객)가 수요 및 재고 정보를 공유하며, 재고관리 업무를 거래처(고객)와 공급업체가 공동으로 관리하는 방식이다.

(답:)

21

[보기]의 상황에 해당하는 가격 유형으로 가장 적절한 것은?

> **보기**
> (주)우리교통은 우리시의 대중교통 서비스를 제공하는 시내버스 운영회사 중 하나이다. 최근 유가 상승으로 인한 물가 상승 등의 이유로 다음 달부터 시내버스 요금을 다른 버스회사와 함께 10% 인상하기로 결정하였다.

① 정가가격   ② 교섭가격
③ 시중가격   ④ 협정가격

22

[보기]에서 설명하는 수량할인 방식은 무엇인가?

> **보기**
> • 편의점에서 아이스크림 품목을 다음과 같이 할인행사 중이다.
> • 1회 구매 기준으로 1개 1,500원, 3개 3,000원, 5개 4,500원

① 품목별 할인 방식
② 총합적 할인 방식
③ 비누적 수량할인 방식
④ 판매수량별 할인 방식

23

공급자의 공급가격이 적정한지 평가하기 위하여 반드시 원가분석이 필요한 상황으로 적절하지 않은 것은?

① 새로운 규격이 적용된 신제품인 경우
② 신뢰할 수 있는 공급자를 선정해야 하는 경우
③ 가격 이외에 품질과 성능도 고려해야 하는 경우
④ 완전경쟁시장환경에서 표준품을 구매해야 하는 경우

24

[보기]의 구매 계약에 대한 설명 중 ⓐ~ⓓ에 적합한 내용으로 옳지 않은 것은?

> **보기**
> • 향후 거래조건에 대하여 분쟁의 소지가 있을 경우에는 구매 계약서를 작성하는 것이 바람직하다.
> • 구매 계약의 ⓐ 해제는 이미 발생된 계약사항을 ⓑ 소급하여 무효로 함을 의미한다.
> • 구매 계약의 ⓒ 해지는 ⓓ 과거의 계약사항에 대해서만 무효로 함을 의미한다.

① ⓐ 해제   ② ⓑ 소급
③ ⓒ 해지   ④ ⓓ 과거

25

전략적 구매를 중시하는 현대적 시각에서 구매관리는 [보기]와 같은 영역으로 구분되어 진다. (   ) 안에 들어갈 용어를 한글로 입력하시오.

> **보기**
> • 구매전략: 구매방침 설정, 구매계획 수립, 구매방법 결정
> • 구매실무: 시장조사 및 원가분석, 구매가격 결정, 공급자 선정 및 평가, 계약 및 납기관리, 규격 및 검사관리
> • (   ): 구매활동의 성과 평가, 구매활동의 감시

(답:)

26

[보기]의 (   )에 공통으로 들어갈 용어를 한글로 입력하시오.

> **보기**
> • 계약 금액을 기준으로 구매 계약을 할 때는 총액 방식, 개별가격 방식, 희망수량가격 방식 등을 이용한다.
> • 계약수량을 기준으로 구매 계약을 할 때는 (   )수량 방식이나 개산수량 방식 등을 이용한다.
> • (   )수량 방식은 계약 체결 전에 예정수량을 미리 결정하고 계약을 체결하는 통상적인 방법이고 개산수량 방식은 계약수량보다 물품수량이 약간의 과부족이 있어도 인수가 가능하다.

(답: 수량)

27

관세환급제도에 대한 설명 중에서 가장 적절하지 <u>않은</u> 것은?

① 수입된 원재료를 이용하여 만든 물품을 수출할 때 수출자에게 환급해 준다.
② 간이정액환급제도는 원재료 수입 단계의 납부관세 증명과 소요량을 산정하면 환급신청할 수 있다.
③ 물품의 수출가격을 낮춤으로써 수출품목의 가격경쟁력을 높이고, 수출을 촉진하기 위한 목적을 갖고 있다.
④ 당해 세관장이 환급 금액에 대해 한국은행에 지급요구를 하면 한국은행은 환급신청자의 계좌에 환급금을 입금하고 당해 세관장에게 그 사실을 통지함으로써 환급절차가 끝난다.

28

관세를 과세하기 위한 과세요건에 대한 설명으로 옳지 <u>않은</u> 것은?

① 납세의무자는 원칙적으로 관세사이다.
② 세율은 우리나라의 경우 관세율표를 따른다.
③ 과세물건은 과세 부과 대상으로서 수입신고 시 신고된 수입물품이다.
④ 과세표준은 세액을 결정하는 데 기준이 되는 과세물건의 가격 또는 수량을 말한다.

29

신용장(L/C)에 대한 설명으로 가장 적합하지 <u>않은</u> 것은?

① 신용장은 개설은행의 조건부 지급 확약서라고 할 수 있다.
② 기한부신용장은 어음상의 약정기간(Usance)이 경과한 후에 대금을 결제 받는 방식이다.
③ 신용장 거래는 수출을 지원하기 위해 수수료를 우대해주기 때문에 일반적으로 송금 및 추심방식보다 은행 수수료 금액이 훨씬 적다.
④ 무담보신용장은 선적서류의 첨부를 지급조건으로 하지 않는다. 이 경우에는 수출자가 선적서류를 수입자에게 직송하고 은행에는 환어음만 제출하여 대금회수를 한다.

30

선적서류(Shipping Documents)에 대한 설명으로 적절하지 <u>않은</u> 것은?

① 선하증권(B/L)은 화주와 운송회사 간에 체결한 해상 운송 계약을 근거로 선박회사가 발행하는 유가증권이다.
② 해상보험 계약은 INCOTERMS의 거래조건과 상관없이 수출자가 반드시 보험 계약자가 되어야 한다.
③ 보험증권은 유동성 증권이어야 하며, 보험조건의 확인을 위하여 보험증권에 보험약관이 반드시 첨부되어야 한다.
④ 상업송장은 거래계산서 및 대금청구서의 역할을 하므로 환어음의 발행 금액과 상업송장의 총액이 일치하여야 한다.

31

'INCOTERMS 2020'은 무역거래조건을 물품 인도장소와 운임부담의 영역에 따라 4개의 그룹, 11개의 조건으로 분류하고 있는데 [보기]는 무역거래를 위한 계약의 조건 중 하나로 어느 그룹에 속하는가? (예와 같이 Group을 제외한 영어만 표기하시오. 예 A)

보기
• 매도인이 수입국의 목적지까지의 운송계약과 운송비용을 부담하지만, 보험가입의무는 없다.
• 물품의 인도장소는 수출국의 합의된 지정장소이다.
• 컨테이너 운송을 포함한 복합 운송에 최적화되어 있는 규칙이다.

(답: Group)

32

[보기]의 (   )에 들어갈 용어를 한글로 입력하시오.

보기
환어음의 결제를 전신으로 행하는 경우 적용되는 환율을 (   ) 매매율이라고 한다.

(답: 매매율)

프로그램 버전	iCUBE 핵심ERP ver.2024
사원명	• 회사: 3004. 물류1급, 회사B • 사원명: ERP13L01. 홍길동
DB 파일명	[백데이터] 2025 에듀윌 ERP 물류 1·2급 > PART 04 최신 기출문제_2024년 6회

01

다음 중 수주등록 메뉴에서 거래처 입력 시 자동으로 불러오는 실적담당자가 3500. 김계영인 거래처를 고르시오.

① 00001. (주)대흥정공
② 00002. (주)하나상사
③ 00004. (주)제동기어
④ 00007. (주)제일물산

02

다음은 자재/마감통제설정에 대한 설명이다. **잘못** 설명한 보기를 고르시오.

① 재고평가방법은 총평균법이다.
② 거래처별단가를 구매단가로 사용한다.
③ 구매/자재관리 모듈에서 전단계를 적용하면 전단계의 실적담당자가 적용된다.
④ 재고수량이 0보다 작아지는 수불 입력을 통제하고 있다.

03

품목 21-1035600. SOCKET은 거래명세서 작성 시 고객에 따라 품번, 품명, 규격 등 출력품목 정보를 다르게 표기한다. 다음 고객 중 품번 정보를 <u>다르게</u> 출력하는 고객을 고르시오.

① (주)대흥정공
② (주)하나상사
③ (주)빅파워
④ (주)제동기어

04

아래 [조회조건]의 조건으로 데이터를 조회한 후 물음에 답하시오.

┌─ 조회조건 ─
• 사업장: 1000. (주)한국자전거본사
• 대상년월: 2024/11
└─────

2024년 11월에 대하여 고객별로 판매계획을 세웠다. 다음 중 계획 수량이 가장 많은 고객을 고르시오.

① 00001. (주)대흥정공
② 00002. (주)하나상사
③ 00003. (주)빅파워
④ 00004. (주)제동기어

05

아래 [조회조건]으로 데이터를 조회한 후 물음에 답하시오.

┌─ 조회조건 ─
• 사업장: 1000. (주)한국자전거본사
• 견적기간: 2024/11/01 ~ 2024/11/05
└─────

다음 중 납기일이 가장 빠른 견적번호를 고르시오.

① ES2411000001
② ES2411000002
③ ES2411000003
④ ES2411000004

06

다음의 [보기]의 내용을 읽고 질문에 답하시오.

┌─ 보기 ─
• 사업장: 1000. (주)한국자전거본사
• 주문기간: 2024/11/01 ~ 2024/11/05
└─────

수주내역에서 관리구분별 주문수량 합이 가장 큰 관리구분을 고르시오.

① S10. 일반매출(A)
② S20. 일반매출(B)
③ S30. 일반매출(C)
④ S40. 일반매출(D)

07

아래 [조회조건]으로 데이터를 조회한 후 물음에 답하시오.

┌ 조회조건 ─────────────────────────┐
• 사업장: 1000. (주)한국자전거본사
• 출고기간: 2024/11/06 ～ 2024/11/10
• 출고창고: P100. 제품창고
└──────────────────────────────┘

다음 국내 출고내역에 대한 설명으로 잘못된 것을 고르시오.

① IS2411000001은 배송방법이 010. 화물차량 1톤으로 등록되었다.
② IS2411000002는 SO2411000006 수주 건이 주문적용 버튼을 통해 입력되었다.
③ IS2411000003으로 인하여 P101. 제품장소의 재고수량이 감소하였다.
④ IS2411000004는 건별로 마감되었다.

08

(주)한국자전거본사에서는 2024년 10월 20일 국내 수주내역을 출고처리(국내수주) 메뉴에서 2024년 11월 1일 M300. 완성품창고로 적용받아 출고등록하려고 한다. 다음 중 올바른 설명을 고르시오.

① 주문적용을 통해 등록 가능하다.
② 검사적용을 통해 등록 가능하다.
③ 납기일이 2024/10/30이므로 출고일자를 2024/10/30으로 입력해야 하므로 입력 불가하다.
④ 해당 수주내역은 '재고 품절로 인하여 취소'라는 사유로 마감되어 출고처리할 수 없다.

09

아래 [조회조건]으로 데이터를 조회한 후 물음에 답하시오.

┌ 조회조건 ─────────────────────────┐
• 사업장: 1000. (주)한국자전거본사
• 수금기간: 2024/11/01 ～ 2024/11/05
└──────────────────────────────┘

다음 수금번호 중 2024년 11월 5일에 선수금을 가장 많이 정리한 수금번호를 고르시오.

① RC2411000001   ② RC2411000002
③ RC2411000003   ④ RC2411000004

10

아래 [조회조건]으로 데이터를 조회한 후 물음에 답하시오.

┌ 조회조건 ─────────────────────────┐
• 사업장: 1000. (주)한국자전거본사
• 마감기간: 2024/11/11 ～ 2024/11/15
└──────────────────────────────┘

다음 매출마감내역에 대하여 잘못 설명한 것을 고르시오.

① SC2411000002는 2024년 11월 12일자로 매출마감되었다.
② SC2411000003은 마감수량의 합과 재고단위수량의 합이 다르다.
③ SC2411000004는 2024년 11월 14일자로 세금계산서가 처리되었다.
④ SC2411000005는 세무구분이 카드매출이다.

11

아래 [조회조건]으로 데이터를 조회한 후 물음에 답하시오.

┌ 조회조건 ─────────────────────────┐
• 사업장: 000. (주)한국자전거본사
• 조회기간: 2024/11/01 ～ 2024/11/30
• 조회기준: 0. 국내(출고기준)
└──────────────────────────────┘

00002. (주)하나상사의 미수채권에 대한 설명이다. 다음 중 바르게 설명한 것을 고르시오.

① 채권기초 금액은 1,378,000원이다.
② 당기발생 금액은 3,170,000원이다.
③ 당기수금 금액은 500,000원이다.
④ 미수채권 잔액은 14,447,400원이다.

12

2024년 11월 11일에 계획된 SIMULATION 주계획에 대하여 소요량전개를 하려고 한다. 사업장 1000. (주)한국자전거본사 계획기간을 2024/11/11로 설정하여 전개할 때 88-1001000. PRESS FRAME-W의 소요일자를 고르시오. (직접 소요량전개 후 질문에 답하세요.)

① 2024년 11월 6일   ② 2024년 11월 7일
③ 2024년 11월 8일   ④ 2024년 11월 9일

13

아래 [조회조건]으로 데이터를 조회한 후 물음에 답하시오.

┌─ 조회조건 ─────────────────────────────────┐
│ • 사업장: 1000. (주)한국자전거본사   │
│ • 발주기간: 2024/11/01 ~ 2024/11/05   │
└───┘

다음 발주내역에 대하여 잘못 설명한 것을 고르시오.

① PO2411000001: 직접 입력하였다.
② PO2411000002: 품목의 주거래처로 발주되었다.
③ PO2411000003: 관리구분 일반구매로 발주되었다.
④ PO2411000004: 2024년 11월 10일자로 발주마감되었다.

14

아래 [조회조건]으로 데이터를 조회한 후 물음에 답하시오.

┌─ 조회조건 ─────────────────────────────────┐
│ • 사업장: 1000. (주)한국자전거본사   │
│ • 입고기간: 2024/11/05 ~ 2024/11/05   │
│ • 입고창고: M100. 부품창고   │
│ • 발주적용기간: 2024/11/01 ~ 2024/11/01   │
└───┘

발수내역를 입고처리하려고 한다. 발주잔량이 가장 큰 품목을 고르시오.

① 14-252500. SUPREME X2
② 21-1060700. FRAME-NUT
③ 21-1060850. WHEEL FRONT-MTB
④ 21-1070700. FRAME-티타늄

15

(주)한국자전거본사에서 생산품에 대하여 2024년 11월 재고평가를 할 때, 87-1002001. BREAK SYSTEM의 입고단가는 얼마인가?

① 51,800원   ② 53,000원
③ 55,000원   ④ 55,100원

16

다음 [보기]의 내용을 읽고 질문에 답하시오.

┌─ 보기 ─────────────────────────────────────┐
│ • 사업장: 1000. (주)한국자전거본사   │
│ • 요청일자: 2024/11/01 ~ 2024/11/01   │
└───┘

다음 중 [보기]의 데이터로 조회된 청구등록내역 중 품목등록의 주거래처와 청구등록의 주거래처가 다른 품명을 고르시오.

① FRAME-티타늄   ② WIRING-DE
③ GEAR REAR C   ④ CIRCLE CHAIN

17

아래 [조회조건]으로 데이터를 조회한 후 물음에 답하시오.

┌─ 조회조건 ─────────────────────────────────┐
│ • 사업장: 1000. (주)한국자전거본사   │
│ • 입고기간: 2024/11/05 ~ 2024/11/05   │
│ • 입고창고: P100. 제품창고   │
└───┘

다음 입고번호에 대한 설명 중 잘못된 것을 고르시오.

① RV2411000003은 일부만 매입마감되었다.
② RV2411000004는 매입마감이 등록되어 발주수량을 수정할 수 없다.
③ RV2411000005는 세무구분이 카드매입이다.
④ RV2411000006은 전표처리되었다.

18

아래 [조회조건]의 조건으로 데이터를 조회한 후 물음에 답하시오.

┌─ 조회조건 ─────────────────────────────────┐
│ 작업내역 – 2024년 11월 5일 (주)세림와이어에│
│ 서 구매한 원재료 ABU-012. ARU_230을 입고처 │
│ 리(국내발주)에 입력하였다. 이 중 30EA가 바 │
│ 로 생산에 투입하기 위하여 생산대기장소로 이│
│ 동시켰다.   │
└───┘

생산대기장소로 처리한 일자로 올바른 것을 고르시오.

① 2024년 11월 6일   ② 2024년 11월 7일
③ 2024년 11월 8일   ④ 2024년 11월 9일

19

2024년 11월 4일 재고실사를 실시하였다. 재고실사에 대한 설명 중 잘못 설명한 것을 고르시오.

① 실사구분은 기타이다.
② 재고기준일은 2024년 11월 1일이다.
③ 완성품창고, 제품_서울장소에 대한 실사이다.
④ 품명 PRESS FRAME-W가 전산재고를 가장 많이 차감해야 한다.

20

아래 [보기]의 조건으로 데이터를 조회한 후 물음에 답하시오.

┌─ 보기 ─
• 사업장: 1000. (주)한국자전거본사
• 견적기간: 2024/11/11 ~ 2024/11/11
└─

견적번호(수출) ES2411000005를 활용하여 주문을 등록하였다. 해당 주문의 거래구분을 고르시오.

① T/T
② D/A
③ D/P
④ MASTER L/C

21

아래 [조회조건]의 조건으로 데이터를 조회한 후 물음에 답하시오.

┌─ 조회조건 ─
• 사업장: 1000. (주)한국자전거본사
• 출고기간: 2024/11/01 ~ 2024/11/30
• 출고창고: M110. 대리점창고
└─

해외 출고번호 IS2411000010에 대하여 관련된 L/C와 출고내역에 대한 설명을 하였다. 다음 중 잘못 설명한 것을 고르시오.

① 선적항은 BUSAN, KOREA이다.
② 프로젝트는 모두 D100. 해외프로모션이다.
③ 개설은행은 98001. 신한보통/231-09-99874이다.
④ 출고의 관리단위수량과 재고단위수량이 동일하다.

22

거래처 00011. INTECH CO.LTD로 2022년 11월에 발행된 COMMERCIAL INVOICE와 PACKING LIST에 대한 설명이다. 다음 중 올바르게 설명한 것을 고르시오.

① 선적항은 BUSAN, KOREA이다.
② Carrier는 Topaz이다.
③ 한 개의 컨테이너에 선적하였다.
④ 포장을 제외한 순중량은 산악자전거(P-20G)가 가장 가볍다.

23

아래 [조회조건]으로 데이터를 조회한 후 물음에 답하시오.

┌─ 조회조건 ─
• 사업장: 1000. (주)한국자전거본사
• 발주기간: 2024/11/18 ~ 2024/11/18
└─

해외발주번호 PO2411000005의 B/L번호를 찾은 후 잘못 설명한 것을 고르시오.

① 선적일은 2024년 11월 19일이다.
② 선사는 00012. (주)하진해운이다.
③ 도착예정일은 2024년 11월 30일이다.
④ 외화 금액의 합은 CAD 18,200이다.

24

아래 [조회조건]으로 데이터를 조회한 후 물음에 답하시오.

┌─ 조회조건 ─
• 사업장: 1000. (주)한국자전거 본사
• 등록기간: 2024/11/06 ~ 2024/11/06
└─

수입제비용번호 EC2411000001에 대하여 올바르게 설명한 것을 고르시오.

① 미착정산 미배부 상태이다.
② 모든 비용이 전표처리되었다.
③ Master L/C인 거래에 대한 비용이다.
④ 비용 중 물품대 19,975,032원만 미착정산배부 대상이다.

25

아래 [조회조건]으로 데이터를 조회한 후 물음에 답하시오.

┌─ 조회조건 ─
• 사업장: 1000. (주)한국자전거본사
• 발주기간: 2024/01/01 ~ 2024/06/30
└─

(주)한국자전거본사에서 품번 21-3065700에 대한 전체적인 수입 진행 현황을 확인하려고 한다. 다음 설명 중 옳지 않은 것을 고르시오.

① 입고된 수량은 총 100이다.
② 마지막 발주일자는 2024년 6월 27일이다.
③ 2024년 3월 선적수량은 총 200이다.
④ 수입 시 사용된 환종은 모두 JPY로 발주되었다.

회독 CHECK | ☐ 1회독　☐ 2회독　☐ 3회독

이론

01

ERP와 인공지능(AI), 빅데이터(Big Data), 사물인터넷(IoT) 등 혁신 기술과의 관계에 대한 설명으로 가장 적절하지 <u>않은</u> 것은?

① 현재 ERP는 기업 내 각 영역의 업무 프로세스를 지원하여 독립적으로 단위별 업무 처리를 추구하는 시스템으로 발전하고 있다.
② 제조업에서는 빅데이터 분석 기술을 기반으로 생산자동화를 구현하고 ERP와 연계하여 생산계획의 선제적 예측과 실시간 의사결정이 가능하다.
③ ERP에서 생성되고 축적된 빅데이터를 활용하여 기업의 새로운 업무 개척이 가능해지고, 비즈니스 간 융합을 지원하는 시스템으로 확대가 가능하다.
④ 현재 ERP는 인공지능 및 빅데이터 분석 기술과의 융합으로 전략경영 등의 분석도구를 추가하여 상위 계층의 의사결정을 지원할 수 있는 지능형 시스템으로 발전하고 있다.

02

ERP 도입 기업의 사원들을 위한 ERP 교육을 계획할 때, 고려 사항으로 가장 적절하지 <u>않은</u> 것은?

① 지속적인 교육이 필요함을 강조한다.
② 전사적인 참여가 필요함을 강조한다.
③ 최대한 ERP 커스터마이징이 필요함을 강조한다.
④ 자료의 정확성을 위한 철저한 관리가 필요함을 강조한다.

03

ERP 구축 절차 중 TO-BE 프로세스 도출, 패키지 설치, 인터페이스 문제 논의를 하는 단계로 옳은 것은?

① 설계 단계　　　　② 구현 단계
③ 분석 단계　　　　④ 구축 단계

04

ERP와 기존의 정보 시스템(MIS) 특성 간의 차이점에 대한 설명으로 가장 적절하지 <u>않은</u> 것은?

① 기존 정보 시스템의 업무 범위는 단위 업무이고, ERP는 통합 업무를 담당한다.
② 기존 정보 시스템의 전산화 형태는 중앙집중식이고, ERP는 분산처리구조이다.
③ 기존 정보 시스템은 수평적으로 업무를 처리하고, ERP는 수직적으로 업무를 처리한다.
④ 기존 정보 시스템은 파일 시스템을 이용하고, ERP는 관계형 데이터 베이스 시스템(RDBMS)을 이용한다.

05

ERP의 특징에 관한 설명 중 가장 적절하지 <u>않은</u> 것은?

① 세계적인 표준 업무절차를 반영하여 기업 조직구성원의 업무수준이 상향평준화된다.
② ERP 시스템의 안정적인 운영을 위하여 특정 H/W와 S/W 업체를 중심으로 개발되고 있다.
③ 정확한 회계데이터 관리로 인하여 분식결산 등을 사전에 방지하는 수단으로 활용이 가능하다.
④ Parameter 설정에 의해 기업의 고유한 업무환경을 반영하게 되어 단기간에 ERP 도입이 가능하다.

06

[보기]의 자료를 이용하여 손익분기점 분석을 이용한 목표매출액을 산출하면 얼마인가?

┌─ 보기 ──────────────────────┐
• 제품 단위당 판매가격: 2,000원/개
• 제품 단위당 변동비: 500원/개
• 연간 고정비: 1,500,000원
└──────────────────────────┘

① 1,500,000원　　　　② 2,000,000원
③ 2,500,000원　　　　④ 3,000,000원

07

[보기]에서 설명하는 판매할당 방법으로 가장 적절한 것은?

> ┌ 보기 ─────────────────────
> 영업활동을 수행하는 활동영역별로 목표매출액 할당하는 방법
> └────────────────────────

① 월별 판매할당
② 영업거점별 판매할당
③ 지역/시장별 판매할당
④ 상품/서비스별 판매할당

08

가격유지 정책 중 리베이트 전략에 대한 설명으로 가장 적절하지 **않은** 것은?

① 리베이트는 판매 금액의 일부를 할인해 주는 것이다.
② 리베이트의 기능에는 보상적 기능, 통제 및 관리적 기능도 포함된다.
③ 리베이트 전략은 원래 가격유지 정책이 목적이며, 판매촉진에도 영향을 미친다.
④ 리베이트 비율은 일정 기간의 판매액을 기준으로 관습 또는 이익의 정도에 따라 달라진다.

09

고객에 대한 과거 판매실적만을 근거로 가장 집중적으로 관리하여야 할 중점 관리 대상 우량 거래처나 고객을 선정하는 방법은?

① 파레토분석
② 매트릭스 분석
③ 6시그마 분석
④ 거래처 포트폴리오 분석

10

거래처별 여신한도 설정법 중에서 여신한도액을 아래 [보기]와 같이 계산하는 방법으로 가장 적절한 것은?

> ┌ 보기 ─────────────────────
> 여신한도액 = 거래처(고객)의 총매입액 × 자사 수주점유율 × 여신기간
> └────────────────────────

① 타사한도액의 준용법
② 경영지표에 의한 방법
③ 매출액 예측에 의한 방법
④ 과거 총이익액의 실적 이용법

11

원가가산에 의한 가격 결정 방법으로 상품의 소매가격을 1,000원으로 결정하였다. 이때 원가 구성이 다음 [보기]와 같은 경우에 소매업자의 이익은 얼마인가? ([보기]에 주어진 자료만 활용하시오., 정답은 단위(원)를 제외한 숫자만 입력하시오.)

> ┌ 보기 ─────────────────────
> • 제조원가: 300원
> • 도매가격: 400원
> • 소매업자 영업비: 200원
> └────────────────────────

(답: 원)

12

[보기]에서 설명하는 수요예측 방법을 한글로 입력하시오.

> ┌ 보기 ─────────────────────
> 다양한 전문가의 의견을 수집한 후, 다시 전문가에게 배부하여 의견의 합의가 이루어질 때까지 반복하여 의사수렴 과정을 거친다. 과거의 데이터 없이 수요예측이 가능하다는 장점이 있다. 반면, 시간과 비용의 부담이 크다.
> └────────────────────────

(답: 법)

13

기존 매출채권에 대한 회수 현황이다. 매출채권의 회수기간을 60일로 단축시키기 위해 B 어음의 어음기간을 90일로 조정하였다. 이때 A 어음의 어음기간은 얼마로 조정하여야 하는가? (정답은 단위(일)를 제외한 숫자만 기입하시오.)

보기

회수 유형	금액	기존 어음기간	조정 어음기간
현금	1억원	—	—
A어음	2억원	60일	? 일
B어음	3억원	120일	90일

(답:　　　　　　일)

14

채찍 효과의 발생 이유와 관련된 설명으로 옳지 않은 것은?

① 불안정한 가격 구조와 수요·공급의 관계에서 발생한다.
② 리드 타임이 길어지면 수요와 공급의 변동 폭의 증감 정도가 감소한다.
③ 일방적 정보의 전달과 공급망 구성원의 비합리적 사고와 의사결정에서 생성된다.
④ 공급망 전체의 관점이 아니라 개별 기업의 이해관계에 따라 의사결정을 수행하게 되면 공급망 전체의 왜곡 현상을 초래하게 된다.

15

공급망 물류거점 운영 방식에 대한 설명으로 가장 적절하지 않은 것은?

① 직배송 방식: 소비자 근처에 위치한 물류거점을 운영하는 방식
② 크로스도킹 운영 방식: 물류거점에 재고를 보유하지 않고 물류거점이 화물에 대한 '환적'기능만을 제공하도록 하는 방식
③ 통합·지역 물류센터 혼합 운영 방식: 중앙 물류센터와 지역 물류센터를 혼합하여 운영, 수요처가 매우 넓은 지역에 분포되거나, 글로벌 공급망인 경우에 주로 적용하는 방식
④ 공급자 재고관리(VMI) 운영 방식: 물류거점의 운영을 자재·부품 공급업체에 일임하고 필요한 경우에 필요한 수량만큼 공급자가 운영하는 물류거점에서 가져오는 방식

16

[보기]에서 설명하는 용어는 무엇인가?

보기

• 생산에 직접 소요되는 원·부재료를 제외한 간접적인 소요자재
• 생산에 직접 사용되지는 않으나 생산활동에 필요한 시설물의 유지와 보수, 그리고 운전에 필요한 자재
• 제품의 구성재료는 아니지만, 그 취득·보관·수주 등의 처리에 있어서는 보통의 재료와 동일하게 취급

① JIT　　　　　　② MRP
③ MRO　　　　　④ SCM

17

1회 운송량이 많지 않을 경우 여러 목적지의 화물을 하나의 트럭이 처리하는 운송 방식은?

① 직배송 방식　　　② 순환배송 방식
③ 공동배송 방식　　④ 복합배송 방식

18

다음 중 창고관리의 출고 업무 프로세스 중에서 가장 먼저 수행되는 업무는 무엇인가? (선택지에서 고르시오.)

① 검사　　　　　　② 출고 지시
③ 출고 계획 수립　④ 주문 마감 집계

19

[보기]는 공급망 프로세스의 경쟁능력 요소에 대한 설명이다. ( )에 들어갈 한글 용어를 직접 입력하시오.

┌─ 보기 ─────────────────────────────────
- 비용은 적은 자원으로 제품·서비스를 창출할 수 있는 능력을 나타낸다.
- ( )은(는) 고객 욕구를 만족시키는 척도이며 소비자에 의하여 결정된다.
- 시간은 경쟁사보다 빠른 신제품 개발능력, 신속한 제품 배달능력, 정시배달능력을 나타낸다.
- 유연성은 설계 변화와 수요 변화에 효율적으로 대응할 수 있는 능력을 나타낸다.
└──

(답:)

20

[보기]의 자료를 참고하여 제품 A의 재주문점 수량을 구하시오. (정답은 단위(개)를 제외한 숫자만 입력하시오.)

┌─ 보기 ─────────────────────────────────
- 연간 영업일: 300일
- 제품 A의 안전재고량: 5,000개
- 제품 A의 연간 판매량: 60,000개
단, 발주한 제품 A가 회사 창고에 입고되기까지는 10일 소요
└──

(답: 개)

21

전략적 구매를 중시하는 현대적 시각에서 구매관리는 다양한 영역으로 구분된다. [보기]에서 설명하는 것과 관련된 영역으로 적당한 것은?

┌─ 보기 ─────────────────────────────────
시장조사 및 원가분석, 구매가격 결정, 공급자 선정 및 평가, 계약 및 납기관리, 규격 및 검사관리
└──

① 구매전략　　　　　② 구매평가
③ 구매실무　　　　　④ 구매분석

22

구매가격 결정방식 중 성격이 다른 하나는?

① 입찰경쟁 방식　　　② 가산이익률 방식
③ 코스트플러스 방식　④ 손익분기점 분석 방식

23

시장조사의 주요 목적이 아닌 것은?

① 품질 결정　　　　　② 공급자 선정
③ 구매가격 결정　　　④ 생산공정 개선

24

거래처 분산구매의 장점으로 가장 적절한 것은?

① 구매시간이 길어진다.
② 구매절차가 복잡해진다.
③ 구매기회를 안정적으로 유지할 수 있다.
④ 가격과 구입조건을 유리하게 결정할 수 있다.

25

8월 10일 거래 계약 체결 후 현금할인 방식 중 구매당월락 현금할인 방식으로 결제조건을 '10/20 EOM'으로 약정하였다. 현금할인을 받기 위해서는 9월 ( )일까지 대금을 지급해야 하는가? (정답은 숫자만 입력하시오.)

(답: 9월 ( )일)

26

[보기]의 구매 계약에 대한 설명 중 ( )에 적합한 내용을 한글로 쓰시오.

┌─ 보기 ─────────────────────────────────
- 향후 거래조건에 대하여 분쟁의 소지가 있을 경우에는 구매 계약서를 작성하는 것이 바람직하다.
- 구매 계약의 ( )(은)는 이미 발생된 계약사항을 소급하여 무효로 함을 의미한다.
└──

(답:)

27

무역거래에 있어 'Made in Korea'와 같이 원산지 표시는 어느 무역 관련 법규명을 적용하는가?

① 관세법
② 대외무역법
③ 외국환거래법
④ 전자거래기본법

28

관세법에서 정의하고 있는 '내국물품'에 해당하지 않는 것은?

① 입항 전 수입신고가 수리된 물품
② 수입 신고가 수리되기 전의 물품
③ 수입신고 수리 전 반출승인을 받아 반출된 물품
④ 우리나라에 있는 물품으로서 외국물품이 아닌 물품

29

[보기]에서 설명하는 무역대금 결제 방식의 유형은 무엇인가?

┌─ 보기 ─────────────────────────────────┐
• 수입자가 무역물품의 선적 진행단계에 따라 대금을 분할하여 지급하는 방식
• 선적이 완료된 후에 대금을 지급하는 방식이 일반적이지만, 제작 기간이 오래 소요되는 경우에는 주문 체결, 선적, 화물 도착 등 단계에 따라 대금을 분할하여 지급하는 방식
└──────────────────────────────────────┘

① 연불(Deferred Payment)
② 누진불(Progressive Payment)
③ 현물상환불(Cash on Delivery)
④ 서류상환불(Cash against Documents)

30

환율에 대한 설명으로 옳지 않은 것은?

① 타매매율 결정의 기준이 되는 환율은 전신환 매매율이다.
② 외국환은행은 외국환거래에 적용할 환율을 매일 고시하게 된다.
③ 환율에 따라 관세의 세액 결정 과정에서 비용과 수익이 달라진다.
④ 외국환은행 대고객매매율은 한국은행의 결정에 따라 외국환은행들이 일률적으로 적용한다.

31

[보기]는 어떤 무역거래를 위한 계약의 조건이다. 해당 거래조건에 적합한 'INCOTERMS 2020'을 예와 같이 영어 약어로 표기하시오. (예 ABC)

┌─ 보기 ─────────────────────────────────┐
• 매도인이 수출통관을 책임진다.
• 매도인이 물품을 매수인이 지명한 수출국의 운송인에게 인도하면 위험 부담은 종료된다.
• 매수인이 지정한 수입국의 목적지까지 운송비용을 매도인이 부담하는 조건이다.
• 컨테이너 운송을 포함한 복합 운송에 최적화되어 있는 규칙이다.
└──────────────────────────────────────┘

(답.   )

32

[보기]의 (   )에 들어갈 해상보험 관련 용어를 한글로 입력하시오.

┌─ 보기 ─────────────────────────────────┐
• 해상보험에 관한 국제법규는 없으며 세계 각국이 거의 영국의 런던보험업자협회(ILU)가 제정한 (   )약관을 사용하고 있다.
• 이 약관은 해상보험에 일률적으로 적용되는 국제규약이며, 운송 중인 적하의 해상위험에 대한 보험조건과 담보범위 등을 규정하고 있다.
• 이 약관은 1982년에 새로운 양식의 보험증권을 제정하면서 ICC(A)(B)(C)의 3가지 약관으로 개정되었다.
└──────────────────────────────────────┘

(답: 약관)

프로그램 버전	iCUBE 핵심ERP ver.2024
사원명	• 회사: 3001. 물류1급, 회사A • 사원명: ERP13L01. 홍길동
DB 파일명	[백데이터] 2025 에듀윌 ERP 물류 1·2급 > PART 04 최신 기출문제_2024년 5회

01

다음의 [보기]의 내용을 읽고 질문에 답하시오.

> ┌ 보기
> 내용 – 출하검사 중 10-25250. SHEET POST 품목에 불량 10EA
> 가 발생하였다.

(주)한국자전거본사는 재고의 불량 상태를 관리하기 위하여 창고/
장소의 적합여부를 활용하여 불량인 재고는 부적합 장소에서 관리
한다. 다음 [보기]의 작업을 실행하기 위한 장소를 고르시오.

① P101. 제품장소　　　② M310. 제품_서울장소
③ M105. 점검장소　　　④ 1300. 대기장소

02

다음은 거래처의 물류 실적 담당자 등록 정보에 대한 설명이다. 설명
중 옳은 것을 고르시오.

① (주)대흥정공의 영업담당자는 우승현이다.
② (주)하나상사의 구매담당자는 SCM담당자이다.
③ (주)빅파워의 영업담당자, 구매담당자는 모두 이봉회이다.
④ (주)세림와이어의 구매담당자는 김대연이다.

03

다음 [보기]는 품목에 대한 설명이다.

> ┌ 보기
> 가. 21-1030600. FRONT FORK(S)의 안전재고량은 5이다.
> 나. 21-1060700. FRAME-NUT의 재고단위와 관리단위는 서로
> 　　다르다.
> 다. 21-1070700. FRAME-티타늄의 LEAD TIME은 5DAYS이다.
> 라. 21-3065700. GEAR REAR C의 주거래처는 (주)영동바이크
> 　　이다.

올바른 설명의 수를 고르시오.

① 0　　　　　　　　② 1
③ 2　　　　　　　　④ 3

04

아래 [조회조건]으로 데이터를 조회한 후 물음에 답하시오.

> ┌ 조회조건
> • 사업장: 1000. (주)한국자전거본사
> • 계획년도/월: 2024/9

(주)한국자전거본사는 2024년 9월 품목에 대한 판매계획을 기초
계획에 입력하였다. 하지만 생산라인에 문제가 발생하여 기초계획
수량보다 못 미치는 수정계획수량을 입력하게 되었다. 다음 중 기초
계획수량보다 적게 수정계획수량을 변경한 품목을 고르시오.

① NAX-A400. 싸이클
② NAX-A420. 산악자전거
③ NAX-A500. 30단기어자전거
④ ATECK-3000. 일반자전거

05

아래 [조회조건]으로 데이터를 조회한 후 물음에 답하시오.

> ┌ 조회조건
> • 사업장: 1000. (주)한국자전거본사
> • 견적기간: 2024/09/01 ~ 2024/09/04

다음 견적 중 (주)대흥정공의 견적일자 대비 유효일자까지의 남은
기간이 가장 긴 견적번호를 고르시오.

① ES2409000001　　　② ES2409000005
③ ES2409000009　　　④ ES2409000013

06

아래 [조회조건]으로 데이터를 조회한 후 물음에 답하시오.

> ┌ 조회조건
> • 사업장: 1000. (주)한국자전거본사
> • 주문기간: 2024/09/02 ~ 2024/09/02

다음 [조회조건]의 등록된 주문에서 '납품처'를 지정할 수 있는
주문번호로 옳은 것을 고르시오.

① SO2409000001　　　② SO2409000002
③ SO2409000003　　　④ SO2409000004

07

아래 [조회조건]으로 데이터를 조회한 후 물음에 답하시오.

┌─ 조회조건 ─────────────────────────────┐
• 사업장: 1000. (주)한국자전거본사
• 출고기간: 2024/09/03 ～ 2024/09/03
• 출고창고: M100. 상품창고
└──────────────────────────────────────┘

2024년 9월 1일에 수주된 주문번호 SO2409000005 내역을 주문적용 기능을 통해 출고처리를 하려고 하였지만, 내용이 조회되지 않고 있다. 다음 중 주문적용 조회가 되지 않는 이유로 바르게 설명한 것을 고르시오.

① 검사 대상으로 주문적용이 아닌 검사적용으로 출고처리할 수 있다.
② 고객 변심으로 인하여 마감된 주문이다.
③ 납기일이 2024년 9월 2일이므로 2024년 9월 2일 이전에 등록할 수 있다.
④ 출고번호 IS2409000001로 이미 적용 완료된 주문이다.

08

다음 [보기]는 (주)한국자전거본사에서 2024년 9월 7일 등록된 국내 매출마감에 대한 설명이다.

┌─ 보기 ────────────────────────────────┐
가. 마감번호 SC2409000001은 전표처리되었다.
나. 마감번호 SC2409000002는 관리단위수량과 재고단위수량이 서로 다르다.
다. 마감번호 SC2409000003은 계산서번호 TX2409000003으로 생성되었다.
라. 마감번호 SC2409000004는 출고번호 IS2409000004의 매출마감 건이다.
└──────────────────────────────────────┘

올바른 설명의 수를 고르시오.

① 0   ② 1
③ 2   ④ 3

09

(주)한국자전거본사에서 2024년 9월 2일부터 2024년 9월 5일 동안 출고등록되지 않은 창고, 장소를 고르시오.

① M100. 상품창고 – M101. 상품장소
② M110. 직영마트 – 1100. 판매장소
③ M300. 완성품창고 – M310. 제품_서울장소
④ P100. 제품창고 – P101. 제품장소

10

다음 [보기]는 (주)한국자전거본사에서 2024년 9월에 등록된 국내 수금에 대한 설명이다.

┌─ 보기 ────────────────────────────────┐
가. 수금번호 RC2409000001은 전표처리되었다.
나. 수금번호 RC2409000002는 선수금 정리내역이 존재한다.
다. 수금번호 RC2409000003은 증빙번호는 IS2409000004로 등록되었다.
라. 수금번호 RC2409000004는 특별할인판매 프로젝트로 등록이 되었다.
└──────────────────────────────────────┘

올바른 설명의 수를 고르시오

① 0   ② 1
③ 2   ④ 3

11

(주)한국자전거본사에서 2024년 9월 10일에 출고된 IS2409000006은 일부만 매출마감되었다. 미마감 출고수량이 가장 큰 품목을 고르시오. (관리단위 기준)

① 21-1030600. FRONT FORK(S)
② 21-1035600. SOCKET
③ 21-1060700. FRAME-NUT
④ 21-1060850. WHEEL FRONT-MTB

12

(주)한국자전거본사는 SIMULATION으로 2024년 9월 1일부터 2024년 9월 10일까지 등록된 주계획내역을 소요량전개하였다. 다음 중 품목군 R100. FRAME인 품목 중 예정발주일이 가장 늦은 날짜인 품목을 고르시오. (품목의 LEAD TIME에 따라 예정발주일의 차이가 발생한다.)

① 21-1060700. FRAME-NUT
② 21-1070700. FRAME-티타늄
③ 21-1080800. FRAME-알미늄
④ 88-1001000. PRESS FRAME-W

13

다음 [보기]는 (주)한국자전거본사에서 2024년 9월 1일 등록된 청구내역에 대한 설명이다.

> 보기
> 가. 청구번호 PR2409000001의 청구자는 김종욱이다.
> 나. 청구번호 PR2409000002는 품목의 주거래처와 동일한 주거래처로 등록이 되었다.
> 다. 청구번호 PR2409000003은 청구일자 기준 요청일까지의 기간이 제일 짧다.
> 라. 청구번호 PR2409000004는 이후 발주등록으로 적용등록이 가능하다.

올바른 설명의 수를 고르시오.

① 0 　　　　　　　② 1
③ 2 　　　　　　　④ 3

14

아래 [조회조건]으로 데이터를 조회한 후 물음에 답하시오.

> 조회조건
> • 사업장: 1000. (주)한국자전거본사
> • 발주기간: 2024/09/02 ~ 2024/09/02

다음 [조회조건]의 발주내역 중 주문적용 기능을 이용하여 데이터 등록을 진행한 발주번호로 옳은 것을 고르시오.

① PO2409000001 　　② PO2409000002
③ PO2409000003 　　④ PO2409000004

15

다음 [보기]는 1000. (주)한국자전거본사에서 2024년 9월에 등록된 발주내역 PO2409000005에 대한 설명이다.

> 보기
> 가. 발주일은 2024/09/15에 등록되었다.
> 나. 거래처는 '(주)세림와이어'로 등록이 되어 있다.
> 다. 적용 기능을 사용하지 않고 직접 등록된 발주내역이다.
> 라. 담당자는 김대연으로 등록이 되어 있다.

올바른 설명의 수를 고르시오.

① 0 　　　　　　　② 1
③ 2 　　　　　　　④ 3

16

아래 [조회조건]의 조건으로 데이터를 조회한 후 물음에 답하시오.

> 조회조건
> • 사업장: 1000. (주)한국자전거본사
> • 입고기간: 2024/09/10 ~ 2024/09/13

다음 [조회조건]의 입고처리(국내발주)내역에 대한 설명 중 옳지 않은 것을 고르시오.

① 품목 10-25250. SHEET POST는 재고단위수량 420EA가 입고되었다.
② 대분류 1000. FRAME 기준으로 관리단위수량 420EA가 입고되었다.
③ 관리구분 P20. 일반구매 기준으로 재고단위수량 400EA가 입고되었다.
④ 프로젝트 M100. 일반용자전거 기준으로 관리단위수량 400EA가 입고되었다.

17

아래 [조회조건]의 조건으로 데이터를 조회한 후 물음에 답하시오.

┌─ 조회조건 ─────────────────────────────┐
• 사업장: 1000. (주)한국자전거본사
• 기간: 2024/09/14 ~ 2024/09/14
└───────────────────────────────────┘

다음 [조회조건]을 만족하는 국내 매입마감의 전표처리내역 중 14600. 상품으로 분개된 금액이 가장 큰 마감번호를 고르시오.

① PC2409000005   ② PC2409000006
③ PC2409000007   ④ PC2409000008

18

다음의 [보기]의 내용을 읽고 질문에 답하시오.

┌─ 보기 ─────────────────────────────┐
• 사업장: 1000. (주)한국자전거본사
• 실사기간: 2024/09/01 ~ 2024/09/01
└───────────────────────────────────┘

2024년 9월 1일 상품창고, 상품장소에서 재고실사를 시행하였다. 품목 ATECK-3000. 일반자전거의 전산재고가 120, 실사재고는 122로 차이수량이 발생했다. 다음 중 전산재고와 실사재고의 수량을 동일하게 맞추기 위한 올바른 조치를 고르시오.

① 재고조정등록을 통하여 -2EA로 입고조정한다.
② 재고조정등록을 통하여 -2EA로 출고조정한다.
③ 수주등록을 통하여 2EA로 수주등록한다.
④ 출고등록을 통하여 2EA로 예외출고등록한다.

19

아래 [조회조건]으로 데이터를 조회한 후 물음에 답하시오.

┌─ 조회조건 ─────────────────────────────┐
• 사업장: 1000. (주)한국자전거본사
• 일자: 2024/09/01 ~ 2024/09/30
• 대분류: 5000. FACIAL POST
└───────────────────────────────────┘

(주)한국자전거본사는 각 품목의 표준원가를 활용하여, 사업장 기준의 재고 금액을 예상하고자 한다. 다음 [조회조건] 품목 중 가장 큰 금액을 차지하는 품목을 고르시오. (표준원가는 품목등록 메뉴에 등록된 표준원가를 의미한다.)

① 10-25250. SHEET POST
② 21-1030600. FRONT FORK(S)
③ PS-ZIP02. PS-WHITE
④ PS-ZIP03. PS-BLACK

20

아래 [조회조건]으로 데이터를 조회한 후 물음에 답하시오.

┌─ 조회조건 ─────────────────────────────┐
• 사업장: 1000. (주)한국자전거본사
• L/C구분: 3. MASTER L/C
• 주문기간: 2024/09/16 ~ 2024/09/16
└───────────────────────────────────┘

다음 중 [조회조건]으로 입력된 수출 L/C정보에 대한 설명으로 옳지 않은 것을 고르시오.

① 환종은 USD 미국달러이다.
② 담당자는 김민경이다.
③ 최종 목적지는 BOSTON, USA이다.
④ 출하 검사 대상이 아니다.

21

아래 [조회조건]의 조건으로 데이터를 조회한 후 물음에 답하시오.

┌─ 조회조건 ────────────────────────────┐
- 사업장: 1000. (주)한국자전거본사
- 출고기간: 2024/09/20 ~ 2024/09/20
- 출고창고: P100. 제품창고
└────────────────────────────────────┘

다음 [조회조건]의 해외 출고내역에 대한 설명 중 옳지 <u>않은</u> 것을 고르시오.

① L/C내역을 적용받아 등록된 출고 건이다.
② 거래 환종은 USD이며, 환율은 1,370.00이다.
③ 출고장소는 모두 P101. 제품장소로 동일하다.
④ 출고된 원화 금액은 해당일 환율 기준 30,825,000이다.

22

아래 [조회조건]으로 데이터를 조회한 후 물음에 답하시오.

┌─ 조회조건 ────────────────────────────┐
- 사업장: 1000. (주)한국자전거본사
- 선적기간: 2024/09/22 ~ 2024/09/22
└────────────────────────────────────┘

다음 [조회조건]의 선적 품목 중 고객 INTECH CO.LTD에게 거래구분 'MASTER L/C'로 수출된 수량이 가장 많은 품목으로 옳은 것을 고르시오. (관리단위 기준)

① NAX-A400. 싸이클
② NAX-A420. 산악자전거
③ ATECK-3000. 일반자전거
④ ATECX-2000. 유아용자전거

23

아래 [조회조건]으로 데이터를 조회한 후 물음에 답하시오.

┌─ 조회조건 ────────────────────────────┐
- 사업장: 1000. (주)한국자전거본사
- L/C구분: 2. 구매승인서
- 발주기간: 2024/09/16 ~ 2024/09/16
└────────────────────────────────────┘

다음 [조회조건]으로 개설된 수입 L/C내역에 대한 설명으로 옳지 <u>않은</u> 것을 고르시오.

① L/C번호는 'CITI20240916-001'이다.
② 담당자는 이봉회이다.
③ 환종은 JPY이다.
④ 납기일은 2024년 10월 15일이다.

24

다음 [보기]는 1000. (주)한국자전거본사에서 2024년 9월 18일에 등록한 수입제비용등록내역에 대한 설명이다.

┌─ 보기 ──────────────────────────────┐
가. 비용번호는 EC2409000001이다.
나. (주)하진해운의 보관비에 관한 제비용이 포함되어 있다.
다. 제비용의 전표처리가 진행되었다.
라. 선적에 대한 물품대 비용등록이 진행되었다.
└────────────────────────────────────┘

올바른 설명의 수를 고르시오.

① 0   ② 1
③ 2   ④ 3

25

아래 [조회조건]으로 데이터를 조회한 후 물음에 답하시오.

┌─ 조회조건 ────────────────────────────┐
- 사업장: 1000. (주)한국자전거본사
- 출고기간: 2024/09/25 ~ 2024/09/25
- 입고창고: H100. 수출창고
- 거래구분: 1. LOCAL L/C
└────────────────────────────────────┘

다음 [조회조건]의 입고내역에 대한 L/C번호는 무엇인지 고르시오.

① SH20240920-001
② SH20240920-002
③ SH20240920-003
④ SH20240920-004

기출문제 | 2급 | 2025년 1회

이론 해설 특강　실무 해설 특강

이론

01

[보기]는 무엇에 대한 설명인가?

┌─ 보기 ─
- 축적된 대용량 데이터를 통계기법 및 인공지능기법을 이용하여 분석하고 이에 대한 평가를 거쳐 일반화시킴으로써 새로운 자료에 대한 예측 및 추측을 할 수 있는 의사결정을 지원한다.
- 대규모로 저장된 데이터 안에서 다양한 분석기법을 활용하여 전통적인 통계학 이론으로는 설명이 힘든 패턴과 규칙을 발견한다.
- 분류(Classification), 추정(Estimation), 예측(Prediction), 유사집단화(Affinity Grouping), 군집화(Clustering) 등의 다양한 기법이 사용된다.

① 챗봇(Chat Bot)
② 블록체인(Block Chain)
③ 스마트 계약(Smart Contract)
④ 데이터 마이닝(Data Mining)

02

인공지능 규범(AI Code)의 5대 원칙으로 적절하지 않은 것은?

① 인공지능은 투명성과 공정성의 원칙에 따라 작동해야 한다.
② 인공지능이 개인, 가족, 사회의 데이터 권리를 감소시켜서는 안 된다.
③ 모든 시민은 인공지능을 통해서 정신적, 정서적, 경제적 번영을 누리도록 교육받을 권리를 가져야 한다.
④ 인간을 해치거나 파괴하거나 속이는 자율적 힘을 인간의 통제하에서 인공지능에게 부여할 수 있다.

03

ERP 구축 전에 수행되며, 단계적인 시간의 흐름에 따라 비즈니스 프로세스를 개선해가는 점증적 방법론은 무엇인가?

① ERD(Entity Relationship Diagram)
② BPI(Business Process Improvement)
③ MRP(Material Requirement Program)
④ SFS(Strategy Formulation & Simulation)

04

차세대 ERP의 비즈니스 애널리틱스(Business Analytics)에 관한 설명으로 가장 적절하지 않은 것은?

① 비즈니스 애널리틱스는 구조화된 데이터(Structured Data)만 분석 대상으로 한다.
② ERP 시스템의 방대한 데이터 분석을 위해 비즈니스 애널리틱스가 차세대 ERP의 핵심 요소가 되고 있다.
③ 비즈니스 애널리틱스는 리포트, 쿼리, 대시보드, 스코어카드뿐만 아니라 예측모델링과 같은 진보된 형태의 분석기능도 제공한다.
④ 비즈니스 애널리틱스는 질의 및 보고와 같은 기본적 분석 기술과 예측 모델링과 같은 수학적으로 정교한 수준의 분석을 지원한다.

05

(주)KPC상사는 지수평활법을 활용하여 수요를 예측하고자 한다. 1월의 예측판매량이 2,000개이고 실제판매량이 2,500개였다. 지수평활상수가 0.4일 때, 2월 예측판매량으로 옳은 것은?

① 2,000개　　② 2,100개
③ 2,200개　　④ 2,300개

06

제품 A에 대한 목표매출액을 결정하기 위해 수익성 지표를 활용하려고 한다. [보기]의 예측자료를 이용한 손익분기점에서의 매출액으로 옳은 것은?

보기

- 연간 고정비: 300만원
- 제품 단위당 변동비: 500원/개
- 제품 단위당 판매가: 650원/개

① 1,000만원　　　　② 1,100만원
③ 1,200만원　　　　④ 1,300만원

07

교차비율을 이용하여 목표판매액을 할당할 때, [보기]의 제품 중에서 목표판매액 할당이 두 번째로 높은 제품은 무엇인가? (단, 값은 소수점 셋째자리에서 반올림한다.)

보기

제품	매출액(억원)	한계이익(억원)	평균 재고액(억원)
A	80	20	40
B	130	30	30
C	150	25	20
D	200	50	30

① A　　　　② B
③ C　　　　④ D

08

시장을 경쟁 정도에 따라 구분할 경우 아래 [보기]에서 설명하는 내용에 적합한 시장으로 가장 옳은 것은?

보기

시장에 다수의 기업들이 참여하고 있지만 참여기업들은 각기 디자인, 품질, 포장 등에 있어 어느 정도 차이가 있는 유사상품을 생산, 공급하며 상호 경쟁하고 있는 시장으로 미용실, 병원, 목욕탕 등이 해당될 수 있다.

① 과점시장　　　　② 독점시장
③ 완전경쟁시장　　　④ 독점적 경쟁시장

09

가격 결정에 영향을 미치는 요인은 내부적 요인과 외부적 요인으로 구분할 수 있다. 성격이 다른 하나는 무엇인가?

① 유통채널　　　　② 경쟁환경
③ 가격탄력성　　　④ 마케팅목표

10

수요예측에 대한 설명으로 가장 적절하지 않은 것은?

① 유효수요는 구체적으로 구매계획이 있는 경우의 수요를 의미한다.
② 수요란 재화나 서비스를 구매하려는 욕구를 의미하며, 잠재수요와 유효수요가 있다.
③ 수요예측이란 유효수요는 제외하고 장래에 발생할 가능성이 있는 잠재수요에 대하여 예측하는 것이다.
④ 일반적으로 영속성이 있는 상품에 대해 지속적으로 정확한 예측을 한다는 것은 영속성이 없는 상품의 경우보다 더 어렵다.

11

[보기]에서 설명하는 공급사슬관리의 물류활동으로 옳은 것은?

보기

공장이나 물류센터로부터 출하하여 고객에게 인도하기까지의 물류

① 반품물류　　　　② 생산물류
③ 조달물류　　　　④ 판매물류

12

[보기]에서 설명하는 특징을 갖는 공급망 물류거점 운영 방식으로 가장 옳은 것은?

> **보기**
> • 물류거점의 운영을 자재·부품 공급업체에 일임하고 필요한 경우에 필요한 수량만큼 공급자 운영 재고창고에서 가져오는 방식
> • 주로 유통업체와 제품 공급업체 간의 유통망, 완성품 제조업체와 부품 제조업체 간의 부품 조달망에 활발히 이용됨

① 직배송 방식
② 통합 물류센터 운영 방식
③ 공급자관리재고(VMI) 운영 방식
④ 크로스도킹(Cross-Docking) 운영 방식

13

(주)생산성은 상품 주문을 위해 고정주문기간 발주모형을 활용하고 자 한다. [보기]에 자료를 활용하여 (주)생산성이 주문해야 할 상품의 수량으로 옳은 것은?

> **보기**
> • 검토 주기 동안의 수요: 15개
> • 구매 리드 타임 동안의 수요: 50개
> • 안전재고량: 20개
> • 현재 재고수량: 30개
> • 고정주문기간 발주모형 활용

① 20개　　　　　　② 35개
③ 55개　　　　　　④ 70개

14

[보기]와 같은 특징을 갖는 운송경로로 옳은 것은?

> **보기**
> 다수의 소량 발송 화주가 단일 화주에게 일괄 운송하는 방식

① 배송거점 방식　　　② 복수거점 방식
③ 다단계거점 방식　　④ 중앙집중거점 방식

15

창고보관의 기본 원칙으로 가장 적절하지 <u>않은</u> 것은?

① 먼저 입고된 물품을 먼저 출고한다.
② 동일 물품은 동일 장소에 보관한다.
③ 물품을 꺼내기 쉽도록 물품은 최대한 낮게 쌓는다.
④ 창고 내의 흐름을 원활히 하도록 통로를 중심으로 마주보게 보관한다.

16

[보기]에 해당하는 입고관리의 단계로 적절한 것은?

> **보기**
> • 물품을 실은 차량에서 물품을 내리는 활동이 이루어지는 단계
> • 대기 및 작업시간 단축을 위한 효율적인 관리가 필요함

① 입고 지시　　　　　② 입고 마감
③ 입고 통보 접수　　　④ 입하·하차

17

A사와 B사는 2025년의 버스 교통비를 2,000원으로 결정하였다. 교통비에 해당하는 구매가격 유형으로 가장 적절한 것은?

① 시중가격　　　　　② 교섭가격
③ 협정가격　　　　　④ 개정가격

18

현금할인(Cash Discount) 방식 중 '특인기간 현금할인(Extra Dating)'으로 '3/10 - 30Days Extra'로 표시되는 경우 할인적용 기간은 모두 얼마인가?

① 3일   ② 10일
③ 33일   ④ 40일

19

시장조사에 관한 설명으로 가장 옳지 **않은** 것은?

① 구매시장 조사는 비용의 경제성, 조사적시성, 조사탄력성, 조사정확성, 조사계획성 등을 고려하여야 한다.
② 간접조사에 의해 수집된 자료를 2차 자료라 말하며, 이는 1차 자료에 비하여 시간, 비용, 인력이 많이 든다.
③ 시장조사 방법은 직접조사와 간접조사가 있으며, 직접조사는 해당 기업이나 판매시장에서 각종 자재의 시세와 변동에 대하여 직접 조사하는 것이다.
④ 시장조사는 구매시장의 정보를 수집하고 분석하는 과정이며, 공급자 선정 및 구매 계약 과정에서 주도적인 협상과 적극적인 구매활동을 가능하게 하는 매우 중요한 기능이다.

20

장기계약구매 방법에 대한 설명으로 가장 적절한 것은?

① 구매청구가 있을 때마다 구매하여 공급하는 방식이다.
② 시장 상황이 유리할 때 일정한 양을 미리 구매하는 방식이다.
③ 가격 인상을 대비하여 이익을 도모할 목적으로 가격이 저렴할 때 미리 구매하는 방식이다.
④ 특정 품목에 대해 수립한 장기 제조계획에 따라 필요한 자재의 소요량을 구매하는 방식이다.

실무 시뮬레이션

프로그램 버전	iCUBE 핵심ERP ver.2024
사원명	• 회사: 3002. 물류2급, 회사A • 사원명: ERP13L02. 홍길동
DB 파일명	[백데이터] 2025 에듀윌 ERP 물류 1·2급 > PART 04 최신 기출문제_2025년 1회

01

(주)한국자전거에 등록된 일반거래처 중 사업장 주소지가 '서울'에 위치한 거래처를 고르시오.

① (주)대흥정공   ② (주)하나상사
③ (주)빅파워   ④ (주)제동기어

02

품목 중 99-133510. SPECIAL CYCLE에 대한 설명 중 올바르지 **않은** 것을 고르시오.

① 품목의 계정구분은 '상품'이다.
② LOT No.를 사용하는 품목이다.
③ LEAD TIME은 10DAYS이다.
④ 주거래처는 '(주)제동기어'이다.

03

(주)한국자전거에서는 제품 출하 시 검사항목을 관리하고 있다. 다음 중 출하검사 시 '필수' 검사유형질문 항목이 포함된 검사유형을 고르시오.

① 스크래치검사   ② 도색검사
③ 포장검사   ④ 작동검사

04

(주)한국자전거에서는 월별로 고객별 판매계획을 등록하고 있다. 다음 중 2025년 1월에 실적담당이 '정영수'인 고객 중 매출예상금액이 가장 큰 거래처를 고르시오.

① (주)대흥정공
② (주)하나상사
③ (주)빅파워
④ (주)제동기어

05

아래 [조회조건]으로 데이터를 조회한 후 물음에 답하시오.

┌─ 조회조건 ─────────────────────────┐
- 사업장: 1000. (주)한국자전거본사
- 견적기간: 2025/01/01 ~ 2025/01/01
└──────────────────────────────────┘

다음 국내 견적내역 중 결제조건이 '현금결제'이면서, 견적일자 기준 유효일자가 가장 빠른 견적번호를 고르시오.

① ES2501000001
② ES2501000002
③ ES2501000003
④ ES2501000004

06

아래 [조회조건]으로 데이터를 조회한 후 물음에 답하시오.

┌─ 조회조건 ─────────────────────────┐
- 사업장: 1000. (주)한국자전거본사
- 주문기간: 2025/01/02 ~ 2025/01/02
└──────────────────────────────────┘

다음 국내 수주내역 중 납품처가 등록되어 있는 수주이면서, 검사과정을 거치는 수주번호를 고르시오.

① SO2501000001
② SO2501000002
③ SO2501000003
④ SO2501000004

07

(주)한국자전거본사는 2025년 1월 6일 (주)대흥정공으로 제품을 납품하기 위해 출하검사를 진행하였다. 다음 중 조회되는 출하검사내역에 대한 설명으로 올바르지 않은 것을 고르시오.

① '제품창고'에서 출하될 대상의 품목을 검사하는 내역이다.
② 검사유형은 '작동검사'를 시행하였다.
③ 제품에 대한 '전수검사'를 시행하였다.
④ 불량내역 중 '찍힘불량'에 대한 내역이 존재한다.

08

아래 [조회조건]으로 데이터를 조회한 후 물음에 답하시오.

┌─ 조회조건 ─────────────────────────┐
- 사업장: 1000. (주)한국자전거본사
- 출고기간: 2025/01/07 ~ 2025/01/07
- 출고창고: M400. 상품창고
└──────────────────────────────────┘

다음 국내 출고내역 중 출고장소가 나머지와 다른 품목을 고르시오.

① NAX-A400. 싸이클
② NAX-A420. 산악저전거
③ ATECK-3000. 일반자전거
④ ATECX-2000. 유아용자전거

09

아래 [조회조건]으로 데이터를 조회한 후 물음에 답하시오.

┌─ 조회조건 ─────────────────────────┐
- 사업장: 1000. (주)한국자전거본사
- 마감기간: 2025/01/10 ~ 2025/01/10
└──────────────────────────────────┘

다음 매출마감등록내역에 대한 설명으로 올바르지 않은 것을 고르시오.

① 마감 과세구분 '매출기타'에 대한 매출마감처리내역이다.
② 매출마감 후 전표처리로 진행이 완료되었다.
③ 출고번호 'IS2501000002'의 마감내역이다.
④ 관리단위수량과 재고단위수량이 동일하게 등록되었다.

10

아래 [조회조건]으로 데이터를 조회한 후 물음에 답하시오.

> ─ 조회조건 ─
> • 사업장: 1000. (주)한국자전거본사
> • 수금기간: 2025/01/10 ~ 2025/01/10

다음 수금내역 중 2025년 1월 15일 일자로 선수금정리내역이 존재하는 고객을 고르시오.

① (주)대흥정공　　　　② (주)하나상사
③ (주)빅파워　　　　　④ (주)제동기어

11

(주)한국자전거본사는 2025년에 대한 고객별 기초미수채권 정보를 확인하고자 한다. 다음 중 기초미수채권 금액이 가장 큰 고객을 고르시오. (미수채권 정보 기준은 '출고기준'으로 한다.)

① (주)대흥정공　　　　② (주)하나상사
③ (주)빅파워　　　　　④ (주)제동기어

12

아래 [조회조건]으로 데이터를 조회한 후 물음에 답하시오.

> ─ 조회조건 ─
> • 사업장: 1000. (주)한국자전거본사
> • 내역조회: 1. 조회함
> • 계획기간: 2025/02/10 ~ 2025/02/10
> • 전개구분: 2. 모의전개

2025년 2월에 대한 자재수급계획으로 등록된 주계획작성(MPS)내역을 소요량 분석하였다. 다음 중 예정발주일이 가장 빠른 품목을 고르시오.

① 21-1030600. FRONT-FORK(S)
② 21-1060700. FRAME-NUT
③ 21-1060850. WHEEL FRONT-MTB
④ 21-1060950. WHEEL REAR-MTB

13

아래 [조회조건]으로 데이터를 조회한 후 물음에 답하시오.

> ─ 조회조건 ─
> • 사업장: 1000. (주)한국자전거본사
> • 요청일자: 2025/01/10 ~ 2025/01/10

다음 국내 청구내역에 대한 설명 중 올바르지 <u>않은</u> 것을 고르시오.

① '구매'에 대한 청구를 등록한 건이다.
② 청구자는 '박국현'이다.
③ 관리구분 '일반구매'에 대한 내역이다.
④ 요청일은 2025년 1월 31일로 등록되었다.

14

아래 [조회조건]으로 데이터를 조회한 후 물음에 답하시오.

> ─ 조회조건 ─
> • 사업장: 1000. (주)한국자전거본사
> • 발주기간: 2025/01/11 ~ 2025/01/11

다음 국내 발주내역 중 품목의 주거래처와 <u>다른</u> 거래처로 등록된 발주 건을 고르시오.

① PO2501000001　　② PO2501000002
③ PO2501000003　　④ PO2501000004

15

아래 [조회조건]으로 데이터를 조회한 후 물음에 답하시오.

> ─ 조회조건 ─
> • 사업장: 1000. (주)한국자전거본사
> • 입고기간: 2025/01/12 ~ 2025/01/12
> • 입고창고: M100. 부품창고

다음 발주입고된 국내 입고내역에 대한 설명 중 올바르지 <u>않은</u> 것을 고르시오.

① '건별' 마감처리를 통한 매입마감이 처리된 내역이다.
② 검사 과정을 거쳐 등록된 발주입고 내역이다.
③ 발주일자와 동일한 일자로 입고된 내역이다.
④ 검사 불합격 과정으로 인하여 발주등록된 수량보다 적은 수량이 입고되었다.

16

아래 [조회조건]으로 데이터를 조회한 후 물음에 답하시오.

┌─ 조회조건 ─────────────────────────────────┐
- 사업장: 1000. (주)한국자전거본사
- 입고기간: 2025/01/13 ~ 2025/01/13
└───────────────────────────────────────┘

(주)한국자전거본사는 매입마감 진행이 안 된 입고내역의 미마감 수량을 파악하고자 한다. 다음 [조회조건]에 해당되는 입고내역 중 미마감수량의 합이 가장 적은 프로젝트를 고르시오. (관리단위 기준)

① 특별할인판매   ② 유아용자전거
③ 일반용자전거   ④ 산악용자전거

17

아래 [조회조건]의 조건으로 데이터를 조회한 후 물음에 답하시오.

┌─ 조회조건 ─────────────────────────────────┐
- 사업장: 1000. (주)한국자전거본사
- 기간: 2025/01/15 ~ 2025/01/15
└───────────────────────────────────────┘

다음 회계처리를 진행한 국내 매입마감 데이터 중 관리구분 '할인구매'내역이 포함된 건의 전표번호와 순번을 고르시오.

① 전표번호: 2025/01/15, 순번: 1
② 전표번호: 2025/01/15, 순번: 2
③ 전표번호: 2025/01/15, 순번: 3
④ 전표번호: 2025/01/15, 순번: 4

18

(주)한국자전거본사는 품목별 안전재고량을 등록하여 현재 재고수량을 고려한 가용재고를 관리한다. 다음 중 계정구분이 '반제품'인 품목 중 안전재고량 미만의 재고로 인하여 가용재고의 부족이 발생한 것을 고르시오. (재고 기준은 2025년 전사 기준으로 확인한다.)

① 81-1001000. BODY-알미늄(GRAY-WHITE)
② 83-2000100. 전장품 ASS'Y
③ 85-1020400. POWER TRAIN ASS'Y(MTB)
④ 88-1001000. PRESS FRAME-W

19

아래 [조회조건]으로 데이터를 조회한 후 물음에 답하시오.

┌─ 조회조건 ─────────────────────────────────┐
- 사업장: 1000. (주)한국자전거본사
- 해당년도: 2025년 1월
└───────────────────────────────────────┘

(주)한국자전거본사에서는 각 생산품에 대한 표준원가를 등록하여 활용하고 있다. 다음 중 표준원가(품목등록)보다 표준원가가 더 비싼 품목으로 옳은 것은?

① 31-1010001. 체인   ② 31-1010002. 의자
③ 31-1010003. 바구니   ④ 31-1010005. 자물쇠

20

아래 [조회조건]으로 데이터를 조회한 후 물음에 답하시오.

┌─ 조회조건 ─────────────────────────────────┐
작업내역 – (주)한국자전거본사에서 2025년 1월 25일에 TK-201. 가족하이킹세트 1EA를 관리할 목적으로 특정 창고-장소로 이동시켰다. 특정 창고-장소의 적합여부는 '적합'이지만, 가용재고는 '부'로 양품이지만 판매할 수 없도록 물품을 관리하기 위한 곳이다.
└───────────────────────────────────────┘

다음 재고이동등록(창고) 메뉴를 사용하는 경우 작업내역의 조건을 만족하는 이동번호를 고르시오.

① MV2501000001   ② MV2501000002
③ MV2501000003   ④ MV2501000004

기출문제 2급 | 2024년 6회

이론 해설 특강

실무 해설 특강

이론

01

[보기]에서 가장 성공적인 ERP 도입이 기대되는 회사는 어디인가?

┌ 보기 ─────────────────────
- 회사 A: 업무 프로세스를 재정립하고, 유능한 컨설턴트를 고용한다.
- 회사 B: IT 전문지식이 풍부한 전산부서 직원들로 구성된 도입 TFT를 결성한다.
- 회사 C: ERP 구축 과정에서 실무담당자의 참여를 유도하기 위해 경영자는 배제한다.
- 회사 D: 현재 업무 방식이 최대한 반영되도록 업무 단위에 맞추어 ERP 도입을 추진 중이다.
└─────────────────────────

① 회사 A
② 회사 B
③ 회사 C
④ 회사 D

02

ERP 도입전략 중 ERP 자체 개발 방법에 비해 ERP 패키지를 선택하는 방법의 장점으로 가장 적절하지 않은 것은?

① 커스터마이징을 최대화할 수 있다.
② 검증된 기술과 기능으로 위험 부담을 최소화할 수 있다.
③ 검증된 방법론 적용으로 구현기간의 최소화가 가능하다.
④ 향상된 기능과 최신의 정보 기술이 적용된 버전(Version)으로 업그레이드(Upgrade)가 가능하다.

03

빅데이터의 주요 특성(5V)으로 옳지 않은 것은?

① 속도
② 다양성
③ 정확성
④ 일관성

04

[보기]는 무엇에 대한 설명인가?

┌ 보기 ─────────────────────
- 제품, 공정, 생산설비, 공장 등에 대한 실제 환경과 가상 환경을 연결하여 상호작용하는 통합 시스템
- 실시간으로 수집되는 빅데이터를 가상 모델에서 시뮬레이션하여 실제 시스템의 성능을 최적으로 유지
└─────────────────────────

① 비즈니스 애널리틱스(Business Analytics)
② 사이버물리 시스템(Cyber Physical System, CPS)
③ 공급사슬관리(Supply Chain Management, SCM)
④ 전사적 자원관리(Enterprise Resource Planning, ERP)

05

수요예측의 오차에 대한 설명으로 적절하지 않은 것은?

① 오차의 발생 확률은 예측하는 기간의 길이에 비례하여 높아진다.
② 수요가 안정적인 기간보다 불안정한 기간의 예측 적중률이 높다.
③ 영속성이 있는 상품은 영속성이 없는 상품보다 정확한 예측이 어렵다.
④ 계절 변동이 없는 상품은 계절 변동이 있는 상품보다 상대적으로 예측 적중률이 높다.

06

지수평활법을 이용하여 예측 판매량의 변화를 파악하고자 한다. 실제 판매량과 예측 판매량이 [보기]와 같을 때, 8월 대비 9월의 예측 판매량의 변화로 옳은 것은? (단, 지수평활상수 α = 0.4이다.)

┌ 보기 ─────────────────────
- 7월 실제 판매량: 300
- 7월 예측 판매량: 350
- 8월 실제 판매량: 400
└─────────────────────────

① 25 증가
② 26 증가
③ 27 증가
④ 28 증가

07

다음 중 영업사원별 판매할당에 대한 설명으로 적절한 것은?

① 목표매출액을 할당하는 단계에서 가장 먼저 설정된다.
② 영업거점의 목표매출액은 해당 영업사원별로 배분된다.
③ 세분화된 지역과 시장에 대하여 목표매출액을 적절하게 배분하는 활동이다.
④ 과거 판매액, 판매(수주)실적 경향, 목표 수주점유율, 고객의 영업전략 등을 고려한다.

08

원가가산에 의한 가격 결정법에 따라 제품의 소매가격을 10,000원으로 결정하였다. [보기]의 원가 구성자료를 참고할 때, 소매업자의 이익으로 옳은 것은?

┌─ 보기 ─
• 도매 매입원가: 4,000원
• 도매업자 영업비: 1,000원
• 도매업자 이익: 2,000원
• 소매가격: 10,000원
• 소매업자 영업비: 1,000원
• 소매업자 이익: (?   )

① 1,000원   ② 2,000원
③ 3,000원   ④ 4,000원

09

효율적인 매출채권의 관리를 위한 활동으로 가장 옳지 않은 것은?

① 거래처의 신용도 파악
② 거래처의 신용한도 설정
③ 회사의 자금조달기간 파악
④ 외상매출대금 회수계획 및 관리

10

ABC 분석에 대한 설명으로 적절한 것은?

① 대상을 A,B,C 그룹으로 나눈 후 무작위로 배치한다.
② A 그룹은 전체 매출누적치의 약 70% ~ 80%를 차지한다.
③ 거래처 포트폴리오의 단점을 보완하여 ABC 분석을 활용하게 되었다.
④ 과거 판매실적, 판매능력, 성장 가능성 등 다양한 요소를 고려할 수 있는 방법이다.

11

공급망 운영전략의 유형을 효율적 공급망 전략과 대응적 공급망 전략으로 구분할 경우, 대응적 공급망 전략의 특징에 대한 설명으로 가장 적절한 것은?

① 비용과 품질에 근거하여 공급자를 선정한다.
② 리드 타임을 줄이기 위해 공격적으로 투자한다.
③ 높은 가동률을 통해 낮은 비용을 유지하고자 한다.
④ 공급망에서 높은 재고 회전율과 낮은 재고수준을 유지하고자 한다.

12

[보기]를 참고하여 고정주문량 모형의 재발주점(ROP)을 구하시오.

┌─ 보기 ─
• 조달기간: 4일
• 일평균 사용량: 6,000개
• 안전재고량: 3,000개

① 25,000개   ② 26,000개
③ 27,000개   ④ 28,000개

13

재고자산 기록방법 중 실지 재고조사법에 대한 설명으로 가장 적절한 것은?

① 거래가 빈번하지 않을 때 적용이 적합한 방법이다.
② 기말재고로 파악되지 않은 수량은 당기에 매출된 수량으로 간주한다.
③ 재고자산의 입출고 시에 재고의 증감수량과 금액을 일일이 계속 장부에 기록하는 방법이다.
④ 감모손실이 기말재고수량에 포함되지 않으므로 실제 재고수량보다 기말재고수량이 많을 수 있다.

14

창고배치(Layout)의 기본 원리로 가장 옳지 않은 것은?

① 물품의 취급 횟수를 증가시켜야 한다.
② 물품, 운반기기 및 사람의 역행 교차는 피해야 한다.
③ 물품, 통로, 운반기기 및 사람 등의 흐름 방향은 직진성에 중점을 둔다.
④ 하역 운반기기, 랙, 통로 등에 대한 모듈화와 규격화를 적용하여 보관 및 작업효율을 높여야 한다.

15

창고 입고 업무 프로세스에 관한 설명으로 [보기]의 (   ) 안에 들어갈 용어를 짝지어 놓은 것으로 가장 옳은 것은?

→ 보기 ←

구매·주문 요청 → 입고 통보 접수 → 입고 계획 수립 → 입하·하차 → (㉠) → 입고 지시 → (㉡) → 입고 마감

	㉠	㉡
①	피킹	검사(검품·검수)
②	분류	검사(검품·검수)
③	검사(검품·검수)	피킹
④	검사(검품·검수)	입고(적치)

16

(주)KPC 철강회사는 여러 차례에 걸쳐 철강 원자재를 구매하고 있다. 이 회사는 원가법에 따라 재고자산을 평가하고 있으며, 최근 철강 가격의 변동이 심화됨에 따라 재고평가 방식을 재검토하고 있다. 최근 분기 동안의 철강 원자재 구매내역은 [보기]와 같다.

→ 보기 ←

• 1월 5일: 1,000톤을 톤당 700,000원에 구매함
• 2월 10일: 800톤을 톤당 750,000원에 구매함
• 3월 15일: 600톤을 톤당 800,000원에 구매함

3월 말까지 (주)KPC는 총 1,400톤의 철강을 출고한 바 있다. (주)KPC는 물가 상승에 대비하여 최근에 구매한 원자재부터 먼저 사용하는 방식으로 재고를 평가하였다. 이 회사가 사용한 재고자산 평가방법은 무엇인가?

① 개별법
② 총평균법
③ 후입선출법
④ 선입선출법

17

원가 구성 요소에 대한 설명으로 가장 옳지 <u>않은</u> 것은?

① 간접비는 다수 제품의 제조 과정에 공통적으로 소비된 비용이다.
② 고정비는 조업도의 증감과는 상관없이 항상 일정하게 지출되는 비용이다.
③ 변동비는 조업도가 변동함에 따라 총원가가 비례적으로 변동하는 원가이다.
④ 판매원가는 제조원가(제조활동)와 판매 및 일반관리비(판매활동)에 이익을 더한 것이다.

18

비가격경쟁에 의한 가격유지 방법으로 적절하지 <u>않은</u> 것은?

① 브랜드 이미지로 신뢰감 부여
② 원가 절감으로 시장점유율 확대
③ 유리한 지급조건으로 관심 유도
④ 신제품 개발력으로 새로운 가치 제공

19

[보기] 중에서 본사 집중구매가 유리한 품목으로 가장 적합한 것을 모두 나열한 것은?

→ 보기 ←

㉠ 고가품목	㉡ 공통품목
㉢ 표준품목	㉣ 지역성 품목
㉤ 대량구매품목	㉥ 소량구매품목

① ㉠, ㉡, ㉢
② ㉡, ㉢, ㉣
③ ㉠, ㉡, ㉢, ㉤
④ ㉡, ㉢, ㉣, ㉥

20

[보기]의 대화에서 나타난 구매방법은 무엇인가?

→ 보기 ←

• 김 대리: 부장님! A 품목에 대한 장기 제조계획이 수립되었습니다.
• 정 부장: 필요한 자재의 소요량은 파악되었나요?
• 김 대리: 네, 제조에 오랜 기간이 걸리는 만큼 필요한 자재의 소요량을 장기적으로 계약하는 구매방법을 채택하는게 좋겠습니다.
• 정 부장: 그렇게 하면 자재의 안정적인 확보가 가능하겠네요.
• 김 대리: 저렴한 가격으로 충분한 수량을 확보해보겠습니다.

① 수시구매
② 일괄구매
③ 투기구매
④ 장기계약구매

프로그램 버전	iCUBE 핵심ERP ver.2024
사원명	• 회사: 3005. 물류2급, 회사B • 사원명: ERP13L02. 홍길동
DB 파일명	[백데이터] 2025 에듀윌 ERP 물류 1·2급 > PART 04 최신 기출문제_2024년 6회

01

다음은 자재마감/통제설정에 대한 설명이다. **잘못** 설명한 보기를 고르시오.

① 재고평가방법은 총평균법이다.
② 거래처별단가를 구매단가로 사용한다.
③ (주)한국자전거본사의 마감일자는 2023년 12월 31일이다.
④ 구매/자재관리 모듈에서 전단계를 적용하면 전단계의 실적담당자가 적용된다.

02

다음 중 입고처리(국내발주) 메뉴에서 거래처 입력 시 자동으로 불러오는 실적담당자가 4000. 정영수인 거래처를 고르시오.

① 00001. (주)대흥정공
② 00002. (주)하나상사
③ 00004. (주)제동기어
④ 00007. (주)제일물산

03

다음은 품목에 대한 설명이다. **잘못** 설명한 것을 고르시오.

① 10-1450000. SEAT CLAMP는 계정구분이 원재료이다.
② 10-3520000. CRANK ARM은 LOT번호를 관리하는 품번이다.
③ 20-1025000. 유아용자전거세트는 재고단위와 관리단위가 다르다.
④ 21-1030600. FRONT FORK(S)는 F100. FRONT 품목군에 속한다.

04

아래 [조회조건]의 조건으로 데이터를 조회한 후 물음에 답하시오.

┌조회조건┐
지문 – (주)한국자전거본사에서 2024년 11월 판매계획을 수립한 후 A품목의 재고소진을 위하여 단가를 낮추고 계획수량을 상향하여 수정계획을 수립하였다.

다음 중 A 품목을 고르시오.

① ATECK-3000. 일반자전거
② ATECX-2000. 유아용자전거
③ NAX-A400. 일반자전거(P-GRAY WHITE)
④ NAX-A420. 산악자전거(P-20G)

05

아래 [조회조건]으로 데이터를 조회한 후 물음에 답하시오.

┌조회조건┐
• 사업장: 1000. (주)한국자전거본사
• 견적기간: 2024/11/01 ~ 2024/11/05

다음 [조회조건]의 입력된 견적내역 중 관리구분 S40. 정기매출이 등록된 견적번호를 고르시오.

① ES2411000001
② ES2411000002
③ ES2411000003
④ ES2411000004

06

아래 [조회조건]으로 데이터를 조회한 후 물음에 답하시오.

┌조회조건┐
• 사업장: 1000. (주)한국자전거본사
• 주문기간: 2024/11/05 ~ 2024/11/05

다음 중 견적번호 ES2411000004에 대한 수주로 등록된 주문번호를 고르시오.

① SO2411000001
② SO2411000002
③ SO2411000003
④ SO2411000004

07

2024년 11월 5일 수주내역 중 일부 수량만 출고한 내역이 존재한다. 일부 수량만 출고한 출고번호를 고르시오.

① IS2411000005
② IS2411000006
③ IS2411000007
④ IS2411000008

08

2024년 11월 7일 출고된 내역 중 실적담당자가 3000. 박용덕이며 관리구분이 S50. 비정기매출인 출고 품번을 고르시오.

① 31-1010002
② 31-1010003
③ 31-1010004
④ 31-1010005

09

2024년 11월 5일 수금내역에 대하여 선수금을 정리하였다. 선수금정리잔액이 적은 수금번호를 고르시오.

① RC2411000001
② RC2411000002
③ RC2411000003
④ RC2411000004

10

아래 [조회조건]으로 데이터를 조회한 후 물음에 답하시오.

┌─ 조회조건 ─
• 사업장: 1000. (주)한국자전거본사
• 마감기간: 2024/11/11 ~ 2024/11/11
└─

위 [조회조건]의 매출마감(국내거래)에 대하여 잘못 설명한 것을 고르시오.

① SC2411000001은 재고단위수량 합과 관리단위수량 합이 다르다.
② SC2411000002는 하나의 출고내역을 매출마감하였다.
③ SC2411000003은 전표처리되지 않았다.
④ SC2411000004은 필요에 따라 마감수량을 수정할 수 있다.

11

아래 [조회조건]으로 데이터를 조회한 후 물음에 답하시오.

┌─ 조회조건 ─
• 사업장: 1000. (주)한국자전거본사
• 기간: 2024/11/12 ~ 2024/11/13
└─

다음 중 매출마감내역을 회계처리하였다. 다음 중 사용되지 않은 계정과목을 고르시오.

① 10800. 외상매출금
② 25500. 부가세예수금
③ 25900. 선수금
④ 40100. 상품매출

12

다음 [보기]의 데이터를 조회 후 답하시오.

┌─ 보기 ─
• 사업장: 1000. (주)한국자전거본사
• 요청일자: 2024/11/01 ~ 2024/11/05
└─

다음 [보기]의 청구등록 내용 중 구매발주 대상이 아닌 청구 건을 고르시오.

① PR2411000001
② PR2411000002
③ PR2411000003
④ PR2411000004

13

다음의 [보기]의 내용을 읽고 질문에 답하시오.

┌─ 보기 ─
• 사업장: 1000. (주)한국자전거본사
• 전개구분: 0. 판매계획
• 계획기간: 2024/11/01 ~ 2024/11/10
└─

[보기]의 조건으로 소요량을 전개하였다. 계정구분이 반제품인 품목 중 예정발주일이 가장 늦은 품목을 고르시오.

① 81-1001000. BODY-알미늄(GRAY-WHITE)
② 85-1020400. POWER TRAIN ASS'Y(MTB)
③ 87-1002001. BREAK SYSTEM
④ 88-1001000. PRESS FRAME-W

14

2024년 11월에 발주된 발주번호 PO2411000003의 입고내역을 찾아 조회하고 다음 중 입고내역에 대하여 잘못 설명한 것을 고르시오.

① 실적담당자는 최지민이다.
② 입고창고는 제품창고이다.
③ 관리구분은 일반구매이다.
④ 재고단위와 관리단위는 EA이다.

15

(주)한국자전거본사에서 2024년 11월 생산품 재고평가를 할 때, 계정과목이 제품인 품목 중 입고단가가 가장 큰 품목을 고르시오.

① NAX-A400. 일반자전거(P-GRAY WHITE)
② NAX-A420. 산악자전거(P-20G)
③ 81-1001000. BODY-알미늄(GRAY-WHITE)
④ 85-1020400. POWER TRAIN ASS'Y(MTB)]

16

아래 [조회조건]으로 데이터를 조회한 후 물음에 답하시오.

┌─조회조건─
• 사업장: 1000. (주)한국자전거본사
• 마감기간: 2024/11/20 ~ 2024/11/20

국내 매입마감내역에 대하여 잘못 설명한 것을 고르시오.

① PC2411000002는 2024년 11월 20일 입고된 내역의 마감 건이다.
② PC2411000003은 세무구분이 카드매입이다.
③ PC2411000004는 관리단위수량 합과 재고단위수량의 합이 다르다.
④ PC2411000005에서 마감된 품목의 계정과목은 모두 원재료이다.

17

(주)한국자전거본사에서 2024년 11월 5일 (주)빅파워의 매입마감 내역을 전표처리하였다. 전표처리된 내역의 대차구분값과 계정과목으로 잘못 연결된 것을 고르시오.

① 13500. 부가세대급금 – 대체차변
② 14600. 상품 – 대체차변
③ 14900. 원재료 – 대체차변
④ 25100. 외상매입금 – 대체대변

18

아래 [조회조건]으로 데이터를 조회한 후 물음에 답하시오.

┌─조회조건─
• 사업장: 1000. (주)한국자전거본사
• 이동기간: 2024/11/01 ~ 2024/11/05

다음 중 가용재고여부 '부', 적합여부 '적합'인 창고/장소에서 가용재고여부 '부', 적합여부 '부적합'인 창고/장소로 이동시킨 수불번호를 고르시오.

① MV2411000001   ② MV2411000002
③ MV2411000003   ④ MV2411000004

19

2024년 11월 1일 재고실사를 실시하였다. 재고실사에 대한 설명 중 잘못 설명한 것을 고르시오.

① 실적담당자는 50. 구매부이다.
② 재고기준일은 2024년 10월 30일이다.
③ 상품창고, 상품장소에 대한 실사이다.
④ 품목 BATTERY TS-50은 11만큼 전사재고에서 차감해야 한다.

20

다음 [보기]의 데이터를 조회 후 답하시오.

┌─ 보기
• 해당년도: 2024
• 계정: 5. 상품

전사 재고수량에서 안전재고량을 차감하여 가용재고량을 계산하여 구매에 필요한 품목을 확인한다. 다음 중 가용재고량이 가장 적은 품목을 고르시오.

① 45-78050. BATTERY TS-50
② ATECK-3000. 일반자전거
③ ATECX-2000. 유아용자전거
④ PS-ZIP01. PS-DARKGREEN

이론

01

기업에서 ERP 시스템을 도입하기 위해 분석, 설계, 구축, 구현 등의 단계를 거친다. 이 과정에서 필수적으로 거쳐야 하는 'GAP 분석' 활동의 의미를 적절하게 설명한 것은?

① TO-BE 프로세스 분석
② TO-BE 프로세스에 맞게 모듈을 조합
③ 현재 업무(AS-IS) 및 시스템 문제 분석
④ 패키지 기능과 TO-BE 프로세스와의 차이 분석

02

클라우드 컴퓨팅 서비스 유형에 대한 설명으로 가장 적절하지 않은 것은?

① PaaS는 데이터베이스와 스토리지 등을 제공하는 서비스이다.
② ERP 소프트웨어 개발을 위한 플랫폼을 클라우드 서비스로 제공받는 것을 PaaS라고 한다.
③ ERP 구축에 필요한 IT인프라 자원을 클라우드 서비스로 빌려 쓰는 형태를 IaaS라고 한다.
④ ERP, CRM 솔루션 등의 소프트웨어를 클라우드 서비스를 통해 제공받는 것을 SaaS라고 한다.

03

ERP 시스템 투자비용에 관한 개념 중 '시스템의 전체 라이프 사이클(Life-Cycle)을 통해 발생하는 전체 비용을 계량화한 비용'에 해당하는 것은?

① 유지보수비용(Maintenance Cost)
② 시스템 구축비용(Construction Cost)
③ 총소유비용(Total Cost of Ownership)
④ 소프트웨어 라이선스비용(Software License Cost)

04

e-Business 지원 시스템을 구성하는 단위 시스템에 해당되지 않는 것은?

① 성과측정관리(BSC)
② EC(전자상거래) 시스템
③ 의사결정지원 시스템(DSS)
④ 고객관계관리(CRM) 시스템

05

[보기]에서 설명하는 정성적 예측기법은 무엇인가?

> ┌ 보기 ─
> 예측 대상의 제품 및 서비스에 대해 고객의 의견을 직접 조사하는 기법으로 소비자의 의견을 직접 확인할 수 있는 장점이 있으나, 비용 및 시간이 많이 소요되는 단점을 갖는다.

① 델파이법　　　　② 시장조사법
③ 자료유추법　　　　④ 판매원평가법

06

판매계획을 단기, 중기, 장기계획으로 구분할 때 장기 판매계획 요소로 적절하지 않은 것은?

① 신시장 개척
② 신제품 개발
③ 판매경로 강화
④ 구체적인 판매할당

07

교차비율을 이용하여 목표판매액을 할당할 때, [보기]의 제품 중에서 목표판매액 할당이 가장 적은 제품으로 옳은 것은?

제품	매출액	한계이익	평균 재고액
A	100억원	10억원	5억원
B	200억원	15억원	10억원
C	300억원	20억원	15억원
D	400억원	30억원	20억원

① A
② B
③ C
④ D

08

가격 결정에 영향을 미치는 외부적 요인 중 경쟁환경 요인으로 가장 옳은 것은?

① 물류비용
② 가격탄력성
③ 제품이미지
④ 대체품가격

09

[보기]는 수주관리에 대한 내용이다. ㉠과 ㉡에 들어갈 내용으로 적절한 것은?

보기
- ㉠은(는) 구매하고자 하는 물품에 대한 내역과 가격을 산출하는 과정이다.
- ㉠은(는) ㉡ 이전에 발생하는 과정이며, 일반적으로 첫 거래이거나 물품의 시장가격에 변동이 있을 경우 진행한다.
- ㉡은(는) 구매를 결정한 고객으로부터 구체적인 주문을 받는 과정이다.

	㉠	㉡
①	공급	결제
②	견적	수주
③	발주	유통
④	제조	납품

10

[보기]의 자료를 활용하여 매출채권 회전율을 구하시오.

보기
- 특정 연도의 총매출액: 600억원
- 외상매출금 잔액: 200억원
- 받을어음 잔액: 100억원
- 매출채권 회전율: (   )회

① 1
② 2
③ 3
④ 4

11

공급망관리의 효과에 대한 설명으로 가장 적절하지 않은 것은?

① 공급망의 정보·물자·현금의 흐름을 최적화한다.
② 공급망관리는 수요예측 효율향상을 통해 채찍 효과를 최대화한다.
③ 정보 기술 전략과 연계하여 경제성·생산성·수익성을 극대화한다.
④ 공급자·제조업자·소비자 모두가 파트너십을 기반으로 인터페이스를 통합하고 협업한다.

12

공급망 거점 설계에서 고려되어야 할 비용 요소 중 재고비용에 대한 설명으로 적절하지 않은 것은?

① 주로 변동에 대비한 안전재고가 증가함에 따라 발생한다.
② 물류거점에 보유하게 될 재고에 의해 발생되는 제반비용이다.
③ 물류거점 수가 증가함에 따라 처음에는 크게 증가하는 경향이 있다.
④ 고정적으로 발생하는 인건비 및 초기 설비투자비용 등을 포함한다.

13

재고관리기법의 하나인 고정주문량기법에 대한 설명으로 옳지 않은 것은?

① 주문량이 항상 일정하다.
② 주문시기가 일정하지 않다.
③ 재고수준을 수시로 점검하게 된다.
④ 재고파악이 어려워 정기적으로 보충하게 된다.

14

일반화물자동차운송에 비해 철도운송의 특징에 관한 설명으로 옳지 않은 것은?

① 장거리 운송에 경제적이다.
② 대량의 화물운송이 가능하다.
③ 운송 도중에 적재 변동이 적다.
④ 사고 발생률이 낮아 안정적이다.

15

창고보관의 기본 원칙으로 가장 옳지 않은 것은?

① 용적 효율을 높이기 위해 물품을 높게 쌓는다.
② 동일 물품은 동일 장소에 보관하고 유사품은 가까운 장소에 보관한다.
③ 출입구를 중심으로 무겁고 대형의 물품은 출입구 가까운 쪽에, 그리고 아래쪽에 보관한다.
④ 출입구가 동일한 창고의 경우 입출고 빈도가 높은 화물은 출입구에서 먼 장소에 보관하고, 낮은 경우에는 가까운 장소에 보관한다.

16

[보기]는 (주)생산성의 물류팀의 사원이 작성한 작업일지이다. 사원이 오전 11시에 수행한 입고관리 활동은 무엇에 해당하는가?

┌─ 보기 ─────────────────────────────┐
│ 2024년 8월 16일   │
│ • 오전 10시: 창고에 도착한 차량에서 부품 A를 내림 │
│ • 오전 11시: 수량과 품질을 확인   │
│ • 오후 1시: 수량과 품질 확인 결과에 따라 전량 입고 지시 │
│ • 오후 2시: 수량, 적치 위치, 특이사항을 기록하여 팀장님께 보고 │
└───────────────────────────────────┘

① 검사
② 입고 마감
③ 입고 지시
④ 입하·하차 운반

17

구매관리의 목적으로 가장 적절하지 않은 것은?

① 고객만족을 위해 좋은 품질을 구매
② 생산계획에 대응한 적절한 시기에 구매
③ 납기관리에 대응한 적절한 구매처 선정
④ 원가관리에 대응한 최저 가격으로 구매

18

[보기]의 내용 중 수취일 기준 현금할인 방식에 대해 올바르게 설명하는 내용만을 고른 것은?

┌─ 보기 ─────────────────────────────┐
│ ⓐ 가격할인 방식 중 현금할인 방식에 해당한다.   │
│ ⓑ 할인기간의 시작일을 거래일로 하지 않고 송장(Invoice)의 하수일을 기준으로 할인하는 방식이다. │
│ ⓒ 원거리 수송이 필요할 때 구매거래처의 대금 지급일을 연기해 주는 효과가 있다. │
│ ⓓ '3/10 ROG'인 경우 선적화물 수취일로부터 3일 이내에 현금 지불이 되면 10%의 할인이 적용된다는 의미이다. │
└───────────────────────────────────┘

① ⓐ, ⓑ
② ⓐ, ⓒ
③ ⓐ, ⓑ, ⓒ
④ ⓑ, ⓒ, ⓓ

19

구매절차상 공급계약사항에 포함되어야 할 사항으로 적절하지 않은 것은?

① 품질
② 대금지불조건
③ 추가지원사항
④ 공급자 생산능력

20

구매방법에 대한 설명으로 가장 적절한 것은?

① 예측구매는 계절품목 등 일시적인 수요품목 등에 적합하다.
② 일괄구매는 가격동향의 예측이 부정확하면 손실의 위험이 크다.
③ 투기구매는 구매시간과 비용을 절감하고 구매절차를 간소화하는 방법이다.
④ 장기계약구매는 계약방법에 따라 낮은 가격이나 충분한 수량의 확보가 가능하다.

프로그램 버전	iCUBE 핵심ERP ver.2024
사원명	• 회사: 3002. 물류2급, 회사A • 사원명: ERP13L02. 홍길동
DB 파일명	[백데이터] 2025 에듀윌 ERP 물류 1·2급 > PART 04 최신 기출문제_2024년 5회

01

회사에서는 계정구분 2. 제품에 대한 LEAD TIME을 설정하여 재고 관리를 하려고 한다. 다음 품목 중에서 LEAD TIME이 가장 긴 품목으로 옳은 것을 고르시오.

① 31-1010001. 체인
② 31-1010002. 의자
③ 31-1010003. 바구니
④ 31-1010004. 타이어

02

품질 검사를 체계적으로 관리하기 위해 '품질 검사구분'에 대한 관리내역을 등록하여 활용하고 있다. 담당자가 Q20. 포장검사라는 관리내역을 신규로 등록하려고 할 때 불가능한 이유로 올바르게 설명한 것을 고르시오.

① 시스템관리자 계정이 아니기 때문에 등록할 수 없다.
② 이미 관리내역코드로 'Q20'이 있어서 등록할 수 없다.
③ 품질 검사구분 관리항목에 최대로 등록할 수 있는 수를 초과하여 등록할 수 없다.
④ 이미 항목명에 '포장검사'가 있어서 등록할 수 없다.

03

영업부 이종현 사원은 대표자 성명이 '최영환'인 이름으로 기재된 이메일을 전달받았다. 해당 대표자로 등록된 거래처를 고르시오.

① 00001. (주)대흥정공
② 00002. (주)하나상사
③ 00003. (주)빅파워
④ 00004. (주)제동기어

04

아래 [조회조건]으로 데이터를 조회한 후 물음에 답하시오.

┌ 조회조건 ┐
• 사업장: 1000. (주)한국자전거본사
• 계획년도: 2024년 9월

(주)한국자전거본사는 2024년 9월의 판매계획을 등록하여 활용하고자 한다. 다음 중 처음 계획했던 수량보다 수정한 계획수량이 더 적어진 품목을 고르시오.

① 31-1010001. 체인
② 31-1010002. 의자
③ 31-1010003. 바구니
④ 31-1010004. 타이어

05

아래 [조회조건]으로 데이터를 조회한 후 물음에 답하시오.

┌ 조회조건 ┐
• 사업장: 1000. (주)한국자전거본사
• 견적기간: 2024/09/01 ~ 2024/09/01

다음 [조회조건]의 견적내역 중 견적번호 ES2409000004에 등록된 품목이 아닌 것을 고르시오.

① 81-1001000. BODY-알미늄(GRAY-WHITE)
② 83-2000100. 전장품 ASS'Y
③ 85-1020400. POWER TRAIN ASS'Y(MTB)
④ 87-1002001. BREAK SYSTEM

06

아래 [조회조건]으로 데이터를 조회한 후 물음에 답하시오.

┌ 조회조건 ┐
• 사업장: 1000. (주)한국자전거본사
• 주문기간: 2024/09/02 ~ 2024/09/02

다음 수주내역 중 입력 방법이 다른 주문번호를 고르시오.

① SO2409000001
② SO2409000002
③ SO2409000003
④ SO2409000004

07

아래 [조회조건]으로 데이터를 조회한 후 물음에 답하시오.

┌─ 조회조건 ─────────────────────────────┐
• 사업장: 1000. (주)한국자전거본사
• 주문기간: 2024/09/03 ~ 2024/09/03
└──────────────────────────────────────┘

다음 국내수주내역에서 관리구분별 합계액의 합이 가장 적은 관리구분을 고르시오.

① S10. 일반매출　　　　　② S20. 대리점매출
③ S40. 정기매출　　　　　④ S50. 비정기매출

08

아래 [조회조건]으로 데이터를 조회한 후 물음에 답하시오.

┌─ 조회조건 ─────────────────────────────┐
• 사업장: 1000. (주)한국자전거본사
• 출고기간: 2024/09/04 ~ 2024/09/04
• 출고창고: P100. 제품창고
└──────────────────────────────────────┘

다음 [조회조건]의 국내 출고내역 중 출고장소가 나머지와 다른 출고번호를 고르시오.

① IS2409000001　　　　② IS2409000002
③ IS2409000003　　　　④ IS2409000004

09

다음 [보기]는 (주)한국자전거본사에서 2024년 9월 5일에 국내 매출마감된 SC2409000001에 대한 설명이다.

┌─ 보기 ─────────────────────────────────┐
가. 마감단가를 매출마감(국내거래) 메뉴에서 변경할 수 없다.
나. 마감수량을 매출마감(국내거래) 메뉴에서 변경할 수 있다.
다. 출고내역에서 수량을 변경하면 자동 반영된다.
라. 출고번호 IS2409000005를 매출마감한 건이다.
└──────────────────────────────────────┘

올바른 설명의 수를 고르시오.

① 0　　　　　　　　② 1
③ 2　　　　　　　　④ 3

10

아래 [조회조건]으로 데이터를 조회한 후 물음에 답하시오.

┌─ 조회조건 ─────────────────────────────┐
• 사업장: 1000. (주)한국자전거본사
• 조회기간: 2024/09/01 ~ 2024/09/30
• 조회기준: 0. 국내(출고기준)
└──────────────────────────────────────┘

고객별로 미수채권을 확인하였을 시 00001. (주)대흥정공의 2024년 9월 4일 기준 미수채권의 잔액은 얼마인지 고르시오.

① 4,670,600　　　　　② 7,050,100
③ 7,446,100　　　　　④ 11,720,700

11

아래 [조회조건]의 조건으로 데이터를 조회한 후 물음에 답하시오.

┌─ 조회조건 ─────────────────────────────┐
• 사업장: 1000. (주)한국자전거본사
• 기준일자: 2024/09/28
• 납기일: 2024/10/01 ~ 2024/10/31
• 거래구분: 0. DOMESTIC
└──────────────────────────────────────┘

다음 [조회조건]의 수주미납내역을 확인 시 2024년 9월 28일 기준으로 경과일수가 가장 길게 남아 있는 거래처를 고르시오.

① 00001. (주)대흥정공　　② 00002. (주)하나상사
③ 00003. (주)빅파워　　　④ 00004. (주)제동기어

12

아래 [조회조건]으로 데이터를 조회한 후 물음에 답하시오.

┌─ 조회조건 ─────────────────────────────┐
• 사업장: 1000. (주)한국자전거본사
• 계획기간: 2024/09/01 ~ 2024/09/01
• 계획구분: 2. SIMULATION
└──────────────────────────────────────┘

다음 [조회조건]의 계획내역 중 조달구분이 0. 구매이고, 품목군이 Y100. 일반용인 품목의 계획수량으로 올바른 것을 고르시오.

① 20　　　　　　　② 30
③ 40　　　　　　　④ 50

13

아래 [조회조건]으로 데이터를 조회한 후 물음에 답하시오.

┌─ 조회조건 ─
• 사업장: 1000. (주)한국자전거본사
• 발주기간: 2024/09/01 ~ 2024/09/01
└─

2024년 9월 1에 등록된 청구번호 PR2409000001을 발주등록에서 청구적용조회 기능을 통하여 입력하고자 하였지만, 조회되지 않고 있어 그 원인을 파악하려고 한다. 청구적용조회에서 조회되지 않는 이유를 바르게 설명한 것을 고르시오.

① 품목의 주거래처가 등록되지 않아 조회되고 있지 않다.
② 청구내역에 대한 마감처리가 되어 조회되고 있지 않다.
③ 청구자를 등록하지 않아 조회되고 있지 않다.
④ 청구구분이 잘못 등록되어 있어 조회되고 있지 않다.

14

아래 [조회조건]으로 데이터를 조회한 후 물음에 답하시오.

┌─ 조회조건 ─
• 사업장: 1000. (주)한국자전거본사
• 발주기간: 2024/09/02 ~ 2024/09/02
└─

다음 [조회조건]의 국내 발주내역에서 수량의 합이 가장 큰 프로젝트를 고르시오. (관리단위 기준)

① B-001. 특별할인판매
② C100. 유아용자전거
③ M100. 일반용자전거
④ P100. 산악용자전거

15

다음 [보기]는 1000. (주)한국자전거본사에서 2024년 9월 3일 입고내역에 대한 설명이다.

┌─ 보기 ─
가. 입고등록할 때 매입마감도 함께 등록되었다.
나. 관리구분 '할인구매' 내역이 포함되어 있다.
다. 발주번호 PO2409000005에 대한 입고이다.
라. 입고창고는 M400. 상품창고이다.
└─

올바른 설명의 수를 고르시오.

① 0
② 1
③ 2
④ 3

16

(주)한국자전거본사에서 2024년 9월 5일에 마감처리한 매입마감번호 PC2403000003에 대한 설명 중 옳은 것을 고르시오.

① 2024년 9월 2일의 발주 건을 적용받았다.
② 입고번호 RV2409000001 내역이 등록되었다.
③ 입고일자는 2024년 9월 4일이다.
④ 입고된 재고단위수량의 총합은 100EA이다.

17

아래 [조회조건]의 조건으로 데이터를 조회한 후 물음에 답하시오.

┌─ 조회조건 ─
• 사업장: 1000. (주)한국자전거본사
• 기간: 2024/09/10 ~ 2024/09/10
└─

다음 [조회조건]의 매입마감(국내거래)의 전표내역을 확인하고 사용되지 않은 계정과목을 고르시오.

① 13500. 부가세대급금
② 25100. 외상매입금
③ 14700. 제품
④ 14900. 원재료

18

아래 [조회조건]으로 데이터를 조회한 후 물음에 답하시오.

┌─ 조회조건 ─
• 사업장: 1000. (주)한국자전거본사
• 내역: 2024년 9월 11일 제품창고-판매장소에 있는 31-1010001. 체인 5EA를 실손처리한다.
└─

재고조정을 활용하여 전산 반영 시 다음 중 [조회조건]의 내역을 만족하는 조정번호를 고르시오.

① IA2409000001
② IA2409000002
③ IA2409000003
④ IA2409000004

19

아래 [조회조건]의 조건으로 데이터를 조회한 후 물음에 답하시오.

┌─ 조회조건 ─────────────────────────────────┐
│ 작업내역 – (주)한국자전거본사는 2024/09/16에 21-1070700. │
│ FRAME-티타늄 10EA를 점검할 목적으로 특정 장소로 이동시켰 │
│ 다. 해당 특정 장소의 적합여부는 '적합'이며 가용재고는 '부'로 양 │
│ 품이지만 사용하지 않는 물품을 관리하기 위한 곳이다. │
└───┘

다음 [조회조건]의 작업내역을 처리하기 위하여 재고이동등록(창고)
메뉴를 사용하였다. 작업내역을 만족하는 이동번호를 고르시오.

① MV2409000001 ② MV2409000002
③ MV2409000003 ④ MV2409000004

20

아래 [조회조건]의 조건으로 데이터를 조회한 후 물음에 답하시오.

┌─ 조회조건 ─────────────────────────────────┐
│ • 사업장: 1000. (주)한국자전거본사 │
│ • 발주기간: 2024/09/20 ~ 2024/09/20 │
└───┘

(주)한국자전거본사에서는 거래처별 발주내역에 대한 입고 현황을
파악하는 작업을 하고 있다. 다음 [조회조건]으로 조회된 내역 중
(주)형광램프에서 입고가 한 번도 이뤄지지 <u>않은</u> 품목을 고르시오.

① 21-1030600. FRONT FORK(S)
② 21-1060700. FRAME-NUT
③ 21-1060850. WHEEL FRONT-MTB
④ 21-1060950. WHEEL REAR-MTB

에듀윌이
너를
지지할게
ENERGY

끝이 좋아야 시작이 빛난다.

– 마리아노 리베라(Mariano Rivera)

2025 에듀윌 ERP 정보관리사 물류 1·2급
한권끝장 + 무료특강

발 행 일	2025년 4월 25일 초판
편 저 자	최주영
펴 낸 이	양형남
개 발	정상욱, 배소진
펴 낸 곳	(주)에듀윌
등록번호	제25100-2002-000052호
주 소	08378 서울특별시 구로구 디지털로34길 55 코오롱싸이언스밸리 2차 3층
I S B N	979-11-360-3694-0(13320)

www.eduwill.net

대표전화 1600-6700

여러분의 작은 소리
에듀윌은 크게 듣겠습니다.

본 교재에 대한 여러분의 목소리를 들려주세요.
공부하시면서 어려웠던 점, 궁금한 점,
칭찬하고 싶은 점, 개선할 점, 어떤 것이라도 좋습니다.

에듀윌은 여러분께서 나누어 주신 의견을
통해 끊임없이 발전하고 있습니다.

에듀윌 도서몰 book.eduwill.net
- 부가학습자료 및 정오표: 에듀윌 도서몰 → 도서자료실
- 교재 문의: 에듀윌 도서몰 → 문의하기 → 교재(내용, 출간) / 주문 및 배송

100개월, 1663회
베스트셀러 1위

합격비법이 담긴 교재로
합격의 차이를 직접 경험해보세요.

회계 1, 2급

인사 1, 2급

물류 1·2급

생산 1·2급

베스트셀러 1위
합산 기준

2025 최신판

에듀윌 ERP 정보관리사
물류 1·2급 한권끝장
+무료특강

최신 기출문제

정답 및 해설

eduwill

2025 최신판

에듀윌 ERP 정보관리사
물류 1·2급 한권끝장
+무료특강

에듀윌 ERP 정보관리사

물류 1·2급 한권끝장 + 무료특강

정답 및 해설

1급 | 2025년 1회

p.270~278

이론

01	④	02	②	03	①	04	④	05	①	06	②	07	③	08	③	09	④	10	③
11	고정비	12	364	13	유효	14	④	15	④	16	②	17	②	18	①	19		4,200	
20	SCOR	21	③	22	④	23	③	24	③	25		360,000		26		직접원가		27	②
28	④	29	①	30	①	31		수출신고필증		32	DPU								

01 ④

4차 산업혁명 시대의 스마트 ERP는 4차 산업혁명의 핵심 기술인 인공지능(AI), 빅데이터(Big Data), 사물인터넷(IoT), 블록체인 등의 신기술과 융합하여 보다 지능화된 기업경영이 가능한 통합 시스템으로 발전될 것이다. 특정 산업이 아닌 통합적인 관점에서 상위 계층의 의사결정을 지원할 수 있는 스마트 시스템으로 발전하고 있다.

02 ②

블록체인은 블록의 정보와 거래내용을 기록하고 이를 네트워크 참여자들에게 분산 및 공유하는 분산원장 또는 공공거래 장부이다.
① 챗봇(ChatBot): 채팅(Chatting)과 로봇(Robot)의 합성어이다. 로봇의 인공지능을 대화형 인터페이스에 접목한 기술로 인공지능을 기반으로 사람과 상호작용하는 대화형 시스템을 지칭한다.
③ 메타버스(Metaverse): 가상, 초월을 의미하는 '메타'(Meta)와 세계, 우주를 의미하는 '유니버스'(Universe)의 합성어이다. 가상현실, 증강현실을 결합한 상위 개념으로서 현실을 디지털 기반의 가상 세계로 확장해 가상 공간에서 모든 활동을 할 수 있게 만드는 시스템이다.
④ RPA(Robotic Process Automation, 로봇 프로세스 자동화): 소프트웨어 프로그램이 사람을 대신해 반복적인 업무를 자동으로 처리하는 기술로, 사용자가 미리 정의한 순서에 따라 진행되는 업무를 자동으로 수행하는 소프트웨어를 이용해 자동화하는 것이다.

03 ①

- 회사 A: 경험 있고 유능한 컨설턴트를 활용한다.
- 회사 B: IT 중심의 프로젝트로 추진하지 않는다. TFT(Task Force Team)는 최고의 엘리트 사원으로 구성한다.
- 회사 C: 경영자도 프로젝트에 적극적으로 참여해야 한다.
- 회사 D: 현재의 업무 방식만을 그대로 고수해서는 안 된다.
  ⇒ 가장 성공적인 ERP 도입이 기대되는 회사는 A이다.

04 ④

ERP 구축 절차 중 설계 단계에서 이루어지는 GAP 분석은 패키지 기능과 TO-BE 프로세스의 차이점을 분석하는 것이다.

05 ①

성과측정관리(BSC)는 SEM(전략적 기업경영) 시스템의 단위 시스템에 해당한다.

06 ②

판매계획은 장기, 중기, 단기 판매계획으로 구분되며, 중기계획은 제품별 디자인이나 품질 개선, 판매경로 및 판매자원의 구체적인 계획, 판매촉진을 위한 정책 등에 관하여 결정하는 것이다.

07 ③

교차비율은 상품 회전율(재고 회전율), 한계이익률, 한계이익에 비례하고, 평균 재고액에 반비례한다. 따라서 한계이익이 동일할 경우에 평균 재고액이 가장 낮은 상품에 대해 가장 높은 목표판매액을 할당한다.

08 ③

리베이트 전략에는 가격유지 목적뿐만 아니라 판매촉진 기능, 보상적 기능, 통제 및 관리적 기능 등이 있다.

09 ④

ABC 분석(파레토 분석)에서 대부분 A 그룹은 전체 매출누적치의 70% ~ 80%를 차지하거나 매출 상위 고객 20% ~ 30%에 해당한다.

10 ③

- 1월 6일 거래처로부터 80대 주문을 받았으므로, 재고가 80대가 되는 시점을 예정납기일(출고일)로 통보하여야 한다.
- 1월 7일 가용재고량이 30대이고 1월 8일 생산완료 예정량이 30대이므로 1월 8일 재고는 30 + 30 = 60대가 된다.
- 1월 9일 생산완료 예정량이 30대이므로 1월 8일 재고 60대에 30대를 더하여 90대가 되었으며, 주문받은 80대가 넘었다.
∴ 거래처에 예정납기일(출고일)을 통보할 수 있는 가장 빠른 일자는 1월 9일이다.

11 **고정비**

매출액은 변동비, 고정비의 비용에 이익을 더하여 결정한다. 이때 한계이익은 변동비만을 고려한 이익으로 매출액에서 변동비를 차감한 것이다. 즉, 이익과 고정비를 합한 금액이다.
- 매출액 = 변동비 + 고정비 + 이익
- 한계이익 = 매출액 − 변동비 = 이익 + 고정비

12　**364**

- 시장확대율(전년 대비 자사 시장점유율 증가율): 40%
- 시장신장률(전년 대비 당해 업계 총매출액 증가율): 30%
- 금년도 자사 매출액: 금년도 전체 시장 매출 1,000억원 × 금년도 자사의 시장점유율 0.2 = 200억원
- 목표매출: 금년도 자사 매출액 200억원 × (1 + 시장확대율 0.4) × (1 + 시장신장률 0.3) = 364억원

13　**유효**

실질적으로 구매할 수 있거나 구체적인 구매계획이 있는 경우, 구매력이 있는 수요는 유효수요이다.

14　④

창고 출고 업무 프로세스는 '주문·출하 요청 → 주문 마감 집계 → 출고계획 수립 → 출고 지시 → 출고 피킹(오더 피킹) → 분류 → 검사(검품·검수) → 출하 포장 → 상차 적재 → 출하 이동 → 출고 마감'으로, 선택지 중 가장 먼저 수행되는 업무는 출고 지시이다.

15　④

공급망 프로세스의 경쟁능력 4가지 요소는 비용, 품질, 유연성, 시간이다.
① 경쟁사보다 빠른 신제품 개발능력 – 시간
② 적은 자원으로 제품을 창출할 수 있는 능력 – 비용
③ 수요 변화에 효율적으로 대응할 수 있는 능력 – 유연성
④ 고객 욕구를 만족시키는 능력으로 소비자에 의하여 결정 – 품질

16　②

- 통합 물류센터 운영 방식: 중앙 물류센터에서 전체 공급망의 물품을 통합하여 운영하는 방식
- 통합·지역 물류센터 혼합 운영 방식: 중앙 물류센터와 지역 물류센터를 혼합하여 운영하는 방식

17　②

유통소요계획 수립 시 배송 빈도와 방법, 물류·제조·구매 간 단계별 리드 타임, 지점 또는 유통센터의 안전재고 정책, 현재 보유하고 있는 판매 가능한 재고 등의 정보가 필요하다.

18　①

② 위치 표시의 원칙: 보관 적치한 물품의 위치를 표시하는 원칙
③ 네트워크 보관의 원칙: 보관 물품의 상호 관련 정도에 따라 연계하여 보관 장소를 정하는 원칙
④ 동일성 및 유사성의 원칙: 동일 물품은 동일 장소에 보관하고 유사품은 가까운 장소에 보관하는 원칙

19   4,200

- 평균 재고량: $\dfrac{\text{기초재고량 } 400\text{개} + \text{기말재고량 } 800\text{개}}{2} = 600\text{개}$
- 재고 회전율 $= \dfrac{\text{총판매량}}{\text{평균 재고량 } 600\text{개}}$, 총판매량: $600\text{개} \times 7\text{회} = 4,200\text{개}$

20   SCOR

공급망 운영 참고(SCOR) 모델은 1996년 미국 공급망협의회(SCC; Supply Chain Council)에서 개발하여 보급한 공급사슬 프로세스 분석 및 설계 모델로 성공적인 SCM을 위한 기준이다.

21   ③

- 구매가격 예측 방식: 소비자의 구매의도, 구매능력 등을 고려하여 소비자가 기꺼이 지불할 수 있는 가격수준으로 결정하는 방식
- 지각가치 기준 방식: 소비자들이 지각하는 제품의 가치를 물어보는 방법으로 소비자가 느끼는 가치를 토대로 가격을 결정하는 방식

22   ④

① 쿠폰 10장을 모으면 1잔을 무료로 주는 커피 전문점의 판매행사 – 누적 수량할인 방식
② 1회 구매량이 10BOX 이상인 경우 20% 할인을 적용하는 과일 전문점의 판매행사 – 비누적 수량할인 방식
③ 모델에 상관없이 2대 이상 구매하면 20% 할인, 3대 이상 구매하면 30% 할인을 적용하는 자전거 전문점의 판매행사 – 판매수량별 할인방식

23   ③

표준원가는 가장 이상적이고 모범적인 원가로, 공정상에서 어떠한 원가손실도 가정하지 않는다. 최적의 제조환경에서 설계도에 따라 가장 이상적으로 제조 과정이 진행된 경우에 구성되는 이론적인 원가이다.

24   ③

내부 검토 및 승인 활동은 견적 이후에 이루어지는 것으로 계약서가 아닌 견적의 내용을 검토 및 승인하는 과정이다.

25   360,000

가산이익률 방식은 제품 단위당 매출원가에 적정이익이 가능한 가산이익률을 곱하여 가격을 결정하는 방식이다.
제품의 판매단가: 300,000원 × (1 + 0.2) = 360,000원

26   **직접원가**

㉠ 직접원가 = 직접재료비 + 직접노무비 + 직접경비
㉡ 제조원가 = 직접원가 + 제조간접비
㉢ 판매원가(총원가) = 제조원가 + 판매비와 관리비(판매 및 일반관리비)
㉣ 매출가(판매가격) = 판매원가 + 이익

27 ②

간이정액환급률표에 의한 산출 방식은 중소기업용 정액환급률표를 적용하여 수출물품별로 사전에 정해 놓은 환급률에 의한 방식이다.

28 ④

㉠ 중계무역: 화물이 제3국에 도착한 후 원형 그대로나 약간의 가공만을 거쳐 수입국가에서 재수출함으로써 소유권을 이전시키는 형태
㉡ 통과무역: 수출국에서 수입국에 수출물품이 직접 인도하지 않고, 제3국을 통과하여 수입국가에 인도되는 경우를 제3국의 입장에서 본 무역거래 형태
㉢ 중개무역: 수출국과 수입국 사이의 무역거래에 제3의 무역업자가 개입하여 중개인은 수출국 또는 수입국 상인으로부터 거래의 알선 및 중개에 따른 중개수수료를 받는 형태
㉣ 스위치무역: 매매계약은 수출국과 수입국 사이에 체결되고 화물도 수출국에서 수입국으로 직행하지만, 대금 결제는 제3국의 무역업자가 개입하여 제3국의 결제통화나 계정을 이용하는 무역거래 형태

29 ①

주문불(CWO; Cash With Order) 방식은 수출자가 주문을 받으면 미리 대금의 결제를 받은 후에 선적하는 방식으로 수출대금의 전부가 수출자에게 가장 먼저 지급되는 결제 방식이다.

30 ①

CIF(Cost, Insurance and Freight, 운임·보험료 포함 인도조건)조건 계약은 수출자가 선적하고 목적항까지의 운임료에, 즉 CFR조건에 해상보험료까지 부담하는 조건이다.

31 수출신고필증

수출통관절차는 '수출신고 → 수출신고 심사 → 수출검사 → 수출신고 수리 → (A) 수출신고필증 교부 → 선적 → 출항'이다.

32 DPU

DPU(Delivered at Place Unloaded, 도착지 양하 인도조건)는 수출자가 수입국의 지정 목적지에서 운송수단으로부터 화물을 내린(양하) 상태로 인도하는 조건으로, 매도인이 목적지에서 물품을 양하하도록 요구하는 유일한 INCOTERMS 규칙이다.

01	②	02	①	03	③	04	④	05	①	06	④	07	②	08	③	09	①	10	④
11	①	12	③	13	③	14	①	15	②	16	③	17	③	18	④	19	①	20	④
21	③	22	②	23	④	24	④	25	①										

01   ②

◉ [시스템관리] – [기초정보관리] – [품목등록]

'MASTER/SPEC' 탭에서 조회한 후 각 품목의 재고단위, 관리단위, 환산계수를 확인한다.

①, ③, ④의 재고단위와 관리단위가 EA로 같으며, ② 품목 '21-1080800. FRAME-알미늄'의 재고단위는 EA, 관리 단위는 BOX로 다르다.

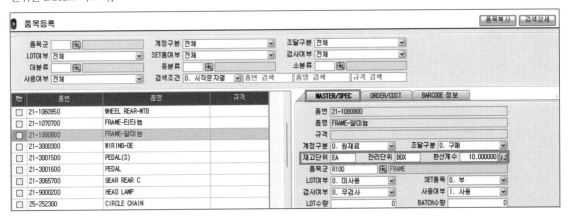

02   ①

◉ [시스템관리] – [기초정보관리] – [창고/공정(생산)/외주공정등록]

'창고/장소' 탭에서 조회한 후 각 창고/장소의 적합여부와 가용재고여부를 확인한다.

②, ③, ④의 적합여부는 '적합', 가용재고여부는 '여'로 등록되어 있으나, ① 'H100. 수출창고 – H101. 수출장소'의 적합여부는 '적합', 가용재고여부는 '부'로 등록되어 있다.

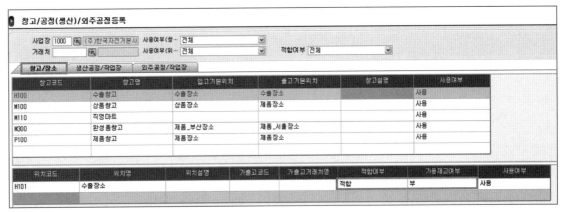

03 ③

◉ [시스템관리] – [기초정보관리] – [물류실적(품목/고객)담당자등록]

'거래처' 탭에서 조회한 후 각 거래처의 담당자를 확인한다.
① (주)대흥정공의 영업담당자는 김대연이다.
② (주)하나상사의 구매담당자는 정대준이다.
③ (주)빅파워의 영업담당자, 구매담당자는 모두 김대연이다.
④ (주)세림와이어의 구매담당자는 김대연이다.

04 ④

◉ [영업관리] – [영업관리] – [판매계획등록]

'수정계획' 탭에서 [조회조건]으로 조회한 후 각 품목의 기초계획수량과 수정계획수량을 확인한다.
④ 품목 'NAX-A420. 산악자전거'의 기초계획수량은 350EA, 수정계획수량은 300EA로 처음 계획했던 수량보다 수정한 계획수량이 더 적어졌다.

05 ①

📍 [영업관리] – [영업관리] – [견적등록]

[조회조건]으로 조회한 후 각 견적번호의 하단에서 마우스 오른쪽 버튼을 클릭하여 '[견적등록] 이력정보'를 확인한다.
① 견적번호 ES2501000001의 이후 이력이 수주등록으로 수주접수까지 이루어진 것을 알 수 있다.

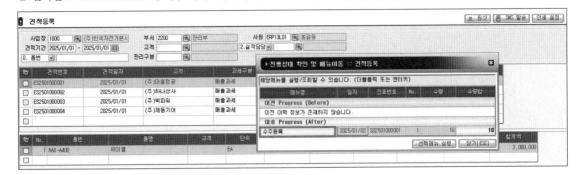

06 ④

📍 [영업관리] – [영업현황] – [견적대비수주현황]

[조회조건]으로 조회한 후 각 견적 건을 클릭하여 견적수량과 주문수량을 비교한다.
④ (주)제동기어의 견적수량이 20EA, 주문수량이 0EA로 수주대비 견적 잔량이 가장 많이 남아 있다.

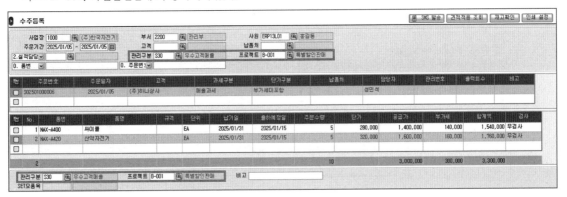

07 ②

📍 [영업관리] – [영업관리] – [수주등록]

[조회조건]과 '관리구분: S30. 우수고객매출, 프로젝트: B-001. 특별할인판매'로 조회한다.
② 주문번호 SO2501000006에 등록된 품목 'NAX-A420. 산악자전거'의 하단에 '관리구분: S30. 우수고객매출, 프로젝트: B-001. 특별할인판매'가 등록되어 있다.

08   ③

◉ [영업관리] – [영업관리] – [출고처리(국내수주)]

[조회조건]으로 조회한 후 등록된 내역을 확인한다. ①, ③은 '예외출고' 탭, ②, ④는 '주문출고' 탭에 등록되어 있다.
① IS2501000001의 하단에 관리구분 'S30. 우수고객매출'이 등록되어 있다.

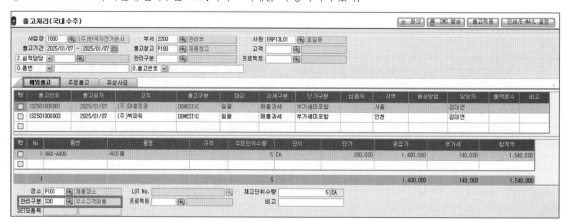

② IS2501000002의 하단에 주문번호 SO2501000010이 등록되어 있으며, 하단에서 마우스 오른쪽 버튼을 클릭하여
나오는 '[출고처리(국내수주)] 이력정보'에서도 주문번호 SO2501000010을 확인할 수 있다. 이는 주문번호
SO2501000010의 내역을 적용받아 출고처리된 것이다.

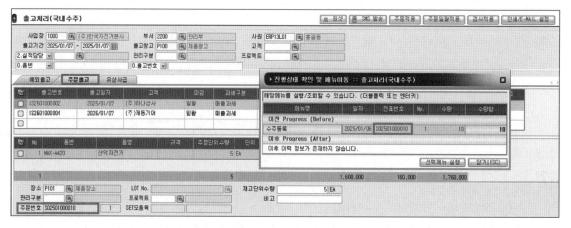

③ IS2501000003의 하단에 '프로젝트: M100. 일반용자전거'가 등록되어 있다.

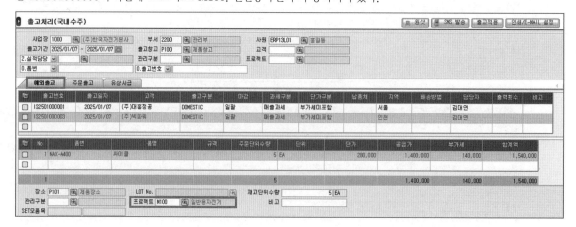

④ IS2501000004의 하단에서 마우스 오른쪽 버튼을 클릭하여 '[출고처리(국내수주)] 이력정보'를 확인한다. 이전 이력에 출고검사 등록이 등록되어 있어 검사 과정을 걸친 내역을 적용받아 입력된 것을 알 수 있다.

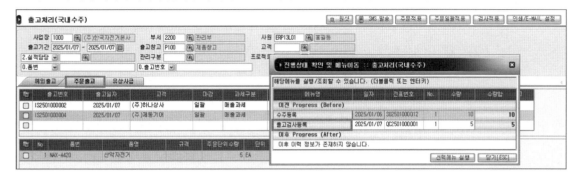

09　①

◉ [영업관리] – [영업현황] – [출고현황]

'사업장: 1000. (주)한국자전거본사, 출고기간: 2025/01/10 ~ 2025/01/14'로 조회한 후 등록되어 있는 출고창고/출고장소를 확인한다.

① 'M100. 상품창고 – M101. 상품장소'는 등록되어 있지 않다.

10　④

◉ [영업관리] – [영업관리] – [세금계산서처리]

'사업장: 1000. (주)한국자전거본사, 발행기간: 2025/01/15 ~ 2025/01/15'로 조회한 후 각 계산서번호의 영수/청구를 확인한다.

④ '영수' 발행된 세금계산서 번호는 TX2501000004이다.

11 ①

📍 [영업관리] – [영업관리] – [수금등록]

'사업장: 1000. (주)한국자전거본사, 수금기간: 2025/01/14 ~ 2025/01/14'로 조회한 후 등록된 내역을 확인한다.
① 수금번호 RC2501000001에서 오른쪽 상단의 '선수금정리'를 클릭하면 정리일자 2025/01/15를 확인할 수 있다.

② 수금 금액(정상수금 3,000,000원 + 선수금 0원 = 3,000,000원)이 가장 적은 번호는 RC2501000002이다.

③ 현금 수금 금액은 수금번호 RC2501000001과 RC2501000003에 등록되어 있으며, 이 중 수금번호 RC2501000003의 수금 금액(정상수금 1,000,000원 + 선수금 3,500,000원 = 4,500,000원)이 가장 크다.

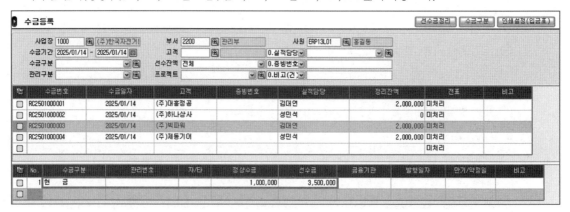

④ 제예금 수금 금액은 수금번호 RC2501000002와 RC2501000004에 등록되어 있으며, 이 중 수금번호 RC2501000004의
수금 금액(정상수금 0원 + 선수금 4,000,000원 = 4,000,000원)이 가장 크다.

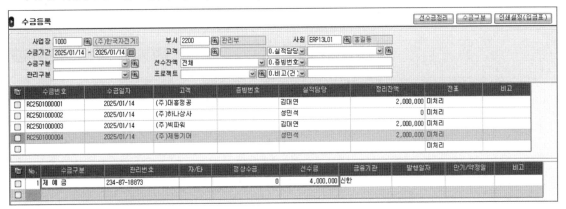

12 ③

📍 [구매/자재관리] – [구매관리] – [주계획작성(MPS)]

[조회조건]과 '품목군: A100. 일반 800만'으로 조회한다.

③ 품목 '85-1020400. POWER TRAIN ASS'Y(MTB)'가 조회된다.

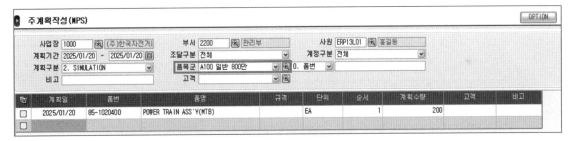

13 ③

📍 [구매/자재관리] – [구매관리] – [청구등록]

'사업장: 1000. (주)한국자전거본사, 수금기간: 2025/01/01 ~ 2025/01/01'로 조회한 후 등록된 내역을 확인한다.

가. 청구번호 PR2501000001의 하단에서 마우스 오른쪽 버튼을 클릭하여 '부가기능–품목상세정보'를 확인하면 조달이
'0. 구매'로 등록되어 있으며, [청구등록] 메뉴에 등록된 청구구분은 '구매'이다. 따라서 청구구분은 품목의 조달구분
과 동일하게 설정되어 있다. (○)

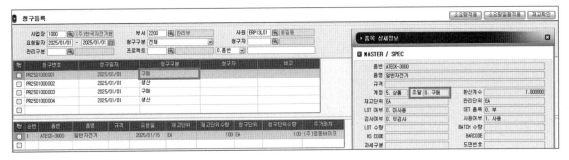

나. 청구번호 PR2501000002의 하단에서 마우스 오른쪽 버튼을 클릭하여 '부가기능-품목상세정보'를 확인하면 품목의 주거래처가 (주)영동바이크로 등록되어 있으며, [청구등록] 메뉴에 등록된 주거래처는 (주)제일물산으로 다르게 등록되어 있다. (×)

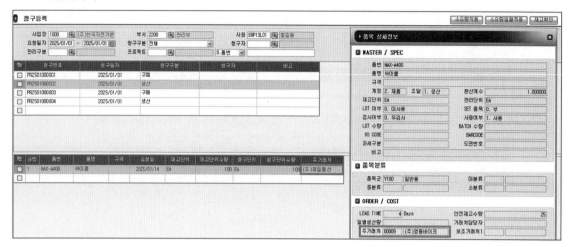

다. 청구번호 PR2501000001과 PR2501000003은 청구일자 2025/01/01, 요청일 2025/01/15이며, 청구번호 PR2501000002와 PR2501000004는 청구일자 2025/01/01, 요청일 2025/01/14로 청구일자 기준 요청일까지의 기간이 제일 짧은 청구번호는 PR2501000002와 PR2501000004이다. (×)

라. 청구구분이 '0. 구매'이면 하단의 품목이 [구매/자재관리]-[구매관리]-[발주등록] 메뉴와 연계되고, 청구구분이 '1. 생산'이면 [생산관리공통]-[생산관리]-[작업지시등록], [생산관리공통]-[외주관리]-[외주발주등록] 메뉴와 연계된다. 청구번호 PR2501000004의 청구구분이 '생산'이므로 이후 발주등록으로 적용할 수 없다. (○)

⇒ 올바른 설명은 가, 라(2가지)이다.

14 ①

📍 [구매/자재관리] – [구매관리] – [발주등록]

[조회조건]으로 조회한 후 각 발주번호의 하단에서 마우스 오른쪽 버튼을 클릭하여 '[발주등록] 이력정보'를 확인한다.
① 발주번호 PO2501000001의 이후 이력이 '입고처리(국내발주)'이므로 입고처리까지 진행된 것을 알 수 있다.

15 ②

📍 [구매/자재관리] – [구매관리] – [입고처리(국내발주)]

'발주입고' 탭에서 [조회조건]의 사업장, 입고기간, 입고창고로 조회한 후 오른쪽 상단의 '발주적용'을 클릭한다. 팝업창에 '발주기간: 2025/01/05 ~ 2025/01/05, 거래처: 00009. (주)영동바이크, 프로젝트: M100. 일반용자전거'를 입력한 후 조회한다.
② '21-9000200. HAED LAMP'의 발주잔량이 50EA로 가장 많다.

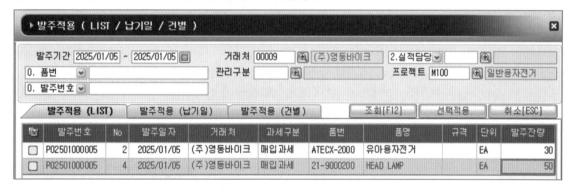

16 ③

◉ [구매/자재관리] – [구매현황] – [입고현황]

'사업장: 1000. (주)한국자전거본사, 입고기간: 2025/01/01 ~ 2025/01/31, 입고번호: RV2501000002'로 조회한 후
등록되어 있는 내역을 확인한다.

① 'M300. 완성품창고'로 입고된 내역이다.

② 발주번호가 등록되어 있으므로 '예외입고'가 아닌 '발주입고'로 등록된 입고 건이다.

③ 재고단위수량 합이 60EA, 관리단위수량(압고수량) 합이 60EA로 총수량이 동일하다.

④ LOT No.가 등록된 품목이 포함되어 있지 않다.

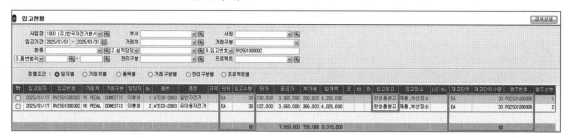

17 ③

◉ [구매/자재관리] – [구매관리] – [매입마감(국내거래)]

[조회조건]으로 조회한 후 마감번호 PC2501000001에 등록되어 있는 내역을 확인한다. 하단에서 마우스 오른쪽 버튼을
클릭하여 '[매입마감(국내거래)] 이력정보'를 확인한다.

① 하단에 입고번호 RV2501000003이 등록되어 있으며, '[매입마감(국내거래)] 이력정보'의 이전 이력에도 입고처리
(국내발주) 전표번호 RV2501000003이 등록되어 있다.

② '[매입마감(국내거래)] 이력정보'의 이전 이력 입고처리(국내발주) 수량이 100EA이며, 마감수량도 100EA로 수량이
변경되지 않았다. 또한 마감구분이 '건별'이면 자동으로 매입마감이 등록되므로 마감수량 및 단가를 수정할 수 없다.

③ 해당 마감 내용은 전표여부가 '미처리'로 전표처리가 미처리 상태이다.

④ '[매입마감(국내거래)] 이력정보'의 이전 이력 입고처리(국내발주) 일자와 마감일자는 모두 2025/01/10으로 등록되어
있어 입고일자와 마감일자가 서로 같다.

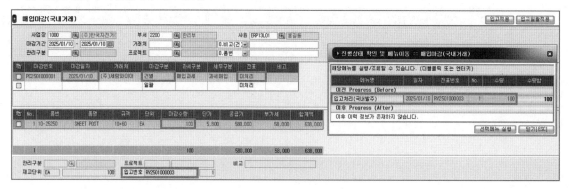

18 ④

📍 [구매/자재관리] – [구매현황] – [매입미마감현황]

'사업장: 1000. (주)한국자전거본사, 입고기간: 2025/01/12 ~ 2025/01/12'로 조회한 후 각 프로젝트별 수량의 합을 확인한다. ④ 프로젝트 '일반용자전거'의 미마감 수량 합이 90EA로 가장 적다.
① 특별할인판매 미마감 수량의 합: 110EA
② 유아용자전거 미마감 수량의 합: 100EA
③ 해외프로모션 미마감 수량의 합: 120EA
④ 일반용자전거 미마감 수량의 합: 90EA ⇒ 가장 적다.

> **참고** 여러 프로젝트가 섞여 있으므로 각 프로젝트별로 조회하면 확인하기 편리하다.

19 ①

📍 [구매/자재관리] – [재고관리] – [기초재고/재고조정등록]

'사업장: 1000. (주)한국자전거본사, 조정기간: 2025/01/05 ~ 2025/01/05'로 조회한다. 실제 수량이 전산 수량보다 더 많이 존재하여 실제 수량이 맞추어 조정하기 위해서는 재고를 증가시키는 작업을 해야하므로 기초조정이나 입고조정에는 (+), 출고조정에는 (−)로 등록하여야 한다.
① [조회조건] 내역이 반영된 조정번호는 IA2501000001이다.

20 ④

📍 [무역관리] – [기타(수출)] – [해외수주등록]

[조회조건]으로 조회한 후 주문번호 SO2501000015에 등록되어 있는 내역을 확인한다. ③, ④는 오른쪽 상단의 '부가정보'를 클릭하여 팝업창을 확인한다.
①, ② 환종은 USD이며, 납기일은 2025/01/31이다.
③ Invoice Date는 2025/01/14이다.

④ 최종 도착지(Final Destination)는 CALIFORNIA, USA이다.

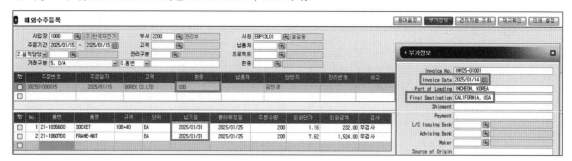

21 ③

◎ [무역관리] – [기타(수출)] – [COMMERCIAL INVOICE 등록]

상단의 '조회'를 클릭하여 팝업창에 '송장기간: 2025/01/16 ~ 2025/01/16'으로 조회되는 건에 체크한 후 '확인'을 클릭한다.

① Invoice No.는 팝업창에서 확인할 수도 있고 COMMERCIAL INVOICE 등록된 내역에서 확인할 수도 있다. Invoice No.는 HSBC25–01001이다.

② 팝업창에 등록되어 있는 거래구분은 'MASTER L/C'로 거래된 내역이다.

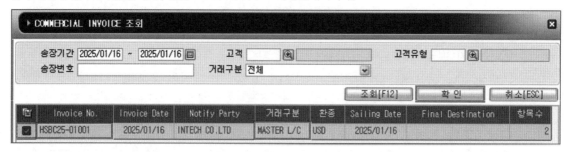

③ COMMERCIAL INVOICE에 기재된 품목의 총수량은 40BOX이다(관리단위 기준).

④ COMMERCIAL INVOICE에 기재된 총금액은 3,500USD이다.

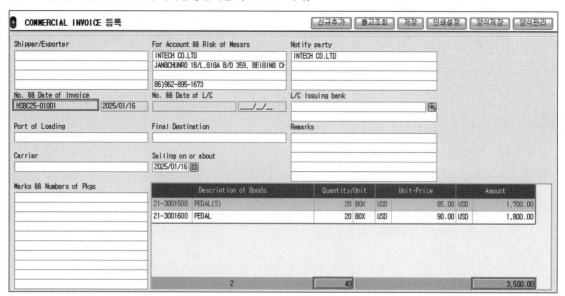

22 ②

◎ [무역관리] – [수출현황] – [선적현황]

[조회조건]과 '거래구분: 3. MASTER L/C'로 조회한 후 각 프로젝트별로 금액의 합을 확인한다. 프로젝트 '유아용자전
거'의 금액 합이 5,255,400원으로 가장 적다.
① 특별할인판매 금액 합: 24,479,100원
② 유아용자전거 금액 합: 5,255,400원 ⇒ 가장 적다.
③ 해외프로모션 금액 합: 21,270,540원
④ 일반용자전거 금액 합: 21,242,880원

참고 여러 프로젝트가 섞여 있으므로 각 프로젝트별로 조회하면 확인하기 편리하다.

23 ④

◎ [무역관리] – [구매승인서(수입)] – [L/C개설]

[조회조건]으로 조회한 후 팝업창에 조회된 건에 체크하고 '선택적용'을 클릭한다.

①, ②, ③ L/C번호는 'LC2501000001', 환종은 'USD', 관리번호는 '001-SL25-7351'이다.
④ 입고예정일은 2025/01/25이다.

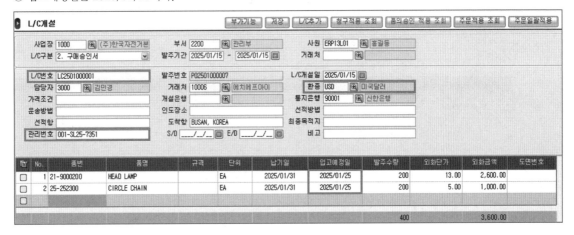

24 ④

📍 [무역관리] – [MASTER L/C(수입)] – [입고처리(L/C)]

[조회조건]으로 조회한 후 등록되어 있는 내역을 확인한다.

① 각 품목을 클릭하여 하단에서 재고단위수량을 확인한다. 품목 '25-252300. CIRCLE CHAIN'의 재고단위수량은 200EA, 품목 '90-9001000. FRAME GRAY'의 재고단위수량은 2,400EA로 총2,600EA의 수량이 입고되었다.

② 입고된 품목의 장소는 모두 'H101. 수출장소'로 동일한 장소에 입고되었다.

③ 하단에서 마우스 오른쪽 버튼을 클릭하여 '[입고처리(L/C)] 이력정보'를 확인하면 이전 이력의 B/L접수 전표번호 BL2501000001이 있다.

④ 입고처리 환율은 1,381이다. '[입고처리(L/C)] 이력정보'의 B/L접수 일자 2025/01/18, 전표번호 BL2501000001을 확인한다.

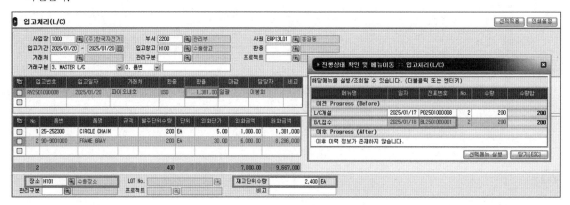

📍 [무역관리] – [MASTER L/C(수입)] – [B/L접수]

'사업장: 1000. (주)한국자전거본사, 입고기간: 2025/01/18 ~ 2025/01/18'로 조회한 후 팝업창에서 B/L번호 BL2501000001에 체크하고 '선택적용'을 클릭한다. B/L접수 시 환율은 1,378이므로 B/L접수 시 환율 1,378과 입고 시점의 환율 1,381은 다르다.

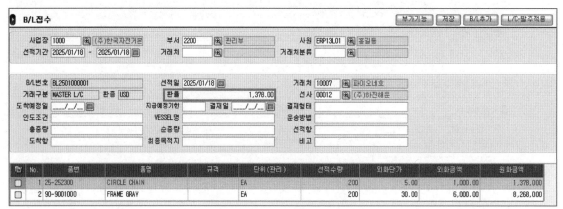

25 ①

⊙ [무역관리] – [기타(수입)] – [수입제비용등록]

'사업장: 1000. (주)한국자전거본사, 등록기간: 2025/01/15 ~ 2025/01/15'로 조회한 후 등록되어 있는 내역을 확인한다.

가. 거래구분 T/T에 대한 제비용내역이다. (×)

나. 거래처 '해리즌엔지니어링'과의 수입에 대한 제비용내역이다. (×)

다. 제비용에 대한 전표여부는 '미처리'로 전표처리가 진행되지 않았다. (×)

라. 비용명은 운반비, 하역비로 선적에 대한 물품대 비용처리가 진행되지 않았다. (×)

⇒ 올바른 설명은 0가지이다.

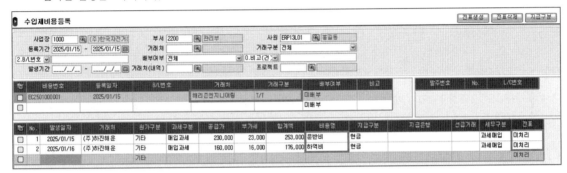

이론

01	④	02	③	03	③	04	①	05	③	06	④	07	①	08	④	09	②	10	①
11	27,000,000		12	20,000,000		13	수명주기		14	④	15	②	16	①	17	①
18	②	19	200	20	CMI	21	④	22	③	23	④	24	④	25	구매분석		26	확정
27	②	28	①	29	③	30	②	31	C	32	전신환								

01 ④

ERP 아웃소싱은 ERP 개발과 구축, 운영, 유지 보수 등을 전문회사에서 관리하는 것으로, 구축 후에 IT 아웃소싱 업체로부터 독립적으로 운영하는 것은 아니다.

02 ③

기존의 업무를 개선하기 위하여 ERP를 도입하는 것이지, 기존 업무 처리에 따라 ERP 패키지를 수정하는 것은 아니다.

03 ③

ERP 시스템에 대한 투자비용을 의미하는 개념으로, 시스템의 전체 라이프 사이클을 통해 발생하는 전체 비용을 계량화하는 것은 총소유비용(Total Cost of Ownership)이다.

04 ①

폐쇄형 클라우드는 특정한 기업 내부 구성원에게만 제공되는 서비스로, 주로 대기업에서 데이터의 소유권 확보와 프라이버시 보장이 필요한 경우 사용된다.

05 ③

ERP 구축 절차 중 설계 단계에서 패키지 설치 및 파라미터 설정을 수행한다. 이는 다양한 사용자들의 요구를 조정하는 것이 아니라 ERP 사용자인 기업이 원하는 방식으로 자료를 처리하도록 특정 기능을 추가하거나 변경하여 반영하는 것이다.

06 ④

일반적으로 영속성이 있는 상품이나 서비스 등은 영속성이 없는 상품이나 서비스보다 지속적으로 정확한 예측을 하기가 어렵다. 영속성이 있는 상품이나 서비스 등은 경기 변동이나 경제적 요인에 끊임없이 영향을 받아 수요 패턴이 변하기 때문이다.

07 ①

목표매출액을 설정하기 위한 활동의 순서는 '시장조사 → 수요예측 → 판매예측 → 판매목표매출액 설정 → 판매할당'이다.

08 ④

- 가격 결정에 영향을 미치는 내부적 요인: 이윤극대화목표
- 가격 결정에 영향을 미치는 외부적 요인: 물류비용, 가격탄력성, 대체품가격

09 ②

- 회수성: 매출채권 회전율
- 안정성: 자기자본비율
- 수익성: 총자본 대비 이익률, 매출액 대비 이익률
- 유동성: 상품 회전율, 유동비율
- 성장성: 총자산 증가율

10 ①

α값이 1에 가까울수록 갑작스러운 변화에 의해 예측값이 크게 변동할 수 있다.

11 27,000,000

매출액 예측에 의한 여신한도액: 거래처의 예상매출액 2,000,000원 × 매입원가율 60% × 자사 수주점유율 25% × 여신기간 90일 = 27,000,000원

12 20,000,000

- 변동비율: $\dfrac{\text{단위당 변동비 } 5,000원}{\text{단위당 판매가격 } 10,000원} = 0.5$
- 손익분기점 매출액: $\dfrac{\text{고정비 } 10,000,000원}{1-\text{변동비율 } 0.5} = 20,000,000원$

13 수명주기

과거 자료가 없는 신제품의 경우 비슷한 제품의 과거 자료를 이용하여 수요를 예측하는 방법은 수명주기유추법이다.

14 ④

- 효율적 공급망 전략: 공급망에서 높은 재고 회전율과 낮은 재고수준 유지
- 대응적 공급망 전략: 불확실한 수요를 맞추기 위한 상당한 양의 부품이나 완제품 버퍼 재고 유지

15 ②

크로스도킹(Cross-Docking) 운영 방식은 보관기능보다는 원활한 흐름에 좀 더 초점을 두고 물류센터를 설계한다.
① 직배송 운영 방식: 생산자 창고만 보유하고 물류거점을 거치지 않고 소비자에게 직접 배송하는 방식이다.
③ 지역 물류센터 운영 방식: 지역 물류센터는 소비자 근처로 위치한 분산 물류거점이다.
④ 통합 물류센터 운영 방식: 중앙 물류센터에서 전체 공급망의 물품을 통합하여 운영한다.

16 ①

경제적 주문량 모형(EOQ)은 재고모형의 확정적 모형 중 고정주문량 모형(Q System)에 속한다.

17 ①

- 고정주문량 발주 모형(Q System): 주문량(일정), 주문시기(변동), 재고수준점검(수시점검)
- 고정주문기간 발주 모형(P System): 주문량(변동), 주문시기(일정), 재고수준점검(주문시기에만 점검)

18 ②

항공 운송은 화물의 운송속도가 매우 빠르며 고가나 고부가가치 소형 상품의 운송에 유리하다.

19 200

경제적 주문량은 재고 관련 비용인 주문비용과 재고유지비용의 합을 최소화하기 위한 1회 주문량이다. 주어진 그래프에서 총비용이 최소가 되는 지점의 주문량에 해당하므로 재고유지비용과 주문비용이 같은 점이다.

$$\frac{Q}{2} \times 1,500 = \frac{3,000}{Q} \times 10,000$$

∴ 경제적 주문량(Q) = 200

20 CMI

고객(거래처)의 재고관리 업무를 고객과 공급업체가 공동으로 관리하는 방법은 공동 재고관리(CMI; Collaborative Managed Inventory)이다.

21 ④

판매자 다수가 서로 협의하여 일정한 기준에 따라 가격을 결정하는 것은 협정가격이며, 일반적으로 공공요금 성격을 갖는 교통비나 공정거래를 위해 설정된 각종 업계의 협정가격 등이 해당한다.
① 정가가격: 판매자가 자기의 판단으로 결정하는 가격이다.
② 교섭가격: 거래 당사자 간의 교섭을 통하여 결정되는 가격으로, 판매자와 구매자 모두 가격 결정에 영향을 준다.
③ 시중가격(시장가격): 판매자와 구매자의 판단에 좌우되지 않고 시장에서 수요와 공급의 균형에 따라 가격을 결정하는 것이다. 가격이 수시로 변동하므로 가격동향을 판단하여 구입 시기를 결정함으로써 구매를 유리하게 할 수 있다.

22 ③

1회 구매량을 기준으로 기준 수량 이상을 일시에 구입할 때 적용하는 수량할인은 비누적 수량할인 방식이다.
① 품목별 할인 방식: 판매 과정에서 부피, 무게, 성질, 취급 방법 등의 특성 때문에 많은 비용이 발생 할 때 판매비 절감 효과가 큰 특정 품목에 대한 수량할인
② 총합적 할인 방식: 판매비 절감 차이가 품목별로 구분하기 어려운 유사한 품목으로 구성된 경우 적용하는 판매총량에 대한 수량할인
④ 판매수량별 할인 방식: 판매수량의 단계별로 할인율을 다르게 적용하는 방식

23 ④

원가분석은 표준품이 아닌 특정 규격이 들어간 제품인 경우에 더욱 필요하다.

24 ④

- 구매계약의 해제는 이미 발생된 계약사항을 소급하여 무효로 함을 의미한다.
- 구매계약의 해지는 미래의 계약사항에 대해서만 무효로 함을 의미한다.

25 **구매분석**

구매분석의 기능은 구매활동의 성과평가, 구매활동의 감시이다.

26 **확정**

확정수량 방식은 계약체결 전에 예정수량을 미리 결정하고 계약을 체결하는 통상적인 방법이고 개산수량 방식은 계약수량보다 물품수량이 약간의 과부족이 있어도 인수가 가능하다.

27 ②

간이정액환급제도는 원재료 수입단계의 납부관세 등 증명과 소요량 산정을 하지 않고 환급신청할 수 있다.

28 ①

관세의 납세의무자는 원칙적으로 수입자이다.

29 ③

신용장이란 수출대금 지급에 대한 은행의 확약서로 송금 및 추심방식보다 은행 수수료 금액이 크다.

30 ②

해상보험계약은 INCOTERMS의 거래조건에 따라 보험 계약자가 달라진다. FOB 조건에서는 수입자가 보험 계약자이자 피보험자가 되며, CIF 조건에서 보험 계약자는 수출자이며 피보험자는 수입자가 된다.

31 C

[보기]는 수출자가 지정 목적지까지 인도하면서 운송비의 책임을 부담하는 조건인 CPT(Carriage Paid To; 운송비 지급 인도 조건)에 대한 설명이므로, Group C에 속한다.

32 **전신환**

환어음의 결제를 전신으로 행하는 경우 적용되는 환율이며 환어음의 송달이 1일 이내에 완료되므로 우송기간 동안의 금리가 환율에 영향을 미치지 않는 순수한 의미의 환율이며 타 매매율 결정의 기준이 되는 환율은 전신환(T/T)매매율이다.

01	②	02	④	03	②	04	①	05	③	06	①	07	②	08	④	09	①	10	③
11	③	12	②	13	④	14	①	15	④	16	③	17	②	18	③	19	④	20	①
21	③	22	②	23	④	24	①	25	④										

01 ②

◉ [시스템관리] – [기초정보관리] – [물류실적(품목/고객)담당자등록]

[수주등록] 메뉴에서 입력하는 것은 영업담당자를 의미한다.

② '거래처' 탭에서 '영업담당자: 3500. 김계영'으로 조회되는 거래처는 '00002. (주)하나상사, 00008.YK PEDAL'이다.

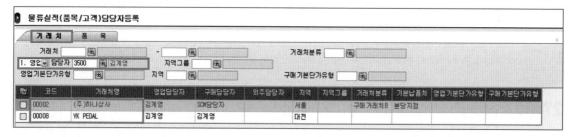

02 ④

◉ [시스템관리] – [마감/데이타관리] – [자재마감/통제등록]

① 재고평가방법은 총평균법으로 등록되어 있다.

② 구매단가로 거래처별단가를 사용한다.

③ 전단계 적용여부 실적담당자에 체크되어 있으므로 구매/자재관리 모듈에서 전단계를 적용하면 전단계의 실적담당자가 적용된다.

④ 재고(−) 통제여부가 '통제안함'이므로 재고수량이 0보다 작아지는 수불 입력을 통제하고 있지 않다.

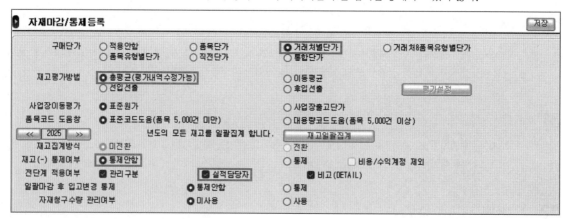

03 ②

📍 [시스템관리] – [기초정보관리] – [고객별출력품목등록]

품목 '21–1035600. SOCKET'의 품번이나 품명으로 조회한 후 각 거래처의 출력품번을 확인한다.
② (주)하나상사의 출력품번이 'SOCKET_P'로 다르게 등록되어 있다.

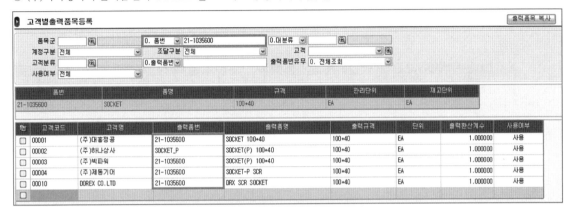

04 ①

📍 [영업관리] – [영업관리] – [판매계획등록(고객별상세)]

[조회조건]으로 조회한 후 각 고객에 등록된 수량을 확인한다.
① '00001. (주)대흥정공'의 수량이 480으로 가장 많다.

참고 등록되어 있는 품목의 단위(관리)가 다르므로 수량만을 비교한다.

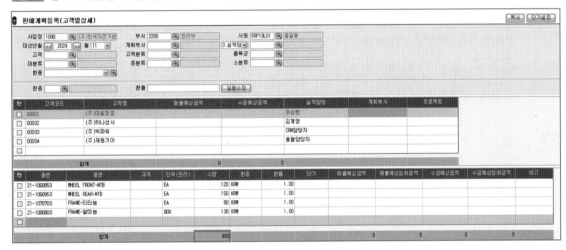

05 ③

📍 [영업관리] – [영업관리] – [견적등록]

[조회조건]으로 조회한 후 각 견적번호의 납기일을 확인한다.

③ 견적번호 ES2411000003의 납기일이 2024/11/07로 가장 빠르다.

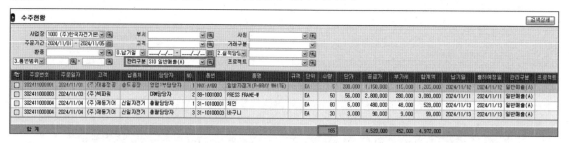

06 ①

📍 [영업관리] – [영업현황] – [수주현황]

[보기]의 조건으로 조회한 후 관리구분별 수량의 합을 확인한다. ① 관리구분 'S10. 일반매출(A)'의 수량 합이 165EA로 가장 크다.

① S10. 일반매출(A): 165 ⇒ 가장 크다.

② S20. 일반매출(B): 135

③ S30. 일반매출(C): 83

④ S40. 일반매출(D): 50

> **참고** 여러 관리구분이 섞여 있으므로 관리구분으로 조회하면 한눈에 확인하기 편리하다.

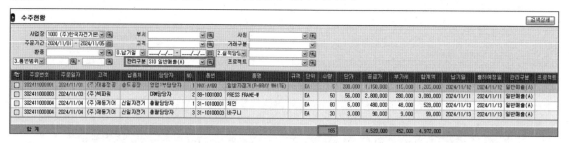

07 ②

📍 [영업관리] – [영업관리] – [출고처리(국내수주)]

[조회조건]으로 조회한 후 각 출고 건의 내역을 확인한다. ①, ②는 '주문출고' 탭, ③, ④는 '예외출고' 탭에 등록되어 있다.

① IS2411000001은 배송방법이 '010. 화물차량 1톤'으로 등록되어 있다.

② IS2411000002 하단에서 마우스 오른쪽 버튼을 클릭하여 [출고처리(국내수주)] 이력정보'를 확인하면 수주등록 SO2411000006과 출고검사등록 QC2411000001이 순서대로 등록되어 있다. 이는 주문적용을 받아 출고검사등록을 하고, 검사적용을 받아 출고처리를 한 것을 알 수 있다.

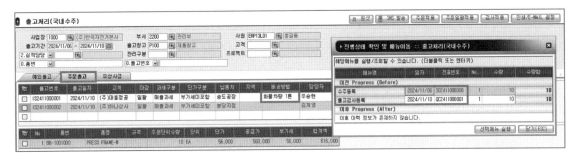

③ IS2411000003의 하단에 'P101. 제품장소'가 등록되어 있으며, 출고수량만큼 재고수량이 감소한 것이다.

④ IS2411000004의 마감구분은 '건별'로 등록되어 있다.

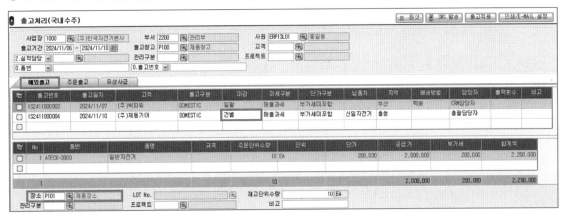

08 ④

📍 [영업관리] – [영업관리] – [출고처리(국내수주)]

[출고처리(국내수주)] 메뉴의 '주문출고' 탭에서 '사업장: 1000. (주)한국자전거본사, 출고기간: 2024/11/01 ~ 2024/11/01'로 조회한 후 오른쪽 상단의 '주문적용'을 클릭하여 팝업창에 '주문일: 2024/10/20 ~ 2024/10/20'으로 조회하면 데이터가 조회되지 않는다.

📍 [영업관리] – [영업관리] – [수주마감처리]

[수주등록] 메뉴에서 '[수주등록] 이력정보'를 확인해도 이력정보가 등록되어 있지 않다. [수주마감처리] 메뉴에서 사업장: 1000. (주)한국자전거본사, 주문기간: 2024/10/20 ~ 2024/10/20'으로 조회해보면 주문 건이 마감된 것을 알 수 있으며, 마감사유는 '재고 품절로 인하여 취소'이다. 수주마감처리를 하면 출고처리에서 제외된다.

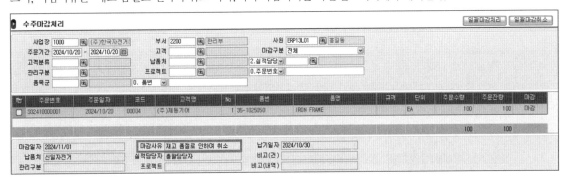

09 ①

◎ [영업관리] – [영업관리] – [수금등록]

[조회조건]으로 조회한 후 각 수금번호에서 오른쪽 상단의 '선수금정리'를 클릭하여 정리일자와 정리금액을 확인한다.
2024년 11월 5일에 선수금을 정리한 수금번호는 RC2411000001이다.
① RC2411000001: 정리일자 2024/11/05, 정리금액 1,500,000원
② RC2411000002, ③ RC2411000003: 정리내역 없음
④ RC2411000004: 정리일자 2024/11/10, 정리금액 3,000,000원

10 ③

◎ [영업관리] – [영업관리] – [매출마감(국내거래)]

[조회조건]으로 조회한 후 각 마감번호의 내역을 확인한다.
① SC2411000002는 마감일자가 2024/11/12로 등록되어 있다.
② SC2411000003에 등록된 품목 '87-1002001. BREAK SYSTEM'의 마감수량은 100BOX, 재고단위수량은 15EA로
　다르다.

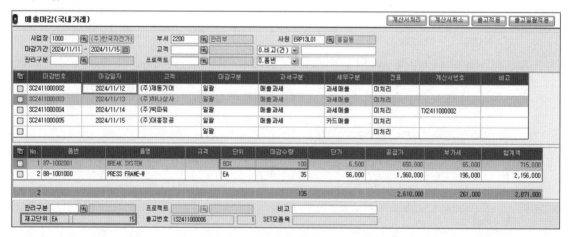

③ SC2411000004의 하단에서 마우스 오른쪽 버튼을 클릭하여 '[매출마감(국내거래)] 이력정보'를 확인하면 세금계산서
　처리 일자 2024/11/30이 등록되어 있어 2024년 11월 30일자로 세금계산서가 처리된 것을 알 수 있다.
④ SC2411000005의 세무구분은 '카드매출'로 등록되어 있다.

11 ③

[영업관리] − [영업현황] − [미수채권집계]

'고객' 탭에서 [조회조건]과 '고객: 00002. (주)하나상사'로 조회되는 내역을 확인한다.

① 채권기초 금액인 전기(월)이월 금액은 1,878,000원이다.

② 당기발생 금액은 3,487,000원이다.

③ 당기수금 금액은 500,000원이다.

④ 미수채권 잔액은 4,865,000원이다.

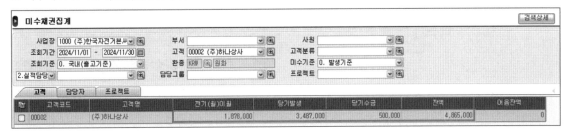

12 ②

[구매/자재관리] − [구매관리] − [소요량전개(MRP)]

'사업장: 1000. (주)한국자전거본사'로 조회한 후 '전개구분: 2. 모의전개, 계획기간: 2024/11/11 ~ 2024/11/11'을 입력하고 오른쪽 상단의 '소요량전개'를 클릭하면 소요량전개 작업이 진행된다. 소요량전개 작업 후 품목 '88−1001000. PRESS FRAME−W'의 소요일자는 2024/11/07이다.

> **참고** 소요량전개는 조회 후에 [보기]의 조건을 입력하여 바로 오른쪽 상단의 '소요량전개'를 클릭하는 것에 유의해야 한다. 또한 실습일(오늘)이 예정발주일보다 늦으면 예정발주일에 실습일이 등록되어 정확한 날짜를 확인하기 어렵다. 이때, 작업하는 컴퓨터의 날짜를 계획기간 이전으로 바꾼 후 소요량전개 작업을 하면 정확한 예정발주일을 확인할 수 있다. 기출문제는 나중에 풀어보는 것이지만 시험에서는 날이 이후가 될 일이 없으므로 신경쓰지 않아도 된다.

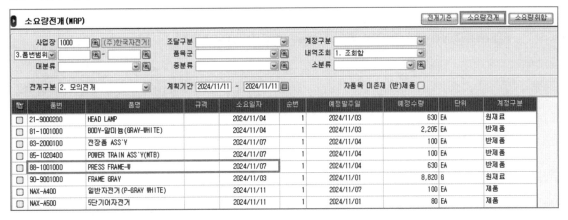

13 ④

📍 [구매/자재관리] – [구매관리] – [발주등록]

[조회조건]으로 조회한 후 각 발주번호의 내역을 확인한다.

① PO2411000001: 하단에서 마우스 오른쪽 버튼을 클릭하여 '[발주등록] 이력정보'를 확인하면 이전 이력이 등록되어 있지 않아 적용받지 않고 직접 입력한 것을 알 수 있다.

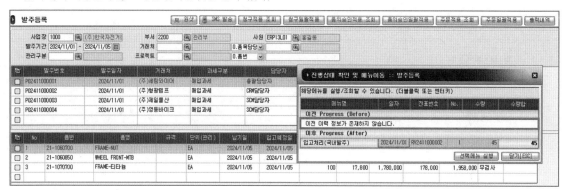

② PO2411000002: 하단에서 마우스 오른쪽 버튼을 클릭하여 '부가기능–품목상세정보'를 확인하면 '품목상세정보'의 주거래처는 (주)형광램프이며, [발주등록] 메뉴에 등록된 거래처도 (주)형광램프이므로 품목의 주거래처로 발주된 것을 알 수 있다.

③ PO2411000003: 하단에 관리구분 'P20. 일반구매'가 등록되어 있다.

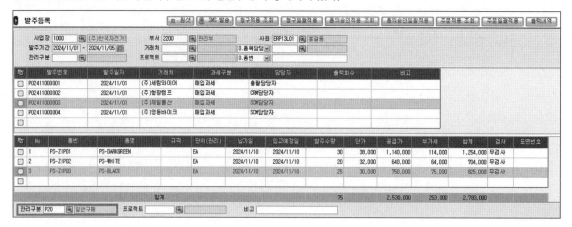

④ PO2411000004: 하단에서 마우스 오른쪽 버튼을 클릭하여 '[발주등록] 이력정보'를 확인하면 이력정보가 등록되어 있지 않다. 발주마감내역을 확인하기 위하여 [발주마감처리] 메뉴에서 확인한다.

◉ [구매/자재관리] – [구매관리] – [발주마감처리]

[조회조건]으로 조회하면 마감일자가 2024/11/05이므로 2024년 11월 5일자로 발주마감되었다.

14 ①

◉ [구매/자재관리] – [구매관리] – [입고처리(국내발주)]

'발주입고' 탭에서 [조회조건]의 사업장, 입고기간, 입고창고로 조회한 후 오른쪽 상단의 '발주적용'을 클릭한다. 팝업창에 '발주기간: 2024/11/01 ~ 2024/11/01'로 조회한 후 각 품목의 발주잔량을 확인한다.

① 품목 '14-252500. SUPREME X2'의 발주잔량이 80EA로 가장 크다.

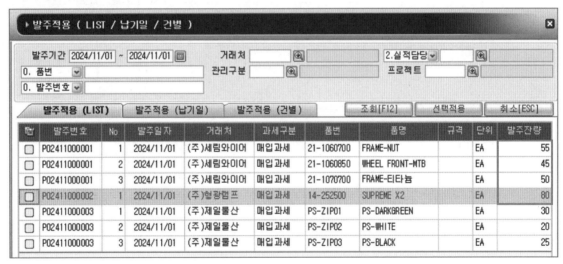

15 ④

◎ [구매/자재관리] – [재고평가] – [생산품표준원가등록]

'사업장: 1000. (주)한국자전거본사, 해당년도: 2024/11월'로 조회한다. 생산품의 입고 금액으로 등록되는 단가가 표준
원가이며, 품목 '87-1002001. BREAK SYSTEM'의 표준원가는 55,100원이다.

	품번	품명	규격	단위(재고)	표준원가(품목등록)	실제원가(품목등록)	표준원가
	83-2000100	전장품 ASS'Y		EA	87,000	87,100	86,800
	85-1020400	POWER TRAIN ASS'Y(MTB)		EA	58,000	58,100	57,500
	87-1002001	BREAK SYSTEM		EA	55,000	55,100	55,100
	88-1001000	PRESS FRAME-W		EA	46,000	46,100	42,100
	NAX-A400	일반자전거(P-GRAY WHITE)		EA	135,000	137,000	118,000
	NAX-A420	산악자전거(P-206)		EA	147,000	148,000	152,500
	NAX-A500	5단기어자전거		EA	250,000	260,000	284,300
	PIPE06	200 X 600 PIPE	200+600	EA	10,100	10,800	10,000

16 ③

◎ [구매/자재관리] – [구매관리] – [청구등록]

[보기]의 조건으로 조회한 후 등록되어 있는 각 품목에서 마우스 오른쪽 버튼을 클릭하여 '부가기능–품목상세정보'를 확
인한다.
③ 품목 'GEAR REAR C'의 품목상세정보에 등록되어 있는 주거래처는 '에치에프아이'이며, [청구등록] 메뉴에 등록된
주거래처는 '대봉엘에이치'로 품목등록의 주거래처와 청구등록의 주거래처가 다르다.

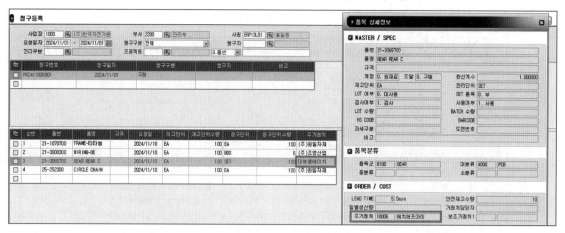

17 ②

◎ [구매/자재관리] – [구매관리] – [입고처리(국내발주)]

[조회조건]으로 조회한 후 각 입고번호의 내역을 확인한다.
① RV2411000003의 발주수량은 100EA이며, 하단에서 마우스 오른쪽 버튼을 클릭하여 '[입고처리(국내발주)] 이력
정보'를 확인하면 매입마감(국내거래) 수량이 50EA로 일부만 매입마감된 것을 알 수 있다.
② RV2411000004는 마감구분이 '건별'이면 [입고처리(국내발주)] 메뉴에 등록된 내역이 [매입마감(국내거래)] 메뉴에
서 자동으로 등록되므로, [입고처리(국내발주)] 메뉴에서는 발주수량을 수정할 수 있다.

③ 세무구분은 [매입마감(국내거래)] 메뉴에서 확인할 수 있으므로 RV2411000005의 '[입고처리(국내발주)] 이력정보'
에서 매입마감(국내거래) 일자 2024/11/05, 전표번호 PC2411000002를 확인한다.

◉ [구매/자재관리] – [구매관리] – [매입마감(국내거래)]

'사업장: 1000. (주)한국자전거본사, 마감기간: 2024/11/05 ~ 2024/11/05'로 조회한다. 마감번호 PC2411000002의
세무구분은 '카드매입'이다.

④ 전표처리 여부는 [매입마감(국내거래)] 메뉴에서 확인할 수 있으므로 ③번 보기와 같은 방법으로 확인하면 된다. [입
고처리(국내발주)] 메뉴에서 RV2411000006의 '[입고처리(국내발주)] 이력정보' 매입마감(국내거래) 일자
2024/11/10, 전표번호 PC2411000005를 확인한다. [매입마감(국내거래)] 메뉴에서 '사업장: 1000. (주)한국자전거
본사, 마감기간: 2024/11/10 ~ 2024/11/10'으로 조회하면 마감번호 PC2411000005의 전표는 '처리'로 전표처리된
것을 알 수 있다.

18 ③

◉ [구매/자재관리] – [구매현황] – [입고현황]

'사업장: 1000. (주) 한국자전거본사, 입고기간: 2024/11/05 ~ 2024/11/05'로 조회한 후 품목 'ABU-012. ARU_230'
의 내역을 확인한다. 입고창고/입고장소는 '제품창고/제품장소'이다.

[구매/자재관리] – [재고관리] – [재고이동등록(창고)]

2024년 11월 5일에 입고처리한 것의 장소를 이동한 것이므로 [재고이동등록(창고)] 메뉴에서 2024/11/05 이후의 일자로 조회한다. 이동기간을 넉넉히 2024/11/05 ~ 2024/11/30으로 조회하면, 입고창고/입고장소가 '제품창고/제품장소', 출고장소가 '생산대기장소'로 등록되어 있는 이동일자는 2024/11/08이다.

	이동번호	이동일자	출고창고	출고장소	입고창고	입고장소	담당자	비고
☐	MV2411000001	2024/11/06	부품창고	부품장소	제품창고	제품장소		
☐	MV2411000002	2024/11/07	대리점창고	판매장소	대리점창고	대기장소		
☐	MV2411000003	2024/11/08	제품창고	제품장소	제품창고	생산대기장소		
☐	MV2411000004	2024/11/09	완성품창고	제품_서울장소	제품창고	생산대기장소		

19 ④

[구매/자재관리] – [재고관리] – [재고실사등록]

'사업장: 1000, (주) 한국자전거본사, 실사기간: 2024/11/04 ~ 2024/11/04'로 조회되는 내역을 확인한다.

①, ②, ③ 실사구분은 기타, 재고기준일은 2024/11/01, 창고/장소는 '완성품창고/제품_서울장소'이다.

④ 품목 'PRESS FRAME-W'의 전산재고는 30EA, 실사재고는 33EA이므로 실사재고에 맞춰 전산재고를 3EA 증가시켜야 한다.

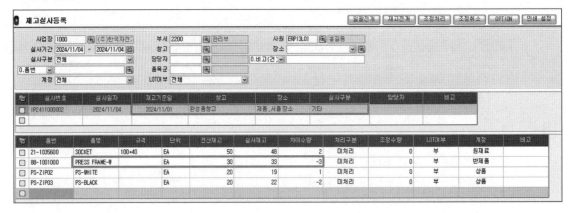

20 ①

📍 [무역관리] – [구매승인서(수출)] – [견적등록(수출)]

[보기]의 조건으로 조회한 후 견적번호 ES2411000005의 하단에서 마우스 오른쪽 버튼을 클릭하여 '[견적등록(수출)] 이력정보'를 확인한다. 이후 이력에 해외수주등록 일자 2024/11/12, 전표번호 SO2411000007가 등록되어 있다.

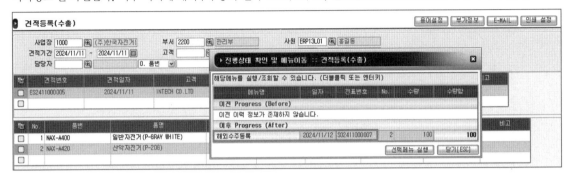

📍 [무역관리] – [수출현황] – [해외수주현황]

'사업장: 1000. (주)한국자전거본사, 주문기간: 2024/11/12 ~ 2024/11/12'로 조회한다. 주문번호 SO2411000007의 거래구분은 T/T이다.

21 ③

📍 [무역관리] – [구매승인서(수출)] – [출고처리(L/C)]

[조회조건]으로 조회한 후 내역을 확인한다.
② 등록되어 있는 모든 품목의 하단에 프로젝트 'D100. 해외프로모션'이 등록되어 있다.
④ 출고의 관리단위수량(주문단위수량)과 재고단위수량이 150EA로 동일하다.

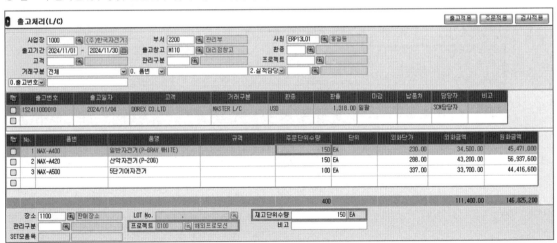

①, ③은 하단에서 마우스 오른쪽 버튼을 클릭하여 '[출고처리(L/C)] 이력정보'를 확인하면 L/C등록일자 2024/10/15, 전표번호 SO2410000002이다. 선적항, 개설은행은 [L/C등록] 메뉴에서 확인한다.

📍 [무역관리] – [구매승인서(수출)] – [L/C등록]

'주문기간: 2024/10/15 ~ 2024/10/15'로 조회한 후 팝업창에 조회되는 L/C번호에 체크하고 '선택항목 편집'을 클릭한다.
① 선적항은 'BUSAN, KOREA'이다.
③ 개설은행은 '98004. 하나보통/211-23-98111'이다.

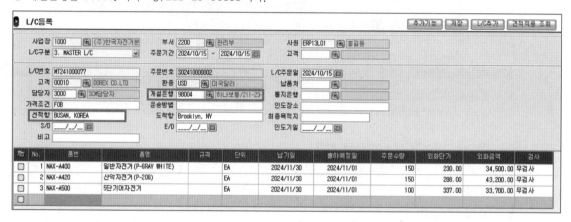

22 ②

📍 [무역관리] – [기타(수출)] – [COMMERCIAL INVOICE 등록]

조회한 후 팝업창에 '송장기간: 2022/11/01 ~ 2022/11/30, 고객: 00011. INTECH CO.LTD'로 조회되는 건에 체크하고 확인을 클릭한다.
① 선적항(Port of Loading)은 INCHEON, KOREA이다.
② Carrier는 Topaz이다.

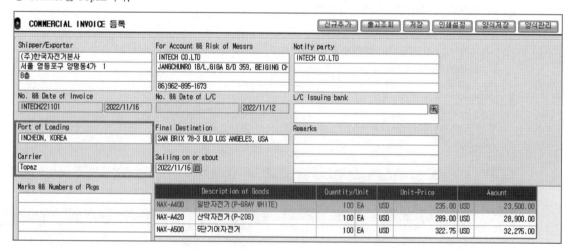

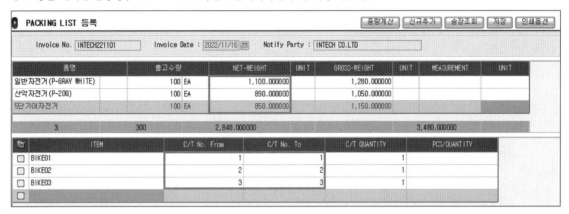

📍 [무역관리] – [기타(수출)] – [PACKING LIST 등록]

조회한 후 팝업창에 '송장기간: 2022/11/01 ~ 2022/11/30, 고객: 00011. INTECH CO.LTD'로 조회되는 건에 체크하고 확인을 클릭한다.

③ C/T No.가 1, 2, 3이므로 한 개가 아닌 세 개의 컨테이너에 선적하였다.

④ 포장을 제외한 순중량(NET – WEIGHT)은 '5단기어자전거'가 가장 가볍다.

23 ④

📍 [무역관리] – [기타(수입)] – [해외발주등록]

[조회조건]으로 조회한 후 발주번호 PO2411000005의 하단에서 마우스 오른쪽 버튼을 클릭하여 '[해외발주등록] 이력정보'를 확인하면 이후 이력 B/L접수 일자 2024/11/19, 전표번호 BL2411000002이다.

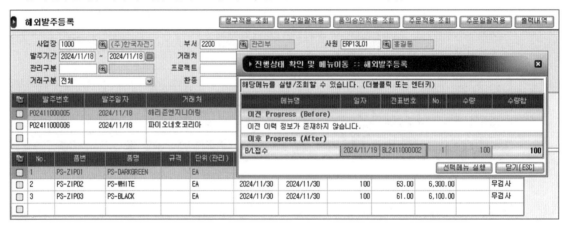

📍 [무역관리] – [기타(수입)] – [B/L접수]

'사업장: 1000. (주)한국자전거본사, 선적기간: 2024/11/19 ~ 2024/11/19'으로 조회한 후 팝업창에서 B/L번호
BL2411000002에 체크하고 '선택적용'을 클릭하여 B/L의 등록내역을 확인한다.

④ 등록되어 있는 환종은 USD이므로 외화 금액의 합은 USD 18,200이다.

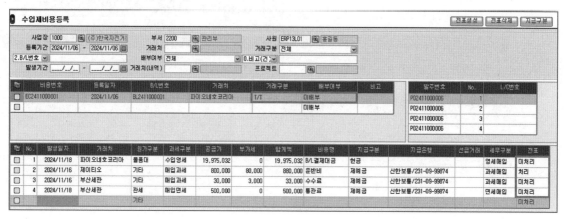

24 ①

📍 [무역관리] – [기타(수입)] – [수입제비용등록]

[조회조건]으로 조회한 후 비용번호 EC2411000001의 내역을 확인한다.

① 배부여부는 '미배부'로 미착정산 미배부 상태이다.

② '운반비'의 전표는 '처리', 다른 비용의 전표는 '미처리'로, 모든 비용이 전표처리된 것은 아니다.

③ 거래구분은 T/T로, Master L/C가 아닌 T/T인 거래에 대한 비용이다.

④ 모든 비용이 미착정산배부 대상이다.

25 ④

📍 [무역관리] – [수입현황] – [수입진행현황]

[조회조건]으로 조회한다. 품번이 주어졌으므로 '품번: 21-3065700'으로 '품목별' 탭에서 조회하는 것이 확인하기 편리하다.

① 입고된 수량은 총 100SET이다.

② 마지막 발주일자는 발주번호 PO2406000001의 2024년 6월 27일이다.

③ 2024년 3월 선적수량은 총 100 + 100 = 200SET이다.

④ 수입 시 사용된 환종은 JPY와 USD이다.

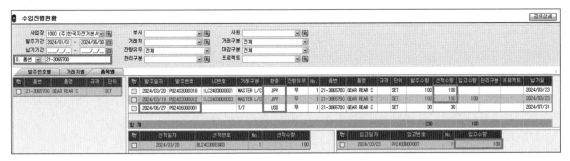

이론

01	①	02	③	03	①	04	③	05	②	06	②	07	②	08	①	09	①	10	③
11	400	12	델파이 또는 델파이분석					13	45	14	②	15	①	16	③	17	②	18	④
19	품질	20	7,000			21	③	22	①	23	④	24	③	25	20	26	해제	27	②
28	②	29	②	30	④	31	CPT	32	협회적하 또는 협회적하보험 또는 해상적하보험										

01 ①

미래의 ERP는 4차 산업혁명의 핵심 기술인 인공지능(AI), 빅데이터(Big Data), 사물인터넷(IoT), 블록체인 등의 신기술과 융합하여 보다 지능화된 기업경영이 가능한 통합 시스템으로 발전될 것이다.

02 ③

ERP 도입 기업의 사원들을 위한 ERP 교육을 계획할 때, 커스터마이징의 최소화가 필요함을 강조한다.

03 ①

ERP 구축 절차 중 설계 단계에서는 TO-BE 프로세스 도출, 패키지 기능과 TO-BE 프로세스의 차이점 분석(GAP 분석), 패키지 설치 및 파라미터 설정, 추가 개발 및 수정·보완 문제 논의, 인터페이스 문제 논의, 커스터마이징(Customizing, 사용자 요구)의 선정을 한다.

04 ③

기존 정보 시스템은 수직적으로 업무를 처리하고, ERP는 수평적으로 업무를 처리한다.

05 ②

ERP는 어떠한 운영체제나 데이터베이스에서도 잘 운영될 수 있도록 설계되어 있어서 다른 시스템과의 연계가 쉽다. 따라서 특정 하드웨어 및 소프트웨어 기술이나 업체에 의존하지 않고 다양한 하드웨어나 소프트웨어와 조합하여 사용할 수 있도록 지원한다.

06 ②

• 변동비율: $\dfrac{\text{단위당 변동비 } 500원}{\text{단위당 판매가격 } 2,000원} = 0.25$

• 손익분기점 매출액: $\dfrac{\text{고정비 } 1,500,000원}{1 - \text{변동비율 } 0.25} = 2,000,000원$

07 ②

① 월별 판매할당: 목표매출액을 월별로 할당
③ 지역/시장별 판매할당: 세분화된 지역 및 시장에 대하여 목표매출액을 할당
④ 상품/서비스별 판매할당: 상품·제품·서비스별 시장점유율을 고려한 할당

08 ①

리베이트는 일정 기간의 판매액을 기준으로 판매에 기여한 판매업자에게 이익의 일부를 되돌려 주는 것으로, 판매 금액의 일부를 할인해 주는 것과는 다른 의미이다. 리베이트 전략에는 가격유지 목적뿐만 아니라 판매촉진 기능, 보상적 기능, 통제 및 관리적 기능 등이 있다.

09 ①

중점 관리 대상인 우량 거래처나 고객을 선정하는 과정에서 거래처나 고객에 대한 과거 판매실적 한 가지만을 근거로 하는 고객(거래처) 중점 선정 방법은 ABC 분석(파레토 분석)이다.

10 ③

해당 거래처의 매출 예측액을 신용능력으로 보고 신용한도를 설정하는 것은 매출액 예측에 의한 방법이다(여신한도액 = 거래처(고객)의 총매입액 × 자사 수주점유율 × 여신기간).

11 400

소매가격 1,000원 = 소매 매입원가(도매가격) 400원 + 소매업자 영업비 200원 + 소매업자 이익
∴ 소매업자 이익 = 400원

12 델파이 또는 델파이분석

여러 전문가들의 의견을 수집하여 의견의 합의가 이루어질 때까지 반복적으로 서로 논평하게 하여 수요를 예측하는 것은 델파이법이다.

13 45

- 현금은 기간이 필요없으므로 현금의 어음기간은 0으로 계산한다.
- 조정 받을어음 회수기간: $\dfrac{(각\ 받을어음\ 금액 \times 각\ 어음기간)의\ 합계}{매출총액} = \dfrac{1억원 \times 0일 + 2억원 \times x일 + 3억원 \times 90일}{6억원}$

  $= 60일$

∴ x(A 어음의 어음기간) = 45일

14 ②

조달 리드 타임이 길어지면 수요와 공급의 변동성, 불확실성이 확대되어 채찍 효과가 발생한다.

15 ①

- 직배송 방식: 생산자 창고만 보유하고 물류거점을 거치지 않고 소비자에게 직접 배송
- 지역 물류센터 방식: 소비자 근처로 위치한 분산 물류거점

16 ③

생산에 직접 소요되는 원·부재료를 제외한 간접적인 소요자재는 소모성 자재(MRO; Maintenance, Repair and Operation)이다.

17 ②

1회 운송량이 많지 않을 경우 여러 목적지의 화물을 하나의 트럭이 처리하는 방식은 순환배송 방식이다.

18 ④

창고 출고 업무 프로세스는 '주문·출하 요청 → 주문 마감 집계 → 출고 계획 수립 → 출고 지시 → 출고 피킹(오더 피킹) → 분류 → 검사 → 출하 포장 → 상차 적재 → 출하 이동 → 출고 마감'이다. 주어진 선택지 중 가장 먼저 수행되는 업무는 '주문 마감 집계'이다.

19 **품질**

공급망 프로세스의 경쟁능력 4가지 요소인 비용, 품질, 유연성, 시간 중 품질(Quality)은 고객 욕구를 만족시키는 척도이며 소비자에 의하여 결정된다.

20 **7,000**

- 일평균 사용량: $\dfrac{\text{연간 판매량 } 60,000개}{\text{연간 영업일 } 300일} = 200개/일$
- 구매 리드 타임 동안의 수요: 조달기간 10일 × 일평균 사용량 200개/일 = 2,000개
- 재주문점(ROP, 재발주점) 수량: 구매 리드 타임 동안의 수요 2,000개 + 안전재고 5,000개 = 7,000개

21 ③

① 구매전략: 구매방침 설정, 구매계획 수립, 구매방법 결정
④ 구매분석: 구매활동의 성과 평가, 구매활동의 감사

22 ①

- 비용 중심적 가격 결정 방식: 코스트플러스 방식, 가산이익률 방식, 목표투자이익률 방식, 손익분기점 분석 방식
- 구매자 중심적 가격 결정 방식: 구매가격 예측 방식, 지각가치 기준 방식
- 경쟁자 중심적 가격 결정 방식: 경쟁기업 가격 기준 방식, 입찰경쟁 방식

23 ④

시장조사를 통해 구매가격, 품질, 조달기간, 구매수량, 공급자, 지불조건 등을 결정하기 위한 정보를 수집하여 합리적 구매계획을 수립하도록 한다.

24 ③

거래처 분산구매는 다양한 거래처에서 분산하여 구매하는 것으로 구매기회를 안정적으로 유지할 수 있다.

25 20

- 구매당월락 현금할인(EOM; End-Of-Month Dating): 관습상 25일 이후의 구매는 익월에 행해진 것으로 간주되어, 구매당월은 할인기간에 산입하지 않고 익월부터 시작하는 방식이다.
- 8월 10일 거래 계약 체결 후 결제조건 '10/20 EOM': 익월인 9월 20일까지 현금 지불이 되면 10%의 할인이 적용된다.

26 해제

구매 계약에 대한 '해제'는 기발생된 행위를 소급하여 무효로 하는 것을 말하며, '해지'는 미래에 대해서만 법률적 효력을 무효로 하는 것을 말한다.

27 ②

무역거래에 있어 원산지를 표시하는 규정은 대외무역법을 적용한다.

28 ②

외국으로부터 우리나라에 도착한 물품으로서 수입신고가 수리되기 전의 것은 외국물품에 해당한다.

29 ②

① 연불(Deferred Payment): 선적서류가 수입지에 도착하더라도 거래 당사자가 사전에 합의한 약정기간이 경과된 후에 대금을 지급하는 방법
③ 현물상환불(Cash on Delivery): 수입지에 물품이 도착하면 수입자와 선적서류를 가진 수출자 대리인이 함께 수입통관을 한 후, 수입자가 직접 품질 검사를 하여 물품과 상환하여 수입대금을 지급하고 물품을 인수하는 방식
④ 서류상환불(Cash against Documents): 수입자 대리인이 수출지에서 제조 과정이나 품질을 확인할 수 있으므로 현물 대신에 B/L 등의 선적서류와 상환하여 수입자가 수입대금을 지급하는 방식

30 ④

외국환은행 대고객매매율은 외국환은행이 고객과 외환거래를 할 때 적용하는 환율로서 매 영업일마다 외국환은행장이 외국환은행 간 매매율을 기준으로 하여 자율적으로 정하여 적용한다.

31 CPT

수출자가 지정 목적지까지 인도하면서 운송비의 책임을 부담하는 조건은 CPT(Carriage Paid To, 운송비 지급 인도조건)이다.

32 협회적하 또는 협회적하보험 또는 해상적하보험

협회적하약관은 런던보험업자협회(ILU)에서 제정한 화물해상보험 특별약관이다.

01	③	02	④	03	①	04	②	05	①	06	②	07	④	08	①	09	②	10	③
11	①	12	④	13	③	14	③	15	④	16	②	17	①	18	②	19	③	20	④
21	①	22	④	23	②	24	③	25	④										

01　③

◎ [시스템관리] – [기초정보관리] – [창고/공정(생산)/외주공정등록]

'창고/장소' 탭에서 조회한 후 각 장소의 적합여부를 확인한다.

③ 'M100. 상품창고' 하단에 'M105. 점검장소'의 적합여부가 '부적합'으로 부적합 장소에 해당한다.

02　④

◎ [시스템관리] – [기초정보관리] – [물류실적(품목/고객)담당자등록]

'거래처' 탭에서 조회한 후 각 담당자를 확인하다.

① (주)대흥정공의 영업담당자는 김대연이다.

② (주)하나상사의 구매담당자는 정대준이다.

③ (주)빅파워의 영업담당자, 구매담당자는 모두 김대연이다.

④ (주)세림와이어의 구매담당자는 김대연이다.

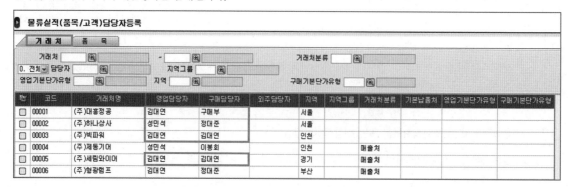

03 ①

🔍 [시스템관리] – [기초정보관리] – [품목등록]

가, 다, 라는 'ORDER/COST' 탭, 나는 'MASTER/SPEC' 탭에서 조회한 후 각 품목의 내역을 확인한다.

가. '21-1030600. FRONT FORK(S)'의 안전재고량은 10이다. (×)

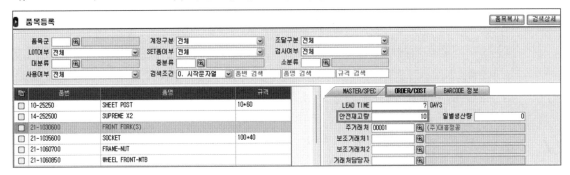

나. '21-1060700. FRAME-NUT'의 재고단위와 관리단위는 EA로 같다. (×)

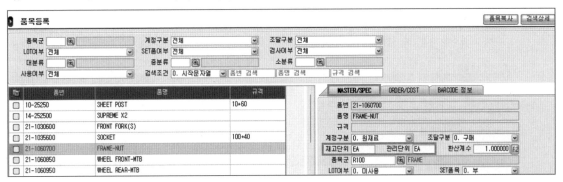

다. '21-1070700. FRAME-티타늄'의 LEAD TIME은 3DAYS이다. (×)

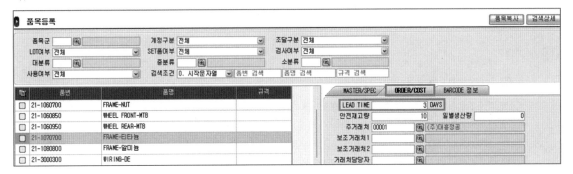

라. '21-3065700. GEAR REAR C'의 주거래처는 (주)원일자재이다. (×)

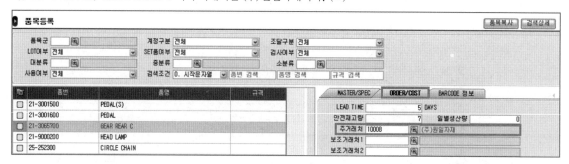

⇒ 올바른 설명은 없다. (0가지)

04 ②

📍 [영업관리] – [영업관리] – [판매계획등록]

'수정계획' 탭에서 [조회조건]으로 조회한 후 각 품목의 기초계획수량과 수정계획수량을 확인한다.
② 품목 'NAX-A420. 산악자전거'의 기초계획수량은 470EA, 수정계획수량은 460EA로 처음 계획했던 수량보다 수정한 계획수량이 더 적어졌다.

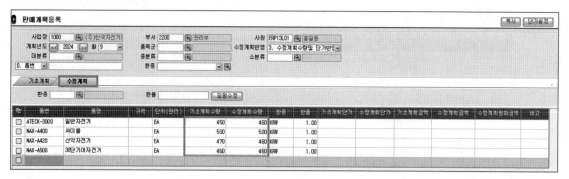

05 ①

📍 [영업관리] – [영업관리] – [견적등록]

[조회조건]과 '고객: (주)대흥정공'으로 조회되는 견적번호의 견적일자와 유효일자를 확인한다. ① 견적번호 ES2409000001의 견적일자 대비 유효일자까지 남은 기간이 가장 길다.
① ES2409000001: 견적일자 2024/09/01, 유효일자 2024/09/20 – 남은기간 19일
② ES2409000005: 견적일자 2024/09/02, 유효일자 2024/09/20 – 남은기간 18일
③ ES2409000009: 견적일자 2024/09/03, 유효일자 2024/09/21 – 남은기간 18일
④ ES2409000013: 견적일자 2024/09/04, 유효일자 2024/09/22 – 남은기간 18일

06 ②

📍 [영업관리] – [영업관리] – [수주등록]

[조회조건]으로 조회한 후 각 주문번호의 납품처에서 더블클릭 또는 'F2'를 클릭한다.
② 주문번호 SO2409000002에서 납품처를 지정할 수 있다.

07 ④

📍 [영업관리] – [영업관리] – [출고처리(국내수주)]

'주문출고' 탭에서 [조회조건]으로 조회한 후 오른쪽 상단의 '주문적용'을 클릭하여 '주문일: 2024/09/01 ~ 2024/09/01'
로 조회하면 데이터가 조회되지 않는다.

📍 [영업관리] – [영업관리] – [수주등록]

[수주등록] 메뉴에서 '사업장: 1000. (주)한국자전거본사, 주문기간: 2024/09/01 ~ 2024/09/01'로 조회되는 주문번호
SO2409000005의 내역을 확인한다. 하단에서 마우스 오른쪽 버튼을 클릭하여 '[수주등록] 이력정보'를 확인하면 이후
이력이 '출고처리(국내수주)' 일자 2024/09/01로 등록되어 있어, 2024/09/01에 이미 출고처리가 되었음을 알 수 있다.

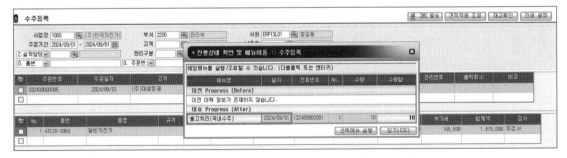

📍 [영업관리] – [영업관리] – [매출마감(국내거래)]

'사업장: 1000. (주)한국자전거본사, 마감기간: 2024/09/07 ~ 2024/09/07'로 조회한 후 각 마감 건의 내역을 확인한다.

가. 마감번호 SC2409000001은 전표가 '미처리'로 전표처리되지 않았다. (×)

나. 마감번호 SC2409000002는 관리단위수량인 마감수량과 하단 재고단위수량이 10EA로 같다. (×)

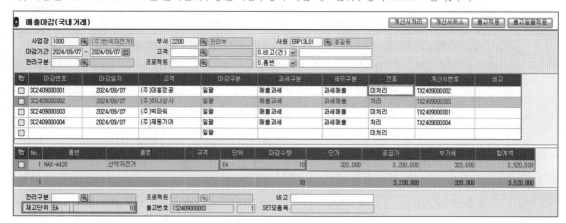

다. 마감번호 SC2409000003은 계산서번호 TX2409000001로 생성되었다. (×)

라. 마감번호 SC2409000004는 출고번호 IS2409000005의 매출마감 건이다. (×)

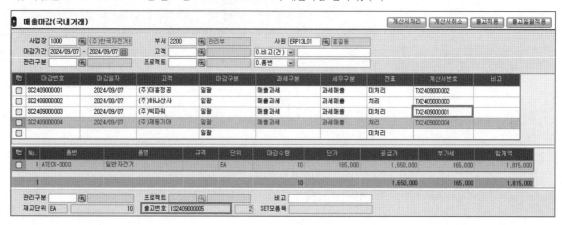

⇒ 올바른 설명은 0가지이다.

09 ②

◉ [영업관리] – [영업현황] – [출고현황]

'사업장: 1000. (주)한국자전거본사, 출고기간: 2024/09/02 ～ 2024/09/05'로 조회한 후 출고창고와 출고장소를 확인한다.
② 'M110. 직영마트 – 1100. 판매장소'는 등록되어 있지 않다.

10 ③

◉ [영업관리] – [영업관리] – [수금등록]

'사업장: 1000. (주)한국자전거본사, 출고기간: 2024/09/01 ～ 2024/09/30'으로 조회한 후 각 수금번호의 내역을 확인한다.
가. 수금번호 RC2409000001은 전표가 '미처리'로 전표처리되지 않았다. (×)
나. 수금번호 RC2409000002를 선택한 후 오른쪽 상단의 '선수금정리'를 클릭하면 내역이 등록되어 있지 않다. (×)

다. 수금번호 RC2409000003의 증빙번호는 IS2409000004로 등록되었다. (○)

라. 수금번호 RC2409000004의 하단 등록내역을 클릭하면 특별할인판매 프로젝트를 확인할 수 있다. (○)

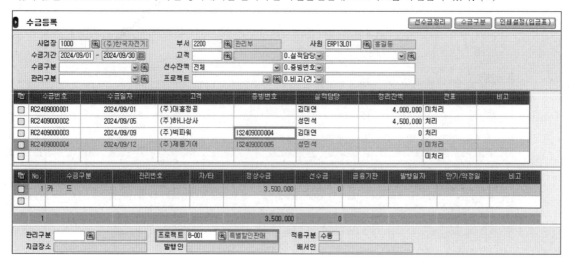

⇒ 올바른 설명은 다, 라(2가지)이다.

11 ①

📍 [영업관리] – [영업현황] – [매출미마감현황]

'사업장: 1000. (주)한국자전거본사, 출고기간: 2024/09/10 ~ 2024/09/10'으로 조회한 후 출고번호 IS2409000006의 수량을 확인한다.

① 품목 '21-1030600. FRONT FORK(S)'의 미마감수량이 35EA로 가장 크다.

12 ④

📍 [구매/자재관리] – [구매관리] – [소요량전개(MRP)]

'사업장: 1000. (주)한국자전거본사, 품목군: R100. FRAME'으로 조회하면 '전개구분: 2. 모의전개(SIMULATION),
계획기간: 2024/09/01 ~ 2024/09/10'으로 등록된 소요량전개내역을 확인할 수 있다.
④ 품목 '88-1001000. PRESS FRAME-W'의 예정발주일이 2024/09/03으로 가장 늦다.

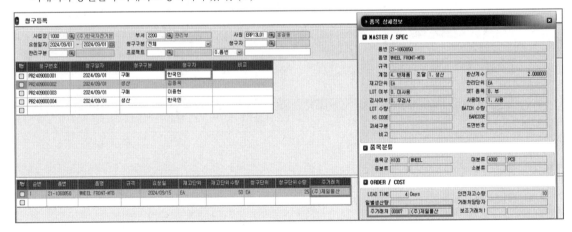

13 ③

📍 [구매/자재관리] – [구매관리] – [청구등록]

'사업장: 1000. (주)한국자전거본사, 출고기간: 2024/09/10 ~ 2024/09/10'으로 조회한 후 각 청구번호의 내역을 확인
한다.
가. 청구번호 PR2409000001의 청구자는 한국민이다. (×)
나. 청구번호 PR2409000002의 하단 품목에서 마우스 오른쪽 버튼을 클릭하여 '부가기능-품목상세정보'를 클릭하면 주
    거래처 '(주)제일물산'을 확인할 수 있다. [청구등록] 메뉴에 등록되어 있는 주거래처는 (주)제일물산으로 품목의 주
    거래처와 동일한 주거래처로 등록되어 있다. (○)

다. 각 청구번호의 청구일자와 요청일을 비교한다. 청구번호 PR2409000003은 청구일자 2024/09/01, 요청일
    2024/09/13으로 청구일자 기준 요청일까지의 기간이 제일 짧다. (○)

라. 청구구분이 '0. 구매'이면 하단의 품목이 [구매/자재관리]–[구매관리]–[발주등록] 메뉴와 연계되고, 청구구분이 '1. 생산'이면 [생산관리공통]–[생산관리]–[작업지시등록], [생산관리공통]–[외주관리]–[외주발주등록] 메뉴와 연계된다. 청구번호 PR2409000004는 청구구분이 '생산'이므로 발주등록으로 적용등록이 가능하지 않다. (×)

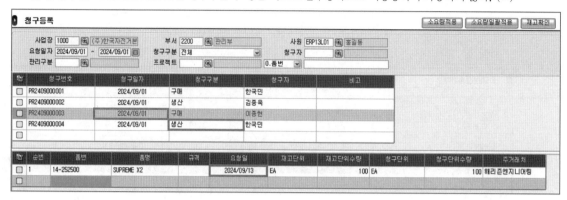

⇒ 올바른 설명은 나, 다(2가지)이다.

14 ③

◉ [구매/자재관리] – [구매관리] – [발주등록]

[조회조건]으로 조회한 후 각 발주번호의 하단에서 마우스 오른쪽 버튼을 클릭하여 '[발주등록] 이력정보'를 확인한다.
① PO2409000001, ④ PO2409000004: 이력정보가 등록되어 있지 않아 적용받지 않고 직접 입력한 것을 알 수 있다.
② PO2409000002: 이전 이력이 '청구등록'이므로 청구적용을 받아 등록한 것을 알 수 있다.
③ PO2409000003: 이전 이력이 '수주등록'이므로 주문적용을 받아 등록한 것을 알 수 있다.

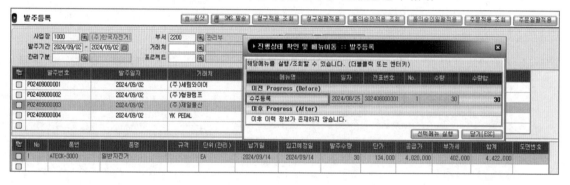

15 ④

◉ [구매/자재관리] – [구매관리] – [발주등록]

'사업장: 1000. (주)한국자전거본사, 발주기간: 2024/09/01 ~ 2024/09/30'으로 조회한 후 발주번호 PO2409000005의 내역을 확인한다.
가. 발주일자는 2024/09/05로 등록되어 있다. (×)
나. 거래처는 '(주)세림와이어'로 등록이 되어 있다. (○)
다. 하단에서 마우스 오른쪽 버튼을 클릭하여 '[발주등록] 이력정보'를 확인하면 이력정보가 등록되어 있지 않아 적용 기능을 사용하지 않고 직접 등록된 것을 알 수 있다. (○)

라. 담당자는 김대연으로 등록되어 있다. (○)

⇒ 올바른 설명은 나, 다, 라(3가지)이다.

16 ②

📍 [구매/자재관리] – [구매현황] – [입고현황]

[조회조건]으로 조회되는 내역을 확인한다.

참고 [입고처리(국내발주)] 메뉴에서 조회해도 되지만 입고창고가 주어지지 않았으므로 [입고현황] 메뉴에서 조회하는 것이 편리하다.

① 품목 '10-25250. SHEET POST'는 재고단위수량 420EA가 입고되었다.

참고 품번이나 품명으로 조회하면 한눈에 확인하기 편리하다.

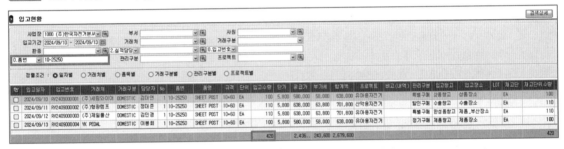

② 대분류 '1000. FRAME' 기준으로 관리단위수량(입고수량) 400EA가 입고되었다. 대분류는 오른쪽 상단의 '검색상세'
를 클릭하면 설정할 수 있다.

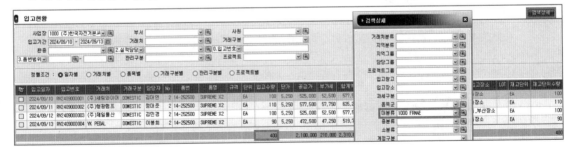

③ 관리구분 'P20. 일반구매' 기준으로 재고단위수량 400EA가 입고되었다.

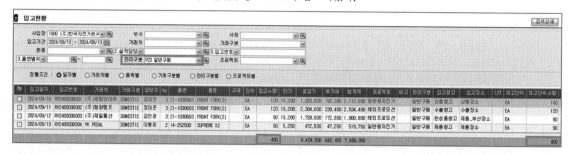

④ 프로젝트 'M100. 일반용자전거' 기준으로 관리단위수량 400EA가 입고되었다.

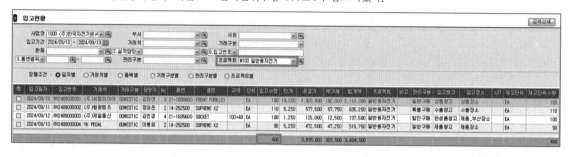

17 ①

⊙ [구매/자재관리] – [구매관리] – [회계처리(매입마감)]

'회계전표' 탭에서 [조회조건]으로 조회한 후 각 마감번호의 내역을 확인한다. ① PC2409000005의 '14600. 상품' 금액이 4,020,000원으로 가장 크다.

① PC2409000005: 4,020,000원 ⇒ 가장 크다.

② PC2409000006: 3,900,000원

③ PC2409000007: 3,660,000원

④ PC2409000008: 상품 계정 없음

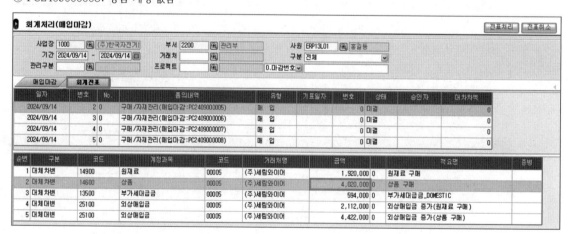

18 ②

◉ [구매/자재관리] – [재고관리] – [재고실사등록]

[조회조건]으로 조회되는 내역을 확인한다. 전산재고와 실사재고의 수량 차이는 [기초재고/재고조정등록] 메뉴에서 조정하여 일치시킨다. 또한 재고수량은 실사재고수량에 맞춰야 하므로 전산재고수량을 2EA 증가시켜야 한다. 따라서 [기초재고/재고조정등록] 메뉴의 '입고조정' 탭에서는 2EA만큼 입고조정, '출고조정' 탭에서는 – 2EA만큼 출고조정한다.

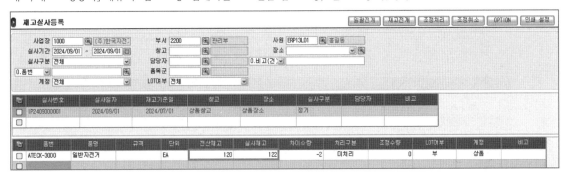

19 ③

◉ [구매/자재관리] – [재고수불현황] – [사업장/창고/장소별재고(금액)현황]

'사업장' 탭에서 [조회조건]으로 조회한 후 오른쪽 상단의 '단가 OPTION[F10]'을 클릭하여 '표준원가(품목등록)'으로 설정한다. ③ 품목 'PS-ZIP02. PS-WHITE'의 금액이 1,540,000원으로 가장 크다.

20 ④

◉ [무역관리] – [MASTER L/C(수출)] – [L/C등록]

[조회조건]으로 조회한 후 팝업창에서 주문번호에 체크하고 '선택항목 편집'을 클릭하면 L/C등록된 내역을 확인할 수 있다.

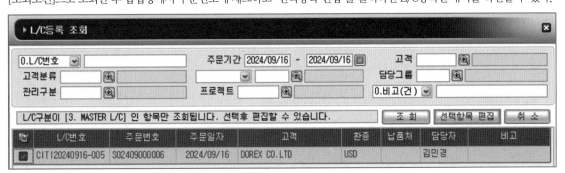

①, ②, ③ 환종은 'USD 미국달러', 담당자는 '김민경', 최종 목적지는 'BOSTON, USA'이다.
④ 검사여부가 '검사'이므로 출하 검사 대상이다.

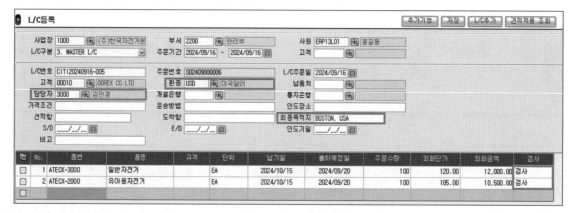

21 ①

📍 [무역관리] – [기타(수출)] – [출고처리(해외수주)]

[조회조건]으로 조회한 후 등록된 내역을 확인한다.

① 하단 품목에서 마우스 오른쪽 버튼을 클릭하여 '[출고처리(해외수주)] 이력정보'를 확인하면 이전 이력이 '해외수주등록'이므로 해외수주등록을 적용받은 것이며, L/C내역을 적용받은 것이 아니다. 또한 거래구분이 L/C가 아닌 T/T(전신송금환)로 등록되어 있다.
② 거래환종은 USD이며, 환율은 1,370.00이다.
③ 하단 품목을 클릭하면 출고장소는 모두 'P101. 제품장소'로 동일하게 등록되어 있다.
④ 출고된 원화 금액은 해당일 환율 기준 30,825,000원(= $22,500 × 1,370원/$)이다.

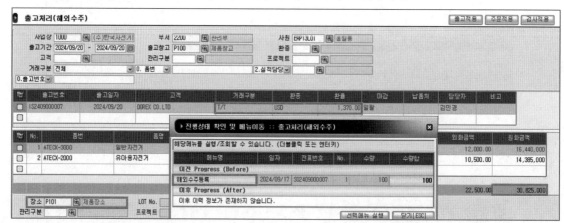

22 ④

◉ [무역관리] – [수출현황] – [선적현황]

[조회조건]과 '고객: 00011. INTECH CO.LTD, 거래구분: 3. MASTER L/C'로 조회한다.
④ 품목 'ATECX-2000. 유아용자전거'의 수량이 110EA로 가장 많다.

23 ②

◉ [무역관리] – [구매승인서(수입)] – [L/C개설]

[조회조건]으로 조회한 후 팝업창에서 L/C번호에 체크하고 '선택적용'을 클릭하면 L/C개설된 내역을 확인할 수 있다.

①, ③, ④ L/C번호는 'CITI20240916-001', 환종은 'JPY', 납기일은 '2024/10/15'이다.
② 담당자는 정대준이다.

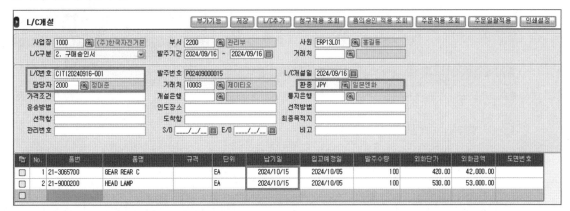

24 ③

📍 [무역관리] – [기타(수입)] – [수입제비용등록]

'사업장: 1000. (주)한국자전거본사, 등록기간: 2024/09/18 ~ 2024/09/18'로 조회되는 내역을 확인한다.

가. 비용번호는 EC2409000001이다. (○)

나. 하단에 (주)하진해운의 운반비에 관한 제비용이 포함되어 있다. (×)

다. 전표여부는 '처리'로 제비용의 전표처리가 진행되었다. (○)

라. 하단에 등록되어 있는 비용은 '운반비'로 선적에 대한 물품대 비용은 등록되어 있지 않다. (×)

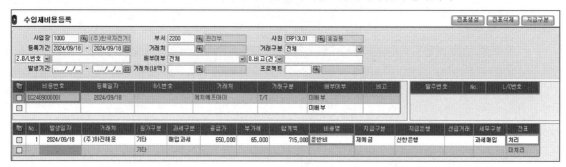

⇒ 올바른 설명은 가, 다(2가지)이다.

25 ④

📍 [무역관리] – [LOCAL L/C(수입)] – [입고처리(L/C)]

[조회조건]으로 조회되는 입고번호는 RV2409000009이며, 하단에서 마우스 오른쪽 버튼을 클릭하여 '[입고처리 L/C] 이력정보'를 확인하면 L/C개설 일자 2024/09/20, 전표번호 PO2409000019를 확인할 수 있다.

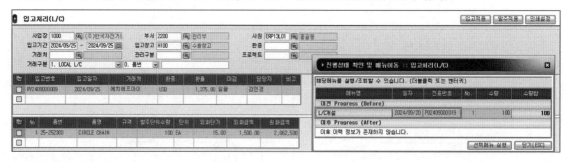

📍 [무역관리] – [LOCAL L/C(수입)] – [L/C개설]

'사업장: 1000. (주)한국자전거본사, L/C구분: 1. LOCAL L/C, 발주기간: 2024/09/20 ~ 2024/09/20'으로 조회한 후 팝업창을 확인한다. 발주번호 PO2409000019의 L/C번호는 SH20240920-004이다.

이론

01	④	02	④	03	②	04	①	05.	③	06	④	07	③	08	④	09	④	10	③
11	④	12	③	13	③	14	④	15	③	16	④	17	③	18	④	19	②	20	④

01   ④

데이터 마이닝은 분류(Classification), 추정(Estimation), 예측(Prediction), 유사집단화(Affinity Grouping), 군집화(Clustering)의 5가지 업무 영역으로 구분한다.

02   ④

인공지능 규범(AI Code)의 5개 원칙에 인간을 해치거나 파괴하거나 속이는 자율적 힘을 인공지능에 절대로 부여하지 않는다.

03   ②

BPR(Business Process Re-engineering)이 급진적으로 비즈니스 프로세스를 개선하는 방식이라면, BPI(Business Process Improvement)는 점증적으로 비즈니스 프로세스를 개선하는 방식이다.

04   ①

차세대 ERP의 비즈니스 애널리틱스는 구조화된 데이터와 비구조화된 데이터를 동시에 이용한다.

05   ③

2월의 예측 판매량: 전기(1월)의 실제값 2,500개 × 평활상수 0.4 + 전기(1월)의 예측치 2,000개 × (1 − 평활상수 0.4) = 2,200개

06   ④

- 변동비율: $\dfrac{\text{단위당 변동비 500원}}{\text{단위당 판매가격 650원}} ≒ 0.77$

- 손익분기점 매출액: $\dfrac{\text{고정비 300만원}}{1 - \text{변동비율 } 0.77} ≒ 1,300\text{만원}$

07 ③

- 제품 A 교차비율: $\dfrac{\text{매출액}}{\text{평균 재고액}} \times \dfrac{\text{한계이익}}{\text{매출액}} = \dfrac{\text{한계이익 } 20}{\text{평균 재고액 } 40} = 0.5$

- 제품 B 교차비율: $\dfrac{\text{매출액}}{\text{평균 재고액}} \times \dfrac{\text{한계이익}}{\text{매출액}} = \dfrac{\text{한계이익 } 30}{\text{평균 재고액 } 30} = 1$

- 제품 C 교차비율: $\dfrac{\text{매출액}}{\text{평균 재고액}} \times \dfrac{\text{한계이익}}{\text{매출액}} = \dfrac{\text{한계이익 } 25}{\text{평균 재고액 } 20} = 1.25$

- 제품 D 교차비율: $\dfrac{\text{매출액}}{\text{평균 재고액}} \times \dfrac{\text{한계이익}}{\text{매출액}} = \dfrac{\text{한계이익 } 50}{\text{평균 재고액 } 30} = 1.67$

⇒ 교차비율이 높아질수록 이익도 높아지므로 교차비율이 가장 높은 제품에 가장 높은 목표판매액을 할당한다. 따라서 목표판매액 할당 순서는 D - C - B - A이며, 두 번째로 높은 제품은 제품 C이다.

08 ④

① 과점시장: 소수의 생산자가 시장을 장악하고 비슷한 상품을 생산하며 같은 시장에서 경쟁하는 시장 형태
② 독점시장: 한 산업을 하나의 기업이 지배하는 시장 형태
③ 완전경쟁시장: 시장 참가자 수가 많고 시장 참여가 자유로워 시장 참가자 개개인이 시장에 미치는 영향력이 적은 시장 형태

09 ④

- 가격 결정에 영향을 미치는 내부적 요인: 마케팅목표
- 가격 결정에 영향을 미치는 외부적 요인: 유통채널, 경쟁환경, 가격탄력성

10 ③

수요예측이란 재화나 서비스에 대하여 장래에 발생할 가능성이 있는 모든 수요(잠재수요 + 유효수요)의 크기를 예측하는 것이다.

11 ④

① 반품물류: 소비자가 교환, 환불 또는 수리를 위하여 구입한 제품을 판매자에게 되돌려 보내기까지의 물류
② 생산물류: 원·부자재가 제조기업의 생산공정에 투입되어 완제품으로 생산되어 포장되기까지의 물류
③ 조달물류: 원·부자재가 구매시장으로부터 공급자(제조업자)의 자재창고에 입고될 때까지의 물류

12 ③

공급자 재고관리(VMI; Vendor Managed Inventory) 운영 방식은 공급받는 기업 입장에서는 재고비용을 절감하게 되고, 공급업체 입장에서는 정보 공유를 통해 계획기반 운영 체계를 구축할 수 있다는 장점이 있다.

13 ③

- 최대 재고수량: 검토 주기 동안의 수요 15개 + 구매 리드 타임 동안의 수요 50개 + 안전재고 20개 = 85개
- 발주량: 최대 재고수량(목표재고) 85개 - 현재 재고수량 30개 = 55개

14 ④

다수의 소량 발송 화주가 단일 화주에게 일괄 운송하는 방식이며, 공장으로부터 고객에게 연결되는 화물 운송경로에서 단일의 물류센터만을 운용하는 방식은 중앙집중거점 방식이다.
① 배송거점 방식: 신속한 고객 대응이 가능하도록 고객처별 물류거점을 운영하는 방식이며, 물류 서비스 만족도가 높다. 고객 밀착형 물류거점 설치로 다수의 물류거점 확보가 필요하고 운영비가 가중된다.
② 복수거점 방식: 화주별·권역별·품목별로 집하하여 고객처별로 공동 운송하는 방식이며, 물류거점을 권역별 또는 품목별로 운영해야 한다.
③ 다단계거점 방식: 권역별·품목별로 거래처(소비자) 밀착형 물류거점을 운영하는 방식이며, 거래처(소비자) 물류 서비스 만족도가 향상된다. 물류거점 및 지역별 창고 운영으로 다수의 물류거점 확보가 필요하고 운영비가 가중된다.

15 ③

창고보관 효율을 높이기 위하여 랙(Rack)을 이용해 물품을 높게 쌓는다.

16 ④

① 입고 지시: 검사 결과가 합격이면 입고를 지시하고, 입고 지시에는 품목별 수량, 적치 위치(로케이션), 작업 방법, 유의 사항 등이 포함된다.
② 입고 마감: 품목별 수량, 적치 위치(로케이션), 특이사항 등을 기록하여 보고하고, 마감 처리를 하여 입고 작업을 완료한다.
③ 입고 통보 접수: 발주품목에 대한 구매부서와 협력사로부터 입고 통보를 한다.

17 ③

협정가격은 판매자 다수가 서로 협의하여 일정한 기준에 따라 가격을 결정하는 것이다. 일반적으로 공공요금 성격을 갖는 교통비, 이발료, 목욕료, 공정거래를 위해 설정된 각종 업계의 협정가격 등이 있다.

18 ④

'3/10 – 30Days Extra' 할인은 거래일로부터 10일 이내의 현금 지불에 대하여 3% 할인을 인정하며, 특별히 추가로 30일간 할인기간을 연장한다는 의미로서 거래일로부터 총 40일간 현금할인이 적용된다.

19 ②

간접조사에 의해 수집된 자료를 2차 자료라 말하며, 이는 1차 자료(직접조사)에 비하여 시간, 비용, 인력이 적게 든다.

20 ④

① 수시구매에 대한 설명이다.
② 예측구매(시장구매)에 대한 설명이다.
③ 투기구매에 대한 설명이다.

01	②	02	③	03	①	04	④	05	②	06	③	07	④	08	①	09	②	10	③
11	④	12	①	13	③	14	①	15	④	16	④	17	④	18	①	19	③	20	②

01 ②

◉ [시스템관리] – [기초정보관리] – [일반거래처등록]

선택지에 주어진 거래처들을 하나씩 클릭하면서 등록되어 있는 사업장주소를 확인한다.
② 사업장 주소지가 '서울'에 위치한 거래처는 (주)하나상사이다.

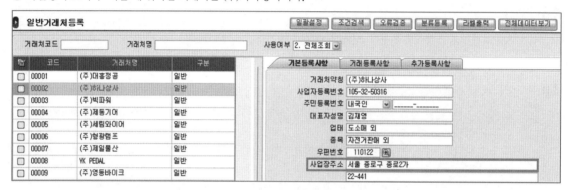

02 ③

◉ [시스템관리] – [기초정보관리] – [품목등록]

조회한 후 품목 '99-133510. SPECIAL CYCLE'에 등록된 내역을 확인한다. ①, ②는 'MASTER/SPEC' 탭, ③, ④는
'ORDER/COST' 탭에 등록되어 있다.
①, ② 계정구분은 '상품'이고, LOT여부는 '1. 사용'으로 LOT No.를 사용하는 품목이다.

참고 전체적으로 품목을 확인해도 되지만 품번이나 품명으로 조회하면 쉽게 확인할 수 있다.

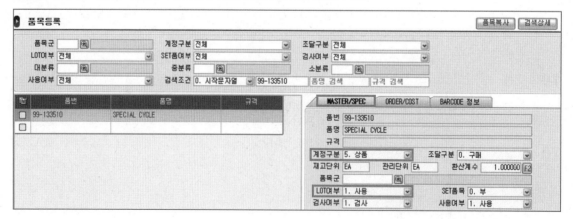

③, ④ LEAD TIME은 11DAYS이고, 주거래처는 '(주)제동기어'이다.

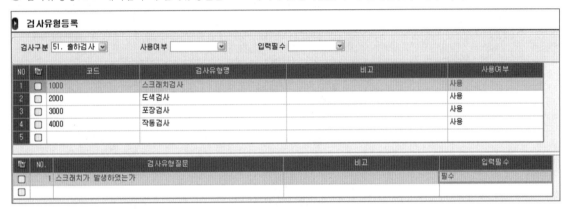

03 ①

📍 [시스템관리] – [기초정보관리] – [검사유형등록]

'검사구분: 51. 출하검사'로 조회한 후 각 검사유형명의 하단 입력필수를 확인한다.

① 검사유형명 '스크래치검사'의 검사유형질문 '스크래치가 발생하였는가'의 입력필수가 '필수'이다.

04 ④

📍 [영업관리] – [영업관리] – [판매계획등록(고객별상세)]

'대상년월: 2025/1월, 실적담당: 4000. 정영수'로 조회한 후 각 거래처의 매출예상금액을 확인한다.

④ 거래처 '(주)제동기어'의 매출예상금액이 11,550,000원으로 가장 크다.

05 ②

◉ [영업관리] – [영업관리] – [견적등록]

[조회조건]으로 조회한 후 각 견적번호에 등록된 내역을 확인한다. 결제조건이 '현금결제'이면서 견적일자 기준 유효일자가 가장 빠른 견적번호는 ES2501000002이다.

① ES2501000001: 결제조건 – 제예금결제, 견적일자 2025/01/01, 유효일자 2025/01/14
② ES2501000002: 결제조건 – 현금결제, 견적일자 2025/01/01, 유효일자 2025/01/14
③ ES2501000003: 결제조건 – 현금결제, 견적일자 2025/01/01, 유효일자 2025/01/15
④ ES2501000004: 결제조건 – 카드결제, 견적일자 2025/01/01, 유효일자 2025/01/14

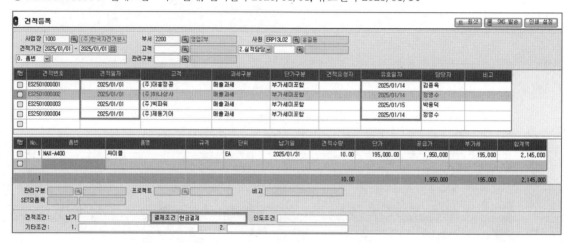

06 ③

◉ [영업관리] – [영업관리] – [수주등록]

[조회조건]으로 조회한 후 각 수주번호에 등록된 내역을 확인한다.
③ 납품처가 등록되어 있고 검사여부가 '검사'인 주문번호는 SO2501000003이다.

07 ④

📍 [영업관리] – [영업관리] – [출고검사등록]

'사업장: 1000. (주)한국자전거본사, 검사기간: 2025/01/06 ~ 2025/01/06, 고객: 00001. (주)대흥정공'으로 조회한 후 등록된 내역을 확인한다.

①, ②, ③ 출고창고는 '제품창고', 검사유형은 '작동검사', 검사구분은 '전수검사'이다.

④ 불량내역 중 '조립불량'에 대한 내역이 존재한다.

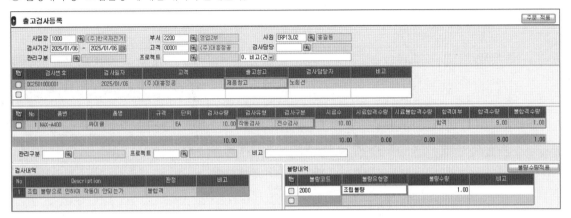

08 ①

📍 [영업관리] – [영업관리] – [출고처리(국내수주)]

[조회조건]으로 조회한 후 각 품목의 하단에서 장소를 확인한다.

②, ③, ④ 품목은 'M401. 상품장소'이며, ① 품목 'NAX-A400. 싸이클'의 장소는 'M403. 상품대기장소'로 다르게 등록되어 있다.

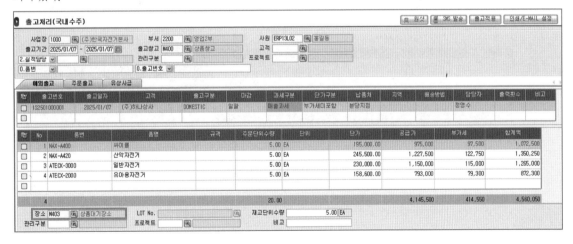

09 ②

◎ [영업관리] – [영업관리] – [매출마감(국내거래)]

[조회조건]으로 조회한 후 등록된 내역을 확인한다.
① 마감 과세구분 '매출기타'에 대한 매출마감처리내역이다.
② 전표는 '미처리'로 매출마감 후 전표처리 진행이 완료되지 않았다.
③ 하단에 등록되어 있는 출고번호는 'IS2501000002'이며, 하단에서 마우스 오른쪽 버튼을 클릭하여 '[매출마감(국내거래)] 이력정보'에서도 출고번호를 확인할 수 있다.
④ 관리단위수량(마감수량)과 재고단위수량이 10EA로 동일하게 등록되었다.

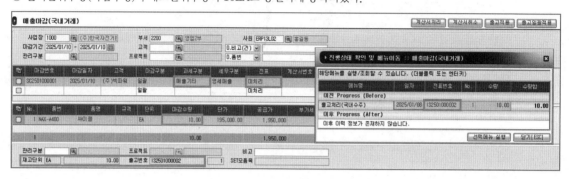

10 ③

◎ [영업관리] – [영업관리] – [수금등록]

[조회조건]으로 조회한 후 각 고객별로 오른쪽 상단의 '선수금정리'를 클릭하여 팝업창에서 정리일자를 확인한다.
③ 정리일자가 2025/01/15로 등록되어 있는 고객은 '(주)빅파워'이다.

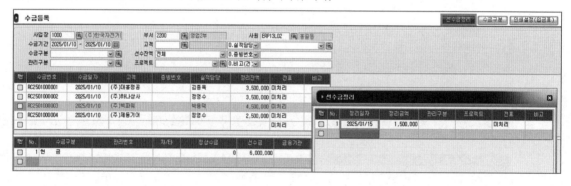

11 ④

◉ [영업관리] – [기초정보관리] – [채권기초/이월/조정(출고기준)]

'채권기초' 탭에서 '사업장: 1000. (주)한국자전거본사, 해당년도: 2025'로 조회한 후 고객별 기초미수채권을 확인한다.
④ '(주)제동기어'의 기초미수채권이 16,000,000으로 가장 크다.

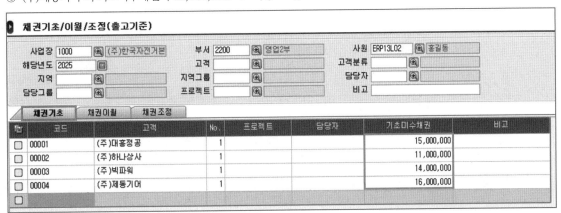

12 ①

◉ [구매/자재관리] – [구매관리] – [소요량전개(MRP)]

[조회조건]으로 조회하면 등록되어 있는 소요량전개내역을 확인할 수 있다.
① 품목 '21-1030600. FRONT-FORK(S)'의 예정발주일이 2025/02/03으로 가장 빠르다.

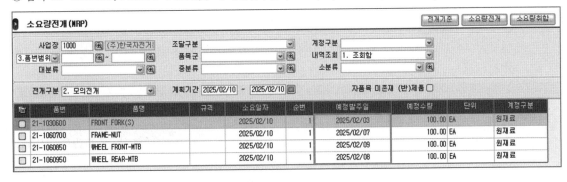

13 ③

[구매/자재관리] – [구매관리] – [청구등록]

[조회조건]으로 조회한 후 등록되어 있는 내역을 확인한다.

① 청구구분은 '구매'이므로 '구매'에 대한 청구를 등록한 건이다.

② 청구자는 '박국현'으로 등록되어 있다.

③ 모든 품목의 하단에 관리구분 '정기구매'가 등록되어 있다.

④ 요청일은 2025년 1월 31일로 등록되었다.

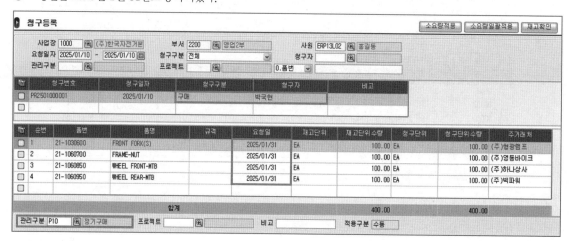

14 ①

[구매/자재관리] – [구매관리] – [발주등록]

[조회조건]으로 조회한 후 각 발주번호의 하단에서 마우스 오른쪽 버튼을 클릭하여 '부가기능–품목상세정보'를 확인한다.

① 발주번호 PO2501000001의 품목상세정보에 등록되어 있는 주거래처는 '(주)형광램프'이며, [발주등록] 메뉴의 거래처는 '(주)세림와이어'로 다르게 등록되어 있다.

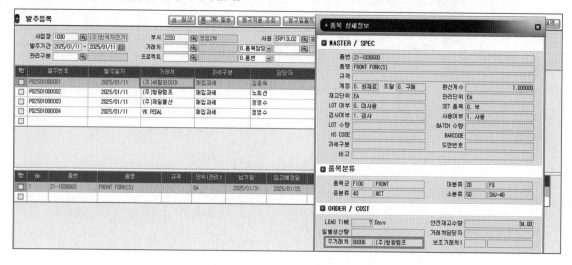

15 ④

📍 [구매/자재관리] – [구매관리] – [입고처리(국내발주)]

'발주입고' 탭에서 [조회조건]으로 조회한 후 등록된 내역을 확인한다.

① 마감구분은 '건별'로 등록되어 있다.

② 하단에서 마우스 오른쪽 버튼을 클릭하여 '[입고처리(국내발주)] 이력정보'를 확인하면 이전 이력에 '입고검사등록'이 있다. 이는 검사 과정을 거쳐 등록된 발주입고 내역인 것이다.

③ 등록되어 있는 입고일자는 2025/01/12이고, 하단에서 마우스 오른쪽 버튼을 클릭하여 '[입고처리(국내발주)] 이력정보'를 클릭하면 이전 이력에 발주등록일자 2025/01/12가 등록되어 있다. 따라서 발주일자와 동일한 일자로 입고된 내역이다.

④ 등록되어 있는 수량은 100EA이고, '[입고처리(국내발주)] 이력정보'의 발주등록수량이 100EA로 발주등록된 수량과 같은 수량이 입고되었다.

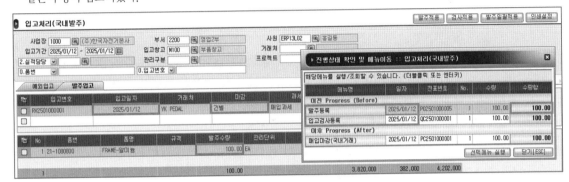

📍 [구매/자재관리] – [구매관리] – [입고검사등록]

[입고검사등록] 메뉴에서 검사의 불합격 여부를 확인할 수 있다. '[입고처리(국내발주)] 이력정보'에서 확인한 검사기간 '2025/01/12 ~ 2025/01/12'로 조회하면 검사번호 QC2501000001의 합격여부 '합격'을 확인할 수 있다. 불합격수량은 없으며 검사수량 100EA가 모두 합격수량이 되어 입고된 것을 알 수 있다.

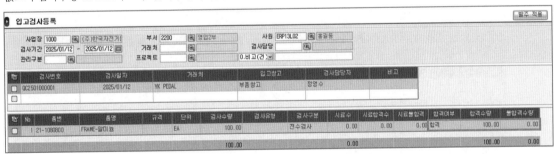

16 ④

◎ [구매/자재관리] – [구매현황] – [매입미마감현황]

[조회조건]으로 조회한 후 각 프로젝트별 미마감수량의 합을 확인한다. ④ 프로젝트 '산악용자전거'의 수량 합이 4EA로 가장 적다.

① 특별할인판매 수량 합: 7EA

② 유아용자전거 수량 합: 8EA

③ 일반용자전거 수량 합: 8EA

④ 산악용자전거 수량 합: 4EA ⇒ 가장 적다.

참고 여러 프로젝트가 섞여 있으므로 각 프로젝트로 조회하면 한눈에 확인하기 편리하다.

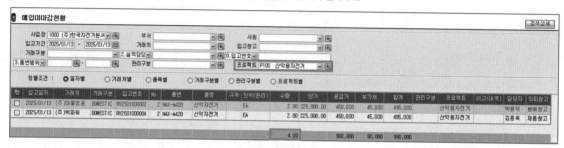

17 ④

◎ [구매/자재관리] – [구매관리] – [회계처리(매입마감)]

'매입마감' 탭에서 [조회조건]과 '관리구분: P40. 할인구매'로 조회한다. 매입마감 PC2501000004에 등록된 품목 '21-1060850. WHEEL FRONT-MTB'의 관리구분은 '할인구매'이며, 전표번호는 2025/01/15, 순번은 4이다.

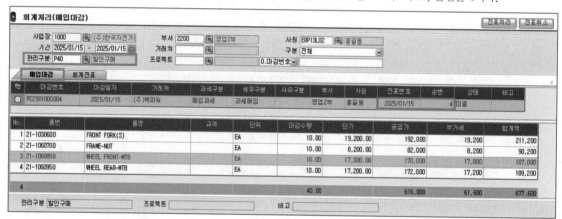

18 ①

[구매/자재관리] – [재고수불현황] – [현재고현황(전사/사업장)]

‘전사’ 탭에서 ‘해당년도: 2025, 계정: 4. 반제품’으로 조회한 후 각 품목의 가용재고량을 확인한다.

① 품목 ‘81–1001000. BODY–알미늄(GRAY–WHITE)’의 재고수량이 15EA, 안전재고량 20EA, 가용재고량 –5EA로, 가용재고의 부족이 발생하였다.

품번	품명	규격	단위(재고)	기초수량	입고수량	출고수량	재고수량	안전재고량	가용재고량	환산계수	단위(관리)	재고수량
81-1001000	BODY-알미늄(GRAY-WHITE)		EA	50.00	20.00	55.00	15.00	20.00	-5.00	1.00	EA	15.00
83-2000100	전장품 ASS'Y		EA	40.00	30.00	40.00	30.00	20.00	10.00	1.00	EA	30.00
85-1020400	POWER TRAIN ASS'Y(MTB)		EA	50.00	20.00	45.00	25.00	20.00	5.00	1.00	EA	25.00
88-1001000	PRESS FRAME-W		EA	45.00	30.00	30.00	45.00	32.00	13.00	1.00	EA	45.00

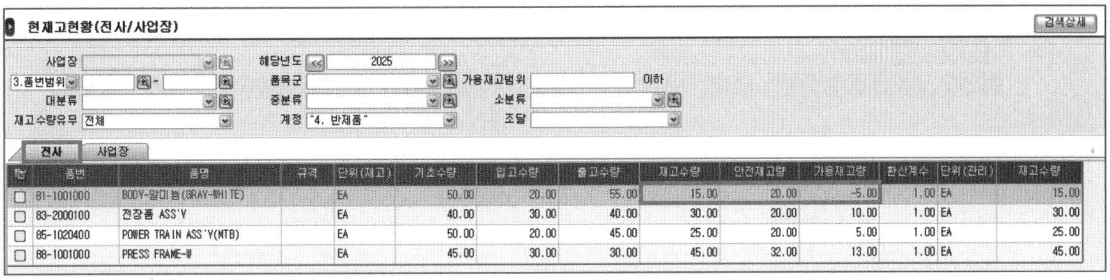

19 ③

[구매/자재관리] – [재고평가] – [생산품표준원가등록]

[조회조건]으로 조회한 후 각 품목의 표준원가(품목등록)과 표준원가를 확인한다.

③ 품목 ‘31–1010003. 바구니’의 표준원가(품목등록)는 1,500원이며, 표준원가는 2,000원으로 표준원가(품목등록)보다 표준원가가 더 비싸다.

품번	품명	규격	단위(재고)	표준원가(품목등록)	실제원가(품목등록)	표준원가
31-1010001	체인		EA	3,000.00	3,000.00	2,500.00
31-1010002	의자		EA	6,000.00	5,200.00	5,200.00
31-1010003	바구니		EA	1,500.00	2,460.00	2,000.00
31-1010005	자물쇠		EA	2,000.00	2,350.00	2,000.00

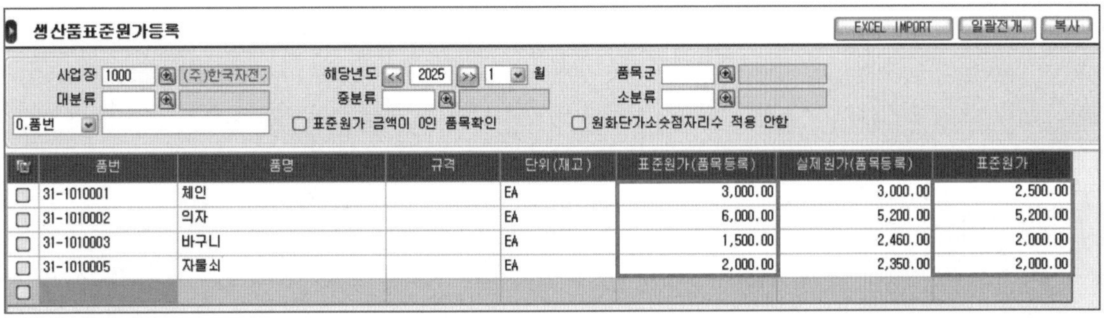

20 ②

[구매/자재관리] – [재고관리] – [재고이동등록(창고)]

작업내역에서 특정 창고–장소로 이동시켰다고 하였으므로, [조회조건]으로 조회한 후 각 이동번호의 입고창고/입고장소를 확인한다. 출고창고/출고장소에서 입고창고/입고장소로 이동시키는 것이다.

이동번호	이동일자	출고창고	출고장소	입고창고	입고장소	담당자	비고
MV2501000001	2025/01/25	부품창고	재부품용	제품창고	판매장소		
MV2501000002	2025/01/25	부품창고	재부품용	제품창고	진열장소		
MV2501000003	2025/01/25	부품창고	재부품용	제품창고	대기장소		
MV2501000004	2025/01/25	부품창고	재부품용	제품창고	불량장소		

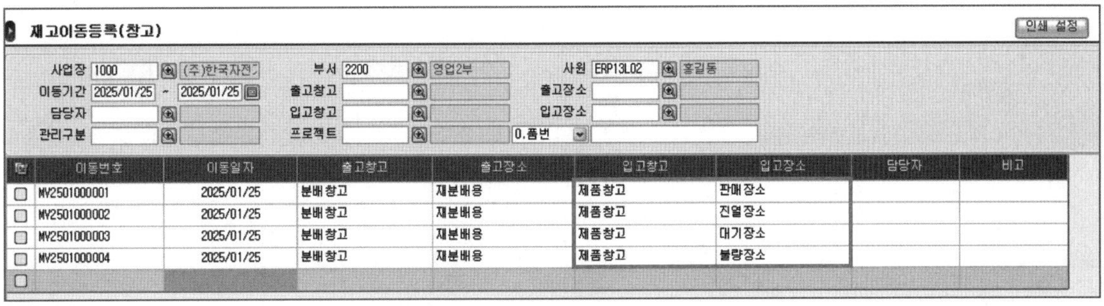

📍 [시스템관리] – [기초정보관리] – [창고/공정(생산)/외주공정등록]

'창고/장소' 탭에서 조회한 후 각 창고/장소의 적합여부와 가용재고여부를 확인한다. 적합여부는 '적합', 가용재고는 '부'인 입고창고/입고장소는 '제품창고/진열장소'이다.

⇒ 조건을 만족하는 이동번호는 MV2501000002이다.

창고/공정(생산)/외주공정등록

사업장 1000 (주)한국자전거본사 사용여부(창·· 전체
거래처 사용여부(위·· 전체 적합여부 전체

창고/장소 | 생산공정/작업장 | 외주공정/작업장

창고코드	창고명	입고기본위치	출고기본위치	창고설명	사용여부
D100	분배창고	재분배용	재분배용		사용
M100	부품창고	부재료장소	부품장소		사용
M400	상품창고	상품장소	상품장소		사용
P100	제품창고				사용
X100	반제품창고	반제품장소	반제품장소		사용
Z100	긴급출하창고				사용

위치코드	위치명	위치설명	가출고코드	가출고거래처명	적합여부	가용재고여부	사용여부
P101	판매장소				적합	여	사용
P102	진열장소				적합	부	사용
P103	대기장소				부적합	여	사용
P104	불량장소				부적합	부	사용

이론

01	①	02	①	03	④	04	②	05	②	06	④	07	②	08	②	09	③	10	②
11	②	12	③	13	②	14	①	15	④	16	③	17	④	18	②	19	③	20	④

01   ①

- 회사 A: 경험 있고 유능한 컨설턴트를 활용한다.
- 회사 B: IT 중심의 프로젝트로 추진하지 않는다. TFT(Task Force Team)는 최고의 엘리트 사원으로 구성한다.
- 회사 C: 경영자도 프로젝트에 적극적으로 참여해야 한다.
- 회사 D: 현재의 업무 방식만을 그대로 고수해서는 안 된다.
  ⇒ 가장 성공적인 ERP 도입이 기대되는 회사는 A이다.

02   ①

ERP 자체 개발 방법이 ERP 패키지를 선택하는 방법보다 커스터마이징을 최대화할 수 있다.

03   ④

빅데이터의 특성은 규모, 다양성, 속도, 정확성, 가치이다.

04   ②

사이버물리 시스템(CPS; Cyber Physical System)은 실제의 물리적인 제품, 생산설비, 공정, 공장을 사이버 공간에 그대로 구현하고 서로 긴밀하게 통합되어 동작하는 통합 시스템이다.

05   ②

수요가 안정적인 기간, 기존의 상품이나 서비스는 불안정한 기간, 신규 상품·서비스보다 예측 적중률이 높다.

06   ④

- 8월의 예측 판매량: 전기(7월)의 실제값 300 × 평활상수 0.4 + 전기(7월)의 예측치 350 × (1 − 평활상수 0.4) = 330
- 9월의 예측 판매량: 전기(8월)의 실제값 400 × 평활상수 0.4 + 전기(8월)의 예측치 330 × (1 − 평활상수 0.4) = 358
∴ 8월 대비 9월의 예측 판매량은 28(=358−330) 증가이다.

07   ②

① 영업거점별 할당에 대한 설명이다.
③ 지역 및 시장별 할당에 대한 설명이다.
④ 거래처 및 고객별 할당에 대한 설명이다.

08 ②

- 도매가격: 도매 매입원가(생산자가격) 4,000원 + 도매업자 영업비 1,000원 + 도매업자 이익 2,000원 = 7,000원
- 소매가격 10,000원 = 소매 매입원가(도매가격) 7,000원 + 소매업자 영업비 1,000원 + 소매업자 이익

∴ 소매업자 이익 = 2,000원

09 ③

대금회수 및 매출채권의 관리를 위해 거래처의 신용도 파악, 신용한도(여신한도) 설정, 매출채권 회수계획 및 관리 등의 활동을 한다.

10 ②

① ABC 분석(파레토 분석)은 통계적 방법에 따라 관리 대상을 A, B, C 그룹으로 나누고, 먼저 A 그룹을 중점 관리 대상으로 선정하여 관리노력을 집중하는 방법이다. 대부분 A 그룹은 전체 매출누적치의 70% ~ 80%를 차지한다.

③ 거래처 포트폴리오 분석은 ABC 분석과 매트릭스 분석의 단점을 보완한 것이다.

④ 중점 관리 대상인 우량 거래처나 고객을 선정하는 과정에서 거래처나 고객에 대한 과거 판매실적 한 가지만을 근거로 하고 있으며, 기업 경쟁력, 판매능력, 성장 가능성 등의 다양한 요인들을 고려하지 못한다는 단점이 있다.

11 ②

①, ③, ④는 효율적 공급망 전략의 특징에 대한 설명이다.

12 ③

- 구매 리드 타임 동안의 수요: 조달기간 4일 × 일평균 사용량 6,000개/일 = 24,000개
- 재발주점(ROP) 수량: 구매 리드 타임 동안이 수요 24,000개 + 안전재고 3,000개 = 27,000개

13 ②

①, ③, ④는 계속기록법에 대한 설명이다.

14 ①

창고배치 시 물품의 임시 저장 등으로 취급 횟수가 증가하지 않도록 유의한다(취급 횟수 최소화).

15 ④

창고 입고 업무 프로세스는 '구매·주문요청 → 입고 통보 접수 → 입고계획 수립 → 입하, 하차 운반 → ⊙ 검사(검품·검수) → 입고 지시 → ⓒ 운반, 입고 적치 → 입고마감'이다.

16 ③

최근에 매입한 재고자산을 먼저 매출하는 것으로 가정하여 매출원가에 적용하는 방법은 후입선출법이다.
① 개별법: 재고자산 품목을 하나하나 단위별로 개별적인 원가를 파악하여 평가하는 방법
② 총평균법: 일정 기간 동안의 재고자산가액의 평균을 구하여 매출원가에 적용하는 방법
④ 선입선출법: 먼저 매입한 재고자산을 먼저 매출하는 것으로 가정하여 매출원가에 적용하는 방법

17 ④

• 판매원가(총원가) = 제조원가 + 판매비와 관리비
• 매출가(판매가격) = 판매원가 + 이익

18 ②

비가격경쟁에 의한 가격유지는 품질, 광고, 브랜드 이미지, 수요에 따른 공급능력, 차별화 상품을 통한 틈새시장 공략, 신제품 개발력, 강력한 홍보력, 유리한 지급조건, 면밀한 판매망 등 가격 외적인 면에 의한 가격유지 방법이다.

19 ③

• 본사 집중구매: 대량구매품목, 고가품목, 공통품목, 표준품목 등
• 사업장별 분산구매: 지역성 품목, 소량구매품목 등

20 ④

장기계약구매는 특정 품목에 대해 수립한 장기 제조계획에 따라 필요한 자재의 소요량을 장기적으로 계약하여 구매하는 방식이다. 자재의 안정적인 확보가 필요할 때 적합하며 계약 방법에 따라 저렴한 가격, 충분한 수량을 확보할 수 있다.

| 01 | ② | 02 | ④ | 03 | ③ | 04 | ① | 05 | ③ | 06 | ② | 07 | ④ | 08 | ③ | 09 | ② | 10 | ② |
| 11 | ③ | 12 | ① | 13 | ③ | 14 | ④ | 15 | ② | 16 | ① | 17 | ③ | 18 | ③ | 19 | ④ | 20 | ② |

01 ②

📍 [시스템관리] – [마감/데이타관리] – [자재마감/통제등록]

① 재고평가방법은 총평균법으로 등록되어 있다.

② 구매단가로 품목단가를 사용한다.

③ (주)한국자전거본사의 마감일자는 2023/12/31이다.

④ 전단계 적용여부 실적담당자에 체크되어 있으므로 구매/자재관리 모듈에서 전단계를 적용하면 전단계의 실적담당자가 적용된다.

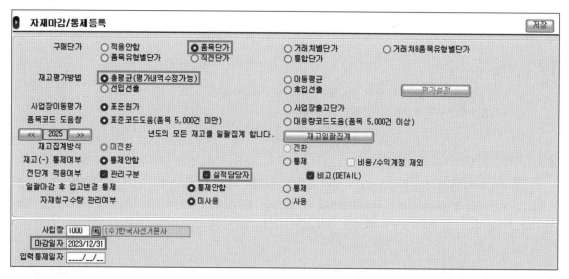

02 ④

📍 [시스템관리] – [기초정보관리] – [물류실적(품목/고객)담당자등록]

[입고처리(국내발주)] 메뉴에서 입력하는 것은 구매담당자를 의미한다. 즉, '거래처' 탭에서 '구매담당자: 4000. 정영수'로 조회되는 거래처를 확인한다. 선택지 중 '00007. (주)제일물산'을 확인할 수 있다.

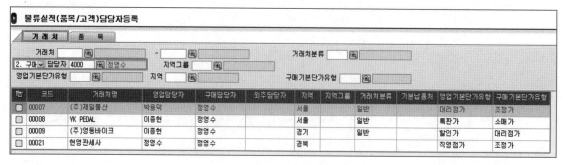

03 ③

◎ [시스템관리] – [기초정보관리] – [품목등록]

'MASTE/SPEC' 탭에서 조회한 후 각 품목의 내역을 확인한다.

③ '20-1025000. 유아용자전거세트'는 재고단위와 관리단위가 EA로 같다.

04 ①

◎ [영업관리] – [영업관리] – [판매계획등록]

'수정계획' 탭에서 '사업장: 1000. (주)한국자전거본사, 계획년도: 2024/11월'로 조회한 후 각 품목의 기초계획수량/수정계획수량, 기초계획단가/수정계획단가를 확인한다.

① 품목 'ATECK-3000. 일반자전거'의 기초계획수량은 120EA, 수정계획수량은 200EA로 수량을 상향하여 수정하였으며, 기초계획단가는 275,600원, 수정계획단가는 220,000원으로 단가는 낮추어 계획하였다.

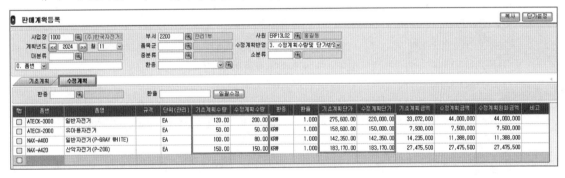

05 ③

📍 [영업관리] – [영업관리] – [견적등록]

[조회조건]으로 조회한 후 각 견적번호에 등록된 내역을 클릭하여 하단 관리구분을 확인한다. 견적번호 ES2411000003
의 하단에 관리구분 'S40. 정기매출'이 등록되어 있다.

① ES2411000001 관리구분: S20. 대리점매출
② ES2411000002 관리구분: S10. 일반매출
③ ES2411000003 관리구분: S40. 정기매출
④ ES2411000004 관리구분: S20. 대리점매출

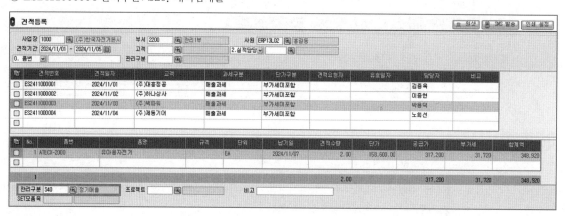

06 ②

📍 [영업관리] – [영업관리] – [수주등록]

[조회조건]으로 조회한 후 각 주문번호의 하단에서 마우스 오른쪽 버튼을 클릭하여 '[수주등록] 이력정보'를 확인한다.

① SO2411000001: 이전 이력이 등록되어 있지 않아 직접 입력되었다.
② SO2411000002: 이전 이력이 견적등록 ES2411000004로 견적번호 ES2411000004를 적용받아 등록되었다.
③ SO2411000003: 이전 이력이 견적등록 ES2411000002로 견적번호 ES2411000002를 적용받아 등록되었다.
④ SO2411000004: 이전 이력이 견적등록 ES2411000003으로 견적번호 ES2411000003을 적용받아 등록되었다.

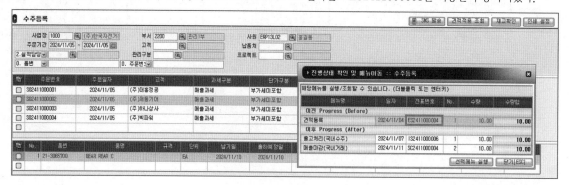

07   ④

📍 [영업관리] – [영업현황] – [수주대비출고현황]

'주문기간: 2024/11/05 ~ 2024/11/05'로 조회한 후 각 등록 건의 주문수량과 출고수량을 확인한다.

④ 출고번호 IS2411000008의 수량은 1EA, 주문수량은 2EA로 수주내역 중 일부 수량만 출고하였다.

08   ③

📍 [영업관리] – [영업현황] – [출고현황]

'출고기간: 2024/11/07 ~ 2024/11/07, 실적담당: 3000. 박용덕, 관리구분: S50. 비정기매출'로 조회되는 출고 품목의 품번은 '31-1010004'이다.

09   ②

📍 [영업관리] – [영업관리] – [수금등록]

'수금기간: 2024/11/05 ~ 2024/11/05'로 조회한 후 각 수금번호의 정리잔액을 확인한다.

② 수금번호 RC2411000002의 정리잔액이 200,000원으로 가장 적다.

10 ②

📍 [영업관리] – [영업관리] – [매출마감(국내거래)]

[조회조건]으로 조회한 후 마감번호별 내역을 확인한다.

① 마감번호 SC2411000001에 등록된 모든 품목을 클릭하여 하단 재고단위수량과 관리단위수량(마감수량)을 비교한다. 품목 '87-1002001. BREAK SYSTEM'의 마감수량은 50EA, 재고단위수량은 750EA로 다르다.

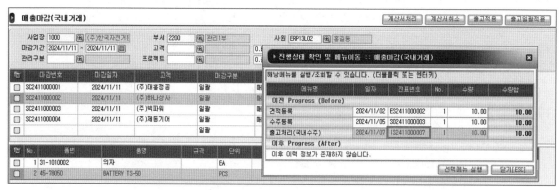

② 마감번호 SC2411000002의 각 품목에서 마우스 오른쪽 버튼을 클릭하여 [매출마감(국내거래)] 이력정보'를 확인한다. 품목 '31-1010002. 의자'의 출고처리(국내수주) 전표번호는 IS2411000002, 품목 '45-78050. BATTERY TS-50'의 출고처리(국내수주) 전표번호는 IS2411000007로 다르므로 하나의 출고내역이 아닌 여러 출고내역을 매출마감한 것이다.

③ 마감번호 SC2411000003은 전표가 '미처리'로 전표처리되지 않았다.

④ 마감구분이 '건별'인 마감 건의 마감수량 및 단가는 [매출마감(국내거래)] 메뉴에서 직접 수정 및 삭제할 수 없으나, 마감구분이 '일괄'인 마감 건의 마감수량 및 단가는 직접 수정 및 삭제할 수 있다. 마감번호 SC2411000004는 마감구분이 '일괄'이므로 필요에 따라 마감수량을 수정할 수 있다.

11 ③

📍 [영업관리] – [영업관리] – [회계처리(매출마감)]

'회계전표' 탭에서 [조회조건]으로 조회한 후 각 전표의 계정과목을 확인한다.
①, ②, ④의 계정과목은 등록되어 있으나, ③ '25900. 선수금'은 등록되어 있지 않다.

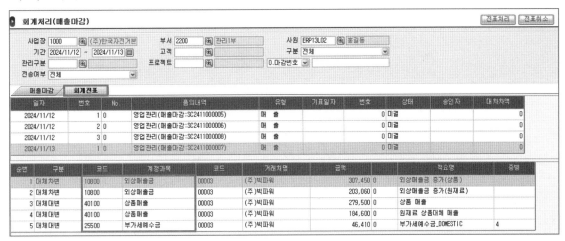

12 ①

📍 [구매/자재관리] – [구매관리] – [청구등록]

[보기]의 조건으로 조회한 후 각 청구번호의 청구구분을 확인한다. 청구구분이 '0. 구매'이면 하단의 품목이 [구매/자재관리] – [구매관리] – [발주등록] 메뉴와 연계되고, 청구구분이 '1. 생산'이면 [생산관리공통] – [생산관리] – [작업지시등록], [생산관리공통] – [외주관리] – [외주발주등록] 메뉴와 연계된다. 청구번호 PR2411000001은 청구구분이 '생산'이므로 구매발주 대상이 아니다.

13 ③

📍 [구매/자재관리] – [구매관리] – [소요량전개(MRP)]

'계정구분: 4. 반제품'으로 조회하면 [보기]의 조건으로 소요량전개한 내역을 확인할 수 있다.
③ 품목 '87-1002001. BREAK SYSTEM'의 예정발주일이 2024/11/04로 가장 늦다.

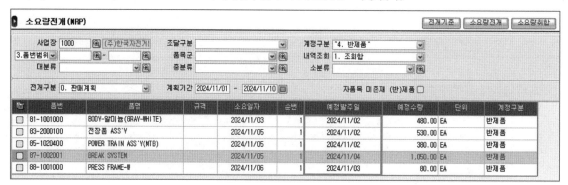

14 ④

📍 [구매/자재관리] – [구매관리] – [발주등록]

'발주기간: 2024/11/01 ~ 2024/11/30'으로 조회한 후 발주번호 PO2411000003의 하단에서 마우스 오른쪽 버튼을 클릭하여 '[발주등록] 이력정보'를 확인한다. 이후 이력 입고처리(국내발주) 일자 2024/11/05, 전표번호 RV2411000003이 등록되어 있으며, 이를 토대로 [입고처리(국내발주)] 메뉴에서 조회한다.

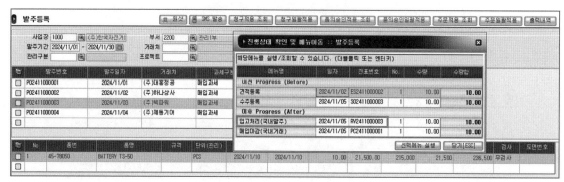

📍 [구매/자재관리] – [구매관리] – [입고처리(국내발주)]

[발주등록] 메뉴에서 조회한 '입고기간: 2024/11/05 ~ 2024/11/05'로 조회한다. 입고창고가 주어지지 않았으므로 각 창고로 조회해보면 'P100. 제품창고'의 '발주입고' 탭에 입고번호 RV2411000003이 등록되어 있는 것을 알 수 있다.

①, ②, ③ 실적담당자는 '최지민', 입고창고는 '제품창고', 관리구분은 '일반구매'이다.

④ 재고단위와 관리단위는 모두 PCS이다.

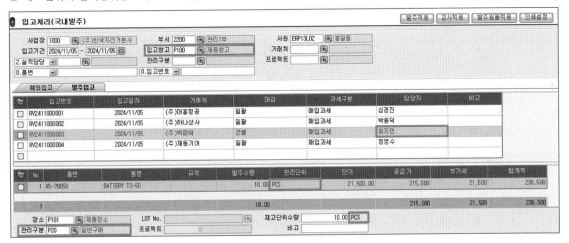

15 ②

📍 [구매/자재관리] – [재고평가] – [생산품표준원가등록]

'사업장: 1000. (주)한국자전거본사, 해당년도: 2024/11월'로 조회한 후 각 품목의 표준원가를 확인한다. 생산품(제품)의 입고 금액으로 등록되는 단가가 표준원가이다.

② 품목 'NAX-A420. 산악자전거(P-20G)'의 표준원가가 212,800으로 가장 크다.

16 ①

📍 [구매/자재관리] - [구매관리] - [매입마감(국내거래)]

[조회조건]으로 조회한 후 각 마감번호의 내역을 확인한다.

① PC2411000002에 등록된 품목에서 마우스 오른쪽 버튼을 클릭하여 '[매입마감(국내거래)] 이력정보'를 확인한다. 이전 이력 입고처리(국내발주) 일자가 2024/11/16으로, 2024년 11월 16일 입고된 내역의 마감 건이다.

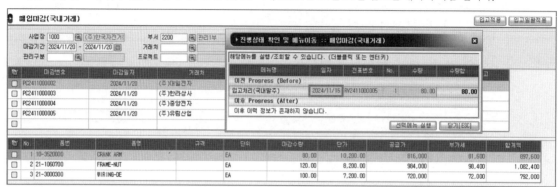

② PC2411000003의 세무구분은 '카드매입'으로 등록되어 있다.

③ PC2411000004의 품목 'PS-ZIP01. PS-DARKGREEN'의 관리단위수량(마감수량)은 75BOX, 재고단위수량은 750EA로 다르다.

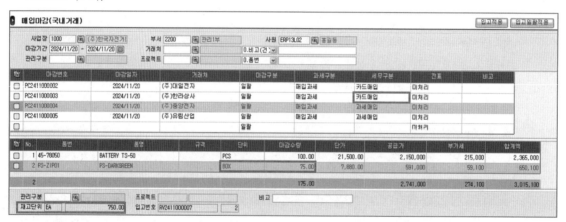

④ PC2411000005에 등록된 품목에서 마우스 오른쪽 버튼을 클릭하여 '부가기능-품목상세정보'를 확인하면 계정은 모두 '0. 원재료'인 것을 알 수 있다.

17 ③

📍 [구매/자재관리] – [구매관리] – [회계처리(매입마감)]

'회계전표' 탭에서 '사업장: 1000. (주)한국자전거본사, 기간: 2024/11/05 ~ 2024/11/05, 거래처: 00003. (주)빅파워'
로 조회한 후 구분과 계정과목을 확인한다.
③ '14900. 원재료 – 대체차변'은 등록되어 있지 않다.

18 ③

📍 [구매/자재관리] – [재고관리] – [재고이동등록(창고)]

[조회조건]으로 조회한 후 각 이동번호의 출고창고/출고장소, 입고창고/입고장소를 확인한다. 출고창고/출고장소에서
입고창고/입고장소로 이동시키는 것이다.

◉ [시스템관리] – [기초정보관리] – [창고/공정(생산)/외주공정등록]

'창고/장소' 탭에서 조회한 후 각 창고/장소의 가용재고여부와 적합여부를 확인한다. 출고창고/출고장소인 '원재료창고/원재료장소'의 가용재고여부는 '부', 적합여부는 '적합'이며, 입고창고/입고장소인 '원재료창고/원재료검사장소'의 가용재고여부는 '부', 적합여부는 '부적합'이다.

⇒ 조건을 만족하는 수불번호는 MV2411000003이다.

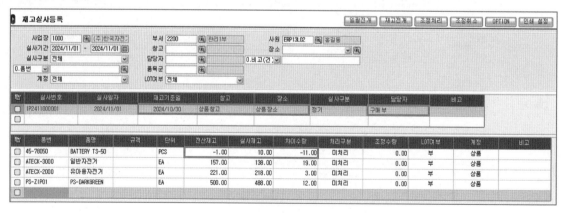

19 ④

◉ [구매/자재관리] – [재고관리] – [재고실사등록]

'사업장: 1000. (주)한국자전거본사, 실사기간: 2024/11/01 ~ 2024/11/01'로 조회되는 내역을 확인한다.

①, ②, ③ 실적담당자는 '50. 구매부', 재고기준일은 '2024/10/30'이고 '상품창고, 상품장소'에 대한 실사이다.

④ 재고실사등록결과 전산재고를 실사재고에 맞추어야 하므로 품목 'BATTERY TS-50'은 11PCS만큼 전산재고에서 증가시켜야 한다.

20 ②

[구매/자재관리] – [재고수불현황] – [현재고현황(전사/사업장)]

'전사' 탭에서 [보기]의 조건으로 조회한 후 각 품목의 재고수량과 안전재고량을 확인한다. ② 품목 'ATECK-3000. 일반자전거'의 가용재고량이 – 27EA로 가장 적다.

① 45-78050. BATTERY TS-50 가용재고량: –5PCS

② ATECK-3000. 일반자전거 가용재고량: –27EA

③ ATECX-2000. 유아용자전거 가용재고량: 134EA

④ PS-ZIP01. PS-DARKGREEN 가용재고량: 850EA

참고 등록되어 있는 품목의 단위(관리)가 다르므로 수량만을 비교한다.

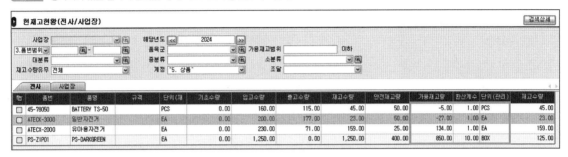

☐	품번	품명	규격	단위(재	기초수량	입고수량	출고수량	재고수량	안전재고량	가용재고량	환산계수	단위(관리)	재고수량
☐	45-78050	BATTERY TS-50		PCS	0.00	160.00	115.00	45.00	50.00	-5.00	1.00	PCS	45.00
☐	ATECK-3000	일반자전거		EA	0.00	200.00	177.00	23.00	50.00	-27.00	1.00	EA	23.00
☐	ATECX-2000	유아용자전거		EA	0.00	230.00	71.00	159.00	25.00	134.00	1.00	EA	159.00
☐	PS-ZIP01	PS-DARKGREEN		EA	0.00	1,250.00	0.00	1,250.00	400.00	850.00	10.00	BOX	125.00

현재고현황(전사/사업장)　검색상세

사업장　　　　　해당년도 << 2024 >>
3.품번범위　　- 　　　품목군　　　　　가용재고범위　　　이하
대분류　　　　　중분류　　　　　소분류
재고수량유무 전체　　계정 "5. 상품"　　조달

전사　사업장

이론

01	④	02	①	03	③	04	①	05	②	06	④	07	③	08	④	09	②	10	②
11	②	12	④	13	④	14	③	15	④	16	①	17	④	18	③	19	④	20	④

01 ④

ERP 구축 절차 중 설계 단계에서 이루어지는 GAP 분석은 패키지 기능과 TO-BE 프로세스의 차이점을 분석하는 것이다.

02 ①

데이터 클라우드 서비스와 스토리지 클라우드 서비스는 IaaS에 속한다.

03 ③

ERP 시스템에 대한 투자비용을 의미하는 개념으로, 시스템의 전체 라이프 사이클을 통해 발생하는 전체 비용을 계량화하는 것은 총소유비용(Total Cost of Ownership)이다.

04 ①

성과측정관리(BSC)는 SEM(전략적 기업경영) 시스템의 단위 시스템에 해당한다.

05 ②

시장의 상황에 대한 자료를 수집하여 수요를 예측하는 방법은 시장조사법으로, 시간과 비용이 많이 든다.
① 델파이법: 여러 전문가들의 의견을 수집하여 정리한 다음 다시 전문가들에게 배부한 후 의견의 합의가 이루어질 때까지 반복적으로 서로 논평하게 하여 수요를 예측하는 방법이다. 주로 신제품 개발, 시장전략 등을 위한 장기예측이나 기술예측에 적합하다.
④ 판매원평가법: 각 지역에 대한 담당 판매원들의 수요예측치를 모아 전체 수요를 예측하는 방법이다.

06 ④

장기 판매계획은 신시장 개척, 신제품 개발, 판매경로 강화 등에 관하여 결정하는 것이며, 구체적인 판매할당은 단기 판매계획에 해당한다.

07 ③

- 제품 A 교차비율: $\dfrac{매출액}{평균재고액} \times \dfrac{한계이익}{매출액} = \dfrac{한계이익\ 10}{평균재고액\ 5} = 2$

- 제품 B 교차비율: $\dfrac{매출액}{평균재고액} \times \dfrac{한계이익}{매출액} = \dfrac{한계이익\ 15}{평균재고액\ 10} = 1.5$

- 제품 C 교차비율: $\dfrac{매출액}{평균재고액} \times \dfrac{한계이익}{매출액} = \dfrac{한계이익\ 20}{평균재고액\ 15} ≒ 1.33$

- 제품 D 교차비율: $\dfrac{매출액}{평균재고액} \times \dfrac{한계이익}{매출액} = \dfrac{한계이익\ 30}{평균재고액\ 20} = 1.5$

⇒ 교차비율이 높아질수록 이익도 높아지므로 교차비율이 가장 낮은 제품 C에 가장 적은 목표판매액을 할당한다.

08 ④

- 고객 수요와 관련된 요인: 가격탄력성, 품질, 제품 이미지, 소비자 구매능력, 용도
- 유통채널과 관련된 요인: 물류비용, 유통이익, 여신한도
- 경쟁환경과 관련된 요인: 경쟁기업의 가격 및 품질, 대체품 가격

09 ②

- 견적은 구매하고자 하는 물품에 대한 내역과 가격을 산출하는 과정이다.
- 견적은 수주 이전에 발생하는 과정이며, 일반적으로 첫 거래이거나 물품의 시장가격에 변동이 있을 경우 진행한다.
- 수주는 구매를 결정한 고객으로부터 구체적인 주문을 받는 과정이다.

10 ②

- 매출채권 잔액: 외상매출금 잔액 200억원 + 받을어음 잔액 100억원 = 300억원
- 매출채권 회전율: $\dfrac{매출액\ 600억원}{매출채권\ 잔액\ 300억원} = 2회$

11 ②

채찍 효과는 제조기업에서 원재료 공급자까지 공급망의 상류로 이어지면서 수요예측이 왜곡되고 과대한 주문이 누적되어 가는 현상으로, 공급망관리는 수요예측 효율 향상을 통해 채찍 효과를 최소화한다.

12 ④

고정적으로 발생하는 인건비 및 초기 설비 투자비용 등을 포함하는 것은 공급망거점 설계에서 고려되어야 할 비용 요소 중 고정투자비용에 해당한다.

13 ④

재고파악이 어려워 정기적으로 보충하는 것은 고정주문기간 발주 모형(P System)이다.

14 ③

철도운송은 화주의 문전 수송을 위하여 부가적인 운송수단이 필요하여 운송 도중에 적재 변동이 이루어진다.

15 ④

회전 정도에 따라 입출고 빈도가 높은 화물은 출입구 가까운 장소에 보관하고, 입출고 빈도가 낮은 화물은 먼 장소에 보관하여 작업 동선을 줄이고 작업 효율을 높인다.

16 ①

- 오전 10시: 창고에 도착한 차량에서 부품 A를 내림 – 입하·하차 운반
- 오전 11시: 수량과 품질을 확인 – 검사(검품·검수)
- 오후 1시: 수량과 품질 확인 결과에 따라 전량 입고 지시 – 입고 지시
- 오후 2시: 수량, 적치 위치, 특이사항을 기록하여 팀장님께 보고 – 입고 마감

17 ④

구매관리 업무의 목적(5R)은 적절한 품질의 물품 구매(Right Quality), 적절한 수량의 파악(Right Quantity), 적절한 시기의 구매(Right Time), 적절한 가격의 구매(Right Price), 적절한 구매처의 선정(Right Vendor or Supplier)이다.

18 ③

ⓓ '3/10 ROG'인 경우 선적화물 수취일로부터 10일 이내에 현금 지불이 되면 3%의 할인이 적용된다는 의미이다.

19 ④

공급계약사항에 품질, 대금지불조건, 추가지원사항 등은 포함되며, 공급자 생산능력은 포함될 사항이 아니다.

20 ④

① 수시구매는 계절품목 등 일시적인 수요품목 등에 적합하다.
② 투기구매는 가격동향의 예측이 부정확하면 손실의 위험이 크다.
③ 일괄구매는 구매시간과 비용을 절감하고 구매절차를 간소화하는 방법이다.

01	④	02	②	03	③	04	①	05	②	06	③	07	④	08	①	09	④	10	③
11	②	12	①	13	④	14	②	15	③	16	①	17	④	18	③	19	②	20	③

01 ④

◉ [시스템관리] – [기초정보관리] – [품목등록]

'ORDER/COST' 탭에서 '계정구분: 2. 제품'으로 조회한 후 각 품목의 LEAD TIME을 확인한다. ④ 품목 '31-1010004. 타이어'의 LEAD TIME이 5DAYS로 가장 길다.

① 31-1010001. 체인 LEAD TIME: 2DAYS
② 31-1010002. 의자 LEAD TIME: 2DAYS
③ 31-1010003. 바구니 LEAD TIME: 2DAYS
④ 31-1010004. 타이어 LEAD TIME: 5DAYS ⇒ 가장 길다.

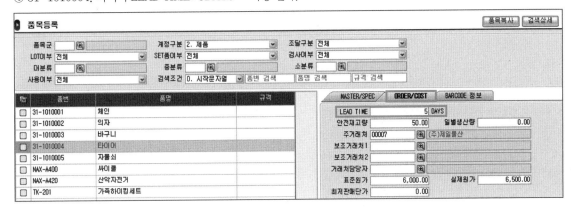

02 ②

◉ [시스템관리] – [기초정보관리] – [물류관리내역등록]

'LQ. 품질검사구분'의 오른쪽에 관리내역을 등록할 수 있으나 'Q20. 포장검사'는 등록할 수 없다. 이유는 'Q20. 기능검사'가 등록되어 있어 관리내역코드 'Q20'을 중복으로 등록할 수 없기 때문이다.

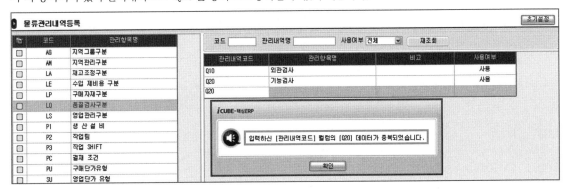

03 ③

📍 [시스템관리] – [기초정보관리] – [일반거래처등록]

오른쪽 상단의 '조건검색'을 클릭하여 팝업창에 '대표자성명: 최영환'을 입력한 후 '검색[TAB]'을 클릭하면 거래처 '0003. (주)빅파워'를 확인할 수 있다.

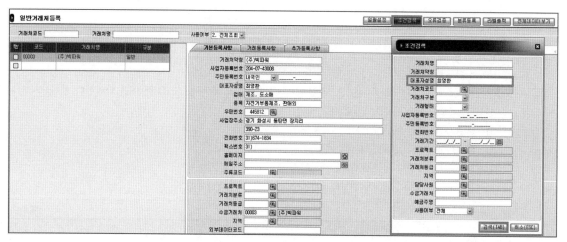

04 ①

📍 [영업관리] – [영업관리] – [판매계획등록]

'수정계획' 탭에서 [조회조건]으로 조회한 후 각 품목의 기초계획수량과 수정계획수량을 확인한다.

① 품목 '31-1010001. 체인'의 기초계획수량은 500EA, 수정계획수량은 450EA로 처음 계획했던 수량보다 수정한 계획수량이 더 적어졌다.

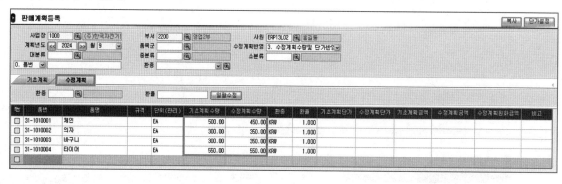

05 ②

📍 [영업관리] – [영업관리] – [견적등록]

[조회조건]으로 조회한 후 견적번호 ES2409000004의 하단에 등록되어 있는 품목을 확인한다.
② 품목 '83-2000100. 전장품 ASS'Y'는 등록되어 있지 않다.

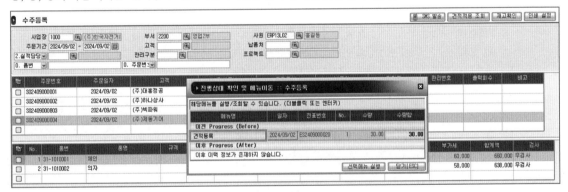

06 ③

📍 [영업관리] – [영업관리] – [수주등록]

[조회조건]으로 조회한 후 각 주문번호 하단 품목에서 마우스 오른쪽 버튼을 클릭하여 '[수주등록] 이력정보'를 확인한다.
①, ②, ④의 이전 이력은 '견적등록'이므로 견적적용을 받아 등록한 것을 알 수 있다.

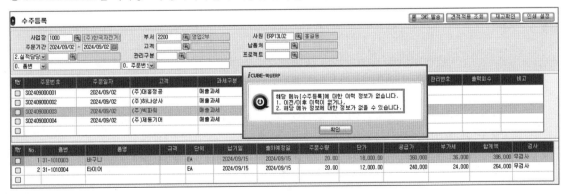

③ SO2409000003은 이력정보가 등록되지 않아 적용을 받지 않고 직접 입력한 것을 알 수 있다.

07 ④

[영업관리] – [영업현황] – [수주현황]

[조회조건]으로 조회한 후 각 관리구분별 합계액의 합을 확인한다. ④ 'S50. 비정기매출'의 합계액 합이 1,452,000원으로 가장 적다.

① S10. 일반매출 합계액 합: 2,310,000
② S20. 대리점매출 합계액 합: 2,926,000
③ S40. 정기매출 합계액 합: 2,464,000
④ S50. 비정기매출 합계액 합: 1,452,000 ⇒ 가장 적다.

> **참고** [수주등록] 메뉴에서 확인할 수도 있지만 하나씩 클릭하여 하단 관리구분을 확인해야 하므로 [수주현황] 메뉴에서 관리구분별로 확인하는 것이 편리하다.

> **참고** 여러 관리구분이 섞여 있으므로 각 관리구분으로 조회하면 한눈에 확인하기 편리하다.

08 ①

[영업관리] – [영업현황] – [출고현황]

[조회조건]의 사업장과 출고기간으로 조회한 후 각 출고번호의 출고장소를 확인한다.

②, ③, ④의 출고장소는 '판매장소'이며, ① IS2409000001의 출고장소는 '진열장소'로 다르게 등록되어 있다.

09 ④

[영업관리] – [영업관리] – [매출마감(국내거래)]

'사업장: 100. (주)한국자전거본사, 마감기간: 2024/09/05 ~ 2024/09/05'로 조회한 후 마감번호 SC2409000001의 내역을 확인한다.

• 가, 나: 마감구분이 '건별'로 등록되어 있으므로 마감수량 및 단가는 [매출마감(국내거래)] 메뉴에서 직접 수정 및 삭제할 수 없다. (가 ○, 나 ×)
• 다: 마감구분이 '건별'이면 자동으로 매출마감이 등록되므로 출고내역에서 수량을 변경하면 자동 반영된다. (○)
• 라: 하단에 출고번호 IS2409000005가 등록되어 있어 출고번호 IS2409000005를 매출마감한 것을 알 수 있다. 또한, 마우스 오른쪽 버튼을 클릭하여 '[매출마감(국내거래)] 이력정보'에서 전표번호 IS2409000005를 확인할 수도 있다. (○)
⇒ 올바른 설명은 가, 다, 라(3가지)이다.

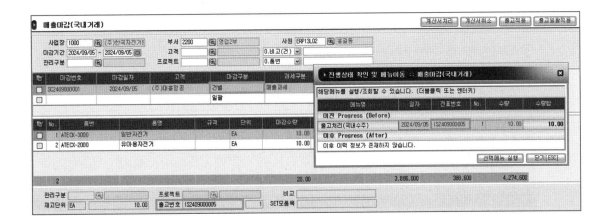

10 ③

◉ [영업관리] – [영업현황] – [미수채권상세현황]

'고객' 탭에서 [조회조건]과 '00001. (주)대흥정공'으로 조회한 후 일자별 잔액을 확인한다. 2024년 9월 4일 기준 미수채권의 잔액은 7,446,100원이다.

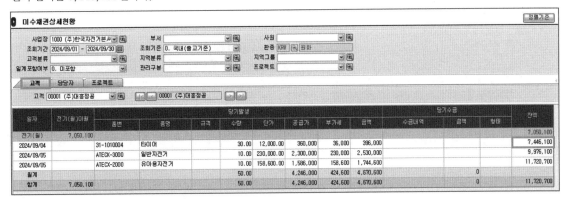

11 ②

◉ [영업관리] – [영업현황] – [수주미납현황]

[조회조건]으로 조회한 후 각 거래처의 경과일수를 확인한다.
② '00002. (주)하나상사'의 경과일수가 19일로 가장 길다.

12 ①

📍 [구매/자재관리] - [구매관리] - [주계획작성(MPS)]

[조회조건]과 '조달구분: 0. 구매, 품목군: Y100. 일반용'으로 조회한다.
① 조회되는 품목은 'ATECK-3000. 일반자전거'이며, 계획수량은 20개이다.

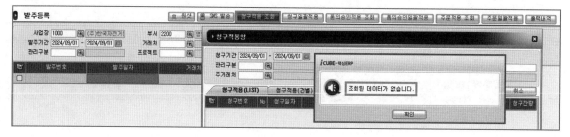

13 ④

📍 [구매/자재관리] - [구매관리] - [발주등록]

[발주등록] 메뉴에서 [조회조건]으로 조회한 후 오른쪽 상단의 '청구적용조회'를 클릭하여 '청구기간: 2024/09/01 ~ 2024/09/01'로 조회하면 '조회된 데이터가 없습니다.'라는 팝업창을 확인할 수 있다.

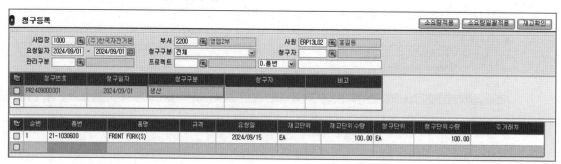

📍 [구매/자재관리] - [구매관리] - [청구등록]

'사업장: 1000. (주)한국자전거본사, 요청일자: 2024/09/01 ~ 2024/09/01'로 조회한 후 청구번호 PR2409000001에 등록된 내역을 확인한다. [청구등록] 메뉴의 '청구구분'이 '0. 구매'이면 하단의 품목이 [구매/자재관리]-[구매관리]-[발주등록] 메뉴와 연계되고, '청구구분'이 '1. 생산'이면 [생산관리공통]-[생산관리]-[작업지시등록], [생산관리공통]-[외주관리]-[외주발주등록] 메뉴와 연계된다. 이에 청구번호 PR2409000001의 청구구분이 '생산'으로 등록되어 있어 [발주등록] 메뉴에서 조회되지 않는 것이다.

14 ②

📍 [구매/자재관리] – [구매현황] – [발주현황]

[조회조건]으로 조회한 후 각 프로젝트별 수량의 합을 확인한다. ② 'C100. 유아용자전거' 수량의 합이 310EA로 가장 크다.

① B-001. 특별할인판매 수량 합: 230EA

② C100. 유아용자전거 수량 합: 310EA ⇒ 가장 크다.

③ M100. 일반용자전거 수량 합: 170EA

④ P100. 산악용자전거 수량 합: 180EA

> **참고** 여러 프로젝트가 섞여 있어 각 프로젝트별로 조회하면 한눈에 확인하기 편리하다.

15 ③

📍 [구매/자재관리] – [구매관리] – [입고처리(국내발주)]

'사업장: 1000. (주)한국자전거본사, 입고기간: 2024/09/03 ~ 2024/09/03'으로 조회한다. 입고창고가 주어지지 않았으므로 모든 입고창고로 조회해보면 'M100. 부품창고'의 '예외입고' 탭에 입고내역이 등록되어 있는 것을 알 수 있다.

가. 마감구분이 '건별'이면 자동으로 매입마감이 등록된다. 등록되어 있는 입고 건의 마감구분은 '건별'이므로 입고등록할 때 매입마감이 함께 등록된다. (○)

나. 품목 '21-1060850. WHEEL FRONT-MTB'의 하단에 관리구분 'P40. 할인구매'가 등록되어 있다. (○)

다. 등록되어 있는 입고 건은 '예외입고' 탭에 등록되어 있으며, '예외입고' 탭은 발주등록 없이 입고처리할 경우에 사용한다. 또한 마우스 오른쪽 버튼을 클릭하여 '[입고처리(국내발주)] 이력정보'를 확인하면 이전 이력이 등록되어 있지 않아 적용받지 않고 직접 입력한 것을 알 수 있다. (×)

라. 입고창고는 'M100. 부품창고'이다. (×)

⇒ 올바른 설명은 가, 나(2가지)이다.

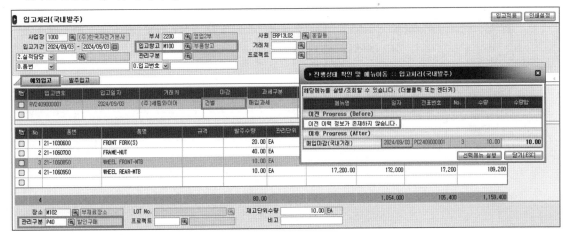

16 ①

◉ [구매/자재관리] – [구매관리] – [매입마감(국내거래)]

'사업장: 1000. (주)한국자전거본사, 마감기간: 2024/09/05 ~ 2024/09/05'로 조회한 후 마감번호 PC2403000003의
내역을 확인한다.

① 하단 품목에서 마우스 오른쪽 버튼을 클릭하여 '[매입마감(국내거래)] 이력정보'를 확인하면 이전 이력 '발주등록'
일자가 2024/09/02이므로 2024년 9월 2일의 발주 건을 적용받은 것을 알 수 있다.

②, ③ 하단에 입고번호 RV2409000003이 등록되어 있으며, 마우스 오른쪽 버튼을 클릭하여 '[매입마감(국내거래)] 이력
정보'에서도 입고처리(국내발주) 일자 2024/09/05와 전표번호 RV2409000003을 확인할 수 있다.

④ 품목 '21-1060700. FRAME-NUT'의 재고단위는 90EA, '21-1060850. WHEEL FRONT-MTB'의 재고단위는
40EA로 재고단위수량의 총합은 90 + 40 = 130EA이다.

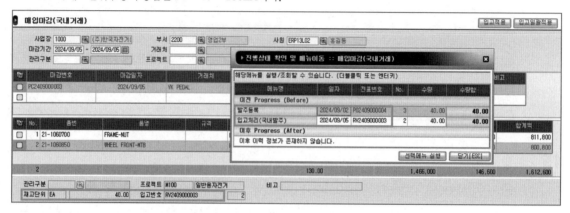

17 ④

◉ [구매/자재관리] – [구매관리] – [회계처리(매입마감)]

'회계전표' 탭에서 [조회조건]으로 조회되는 모든 전표에 등록되어 있는 계정과목을 확인한다.

①, ②, ③은 등록되어 있으나, ④ '14900. 원재료'는 등록되어 있지 않다.

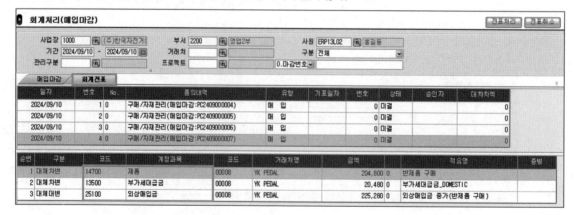

18 ③

📍 [구매/자재관리] – [재고관리] – [기초재고/재고조정등록]

'사업장: 1000. (주)한국자전거본사, 조정기간: 2024/09/11 ~ 2024/09/11'로 조회한 후 등록되어 있는 내역을 확인한다. '제품창고–판매장소'의 조정 건은 '입고조정' 탭에 등록되어 있으며, '31–1010001. 체인' 5EA를 실손처리한 것은 재고수량이 감소하는 경우이므로 입고조정에서는 조정수량이 음수(–)로 등록되어야 한다. 이러한 내역을 만족하는 조정번호는 IA2409000003이다.

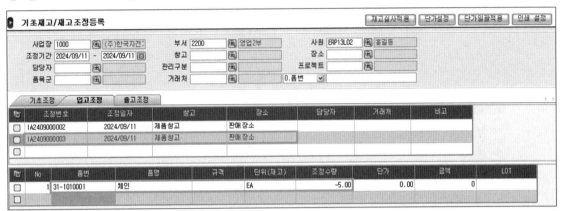

19 ②

📍 [구매/자재관리] – [재고관리] – [재고이동등록(창고)]

'사업장: 1000. (주)한국자전거본사, 조정기간: 2024/09/16 ~ 2024/09/16'으로 조회한 후 등록되어 있는 내역을 확인한다. 모든 이동번호는 '21–1070700. FRAME–티타늄' 10EA로 등록되어 있다. 또한 특정장소로 이동시켰으므로 입고창고/입고장소를 확인하면 된다.
② [창고/공정(생산)/외주공정등록] 메뉴에서 확인한 '제품창고/진열장소'가 등록되어 있는 이동번호는 MV2409000002이다.

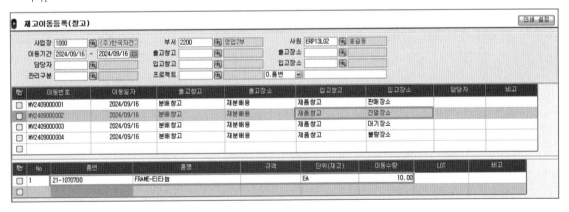

📍 [시스템관리] – [기초정보관리] – [창고/공정(생산)/외주공정등록]

'창고/장소' 탭에서 조회한다. [재고이동등록(창고)] 메뉴에 등록되어 있는 입고창고/입고장소의 적합여부와 가용재고여부를 확인한다. 적합여부는 '적합', 가용재고는 '부'인 창고/장소는 '제품창고/진열장소'이다.

창고/공정(생산)/외주공정등록

사업장 1000 (주)한국자전거본사 사용여부(창… 전체 적합여부 전체
거래처 사용여부(위… 전체

창고/장소 | 생산공정/작업장 | 외주공정/작업장

창고코드	창고명	입고기본위치	출고기본위치	창고설명	사용여부
D100	분배창고	재분배용	재분배용		사용
M100	부품창고	부재료장소	부품장소		사용
M400	상품창고	상품장소	상품장소		사용
P100	제품창고				사용
X100	반제품창고	반제품장소	반제품장소		사용
Z100	긴급출하창고				사용

위치코드	위치명	위치설명	가출고코드	가출고거래처명	적합여부	가용재고여부	사용여부
P101	판매장소				적합	여	사용
P102	진열장소				적합	부	사용
P103	대기장소				부적합	여	사용
P104	불량장소				부적합	부	사용

20   ③

📍 [구매/자재관리] – [구매현황] – [발주대비입고현황]

[조회조건]와 '거래처: (주)형광램프'로 조회한 후 각 품목의 입고내역을 확인한다.
①, ②, ④는 등록되어 있으나, ③ 품목 '21-1060850. WHEEL FRONT-MTB'은 입고내역이 등록되어 있지 않다.

발주대비입고현황   검색상세

사업장 1000 (주)한국자전거본사 부서 사원
발주기간 2024/09/20 ~ 2024/09/20 거래처 00006 (주)형광램프 거래구분
환종 0.납기일 __/__/__ ~ __/__/__ 2.실적담당
3.품번범위 관리구분 프로젝트

	발주번호	발주일자	거래처명	No.	품번	품명	규격	단위(관리)	발주수량		입고번호	입고일자	No.	입고수량
☐	P02409000006	2024/09/20	(주)형광램프	1	21-1030600	FRONT FORK(S)		EA	40.00					
☐	P02409000006	2024/09/20	(주)형광램프	2	21-1060700	FRAME-NUT		EA	80.00					
☐	P02409000006	2024/09/20	(주)형광램프	3	21-1060850	WHEEL FRONT-MTB		EA	40.00					
☐	P02409000006	2024/09/20	(주)형광램프	4	21-1060950	WHEEL REAR-MTB		EA	40.00					

memo

memo

2025 최신판

에듀윌 ERP 정보관리사 물류 1·2급 한권끝장
+무료특강

고객의 꿈, 직원의 꿈, 지역사회의 꿈을 실현한다

에듀윌 도서몰
book.eduwill.net

• 부가학습자료 및 정오표: 에듀윌 도서몰 > 도서자료실
• 교재 문의: 에듀윌 도서몰 > 문의하기 > 교재(내용, 출간) / 주문 및 배송

꿈을 현실로 만드는
에듀윌

DREAM

공무원 교육
- 선호도 1위, 신뢰도 1위! 브랜드만족도 1위!
- 합격자 수 2,100% 폭등시킨 독한 커리큘럼

자격증 교육
- 9년간 아무도 깨지 못한 기록 합격자 수 1위
- 가장 많은 합격자를 배출한 최고의 합격 시스템

직영학원
- 검증된 합격 프로그램과 강의
- 1:1 밀착 관리 및 컨설팅
- 호텔 수준의 학습 환경

종합출판
- 온라인서점 베스트셀러 1위!
- 출제위원급 전문 교수진이 직접 집필한 합격 교재

어학 교육
- 토익 베스트셀러 1위
- 토익 동영상 강의 무료 제공

콘텐츠 제휴 · B2B 교육
- 고객 맞춤형 위탁 교육 서비스 제공
- 기업, 기관, 대학 등 각 단체에 최적화된 고객 맞춤형 교육 및 제휴 서비스

부동산 아카데미
- 부동산 실무 교육 1위!
- 상위 1% 고소득 창업/취업 비법
- 부동산 실전 재테크 성공 비법

학점은행제
- 99%의 과목이수율
- 17년 연속 교육부 평가 인정 기관 선정

대학 편입
- 편입 교육 1위!
- 최대 200% 환급 상품 서비스

국비무료 교육
- '5년우수훈련기관' 선정
- K-디지털, 산대특 등 특화 훈련과정
- 원격국비교육원 오픈